insel taschenbuch 5091
Eva Rieger
Nannerl Mozart

Ihr Vater Leopold zählte die hochbegabte Tochter, die komponieren und improvisieren konnte, zu den besten Tastenspielerinnen der Welt. Doch während die Emanzipationsbewegungen des Bürgertums aufgeklärtes Gedankengut und neue Lebensentwürfe für den Mann eröffnen, wird die Frau kulturell »ausgebürgert«.

Wolfgang Amadeus Mozart befreit sich vom väterlichen Zwang und geht in Wien eigene Wege, die ihn auf die höchsten Höhen der musikalischen Welt führen, derweil seine Schwester Nannerl im Salzburger Elternhaus das Gesinde beaufsichtigt und Hausmusik pflegt. Als die Dreiunddreißigjährige auf Wunsch ihres Vaters einen Witwer heiratet, zahlt ihr der Ehemann nach der Hochzeitsnacht eine »Morgengabe« als Belohnung für ihre Jungfräulichkeit. Alle Eigenschaften, die zum künstlerischen Schaffen notwendig sind: Freiräume, Lebenserfahrung, öffentliche Anerkennung und berufliche Tätigkeit, gelten für sie nicht. Sie akzeptierte diese Rolle, stützte den Vater in Sorgenzeiten, liebte die Geselligkeit mit Kartenspiel und Maskenbällen, war eine leidenschaftliche Theatergängerin und legte mit der Aufbewahrung der Familienbriefe den Grundstein zur Mozartforschung.

Die Musikgeschichtsschreibung hat diese so unterschiedlichen Lebenswege von Mann und Frau als naturgegeben hingenommen. Nannerls angebliche Opferhaltung wird gelobt, doch gilt sie auch als »kleinlich, selbstsüchtig, farblos, gekränkt, engherzig und verbittert«, als das »ewige gehorsame kleine Mädchen«. Doch was hätte aus ihr werden können, wenn sie zu einer anderen Zeit gelebt hätte? Eva Rieger erzählt die Lebensgeschichte der Maria Anna Mozart aus der Vielfalt allgemeiner Veränderungen des 18. Jahrhunderts.

Eva Rieger, Musikwissenschaftlerin mit den Schwerpunkten Genderforschung, Filmmusik und Musikpädagogik, lebt in Liechtenstein.

Im Insel Verlag ist von ihr außerdem erschienen: *Isolde. Richard Wagners Tochter* (2022); zusammen mit Monica Steegmann: *Frauen mit Flügel* (it 1714); *Göttliche Stimmen* (it 2502).

Eva Rieger
Nannerl Mozart

Das Leben einer Künstlerin

Mit zahlreichen Abbildungen

Insel Verlag

Die Erstausgabe erschien 2005 im Insel Verlag Frankfurt am Main und Leipzig.

2. Auflage 2025

Erste Auflage 2024
insel taschenbuch 5091
© 2005, Insel Verlag Anton Kippenberg GmbH & Co. KG, Berlin
Alle Rechte vorbehalten. Wir behalten uns auch eine Nutzung des Werks
für Text und Data Mining im Sinne von § 44b UrhG vor.
Umschlagabbildung: Porträt der zwölfjährigen Maria Anna (Nannerl) Mozart,
1763, vermutlich gemalt von P. A. Lorenzoni, Mozarteum, Salzburg,
Foto: akg-images, Berlin
Satz: Satz-Offizin Hümmer GmbH, Waldbüttelbrunn
Druck: CPI books GmbH, Leck
Printed in Germany
ISBN 978-3-458-68391-9

Insel Verlag Anton Kippenberg GmbH & Co. KG
Torstraße 44, 10119 Berlin
info@insel-verlag.de
www.insel-verlag.de

Inhalt

Anhang

Vorwort zur Neuauflage

Wolfgang Amadeus Mozarts Musik und sein Leben faszinieren anhaltend bis heute, dies hat jedoch zuweilen zur Vernachlässigung seines Umfelds geführt. Dazu gehören auch die Lebensumstände seiner Schwester Maria Anna. Es ist das primäre Anliegen dieser Biographie, Nannerl mit den Maßstäben des 18. (und nicht denen des 21.) Jahrhunderts zu messen. Ein Opfer war sie ebensowenig wie eine sich Aufopfernde. Es sollte auch keine »große Erzählung« alten Stils entstehen, die Nannerl im Schatten des Genies positionieren würde. Und schließlich sollte die genaue Quellenforschung belegen, daß manches Urteil über sie irrtümlich gefällt worden war.

Dennoch halten sich falsche Ansichten weiterhin hartnäckig. Bereits in der ersten Ausgabe wurde auf den Fehler vieler Autoren hingewiesen, Nannerl als Quelle negativer Aussagen über ihren Bruder zu betrachten. Dennoch lebt das alte Bild von der mißgünstigen Schwester weiter. Es ist die Rede von »schlichten Greuelauskünften«, die sie dem Nekrologschreiber Schlichtegroll gegeben haben soll (Gruber 1993, 71, vgl. auch Fuhrmann, 9, Solomon 1991, 24). Einige Autoren konstruieren noch immer ein schweres Zerwürfnis zwischen Wolfgang und Nannerl, indem die Beziehung als »bitter und feindselig« sowie »vollständig unterminiert« beschrieben wird (Solomon 1995, 402 und 408). Unberücksichtigt bleibt dabei die Tatsache, daß Nannerl ihr Leben lang die Stücke des Bruders mit großer Begeisterung spielte und nach seinem Tod nichts unversucht ließ, um seine Musik der Nachwelt zu erhalten. Ihr wird außerdem nachgesagt, ihre Schwägerin »inbrünstig gehaßt« zu haben (Wagner, 41), obwohl sie 1783 gemeinsam mit ihr Kirchenbesuche machte, ihr nach dem Tod 400 Briefe hinterließ und den Söhnen Constanzes und Wolfgangs Geld schenkte.

In den 15 Jahren seit dem ersten Erscheinen dieser Biographie haben sich weitere Quellen aufgetan. So sind nach der ersten Ausgabe von Nannerls Tagebuchblättern durch Walter Hummel 1958 einige weitere Blätter aufgetaucht; die neue Ausgabe von Geffray (1998) zeichnet sich durch einen sorgfältig erweiterten Anmerkungsapparat aus. Eine Anthologie zu Mozarts Leben, Werk und Rezeptionsgeschichte hat vor allem hinsichtlich der Kindheitsreisen auch autobiographisches Material von Zeitgenossen gesammelt und macht diese Jahre dadurch noch lebendiger (Angermüller 2004). Eine Veröffentlichung zur Mozartfamilie, die Archivmaterial aus dem Nachlaß der Familie Berchtold verwendet, welches in Brünn vorzufinden ist (Halliwell 1998), bringt zusätzliches Licht in das soziale Umfeld in Salzburg. Über das Licitations-Protocoll zu Leopold Mozarts Hinterlassenschaft wurde 1991 von Hamerníková beim Mozart-Kongreß in Salzburg berichtet. Nun liegt es im Abdruck vor (Angermüller 1993). Diese Quellen sind nach Möglichkeit in die veränderte und erweiterte Neuausgabe einbezogen worden.

Was im literaturwissenschaftlichen Kontext längst als selbstverständlich gilt – daß man die Geschichte der weiblichen Subjektivität anders schreiben muß als die der männlichen (vgl. Bürger, Becher) –, wird von musikhistorischer Seite oft angezweifelt.

Der wichtigste Unterschied zwischen Ruth Halliwells voluminöser Studie, die leider noch nicht ins Deutsche übersetzt wurde, und der vorliegenden Biographie besteht darin, daß jene ihre Arbeit als eine Spurensuche und Faktensammlung begreift, die der traditionellen Musikwissenschaft zugute kommen soll. Die vorliegende Biographie hingegen wurde im Rahmen der bisherigen Erkenntnisse der Genderforschung verfaßt und bezieht die Geschlechterspezifik ein, die im 18. Jahrhundert großen Umbrüchen ausgesetzt war. Bekanntlich ist die Konstruktion der männlichen Identität mit der des Anderen verbunden. Formuliert man diese Ansicht umgekehrt, so ist die Frau als das Andere nicht ohne die Herausbildung männlicher Subjektivität denkbar. Es kann keinen Zweifel daran geben, daß das öffentliche Individuum bis auf den heutigen Tag männlich konzipiert ist. Weibliche

Exzellenz wurde im 18. Jahrhundert als Ausnahme betrachtet, so daß Nannerl aufgrund der tradierten Geschlechterbilder von Geburt an ein anderer Platz zugewiesen wurde als ihrem Bruder. Ihr Leben galt es aufgrund der verfügbaren Quellen behutsam nachzuzeichnen und in das kulturell-soziale Gefüge des 18. Jahrhunderts einzupassen.

Auch in der Bewertung der Rolle Leopolds ergeben sich Unterschiede zu Ruth Halliwells verdienstvoller Darstellung, auf die an entsprechender Stelle eingegangen wird. Salzburg erlebte später als andere Städte (und Länder) die geistige Neuorientierung der sogenannten »Aufklärung«. In Moral, Ethik und im religiösen Alltag vollzogen sich die Veränderungen nur allmählich. Noch bis ins 19. Jahrhundert hinein konnten Diebe öffentlich hingerichtet und ihre Köpfe wochenlang auf einem Pfahl aufgespießt zur Schau gestellt werden, während in der oberen Schicht die vornehme Kultur gepflegt wurde. Die Lektüre von Leopolds Briefen und Aussagen zeigt, daß er – an der Schwelle zwischen höfischer Anpassung und Aufklärung stehend – durchaus zwiespältig verfuhr, wenn er Nannerl zwar exzellent ausbildete, ihr jedoch später einen traditionellen Platz in der Gesellschaft zuwies, den sie, eine zum Gehorsam erzogene Tochter, auch akzeptierte.

Um zu verstehen, was in Maria Annas Leben fehlte (auch wenn sie selbst es nie als Defizit begriff, sondern als natürliches Schicksal), war es unabdingbar, die Entwicklung Wolfgang Amadeus Mozarts zu einem der größten Musikschöpfer einzubeziehen und zu zeigen, wie er zu demjenigen heranwuchs, dem die immerwährende Liebe und Wertschätzung der Nachwelt gilt. Nach dem ersten Erscheinen dieser Biographie stießen die Äußerungen über geschlechtsspezifische Inhalte seiner Musik zuweilen auf Kritik. Während es inzwischen allgemein akzeptiert wird, wenn auf außermusikalische Tatbestände in Mozarts Musik hingewiesen wird (z. B. Knepler, Natosevic), ist dies im Bereich der geschlechtsspezifischen Forschung nach wie vor tabuisiert. Zu diesem Thema ist nichts zurückzunehmen, die entsprechenden Ausführungen wurden jedoch gestrafft und ergänzt, wobei es künftigen Untersuchungen vorbehalten ist, detaillierter vorzugehen. Die Ausführungen über komponierende Frauen, die in der ersten Auflage dem Kapitel über Künstlerinnen zugeordnet waren, wurden den Überlegungen zu Mozart hinzugefügt, da es sich um ein komplementäres Verhältnis handelt.

Letztlich ist jeder Versuch, die faktische Vergangenheit lebendig zu machen, zum Scheitern verurteilt. Das Lebensgefühl und die mentalen Zustände lassen sich nicht lückenlos rekonstruieren. Dennoch vertrete ich die Überzeugung, daß die Folgerungen einiger Vertreter des »linguistic turn« zu pessimistisch sind, wonach es so gut wie unmöglich sei, die Vergangenheit angemessen zu erfassen. Die historiographischen Quellen bieten gerade im Fall der Familie Mozart ein reichhaltiges Ensemble. Das Problem liegt eher bei dem Umgang mit dem Material – inwiefern geht man ohne Scheuklappen und vorurteilsfrei damit um? Daß man die Quellen immer wieder hinterfragen und Mut zur Lücke beweisen muß, anstatt sie durch Spekulationen schließen zu wollen, ist gerade im Rahmen neuerer Biographieforschung betont worden (vgl. Borchard, 17-31). Es ist nur redlich, zuzugeben, daß kein Mensch von subjektivem Denken frei ist, dennoch wurde das Bemühen um eine Darstellung, die Nannerl Mozart gerecht wird, nicht aufgegeben.

September 2024   Eva Rieger

Einleitung

Sie mochte ihren Bruder »Flegel«, »Spitzbub«, »Bimberl« und »Hanswurst« genauso, wie er seine Schwester »Canaglie«, »Zizibe« – seine Königin, die »nicht gleich über jeden Dreck weinen« sollte und der er hundert »Busserln« oder »Schmatzerln« auf ihr »wunderbares Pferdegesicht« schickte. Er nannte sie »Allerliebstes Herzens Schwesterchen«, »liebste Schwester«, »Mariandel«, »meine Schwester die Canaglie«, »Cara sorella mia«, »Carissima sorella mia«, »O Du Fleißige Du!«, »meine Königin«, »mein Lungel, meine Leber«, »meine liebe Mademoiselle Schwester«, »Mädle«, zuweilen auch »Kind« und umarmte sie »mit einer bärischen Zärtlichkeit«. Er beschrieb, wie er in Rom Lukas »mit meiner Schwester« abzeichnete – gemeint ist der Evangelist Lukas mit dem Rind –, fragte sie, ob sie mit ihrer »unerträglichen Stimme noch vorsingt« und erging sich in Derbheiten: »Ich ... küsse der Mama die Hand wie auch meiner Schwester das Gesicht, Nasen, Mund, Hals, und meine schlechte Feder, und Arsch wenn er sauber ist.«

Sie war in der Kindheit ein Ansporn für ihn; später schätzte er ihr literarisches und musikalisches Urteil: Maria Anna (»Nannerl«) Mozart, die fünf Jahre ältere Schwester des genialen Komponisten Wolfgang Amadeus. Doch was ist wirklich über sie bekannt?

Beim Stöbern im Salzburger Mozarteum stieß ich innerhalb eines Stapels verstaubter Folianten auf Noten in Nannerls Handschrift. Es waren Menuette, von ihr komponiert, signiert und mit Datum versehen. Geschrieben hatte sie diese in Salzburg im Mai 1770 mit achtzehn Jahren – das Jahr, in dem ihr Vater und ihr Bruder Italien bereisten. Eine kleine Sensation! Und doch – so groß war mein Erstaunen wiederum nicht, hatte doch Wolfgang sie in seinen Briefen zum Komponieren ermutigt und ihre Ergebnisse gelobt. Ich studierte die Stücke genauer. Sie wirkten, als entstammten sie dem ausgehenden 17. Jahrhundert, in dem man noch im galanten Konversationston, also ein wenig »gelehrt«

schrieb. Der Baß fungierte als harmonische Stütze. Man könnte das Stück zu der »naiven Gesellschaftskunst der Vorklassiker« (Paumgartner, 467) rechnen, auf der Mozarts Werk fußte, ehe sich seine Musik zunehmend mit individuellen Anteilen färbte. Alles war symmetrisch angelegt und korrekt gesetzt, aber wenn man ehrlich sein soll, eher unterhaltend als seelisch ergreifend.

Doch halt! Was soeben geschildert wurde, ist ein Phantasiege-spinst. Es gibt solche Noten nicht. Der obige Zwischenfall ist frei erfunden, er sollte lediglich Ihre Reaktion testen. Vorausgesetzt, man würde irgendwann einmal doch ein Musikstück der Nannerl Mozart entdecken: würde es Sie überraschen, wenn es gediegen, aber zweitrangig wäre? Oder glauben Sie, daß die Schwester Mozarts auch Neues zustande gebracht, gar eine eigenständige Handschrift entwickelt hätte?

Die erfundene Geschichte hat ein reales Ende. Es ist dem Mo-zartkenner Wolfgang Plath gelungen, anhand seiner akribischen Kenntnis der Handschriften der Familie Mozart zwei bislang Wolfgang zugewiesene Skizzenblätter zusammenzufügen und nach-zuweisen, daß es sich um Unterrichtsversuche Nannerls handelt (Plath 1986/2001). Auf der Vorderseite ist ein menuettartiger Satz dargestellt, zu dem Leopold die Oberstimme vorgibt. Nannerls Aufgabe bestand darin, zwei verschiedene Bässe dazuzusetzen und zu beziffern. Alles ist recht brav und ohne Auffälligkeiten gelöst. Die Rückseite des Blattes ist schon interessanter: Es handelt sich um eine Variation, denn es gibt – wie Plath richtig bemerkt – nur im Bereich der Figuralvariation um 1760 ein solch starres Festhalten an der einmal gewählten Figur und Bewegungsform. Die bis auf einen Flüchtigkeitsfehler im dritten Takt fehlerlosen Noten im Baß zeigen, daß es sich um einen vom Vater vorgegebe-nen Baß handelt, auf den Nannerl Variationen zu Übungszwek-ken komponierte. Auch hier löst sie ihre Aufgabe eher pedantisch denn schwungvoll.

Nannerl erreicht trotz einer gewissen Schulung durch ihren Va-ter nicht annähernd das Niveau ihres Bruders. Auf die Gründe wird später genauer eingegangen. Nur soviel: zum Handwerk eines Pianisten oder einer Pianistin gehörte im 18. Jahrhundert die Generalbaßbegleitung vom Blatt ebenso wie das Variieren. Leopold hatte also Nannerl für ihre Tätigkeit als Pianistin ausgebildet, nicht aber für die eines Kapellmeisters, zu der die Beherrschung der Kompositionskunst zählte. Der künstlerische Wille, der die eigene Handschrift formt, ist nicht auf das Anordnen von musikalischem Material beschränkt, sondern an Lebensbedingungen geknüpft, die ihrerseits von Erfahrungen geprägt und beeinflußt werden.

Angesichts der musikalischen Leistungen Wolfgang Amadeus Mozarts ist es nur folgerichtig, daß Musikhistoriker sich immer wieder seiner Werke und seines Lebens annehmen. Es scheint aber ebenso selbstverständlich zu sein, daß zu der um fünf Jahre älteren Schwester Maria Anna (1751-1829), in ihrer Familie »Nannerl« genannt, neben einem Sammelband zu ihrem 250. Geburtstag (Düll/Neumeier) lediglich eine kurze Biographie existiert, verfaßt von Walter Hummel in den fünfziger Jahren, wenn man von den trivialen Romanen absieht. Was hat schon eine Person, der man noch heute »penetrante Farblosigkeit« und »Blässe« bescheinigt, oder die als »eine Gekränkte« gilt, die angeblich ihrem Bruder weder künstlerisch noch menschlich zu folgen vermochte, für einen Anspruch auf Interesse? Diese Frage stellt sich um so nachdrücklicher angesichts des musikalischen Innovations- und Phantasiereichtums ihres Bruders, der für sich gesehen einzigartig ist. Jeder Vergleich scheint hier unangemessen, noch dazu, wo kaum eine eigene Musiknote von ihr erhalten ist. In den Lebensabrissen Mozarts findet man sie an den Rand gedrückt. Ihre angebliche Selbstbescheidung wird als Voraussetzung für die Ausbreitung des Mozartschen Genius gesehen. Begriffe wie »still zurückziehen«, »entsagen«, »verläßlich« und »opferbereit« lassen auf eine Märtyrerrolle schließen, die häufig gutgeheißen wird: »Wer immer aber das Wesen dieser bedeutenden, selbstlos sich aufopfernden Frau erkennt und ihr Schicksal teilnahmsvoll verfolgt, wird ihr aufrichtige Liebe und höchste Achtung zollen« (Hummel 1952, 91). Die sich still unterordnende Frau galt seit dem 18. Jahrhundert als Idealbild, das sich zuweilen bis heute hält.

Dieses Bild wird zusätzlich begünstigt durch den Geniekult des 19. Jahrhunderts, wonach alle anderen gegenüber dem uneinholbaren Genie abfallen. Wolfgang Amadeus Mozart ist – der Tradition des 19. Jahrhunderts entsprechend – als Genie mystifiziert worden; seine frühe Begabung wurde als unfaßbares Phänomen in den Raum gestellt. Als Antwort auf die Frage, warum Nannerl nicht auch zumindest eine achtbare Komponistin geworden ist, wird häufig davon ausgegangen, daß das wahre Genie sich nicht erzwingen läßt: es reichte eben nicht. In der Tat konnte Nannerl nicht mit der phänomenalen Begabung ihres jüngeren Bruders mithalten (welches andere Kind hätte das schon gekonnt?). Er war bereits in jungen Jahren imstande, minimale Tonhöhenunterschiede zu hören, und hatte ein erstaunliches Gedächtnis. Seine Fähigkeit zu improvisieren wurde von den Zeitgenossen in den höchsten Tönen gelobt; er schuf Fugen aus gegebenen Themen, und er spielte die Orgel genauso virtuos wie Geige und Klavier. Doch reicht es aus, wenn ein Kind geniale Fähigkeiten zeigt? Georg Knepler ist dieser Frage nachgegangen. Er warnt davor, stillschweigend anzunehmen, Mozart sei schon als Kind für sein späteres geniales Schaffen prädestiniert gewesen. Dabei bezieht er sich auf Erkenntnisse der Psychologie hinsichtlich der notwendigen Umstände, die ein Talent reifen lassen. Da nicht alle Wunderkinder später herausragende Leistungen vollbringen, hätte er durchaus zu einem mittelmäßigen Komponisten heranwachsen können. »Daß auch *Intuition* nicht ohne *Lernen* abgeht ... hat die Musikwissenschaft – und erst recht die Literatur über Mozart – noch kaum zur Kenntnis genommen« (Knepler 1991, 108).

Daß Mozart sich stetig weiterentwickelte, lag zum einen an seiner Fähigkeit, universell und vernetzt zu denken. Seine Ehefrau

Constanze bestätigte seinen hohen Bildungsstand, die Liebe zur Rechenkunst und zur Algebra. Er war vom Theater in allen seinen Formen fasziniert, angefangen von den traditionellen Figuren der Commedia dell'arte bis hin zu Shakespeares Werken. Darüber hinaus fand er aufgrund seines Umzuges nach Wien mit seinen politischen und kulturellen Anregungen, den gebildeten Menschen, die ihn förderten, ein Feld vor, aus dem er Anregungen für die eigene Arbeit schöpfte. Es war diese Interaktion zwischen Publikum und Komponisten, Angebot und Nachfrage, Anerkennung und Motivation, die ihm das Beste abtrotzte. Zu seinen besten und eigenständigsten Arbeiten zählen die Streichquartette, die Klavierkonzerte und die reiferen Opern, die sämtlich ohne die Wiener Anregungen undenkbar wären. Hier setzt der Kontrast zu Nannerl ein, deren Lebenserfahrung sich auf das beschauliche Städtchen Salzburg sowie auf den verschlafenen Ort St. Gilgen beschränkte.

Es soll ihrem Leben keine willkürlich entworfene theoretische Konzeption übergestülpt werden, sondern es geht darum, die Spezifik der weiblichen Erfahrung in einen Zusammenhang mit den kulturellen Normen des 18. Jahrhunderts zu bringen. Dabei gilt es, Nannerls realer Situation – zum einen war sie die Schwester eines Genies, zum anderen eine im 18. Jahrhundert lebende Künstlerin – gleichermaßen gerecht zu werden. Vielleicht zeigt sich dann, daß sie gar nicht so farblos und blaß war, wie zuweilen angenommen wird, kein »engherziges Wesen, kleinlich und selbstsüchtig« oder »verbittert, weil sie keinen Mann gefunden hatte« (Schurig 1922, XXVIII). Und vielleicht war sie auch nicht das »ewige, gehorsame kleine Mädchen« (Levey, 25), »geistig mäßig beanlagt, seelisch kleinlich und engherzig, eine geborene Spießbürgerin« (Schurig 1923, Bd. 1, 56 f.).

Zunächst wird Nannerls Leben in chronologischer Abfolge umrissen, wobei es zum Verständnis zuweilen unerläßlich war, zeit- und sozialgeschichtliche Erläuterungen einzufügen. Im zweiten Teil werden Aspekte ihres Lebens mit sozialhistorischen, kulturellen und ideengeschichtlichen Fakten verknüpft, um ihrem Denken und Handeln auf die Spur zu kommen. Nannerl zur opferbereiten Handlangerin des brüderlichen Genius hochzustilisieren, wie es Hummel tat, wäre ebenso ideologisch gedacht, wie sie im Gegenzug von vornherein als Frau darzustellen, der gewaltsam alle Entfaltungschancen versagt wurden. Hier ist nur ein dritter Weg möglich, nämlich der, auf dem Weg der Erarbeitung und Interpretation von Einzelphänomenen den strukturellen Zusammenhang aufzuhellen, in dem Nannerl – und mit ihr die bürgerliche Künstlerin im 18. Jahrhundert – lebte.

Obwohl es gefährlich wäre, von biographischen Dokumenten blind auf die lebensgeschichtliche Wirklichkeit zu schließen, stellt das vorhandene Quellenmaterial eine wertvolle Hilfe dar. Bekanntlich achtete Leopold darauf, daß Briefe aufgehoben und Reisenotizen oder Tagebücher angefertigt wurden. Es ist gewiß kein Zufall, daß die Briefe Leopolds und Wolfgangs weitgehend erhalten, die von der Mutter und der Tochter geschriebenen Schriftstücke jedoch größtenteils verschollen sind. Eine wichtige Quelle für die Jahre nach Nannerls Verheiratung stellen die mehr als 125 Briefe dar, die ihr Vater zwischen 1784 und 1787 an sie richtete. Obwohl sie fast jede Woche zurückschrieb, ist keine einzige Zeile aus ihrer Feder überliefert. Es ist durchaus denkbar, daß sie ihre Briefe später selbst wegwarf – denn sie ging konform mit der allgemeinen Meinung, daß das, was Frauen produzieren, a priori unwichtig ist.

Aus Nannerls eigener Feder stammen etliche Reisenotizen sowie Teile ihres Tagebuchs, die nach und nach auftauchten. Sie geben Aufschluß über ihren Lebenslauf, ihre kulturellen Erlebnisse und ihren Bekanntenkreis. Während der Reisetätigkeit ihres Bruders korrespondierten die Geschwister lebhaft miteinander. In den achtziger Jahren nahm der Schriftverkehr merklich ab, um gänzlich zu versiegen. Erst nach Wolfgangs Tod schrieb Nannerl auf Bitten von Biographen bzw. Verlagen das auf, was ihr zum

Bruder einfiel. (Ihre Niederschrift war die Quelle weitreichender Mißverständnisse, wie sich später zeigen wird.) Über sie selbst, ihre Gefühle, ihre Lebensentscheidungen ist so gut wie nichts zu erfahren. Als das englische Ehepaar Novello eine Reise auf Mozarts Spuren unternahm und die fast achtzigjährige Greisin in Salzburg kurz vor ihrem Tod besuchte, erzählte sie ausschließlich von ihrem Bruder. Es wird daher auch Aufgabe dieser Studie sein, anhand der in den Quellen genannten Theaterstücke, die sie sah (bzw. am Wolfgangsee las), und anhand der von ihr stammenden Äußerungen über andere in Ansätzen ihre Sicht der Welt zu rekonstruieren.

Die Textwiedergaben der Briefe der Familie Mozart sind zum besseren Verständnis in der Orthographie den heutigen Verhältnissen angepaßt worden, da die verdienstvolle Gesamtausgabe der Briefe, von Wilhelm A. Bauer und Otto E. Deutsch ediert und nach deren Tod von Joseph H. Eibl zu Ende geführt, in jeder guten Bibliothek eingesehen werden kann. Das nach der Wiedergabe von Briefauszügen in Klammern angegebene Datum bezieht sich auf das Datum des geschriebenen Briefes, wie es in der Gesamtausgabe angegeben ist. Bei der Wiedergabe von Tagebucheintragungen, die einen mehrwöchigen Zeitraum umspannen, bzw. von Briefen, die nur ungenau datiert sind, sind der Band und die Seitenzahl bei Bauer/Deutsch angegeben (z. B. »B/D 1, 199«).

Häufig wurde – insbesondere bei Einzelheiten über Freunde der Familie Mozart, bei geographischen und politischen Einzelheiten – auf den kommentierten Teil der Briefausgabe sowie die beiden Nachträge zum Kommentar (Mozart Jahrbücher 1976/77 und 1980-83) zurückgegriffen. In diesen Fällen wurde auf die Quellenangabe verzichtet. Dort, wo andere Quellen herangezogen wurden, wird dies im Text durch eine Klammer mit dem Namen des Autors sowie der Seitenzahl angegeben. Die dazugehörige Literatur ist in der Literaturliste aufgeführt.

Abschließend ein Wort zu Nannerls Vornamen: es existieren davon vier Versionen. »Maria Anna Walburga Ignatia« ist ins Taufregister eingetragen. In der Familie wurde ihr Kosename »Nannerl« benutzt und beibehalten. So wird sie allgemein in der Literatur genannt, ungedenk der Tatsache, daß Wolfgang nicht in der Literatur als »Wolfgangerl« bezeichnet wird, nur weil die Familie ihn so nannte. Der Vater schreibt auf ihr Notenbuch 1759 »Marie Anne«; ebenso adressiert Wolfgang seine Briefe an sie. »Marianne« und »Maria Anna« kommen auch vor. Im folgenden wird »Nannerl« beibehalten, weil sie in der Regel mit diesem Namen in der Literatur bekannt wurde und weil er sie von ihrer Mutter »Maria Anna« abhebt. »Nannerl« erinnert aber auch daran, daß es üblich war, Frauen durch ihre Namen zu »verkleinern«.

Nannerls Leben

1. Kindheit: 1751-1762

Das Kirchenbuch der Dompfarre in Salzburg verzeichnet ordentlich die Kinder des Ehepaares Leopold Mozart und Maria Anna Mozart, geborene Pertl. Demzufolge erlebte Nannerls Mutter sieben Schwangerschaften innerhalb von acht Jahren. Die Biographen berichten gern über die Arbeit des Vizekapellmeisters am Hof und über seine pädagogischen Leistungen, schrieb er doch kurz vor Wolfgangs Geburt an seiner berühmten ›Violinschule‹. Selbst sein Unmut über die häufigen Besuche der Hebammen ist überliefert. Seine Ehefrau bleibt dabei weitgehend ausgespart. Obwohl Sterbefälle bei Kindern im 18. Jahrhundert häufig waren, wird sie der Tod von insgesamt fünf Kindern seelisch tief getroffen und körperlich ausgelaugt haben.

Bevor Nannerl auf die Welt kam, hatte Maria Anna bereits drei Schwangerschaften hinter sich. Nach der Trauung im November 1747 folgten sie in kurzen Abständen. Der Erstgeborene, Johann Joachim Leopold, starb nach sechs Monaten (18.8.1748-2.2.1749). Zum Zeitpunkt seines Todes war Maria Anna bereits wieder schwanger. Das nächste Kind, Maria Anna Kordula, blieb nur sechs Tage am Leben (18.-24.6.1749). Das nachfolgende Baby, wieder ein Mädchen, Maria Anna Nepomuzena Walburga, lebte nur zwei Monate (13.5.1750-29.7.1750). Das vierte Kind, Nannerl gerufen, kam in der Nacht vom 30. auf den 31. Juli 1751 in Salzburg zur Welt. Gleich am 31. Juli wurde sie im Salzburger Dom getauft.

Nur einige Monate nach ihrer Geburt war die Mutter mit Johann Karl Amadeus schwanger, der drei Monate am Leben blieb (4.11.1752-2.2.1753); ihm folgte Maria Crescentia Francisca de Paula (8.5.1754-27.6.1754). Als erstes Kind, welches über das Säuglingsalter hinaus am Leben blieb, wurde Maria Anna Walburga Ignatia Mozart von ihren Eltern besonders sorgfältig erzogen. Mit Wolfgang Amadeus (im Kirchenbuch Johannes Chrysostomus Wolfgangus Theophilus genannt) wurde am 27. Januar 1756 das siebente und letzte Kind geboren.

Die 1720 am Wolfgangsee geborene Mutter Maria Anna war im Gegensatz zu ihrem aus Augsburg stammenden Ehemann mit dem Salzburger Land eng verbunden. Sie durchlebte eine harte Jugend, obwohl ihr Vater Wolfgang Nikolaus Pertl (1667-1724), ein gelernter Jurist, schon bald als besonders begabt auffiel und zu einer Karriere befähigt erschien. Der Sohn eines Tuchmachers studierte als einziger von sieben Geschwistern an der Salzburger Benediktiner Universität. Der Musik zugetan, betätigte er sich nebenbei schauspielernd und singend. 1712 wurde er zum Hofkammersekretär befördert, was als eine bedeutende persönliche Leistung zu bewerten ist, da solche beamteten Stellen damals den Söhnen Adliger oder bewährter Hofdiener vorbehalten waren. Im gleichen Jahr, also mit 44 Jahren, führte er die dreißigjährige Witwe Eva Rosina Barbara Puxbaumerin, geb. Altmann, zum Traualtar. Sie entstammte einer altsalzburgischen Familie. 1714 wurde er als Verwaltungsbeamter (»Pfleger«) nach St. Gilgen versetzt, wo Maria Anna geboren wurde. Aber diese verheißungsvollen ersten Karriereschritte des Vaters, die ihr eine behütete Kindheit und Jugend zu versprechen schienen, wurden durch seinen Tod jäh beendet. Er starb an Frais (eine mit Krämpfen verbundene Krankheit), als sie vier Jahre alt war.

Da die finanzielle Situation trotz der gehobenen Beamtenstellung äußerst dürftig war – Jahreseinnahmen von 460 Gulden standen 600 Gulden jährliche Ausgaben gegenüber –, hatte Nikolaus sich verschulden müssen, um die Wirtschaft bestreiten zu können. Seine Amtsschulden beliefen sich auf 1141 Gulden – eine extrem hohe Summe. Seine Frau Eva Rosina geriet durch seinen plötzlichen Tod in eine existentielle Notlage. Die Hofkammer beschlagnahmte Bücher, Mobiliar und andere Gegenstände. Sie verlor nicht nur ihre Möbel, sondern auch ein ihr –

Maria Anna Mozart, geb. Pertl: Die Mutter

wahrscheinlich aus erster Ehe – zustehendes Erbteil von 350 Gulden. Den fehlenden Schuldenrest wollte die Hofkammer von den Bürgen des gewährten Kredits einholen. Diese wehrten sich jedoch und kritisierten das äußerst niedrige Einkommen, das den Verstorbenen genötigt habe, Geld aufzunehmen, wobei sie versicherten, daß er »ein redlicher und ehrlicher, weder dem Spielen, Trunk, noch der Kleider-Pracht ergebener Mann, auch seine Ehekonsortin eine gehorsame, kluge Hauswirtin war« (Schenk 1929, 91).

Der drohende soziale Abstieg muß ein schwerer Schock für die

Witwe gewesen sein. Die »gehorsame, kluge Hauswirtin« zog mit ihren beiden Töchtern nach Salzburg und lebte von acht Gulden monatlichem Gnadengeld, das 1727 auf neun Gulden erhöht wurde und alle drei Jahre neu beantragt werden mußte. Von 1737 an wurde endlich eine lebenslange Rente ausbezahlt.

Mit sieben Jahren starb Maria Annas Schwester. Alle Kraft der Witwe konzentrierte sich nun auf das einzig verbliebene Kind. Bestrebt, der Tochter eine gute Ausbildung zu ermöglichen, bat Eva Rosina in ihren Gesuchen um ein Gnadengeld »zur Erlernung der zum künftigen Fortkommen vonnöten habenden Handarbeiten«. Den Gepflogenheiten des 18. Jahrhunderts gemäß wird die Tochter das Nähen, Stricken und Klöppeln erlernt und Grundkenntnisse in Lesen, Schreiben und Rechnen erworben haben. Da sie auf einem erhaltenen Bildnis ein Stück Spitze in der Hand hält, hat sie möglicherweise im Spitzenklöppelei-Gewerbe gearbeitet. Diese Hausindustrie hatte sich seit dem 17. Jahrhundert in den Gebieten um St. Gilgen ausgebreitet (Ziller, 204 ff.). Die wichtigste Fertigkeit einer künftigen Hausfrau bestand jedoch in der Verwaltung eines Haushalts, damals keine geringe Aufgabe. Nahrhaftes und gutes Kochen, das Herstellen von Medikamenten, der sparsame Umgang mit Geld und alle Arten von Näharbeiten gehörten selbstverständlich dazu.

Da Leopold in seinen Briefen nie etwas an dem hauswirtschaftlichen Können seiner Frau kritisiert, ist anzunehmen, daß sie diese Fertigkeiten gründlich gelernt und tadellos ausgeübt hat.

1733 wird Maria Annas Mutter von einer chronischen Krankheit befallen. In einem erneuten Gesuch um finanzielle Unterstützung beschrieb sie sich als »immerdar unpäßlich«; sie könne wegen ihrer defekten Augen mit der Handarbeit nichts verdienen und müsse sich einen Dienstboten halten. In der gleichzeitigen Befürwortung des Hofzahlamtes wird die »immerdar krank liegende Tochter von 14 Jahr« erwähnt. Die wiederholten Petitionen, Geldknappheit, eine entbehrungsreiche Jugend, Todesfälle im engsten Familienkreis, die eigene Erkrankung und die ihrer

Mutter, der bittere soziale Abstieg – das waren existentielle Nöte, die Maria Anna prägten.

Von 1742 an wohnte Maria Anna mit ihrer Mutter in der heutigen Getreidegasse 48. Wie sie ihren künftigen Mann kennenlernte, ist nicht bekannt. Die späteren Briefe, die zwischen dem Ehepaar wechselten, lassen – trotz einiger herablassender Töne Leopolds – erkennen, daß beide eine innige Zuneigung verband, es sich somit um eine Liebesheirat handelte. Dafür spricht auch, daß Leopold keinerlei Mitgift von Maria Anna Pertl erwarten konnte.

Leopold wurde 1719 in Augsburg als Sohn eines Buchbinders geboren. Er trug als ältestes von neun Kindern für die überlebenden sechs Geschwister eine gewisse Verantwortung, die ihm in Fleisch und Blut überging und sein ganzes Leben prägen sollte. Zwei seiner Brüder, Joseph Ignaz und Franz Aloys, führten die Buchbindertradition seines Vaters fort. Der dritte Bruder, Johann Christian, erhielt wie Leopold eine qualifizierte Schulbildung, starb aber in jungen Jahren.

Der Fünfjährige trat in die Vorschule des Jesuitengymnasiums St. Salvator ein; die Gymnasialzeit begann drei Jahre darauf. Als Sängerknabe beschäftigt, verbesserte er von früh an sein Violin- und Klavierspiel. Sein Abgangszeugnis vom August 1736 weist nach, daß er in Grammatik, Rhetorik, der großen Syntax und den Humaniora gute Ergebnisse erzielt hatte (Valentin 1987, 32).

Es ist nicht eindeutig zu klären, warum er sich von Augsburg trennte und für Salzburg entschied. Die 1623 durch Graf Paris Lodron gegründete Salzburger Universität erfreute sich eines guten Rufes. Vielleicht beeinflußte ihn die Übersiedlung des Augsburger Professors der Logik nach Salzburg im gleichen Jahr. Warum aber wurde der Hochbegabte 1739 »wegen mangelnden Studieneifers« von der Universität relegiert? Es wird allgemein vermutet, daß sein starkes musikalisches Interesse überhandnahm. Dennoch bleibt die Schmach eines Ausschlusses zurück.

Leopold Mozart um 1765

1744 trat Leopold als Kammerdiener und Violinist in gräfliche
Dienste ein. Es ist unklar, wann er Maria Anna traf. Jahrzehnte
später erinnerte er sich daran, daß er und Maria Anna »den guten
Gedanken ... uns zu verheiraten ... viele Jahre zuvor« hatten:
»Gute Dinge wollen ihre Zeit!« (21.11.1772) Er kämpfte um
ein Gehalt bei Hofe, das ihm die Gründung einer Familie gestatten würde. 1743 verlieh man ihm die unbezahlte Anwartschaft
auf einen Posten innerhalb der Hofkapelle, und als zwei Mitglieder ein Jahr später starben, bat er um einen Posten. Es sah zunächst aus, als würde er Glück haben, denn man versprach ihm
monatlich 20 Fl. plus Wein und Brot. Doch der neue Erzbischof
strich bei seinem Amtsantritt den Posten. Erst ab 1747 bekam

er ein Gehalt, von dem es sich leben ließ: monatlich 20 Fl. plus jährlich 54 Fl. für Wein und Brot. Nun stand der Eheschließung nichts mehr im Wege. Nach einer vermutlich jahrelangen Wartezeit wurde schließlich am 21. November 1747 im Salzburger Dom geheiratet.

Leopold bezog mit Frau und Schwiegermutter eine Mietwohnung im dritten Stock des Hauses in der heutigen Getreidegasse 9, das die Familie sechzehn Jahre lang mit Leben erfüllte. Man bewohnte das ganze Geschoß des Vorderhauses, das aus vier Zimmern und einer Küche bestand, und das heute jährlich Tausende von Besuchern aus aller Welt besichtigen. Die Verhältnisse waren bescheiden, zumal Leopolds Gehalt niedrig war. Trotz der gesicherten Stellung hatte er wirtschaftliche Sorgen, an die er sich nachträglich in einem Brief an Wolfgang erinnerte: »Ich habe seit eurer Geburt und auch schon vorher, seit dem ich verheiratet bin mir es gewiß sauer genug werden lassen, um nach und nach einer Frau und 7 Kindern, 2 Ehehalten (= Dienstmägden) und der Mama Mutter mit etlichem und 20 f monatlichem gewissen Einkommen Unterhalt zu verschaffen, Kindbetten, Todfälle und Krankheiten auszuhalten« (5. 2. 1778).

Leopold war mit seinen zahlreichen Hofdiensten ausgelastet. Er mußte Proben leiten, unterrichten, Konzerte organisieren, komponieren und Gottesdienste ausgestalten. Zu Hause entkräfteten die drei rasch aufeinanderfolgenden Geburten (denen noch vier folgen sollten) Maria Anna so sehr, daß sie 1750 zur Erholung nach Gastein fuhr. Dem dortigen Gästebuch vertraute sie ihre Dankbarkeit an, wie man anhand eines Faksimiles im Gedenkhaus in St. Gilgen nachlesen kann:

Dem Höchsten sag ich Dank für das was ich gefunden
von diesem edlen Bad in fünf und neunzig Stunden
Anna Maria Mozartin den 12. August 1750

Daß sie tatsächlich nur vier Tage dort weilte, scheint angesichts der entstandenen Kosten unwahrscheinlich. 36 Jahre später schrieb Leopold, daß es bei einer Erkrankung billiger sei, sich mit Kräutern zu kurieren, als zur Kur zu fahren. Er mußte seine Frau damals »mit 12 Dukaten in das Gasteinerbad schicken, ob ich gleich nur 29 fl 30 × monatlich Besoldung hatte; ja, ich reiste dann mit dem Wagen noch selbst hinein, um sie abzuholen« (12. 8. 1786). Vier Florin machten einen Dukaten aus, so daß er anderthalb Monatsgehälter opfern mußte. Die Kur Maria Annas schlug günstig an, denn Nannerl blieb daraufhin als erstes Kind am Leben. Ihre Großmutter, Maria Annas Mutter, lebte noch im Hause, sie starb erst 1755, konnte also die kleine Nannerl mit versorgen.

Es wäre falsch, vorzugreifen und das Modell des im 19. Jahrhundert propagierten bürgerlichen Häuslichkeitskultes, der als emotionaler Innenraum und Gegenwelt in einer feindlichen Umwelt konzipiert wurde, auf die Familie Mozart zu übertragen. Die im 19. Jahrhundert idealisierte und gepflegte Atmosphäre hoher Gefühlsintensität, die gewöhnlich von der Mutter ausging, wird in dieser Form nicht vorhanden gewesen sein. Und dennoch ist anzunehmen, daß die Kinder liebevoll aufgezogen wurden. Sicherlich wurde der Säugling nach den damaligen Erkenntnissen auf das sorgfältigste gepflegt und sogar verhätschelt.

Nur wenig ist aus den ersten Lebensjahren Nannerls überliefert. Als Wolfgangs Ehefrau Constanze 1783 ihr erstes Kind zur Welt brachte, erinnerte Wolfgang sich daran, daß weder er noch Nannerl mit Muttermilch aufgezogen worden waren. Dies hat wohl kaum mit der Ende des 18. Jahrhunderts verbreiteten französischen Mode zu tun, als das Stillen zum Zeichen fehlender Kultur und Rückständigkeit wurde (vgl. Lipp, 68); wahrscheinlich befürchtete Leopold eine Brustentzündung seiner Frau. Spielzeuge waren der wirtschaftlichen Lage entsprechend rar: Leopold erwähnt eine Puppe, mit der Nannerl und Wolfgang als Kinder spielten und die den Namen »Salome Musch« (benannt nach der alten Familienköchin) trug. Sie wurde Jahrzehnte später vom Dachboden heruntergeholt und Nannerls Sohn zum Spielen gegeben (25. 8. 1786). Nannerl erinnerte sich außerdem an ein altes Lotteriespiel, das sie ebenfalls viele Jahre später wieder entdeckte. Dennoch wird es den Kindern nicht an Spielkameraden gefehlt haben, denn das Haus, in dem sie die Wohnung im dritten Stock gemietet hatten, gehörte Johann Lorenz und Maria Theresia Hagenauer. Dieser Kaufmann blieb Leopolds treuer Freund, und da die Familie Mozart gern Besucher empfing, werden Nannerl – und später Wolfgang – oft mit den Hagenauer-Kindern gespielt haben (Halliwell, 30). Außerdem wohnte ja die Großmutter Eva Rosina Barbara Pertl bis 1755 im Haus in der Getreidegasse, sie wird Nannerl Kinderlieder und Gedichtverse beigebracht haben.

Leopold Mozart konnte eine breite Universalbildung vorweisen. Mit seinem 1756 gedruckten »Versuch einer gründlichen Violinschule«, der mehrfach erweitert und neu aufgelegt wurde, hat er die bedeutendste Methode des Violinspiels seiner Zeit präsentiert. Seine Briefe verraten, wie intensiv er sich mit den aktuellen Ereignissen seiner Zeit beschäftigte, so daß ihm die neue pädagogische Bewegung um die Mitte des 18. Jahrhunderts, die in Theorie und Praxis die grundsätzliche Besserung der Kindererziehung anstrebte, vertraut gewesen sein durfte. Er wußte, worauf es ankam: »Überhaupt hatte ich allzeit mein ganzes Augenmerk auf die Erziehung und Ausbildung meiner Kinder, gute Sitten und Wissenschaft, ein aufgeklärter guter Menschenverstand und Geschicklichkeit ist Nr. 1« (B/D III, 349). »Man muß vor Gott und der Welt ... für seine Kinder denken«, schreibt er kurz vor seinem Tod (9. 3. 1787); und: »Die Erfahrung durch unzählige Beispiele überzeugte mich, daß man nicht genug für die Erziehung der Jugend sorgen kann, an der das ganze zeitliche und ewige Wohl unwidersprechlich liegt, die wir vor Gott verantworten müssen« (28. 7. 1786). Leopold wird gründlich über eine »geschickte Auferziehung« Nannerls nachgedacht haben, zumal sie fünf Jahre lang nahezu ein Einzelkind blieb und ihre Eltern nach den tödlich verlaufenen Geburten befürchten mußten, daß sie es bleiben würde.

Vor Beginn des 18. Jahrhunderts herrschte noch die strenge, auf christliche Grundsätze zurückgehende Pädagogik. Die einschlägigen Ratgeber empfahlen den Eltern, den Eigenwillen der Kinder zu brechen, da er die Quelle allen Verderbens sei (Quabius, 16). Abraham a Sancta Clara mahnte die Eltern: »Wenn man ... die Ruthe spart, so kommt Schand' und Schad' über die Kinder« (zit. b. Möller, 112). Diese Maxime der unerbittlichstrengen Kinderzucht änderte sich jedoch im Verlauf der Aufklärung. Vernunft, Gott und Natur bildeten eine unauflösliche Einheit (Glantschnig, 8). Die Vernunft war somit ein göttliches Gebot. Das Strafen im Affekt, unmäßige Prügelei, die Drohung mit Schreckgestalten wie Mummel und Popanz wurden gegeißelt. Leopold beherzigte die neuen Ratgeber. Nackter Zwang war nicht seine Sache. Es gibt keinerlei Hinweise darauf, daß er seine Kinder streng bestrafte oder gar prügelte. Getreu den Vorstellungen Fénelons faßte er die Erziehung als ein behutsam lenkendes Freilegen natürlicher Anlagen auf, wobei er als Familienvater freilich das letzte Wort hatte. Dies wird sich dennoch insgesamt günstig auf die familiäre Atmosphäre ausgewirkt haben, da er seinen Willen nicht mit Kälte und Strenge durchsetzte, sondern nach Möglichkeit auf die Argumente der Kinder einging und ihnen mit Güte und Mitgefühl begegnete. Wie geschickt er dabei war, zeigt eine Episode mit seinem Enkel, die sich Jahrzehnte später zutrug. »Wenn er zu nachts nicht schlafen gehen will«, schreibt er über den kleinen Jungen, »dann sage ich, daß ⟨ich⟩ mich in sein Bett lege, und gehe hin; – dann eilt er und schiebt mich weg, und wenn er dann liegt, so lacht er vor Freuden, daß er mich übervorteilt hat« (12. 1. 1787).

Neben dieser Modifizierung einer strengen Erziehung durch die Ideen der Aufklärung überkreuzten sich im 18. Jahrhundert zwei weitere erzieherische Leitlinien: man unterschied zwischen Jungen und Mädchen, aber auch zwischen Kindern niederer und höherer Stände. Leopold zählte sich zum gehobenen Bürgertum und richtete seine Erziehung darauf ein. So hatte er zu berücksichtigen, daß Nannerl ein Mädchen war. Was bedeutete dies praktisch?

Im Zeitalter des Rationalismus war man bestrebt, die Bildung der Frau zu heben. Dem Geist des Zeitalters entsprechend sollte das geschriebene Wort auf sie einwirken. Sie sollte aber nur insoweit aus ihrer Beschränktheit herausgehoben werden, als sie innerhalb der Familie zur Zierde des Mannes dienen konnte und ihm ergeben war. »Gelehrt« zu sein war für die Frau ein Schimpfwort. Schon bei August Hermann Francke, der Ende des 17. Jahrhunderts Waisenhäuser, Schulen und Pensionate gründete und dessen Pädagogik sich in den protestantischen Gebieten Deutschlands verbreitete, war eine Zweispurigkeit der Mädchenerziehung vorgesehen. Mädchen aus niederen Ständen erhielten den allgemeinen Elementarunterricht, dazu Christenlehre sowie Unterricht im Spinnen, Nähen und Stricken. Mädchen aus höheren Ständen wurden neben dem Elementarunterricht und der Christenlehre in französischer Sprache, feinen Manieren, in nützlichen Künsten und Wissenschaften und in der Führung von Haushaltung und Wirtschaft unterwiesen. Die dilettantische Bildung als Zierde der Weiblichkeit ging parallel mit der Errichtung von Ausbildungsstätten wie Universitäten, Gymnasien, Ritterakademien, Realschulen, Lateinschulen, Philanthropine usw., die alle für die männliche Jugend gedacht waren. Diese Tendenz verstärkte sich im Laufe des 18. Jahrhunderts: »Die Etablierung des – in unserer Ausdrucksweise – allgemeinbildenden und weiterführenden Schulwesens im ausgehenden 18. Jahrhundert benachteiligt Mädchen systematisch, ›dank‹ pädagogisch-anthropologischer ›Theorien‹ über die Bestimmung der Frau« (Herrmann, 113).

Es gab während Nannerls Kindheit noch keine Schulpflicht; das Unterrichtswesen wurde erst 1774 unter staatliche Aufsicht gestellt. Für sie wäre sowieso nur eine sogenannte »gemeine Volksschule« in Frage gekommen. Eine höhere, wissenschaftliche Ausbildung auf einem Gymnasium oder an der Universität – beides existierte in Salzburg – war ja Mädchen nicht gestattet. Vermutlich behagten Leopold die Methoden an den Volksschulen ebensowenig wie deren Lehrstoff – er erzog sie jedenfalls daheim, wie ihren Bruder auch.

Es ist anzunehmen, daß Leopold mit einem weiteren, bereits im 17. Jahrhundert leidenschaftlich geführten Streit, nämlich der »Querelle« für und wider die Frauengelehrsamkeit, gut vertraut war. Aus Frankreich sind allein rund 300 Querelle-Schriften bekannt. Heute ist diese Diskussion gegenüber den Aussagen der Philanthropen und Gelehrten des ausgehenden 18. Jahrhunderts zur Frauenbildung in Vergessenheit geraten; letztere bilden aber im Grunde genommen nur die Fortsetzung der alten Diskussionen um das Maß an Bildung, das der Frau zustand.

Die Gegner der Frauengelehrsamkeit bezeichneten die gelehrte Frau als »monstrum naturae«, als männlichen Geist im weiblichen Körper. Sie führten dies auf die biblische Eva zurück, der Erstverführten und Verführerin des Mannes, die nur beschränkt eine menschliche Gottebenbildlichkeit beanspruchen konnte. »Frauengelehrsamkeit als Luxusbeschäftigung für die gehobenen Klassen, als Exoticum im Raritätenkabinett wird geduldet, im Wettstreit unter den europäischen Nationen wohl auch mit Stolz genannt, aber jede Erweiterung über den Ausnahmestatus hinaus wird strikt abgelehnt« (Gössmann, 187).[1]

Die Auswirkungen dieser Diskussionen blieben nicht ohne Wirkung auf die Pädagogen, die Leopold schätzte. Während Nannerls Kindheit erwähnt er zwei Autoren, deren Werke er verehrte: François Fénelon und Christian Fürchtegott Gellert. Mit dem Leipziger Professor Gellert korrespondierte er sogar. Als dieser 1769 starb, betrauerte Leopold den großen Verlust, während der 14jährige Wolfgang der Schwester gegenüber ein Wortspiel mit »Gellert = gelehrt« machte und offensichtlich hoffte, daß nun die väterlichen Belehrungen ein Ende finden würden (26. 11. 1770). Die Wirkung, die im 18. Jahrhundert von Gellert ausging, ist kaum zu hoch einzuschätzen: seine Bedeutung für das 18. Jahrhundert kann mit der Schillers für das 19. Jahrhundert verglichen werden (Honnefelder, Bd. 1, 9).

Gellert geht in seinen Moralischen Vorlesungen »Von den Pflichten der Erziehung« zunächst auf das Kind im allgemeinen ein. In den ersten Jahren, in denen es um allgemeine pflegerische Dinge geht, wendet er sich an die Eltern des jeweiligen »Kindes«. Wo aber das Haus verlassen und das Kind sich die Natur anschauen und erleben soll, spricht Gellert nur noch vom »Knaben«. Alles soll von ihm wahrgenommen werden: Gemälde, Münzen, Tiere, Häuser, Bäume, Blumen; er soll über das Gesehene reden. Vom fünften Jahr an soll er an das richtige Begreifen und Urteilen gewöhnt werden, an einfache geometrische Figuren; er soll basteln, Landkarten abmalen; sobald er lesen kann, soll er »eine kleine Weisheit täglich und wöchentlich in ein Tagebuch eintragen« (Honnefelder, Bd. 2, 336 ff.).

Ähnlich bekannt war die erstmals 1697 erschienene Abhandlung von François Fénelon »De l'éducation des jeunes filles«, die die Diskussion über die Mädchenerziehung bis ins 19. Jahrhundert hinein prägte. Leopold gibt einen deutlichen Hinweis darauf, daß er das Werk nicht nur kannte, sondern selbst studiert hat. Er berichtet von unterwegs, daß die Familie in Cambray das Grabmal Fénelons besuchte, der sich »durch das Buch von der Erziehung der Töchter ... unsterblich gemacht hat« (16. 5. 1766).

Fénelon plädiert für eine angemessene Bildung der Mädchen. Das kindliche Gehirn sei zugleich warm und feucht, wodurch sich alles leicht einprägen ließe: »So muß man sich denn beeilen, in ihren Kopf hineinzuschreiben, solange sich die Schriftzüge noch leicht darin abformen« (Fénelon, 21). Er verurteilt den Müßiggang, der zur Trägheit und folglich zur Langeweile führe, und lobt ein arbeitsames Leben. Zugleich steckt er die Grenzen ab: eine ruhelose Phantasie und übermäßige Neugier verurteilt er als verderblich für Mädchen; jede »Geistreichtuerei« sei abzulehnen. Als Kind seiner Zeit brauchte Fénelon nicht zusätzlich zu betonen, worauf es ihm ankam: ihm war es selbstverständlich, daß Frauen keinesfalls zum »monstrum naturae« werden durften.

Selbst wenn Leopold diese Überlegungen Fénelons nicht unmittelbar kannte, war er beeinflußt von dem Zeitgeist, dem beide entstammten. Kindlicher Gehorsam war ihm eine Selbstverständlichkeit. »Daß der Müßiggang der Kinder Unglück ist, hat seine vollkommene Richtigkeit«, betonte er nachdrücklich (18. 11. 1785). In der inhaltlichen Gestaltung der betriebsamen Tätigkeit gab es allerdings Unterschiede zwischen Mädchen und Buben. An der sprachlichen Ausbildung wird die unterschiedliche Gewichtung ersichtlich: während Wolfgang als Vierzehnjähriger fließende Sätze formulierte, schrieb Nannerl im gleichen Alter grammatikalisch fehlerhaft und in einem verkürzten Stil, der sich erst im Erwachsenenalter besserte.

Es wird vermutet, daß Wolfgang gründlich in Italienisch und Französisch, sowie im Nötigsten in Lateinisch und Englisch ausgebildet wurde, noch dazu in etwas Geschichte, Geographie, Mathematik und Literatur (Paumgartner, 129). Auch Religionsgeschichte und -lehre soll ihm vermittelt worden sein (Hutchings, 4). Vermutlich erhielt Nannerl in den Sprachen etwas Unterricht, denn sie schrieb dem Bruder einmal in italienischer Sprache.

Bei Wolfgang mochten »Geistreichtuerei« und ein freies Ausspielen kreativer Phantasie durchgehen; bei Nannerl mußte der Vater die Grenze ziehen, wollte er nicht in Widerspruch zu den Überzeugungen seiner Zeit geraten. Sie lernte im Sinne Fénelons Eigenschaften wie Geschicklichkeit, Sittsamkeit und Fleiß, aber sie wurde nicht angehalten, Tätigkeiten, die in kreative Bereiche einführen, zu kultivieren. Das Herumklimpern auf dem Clavichord wurde sicherlich nicht gefördert. Als Wolfgang dagegen seine ersten Melodien noch recht dilettantisch verfaßte, reagierte Leopold lobend. Ein Mädchen mußte auf die künftige Tätigkeit als Hausherrin eingestellt werden, und Leopold wird sie oft in die Küche zu der Mutter und dem Hauspersonal geschickt haben, damit sie dort Eindrücke sammelte und die ersten kleinen Haus- und Handarbeiten verrichtete. Der Mutter, die selbst in früher Kindheit solche Fertigkeiten erlernt hatte, lag sicherlich viel daran, sie der Tochter weiterzuvermitteln.

Mit sieben Jahren erhielt Nannerl ihren ersten Klavierunterricht. Es war Leopolds Ziel, sie zu einer tüchtigen Spielerin auszubilden. In die Öffentlichkeit drängte er sie nicht: er ließ sie erst konzertieren, als Wolfgang alt genug war, um sich ebenfalls zu zeigen. Möglicherweise machte sich Nannerls Begabung nicht sofort bemerkbar. Als Ausgleich zu den technischen Übungen fertigte er zu ihrem Namenstag am 26. Juli 1759 ein Notenbuch für sie an: »Pour le Clavecin ce Livre appartient à Mademoiselle Marie Anne Mozart 1759.« Die französische Sprache deutet auf aristokratische Gepflogenheiten, die das gehobene Bürgertum übernahm.[2] Es ist ein Heft von 35 Blättern und enthält neben Stücken des Vaters leichtere Stücke anderer wie Wagenseil, Tischer und Agrell. Zwischen den einzelnen Gruppen besitzt das Buch noch einige Leerblätter. Die Kompositionen sind nach Gattungen geordnet. Die Menuette sind nach steigender Schwierigkeit notiert, worauf technisch anspruchsvollere Stücke folgen. Leopold griff nicht auf Stücke zurück, die er selbst als Anfänger in Augsburg einübte, sondern hielt sich an die Salzburger Tradition.

Da das Notenbuch für ein Mädchen geschrieben wurde, entfielen Stücke für die Orgel, damit aber auch die Beschäftigung mit dem Orgelpunkt. Dagegen lernte sie den »basso continuo« (eine vorgegebene Baßstimme wird harmonisch ausgefüllt, um die Melodie zu stützen). Diese Unterscheidung ist wichtig, denn sie macht klar, was Leopold mit ihr vorhatte: sie studierte die gleiche Literatur wie ihre männlichen Zeitgenossen, erlernte die gleiche instrumentale Technik und konnte damit beim öffentlichen Vorspiel brillieren. Sie wurde aber nicht mit denjenigen Techniken vertraut gemacht, die ein Mann für die eigentliche berufliche Ausübung benötigte.

Leopold notierte auf den leeren Seiten Musikstücke, die sein Sohn in den späteren Jahren lernte oder komponierte. Nannerl löste im hohen Alter das Buch aus der Bindung oder schnitt einzelne Seiten heraus, die sie Freunden und Mozart-Verehrern schenkte. Einige kamen aus Privatbesitz zum Vorschein oder fanden sich in öffentlichen Bibliotheken, andere sind für immer verschollen. Dennoch ließ sich rekonstruieren, daß Wolfgang die leeren Blätter »annektierte« (Plath 1982, XII). Selbst in späteren Jahren, also um 1764-1765, als er schon sein eigenes »Londoner« Skizzenbuch besaß, griff er zum Notenbuch der Schwester. Insgesamt achtzehn Kompositionen Wolfgangs sind eingefügt. Tat er das auf ihren Wunsch, wollte er sie ärgern, oder mangelte es ihm einfach an Notenpapier? Ihr Notenbuch gehörte Nannerl also nicht allein.

Obwohl sie schnell lernte und es zu einer für ihr Alter ungewöhnlichen Meisterschaft im Spiel brachte, sind keine Eintragungen Leopolds überliefert, die sie betreffen (etwa ihre Lernfähigkeit, ihre Kompositionsversuche u. a.). Die handschriftlichen Zusätze, die Leopold in ihr Notenbuch eingetragen hat, gelten allesamt dem um fünf Jahre jüngeren Bruder. Dieser lernte bereits vierjährig zwei Menuette und ein Allegro; ein Jahr darauf notierte der Vater stolz die Beherrschung von vier weiteren Stücken und zeichnete drei Kompositionen des Sohnes auf.

Mit fünf und sechs Jahren komponierte der kleine Wolfgang seine ersten Stücke. Drei von ihnen, KV 2, 4 und 5, haben den gleichen Baß, der von Leopold vorgegeben wurde. Wolfgang hatte darüber Menuette von verschiedenem Charakter zu bilden. Erstaunlich ist die sichere formale Gestaltung; Wolfgangs instinktive Begabung zeigte sich somit in früher Kindheit. Dennoch wäre es vermessen, geniale Fähigkeiten bereits in diesen Frühwerken festzumachen; hinter allem stand der Vater »mit seiner ordnenden und bessernden Hand, die keine Mängel und Ungeschicklichkeiten durchgehen ließ« (Abert I, 30).

Leopold, dessen eigener Ehrgeiz beschnitten worden war – die Hofkapellmeisterstelle wurde ihm in Salzburg ein Leben lang versagt –, verlagerte angesichts der glänzenden Möglichkeiten, die die begabten Kinder ihm eröffneten, alle Pläne und Hoffnungen auf die beiden Sprößlinge. Er entschloß sich, sie den europäischen Höfen vorzuführen – ein gewagtes Unterfangen. Um die Kräfte und Möglichkeiten der Kinder zu erproben, unternahm er Anfang 1762 eine dreiwöchige Reise, die nach München zum Hof des Kurfürsten Maximilian III. von Bayern führte. Briefe aus dieser Zeit sind nicht erhalten geblieben. Wahrscheinlich entbehrten die Kinder die Mutter, denn auf der zweiten Reise, die vom September 1762 bis zum Januar 1763 dauerte, nahm er sie mit. Nannerl war inzwischen elf, Wolfgang fast sieben Jahre alt. Leopold wollte die Kinder dem Kaiserhof und dem Wiener Adel vorführen. Sein präzises Reisetagebuch und seine Briefe an den Hauswirt, den Kaufmann Johann Lorenz Hagenauer, der die Reisen vorfinanzierte, spiegeln die Erlebnisse recht genau wider, obwohl er sicher auch bemüht war, einen möglichst guten Eindruck auf seinen Kreditgeber zu machen.

Am 18. September 1762 reiste die gesamte Familie in Begleitung des 42jährigen Kopisten und Hofmusik-Accessisten Josef Richard Estlinger von Salzburg ab. Er war nicht nur das Faktotum der Familie, sondern der Fürsterzbischof hatte vermutlich die Urlaubsbewilligung für seinen Hofmusiker mit der Auflage verbunden, er habe neue Musikalien mitzubringen – die er dann wohl kopieren mußte. Über Passau, wo man sechs Tage verbrachte, und Linz, wo der sechsjährige Wolfgang im Rathaussaal öffentlich auftrat, ging es weiter nach Mauthausen und von dort nach Wien. Nannerl wird die Architektur, die gesteigerte Repräsentations- und Schaulust der Aristokratie tief beeindruckt haben: »Ihr Weg führte sie nun in jene schönen Wiener Adelspaläste, aus denen uns noch immer der ganze Zauber abendländischer Kultur des Hochbarocks entgegenweht. Über großzügig angelegte Stiegen schritten die Kinder an der Hand der Eltern in leuchtende Spiegelsäle mit prächtigen Kristalleuchtern, die das warme Licht der Kerzen tausendfach in einem zauberhaften Farbenspiel reflektieren; entzückend geschweifte Dekorationen und Stuckornamente, an Decken und Wände hatten Künstler farbige Allegorien gezaubert« (Schuler 1993, 35).

Bereits die ersten Berichte offenbaren eine ungleiche Aufmerksamkeit, die Wolfgang und Nannerl in der Öffentlichkeit erfuhren. Leopold berichtet, daß Wolfgang in Passau »die Gnade ⟨hatte⟩, sich bei Seiner fürstlichen Gnaden zu produciren, das Mädl aber nicht« (3. 10. 1762). Woran es lag, daß Nannerl nicht spielen durfte, und ob sie dies als Zurücksetzung empfand, bleibt offen. Wolfgang erhielt einen Dukaten für sein Spiel – eine eher symbolische Entlohnung, die ihn aber dennoch mit Stolz erfüllt haben wird. Im gleichen Brief heißt es: »Meine Kinder setzen übrigens alles in Verwunderung; sonderheitlich der Bub« und: »Alle Damen sind in meinen Buben verliebt«; »Der Bub ist mit allen Leuten, sonderheits mit den Offizieren so vertraulich, als wenn er sie schon seine Lebenszeit hindurch gekannt hätte« (16. 10. 1762). Je jünger ein Wunderkind, desto größer der Niedlichkeitseffekt und das Aufsehen. Nannerl mußte sich zudem als Mädchen zurückhaltend zeigen, während Wolfgang unbefangen auf Menschen beiderlei Geschlechts zuging, seien es Damen der Gesellschaft oder Offiziere.

Den Kindern machte das Reisen Spaß. Unbefangen genossen sie die Kutsch- und Schiffahrten. Leopold zufolge benahmen sie sich so lustig, als wären sie zu Hause. Ihnen schien auch die räumliche Enge nichts auszumachen, die Leopold plastisch beschrieb.

Im Zimmer selbst trat man sich auf die »Hühneraugen«. Mit vier-
einhalb Spann (ca. 90 cm) Breite für je ein Elternteil mit Kind waren die Betten mehr als schmal. »Noch weniger ist es lächerlich,
wenn mich der Bub, und meine Frau das Mädl wo nicht über
das armselige Bett herunterwerfen, doch auch uns wenigst alle
Nacht ein paar Rippen eintreten.«

Am 9. Oktober präsentierte sich Wolfgang anläßlich einer Akademie in einem Wiener Palais erstmalig vor adligem Publikum. Mit
dabei war die Sängerin Marianne Bianchi. Beim Grafen Joseph
Wilczek gaben die Kinder eine Akademie und endlich durfte
Nannerl auch ihr Können zeigen. Einen Höhepunkt bildete der
dreistündige Empfang der Familie im Schloß Schönbrunn bei
Kaiserin Maria Theresia und ihrem Gatten. Leopold berichtet,
daß der kleine Wolfgang der Kaiserin auf den Schoß gesprungen
sei, sie umarmt und abgeküßt habe. Wolfgang wurde ein Gewand
geschenkt, Nannerl erhielt als Entlohnung das Hofkleid einer
Prinzessin, was der Elfjährigen lebenslang unvergeßlich geblieben
sein wird.[3]

Zwei Tage später, am 15. Oktober, spielte sie mit ihrem Bruder
zusammen beim Staatskanzler Wenzel Anton Graf Kaunitz. Unter Lampenfieber scheinen beide Kinder nicht gelitten zu haben.
Der »Augsburgische Intelligenz-Zettel« berichtete über ihre Auf-
tritte: »Stellen Sie sich einmal ein Mädgen von 11 Jahren vor,
das die schwersten Sonaten und Concert der grösten Meister
auf dem Clavecin oder Flügel auf das Deutlichste, mit einer
kaum glaublichen Leichtigkeit fertiget und nach dem besten Geschmack wegspielt. Das muß schon viele in eine Verwunderung
sezen« (Deutsch 1961, 22). Obwohl auf diese beiden Sätze elf weitere über Wolfgang folgten, stellen sie doch Nannerl als eine Virtuosin von hohem Rang dar.
    Leopold schonte seine Kinder nicht. Im Oktober traten die Kin-
der an fünf von sechs aufeinanderfolgenden Tagen auf (15.-20. 10.)

und wurden einen Tag darauf von Kaiserin Maria Theresia erneut empfangen. Diese Überforderung ließ Wolfgang prompt erkranken. Er mußte eine Woche lang das Bett hüten. Nannerl trat während dieser Zeit nicht allein auf – Leopold verließ sich in erster Linie auf die Fähigkeiten seines Sohnes, um Einnahmen zu erzielen. (Als sie später in Den Haag erkrankte, konzertierte Wolfgang ohne sie.)

Im November wurden einige Einladungen Wiener adliger und vornehmer Bürger angenommen, und im Dezember reisten die Salzburger auf Verlangen des ungarischen Adels trotz gefährlicher Straßenverhältnisse nach Preßburg (Bratislava). Dort kaufte Leopold einen neuen Wagen, der sie im nächsten Jahr in verschiedene Länder Westeuropas führte und der erst während der Italienreise Leopolds und Wolfgangs 1769-1771 wieder verkauft wurde. Mit dem neuen Gefährt ging es zurück nach Wien, die Fahrt dauerte zwölf Stunden. Nach einigen Einladungen rüstete man sich eine Woche später zur Heimreise, und die Familie kam wohlbehalten Anfang Januar in Salzburg an.

Die erfolgreich verlaufene Reise spornte Leopold zu noch höheren Zielen an. Es drängte ihn, die Kinder an den europäischen Höfen bekannt zu machen; er wollte der Welt zeigen, wozu vor allem der Sohn fähig war. Dazu plante er eine Reise mit der gesamten Familie durch ganz Europa. Daß sie sich durch viele Umstände bedingt auf drei Jahre ausdehnen würde, hatte er nicht vorhergesehen, aber er rechnete von vornherein mit einer längeren Dauer. Zum Glück wurde es am Salzburger Hof nicht ungern gesehen, wenn angestellte Musiker Auslandsreisen unternahmen. Man ging davon aus, daß sie für ihre Heimatstadt Ruhm errangen. Erzbischof Schrattenbach war bekannt dafür, aus seiner Schatulle Sonderzahlungen zu leisten (Halliwell, 46). Außerdem ist anzunehmen, daß Leopold während dieser langen Zeit sein Gehalt weiter bezog.

Vor dieser nächsten großen Unternehmung blieb man sechs Monate lang zu Hause in Salzburg. Angesichts Leopolds sorgfältiger Planung ist anzunehmen, daß er diese Zeit für die Weiterbildung seiner Kinder nutzte. Wie Nannerl Jahre später Friedrich Schlichtegroll für seine Mozart-Biographie berichtete, wurde ihr Bruder niemals zum Komponieren oder zum Spielen gezwungen. Im Gegenteil, man mußte ihn davon abhalten, da er sonst ununterbrochen geübt und komponiert hätte. Sicherlich gab es hin und wieder einen Streit um die Benutzung des Cembalos. Leopold hatte keine Mühe, die Kinder zum Arbeiten anzuhalten. Seine pädagogische Tätigkeit wird sich schwerpunktmäßig auf die Auswahl der Stücke und Ratschläge zu deren Gestaltung konzentriert haben. Die Zeit in Salzburg wurde genutzt, um die Kinder an Vorspiel-Situationen zu gewöhnen. Zum ersten Mal werden Wolfgang und Nannerl 1763 in den Hofdiarien der fürsterzbischöflichen Residenz erwähnt, als sie vor dem eigenen Landesherrn Sigmund Schrattenbach auf dem Klavier – und Wolfgang auf der Geige – spielten (Dent/Valentin, 15).

2. »Beide tun Wunder...«: Die großen Reisen 1763-1766

Am 9. Juni 1763 verließ die Kutsche mit der Familie und einem Diener die erzbischöfliche Residenz und rollte auf die bayerische Grenze zu. Ein leichtes Clavichord gehörte zum Gepäck. Man fuhr in einem eigenen Reisewagen, mit wechselnden Postpferden. Die Kutsche sollte nicht nur die Unabhängigkeit sichern, sondern die Familie von den fahrenden Musikern und Schaustellern abheben, die ihre Kunst an wechselnden Orten marktschreierisch anboten und zu arm waren, um sich einen solchen Luxus leisten zu können.

Die Strapazen sind für heutige Verhältnisse schwer vorstellbar: mangelhafte Federung, die Schmerzen verursachte, unebene Wegstrecken (gleich am ersten Tag zerbrach ein Hinterrad in Wasserburg am Inn, so daß man aufgehalten wurde), ein äußerst langsames Fortkommen (der Wagen holperte mit einer Geschwin-

digkeit von etwa sechs bis sieben Stundenkilometern über die lö-
cherigen und oft schlammigen Landstraßen), und schlecht ausge-
stattete Gasthöfe am Wege. Auf der anderen Seite konnte man
die schönsten Kunstzentren besichtigen, hochrangige Personen
Europas kennenlernen, internationales Aufsehen erringen und finanzielle Gewinne verbuchen.

Nannerls Erfahrungen waren widersprüchlich. Zum einen erschloß sich ihr eine Welt der Natur- und Kunstschönheiten; die
aristokratischen Höfe führten ihren unermeßlichen Prunk vor.
Gewiß spürte sie ihre privilegierte Stellung, beispielsweise gegenüber den in Salzburg zurückgelassenen Freundinnen. Auf der anderen Seite hatte sie den stets erfolgreicheren und stärker beach-
teten jüngeren Bruder vor Augen; sie mußte sich zurückgesetzt
fühlen, obwohl sie ihr Bestes gab.

Neben Notizen und Briefen Leopolds, die an den Geschäfts-
mann Johann Lorenz Hagenauer gerichtet sind (dem Familienfreund, der die nötigen Kredite für die Reise beschaffte), sind
von der wichtigsten und längsten Virtuosenreise, die von Mitte
1763 bis Ende 1766 dauerte, auch knappe Reisenotizen aus Nannerls Hand erhalten geblieben, insgesamt zehn Eintragungen. Sie
erstrecken sich weitgehend auf das Besichtigte. Zu sehen gab es
mehr als genug. Die Familie war zu einem Zeitpunkt auf Reisen gegangen, als sich die neue Empfindsamkeit in Architektur
und Mobiliar durchzusetzen begann. Das Wuchtig-Prunkvolle
des Barocks wurde unmodern und machte der raffinierten, künstlerisch vollendeten Ausführung Platz. Die Kunsttischlereien in
den Metropolen von Paris und London schufen wahre Kostbar-
keiten. Neben edlen Hölzern benutzte man Schildpatt, Perlmutter, Gold- und Silberintarsien (Fischel, 98). Fasziniert von der
glänzenden Pracht der Schloßräume in München, der ersten großen Station, beschreibt und systematisiert Nannerl das Gesehene:

»Zu München hab ich gesehen das Nymphenburg, das Schlos-
se und den Garten und die vier Schlösser, nämlich Amalienburg,
Badenburg, Pagodenburg und die Eremitage, das Amalienburg

Schloß Nymphenburg, München: Ölbild von 1761. »Die Nannerl hat mit den grössten Applausen sowohl beim Kurfürst als beim Herzog gespielt.« (Leopold, 21. 6. 1763)

ist das schönste, worinnen das schöne Bett ist und die Küchel, wo die Kurfürstin selbst gekocht hat. Badenburg ist das grösste, wo ein Saal ist von lauter Spiegeln, das Bad von Marmor, Pagodenburg ist das kleinste, wo die Mauern von Meolika ist, und die Eremitage ist das Sittsamste, wo die Kapell von Muschel ist . . .« (B/D I,74).

Im Schloß Nymphenburg, wo man den Namenstag der Schwester des Kurfürsten Maximilian III. Joseph feierte, reichte Leopold zufolge die Zeit für ihr Spiel nicht aus, »weil der Bub allein mit präambulieren, dann mit dem Concert auf dem Violin und Clavier die meiste Zeit wegnahm; zwei Damen sangen, dann war es vorbei«. Nannerls Zurücksetzung wurde dadurch gemildert, daß der Kurfürst darauf bestand, sie einige Tage darauf doch noch zu hören. Sie löste ihre Aufgabe bravourös: »Die Nannerl hat mit den grössten Applausen sowohl beim Kurfürst als beim Herzog gespielt« (21.6.1763).

Am 22. Juni reiste die Familie von München ab und kam abends in Augsburg an, wo die Kinder einige Tage darauf ein Konzert in einem Gasthof gaben. Der Andrang war so groß, daß man den Auftritt nach zwei Tagen am selben Ort wiederholte. Vier Tage später gab es sogar eine dritte Vorführung ihres Könnens. Leopold erstand ein Reise-Clavichord beim Klavierbauer Johann Andreas Stein, damit die Kinder üben konnten. Weiter ging es Richtung Ulm, wo man übernachten mußte, weil keine Pferde für die Weiterreise zur Verfügung standen. Dort probierte Wolfgang seine Künste auf der großen Orgel des Münsters. Über Göppingen, Plochingen und Cannstatt erreichte die Kutsche Ludwigsburg. Herzog Karl II. Eugen von Württemberg befand sich auf seinem Jagdschloß, so daß die Familie nur seinen Hofkapellmeister Niccolò Jomelli und den Oberstjägermeister antrafen. Sie besichtigten das Schloß, das Komödienhaus, die Schloßkapelle, den Garten, Alleen, Salons und die Wachparade.

Nach drei Tagen mußte wieder alles eingepackt werden und man erreichte Bruchsal. Ob die Mutter das Waschen und Herrichten der Wäsche sowie die Pflege der Konzertkleidung der Familie gegen Bezahlung abgeben konnte, oder ob sie in den verschiedenen Gasthäusern selbst anpacken mußte, erwähnt Leopold nicht. Er war selbst mit dem fortwährenden Ein- und Auspacken und mit der Organisation der gesamten Unternehmung voll ausgelastet. Die Gruppe besuchte das Schloß und zwei Tage darauf erreichte die Kutsche Schwetzingen, wo Kurfürst Carl Theodor zu Ehren der Mozarts eine Akademie abhielt, in der die beiden Kinder musizierten. Leopold bezeichnete das Orchester als das beste in Deutschland, »und lauter junge Leute, und durchaus Leute von guter Lebensart, weder Säufer, weder Spieler, weder liederliche Lumpen . . .« (Angermüller 2004, 37). Stolz vermerkt er, daß die Kinder den ganzen Ort »in Bewegung setzten«. »Die Churfürstlichen Herrschaften hatten ein unbeschreiblich Vergnügen, und alles geriet in Verwunderung« (19. 7. 1763). Nun begannen auch die Zeitungen von den beiden Wunderkindern zu berichten.

Eltern und Kinder machten einen Abstecher nach Heidelberg, wo Wolfgang, der schon verschiedentlich Orgel gespielt hatte, in der Heiligen-Geist-Kirche eine Probe seines Könnens gab. Nannerls Eintragungen zeigen, daß man sich für die Besichtigungen Zeit ließ:

Schwetzingen
den Garten, die französische Comödie, die schönsten Ballett und die Sternallee:
Heidelberg
das Schloß, die Tapetenfabrik und Seidenfabrik, das große Faß, und der Brunn, wo die Herrschaft das Wasser holen last:
Zu Mannheim
das Schloß, das Operahaus, die Bildergalerie, die Bibliothek und die Schatzkammer
(B/D 1, 82).

Mit der »französischen Comödie« war eine Theatertruppe gemeint, die man am Abend des 9. Juli 1763 besuchte. Sicherlich hinterließ sie einen starken Eindruck bei Nannerl, die später eine begeisterte Theatergängerin wurde. In Mainz bewohnte man ein Hotel mit schönem Blick auf den Dom, den man auch ausgiebig besichtigte. Im Saal des Gasthofs »Zum römischen König« gaben die beiden Kinder ein Konzert. Die Mozarts besichtigten das kurfürstliche Lustschloß, und anschließend machten sie eine Fahrt auf dem Rhein, bewunderten den Zusammenfluß von Rhein und Main, die malerischen Dörfer sowie die liebliche Landschaft mit ihren Weinbergen.

Weiter ging es mit dem Schiff nach Frankfurt am Main, wo man hochstehenden Bürgern der Stadt die Aufwartung machte. Leopold legte stets Wert darauf, daß die Familie die Sehenswürdigkeiten besuchte, und so besichtigten sie die Zeil, den Roßmarkt, den Markt, den Römerberg, die Kräne am Main-Ufer, die Main-Brücke, die Vorstadt Sachsenhausen, das Deutschordenshaus und das Forsthaus am Rande des Stadtwaldes (Angermüller 2004, 38). Der damals vierzehnjährige Johann Wolfgang von Goethe, der die beiden Kinder in Frankfurt hörte, erinnerte sich später nur noch »des kleinen Mannes in seiner Frisur und Degen«. Ein Frankfurter Wochenblatt meldete, daß das einmalig angesetzte Konzert dreimal wiederholt werden mußte. Vom »Mägdlein« wird berichtet, daß sie die schwersten Stücke auf dem Klavier spielten könne (Deutsch 1961, 26). Leopold schreibt, daß das Publikum von den Leistungen tief beeindruckt sei und man überall bewundert wurde. Und weiter: »Der Wolfgang ist ganz ausserordentlich lustig, aber auch schlimm. Die Nannerl leidet nun durch den Buben nichts mehr, indem sie so spielt, daß alles von ihr spricht, und ihre Fertigkeit bewundert« (20. 8. 1763). Das klingt, als sei sie zuvor eifersüchtig gewesen. Die Vokabel »schlimm« hatte aber damals nicht den heutigen pejorativen Beigeschmack, sondern hieß lediglich, daß man zu Streichen und Scherzen aufgelegt war. Dennoch deutet sich an, daß Nannerl es schwer hatte, den herausragenden Fähigkeiten des Bruders etwas entgegenzustellen. Vermutlich versuchte sie, ihre Unterlegenheit durch besonders gutes Spiel zu kompensieren.

Auf dem Wasserwege ging es zurück nach Mainz, wo Wolfgang wiederum konzertierte. Nach Besuchen in Biebrich, Wiesbaden und Kostheim fuhr man mit einer sogenannten Wasserdiligence (einem Schiff, das regelmäßig zwischen Mainz und Köln verkehrte) nach Niederwalluf, nach einer Übernachtung dann mit der Diligence in Richtung Bingen. Da es ein Unwetter gab, konnte das Schiff nicht direkt in Bingen am Ufer anlegen, und die Reisenden mußten im Sturm nach Bingen zu Fuß gehen. Nach einer kurzen Zwischenstation in Salzig kamen sie in Koblenz an. Die Kinder konzertierten bei Kurfürst Johann IX. Philipp von Walderdorff im Stucksaal der Festung Ehrenbreitstein, drei Tage darauf setzte Leopold ein öffentliches Konzert bei der Noblesse an. Er fand die Straßen schmutzig und die Abhaltung des Gottesdienstes bäurisch-primitiv, und er war vermutlich froh, den Ort zu verlassen.

Nach Zwischenstationen in Bonn und Brühl, wo alle sehenswerten Schlösser, Rathäuser und Kirchen besichtigt wurden, kamen sie in Köln an. Als erstes wurde der berühmte Dom besucht, den Leopold »abscheulich« fand. »Die Buben, so die Antiphonen singen, soll man etwas – – – das Maul stopfen; Es ist unmöglich zu glauben: Sie singen absolute gar nicht, sondern sie schreyen, wie abgefeimte Gassen Spitzbuben aus vollem Halse, als wenn sie närrisch wären«. Im Inneren des Doms sähe es wie ein Schweinestall aus (B/D I, 103). Die Reisenden blieben nur einen Tag dort und fuhren dann auf einer schlechten Wegstrecke nach Aachen, wo sie Prinzessin Amalie von Preußen, die Schwester Friedrich des Großen, trafen. Ein Honorar gab es nicht: »Wenn die Küsse, so sie meinen Kindern, sonderheitlich dem Meister Wolfgang gegeben, lauter neue Louis d'or wären, so wären wir glücklich genug; allein weder der Wirth noch die Postmeister lassen sich mit Küssen abfertigen« (B/D I, 104).

Nur einen Tag später ging es weiter nach Lüttich. Sie hatten Pech, der eiserne Reif eines Vorderrades sprang ab, so daß sie aufgehalten wurden und erst abends ankamen. Auf der Fahrt nach Tirlemont sprang ein Teil vom Reifen des zweiten vorderen Rades ab. Wieder gab es eine lange Wartezeit. Am nächsten Tag ging es nach Löwen weiter, wo sie die Innenstadt besichtigten. Abends kam die Familie in Brüssel an, wo Wolfgang zwei Degen und Nannerl niederländische Spitzen geschenkt bekam. »Von

Tabatieres und Etuis und solchem Zeug könnten wir bald einen Stand aufrichten«, vermerkte Leopold ironisch (4. 11. 1763); Geld wäre ihm lieber gewesen.

Am 18. November endlich in Paris angelangt, notierte der Vater: »Meine Kinder machen hier fast alles zum Narren« (B/D I, 119). Das Aufsehen in der Presse war so groß, daß sie rasch Zugang zu den besten Kreisen der Pariser Gesellschaft bis hin zum Königshaus erhielten. Bei den öffentlichen Mahlzeiten der königlichen Familie wurden sie nach vorne gebeten. Maria Anna und Nannerl unterhielten sich mit dem Dauphin Louis, während Leopold und Wolfgang mit der Königin auf deutsch plauderten und Wolfgang die ihm von ihr gereichten Speisen verzehrte. Für die Mutter, die kaum über die Salzburger Umgebung hinausgekommen war, muß dies ein erhebendes Erlebnis gewesen sein. In der Unterkunft wurde sie wieder auf den Boden der Tatsachen gestellt, denn sie konnte dort nicht selbst kochen, so daß das Essen bestellt werden mußte, was an Fastentagen Probleme aufwarf. Sie klagte auch darüber, daß das Trinkwasser direkt aus der Seine kam und abgekocht werden mußte (8. 12. 1763, 4. 3. 1764).

Es ist kein Zufall, daß der Vater in Versailles nur Wolfgang in die Messe mitnahm, um den Chor zu hören. Er wollte dessen kompositorische Fähigkeiten fördern und wußte als erfahrener Musiker und Pädagoge, wie wichtig solche Eindrücke waren. Eine solche Ausbildung für die künftige Pianistin hielt er nicht für nötig.

In Paris wiederholte sich, was an anderen Orten schon zu beobachten gewesen war: Nannerl wurde hoch gelobt, fiel aber dennoch gegenüber dem jüngeren Bruder ab. »Mein Mädl spielt die schwersten Stücke, die wir jetzt von Schobert und Eckard etc. haben, darunter die Eckardischen Stücke noch die schwereren sind mit einer unglaublichen Deutlichkeit, und so, daß der niederträchtige Schobert seine Eifersucht und seinen Neid nicht bergen kann und sich bei Monsieur Eckard, der ein ehrlicher Mann ist, und bei vielen Leuten zum Gelächter macht«, schrieb Leopold

(1. 2. 1764). Johann Schobert (ca. 1720-1767) und Johann Gottfried Eckard (1735-1809) waren gefeierte Pianisten der Pariser Salons. Von letzterem waren 1763 sechs Klaviersonaten op. 1 erschienen, Nannerl hatte also die Stücke in kürzester Zeit gelernt. Selbst wenn man einige Abstriche an dem Lob des stolzen Vaters vornimmt, muß ihr Spiel sensationell gewirkt haben. Nach Meinung eines Pariser Gönners der Familie, des Gesandten von Grimm, spielte sie das Clavecin in einer sehr brillanten Art und führte die größten und schwierigsten Stücke mit einer erstaunlichen Präzision aus (Deutsch 1961, 27). Auf diese zwei Zeilen folgten 27 Zeilen zu Wolfgangs Fähigkeit, stundenlang zu extemporieren, vorgelegte Melodien mit Bässen zu versehen und nach dem Gehör zu begleiten. Drei Monate später wiederholte Grimm sein Lob; Nannerl bescheinigte er, »d'une manière distingué« zu spielen, während er in Wolfgang das Talent und das Können eines Kapellmeisters erkannte (Deutsch 1961, 30 f.).

Das erste Konzert der Geschwister in Paris fand am 10. März 1764 statt. Friedrich Melchior Grimm, Pastorensohn aus Regensburg, war mit Rousseau, Voltaire und anderen wichtigen Vertretern der Aufklärung befreundet und von großem Einfluß in der Hauptstadt. Ihm war der Erfolg der Familie größtenteils zu verdanken, denn er kündigte einige Tage vor dem Konzert das Kommen der Kinder in begeisterten Tönen an. In einem Gedicht wurden sie als »Lieblinge Gottes und der Könige« bejubelt. Vermutlich ließ Leopold die Tochter zuerst vortragen, um dann zur eigentlichen Sensation überzuleiten. Während der jüngere Bruder die Herzen eroberte und immenses Staunen hervorrief, saß sie still daneben. Aber sie bekam für ihr Spiel auch viel Zuspruch, meist in Form von Geschenken. Drei kostbare mit Gold eingelegte Tabakdosen, Bänder und Blumen als Haubenschmuck, Halstücher und eine goldene Zahnstocherbüchse gehörten dazu. In Paris entstand auch der Kupferstich mit Wolfgang am Klavier (wobei seine Beine den Boden nicht berühren), Nannerl als Sängerin mit einem Notenblatt daneben und Leopold an der Geige.

Am 10. April 1764 ging es weiter nach Calais mit England als Ziel. Die Kutsche benötigte dreizehn lange Tage, ehe die Familie die Küste erreichte. Leopold ließ die Kutsche auf dem Festland – das Gepäck war weitgehend in Paris geblieben –, und die Kinder genossen die Schiffahrt. »Zu Calais habe ich gesehen, Wie das meer ablaufet und wieder zunimmt«, schreibt Nannerl (19. 4. 1764). London, in Expansion begriffen, imponierte durch schiere Größe. Am meisten beeindruckten Leopold die demokratischen Tendenzen: »Nirgends sind der Adel und der gemeine Mann so vereinigt als hier« (28. 6. 1764). Wieder gab es viele Sehenswürdigkeiten zu genießen. In der Parkanlage Kew Gardens, die die Familie besichtigte, war 1763 eine neue Gartenarchitektur geschaffen worden, die ganz Europa als mustergültig ansah und nachzuahmen suchte. »Es wurden jene Parks angelegt, die darauf berechnet waren, Stimmungen auszulösen. Tempel, Altäre, künstliche Ruinen, Bauernhütten, Kapellen, Pyramiden, Moscheen, Grotten, Gräber – nichts wurde gespart, um Eindrücke zu vermitteln, welche Regungen sanfter Schwärmerei und stillen Nachsinnens, Schrecken oder Entzücken erzwingen sollten« (Fischel, 108).

Es war eine faszinierende Welt voller exotischer Sehenswürdigkeiten und aufregender Vielfalt, der Nannerl begegnete und die sie getreu aufzeichnete:

»London habe ich gesehen den Park und ein jungen Elephanten, einen Esel, der hat weiss und caffeebraune Striche und so gleich, dass man es nicht besser malen könnte. Chelsea, das Invalidenhaus, Westminster Bridge, Westminsterkirch, Vauxhall, Ranelagh, Tower, Richmond, in welchen eine sehr schöne Ansicht ist, und den königlichen Garten, Kew und Fulhambridge; das Wasserwerk und ein Kamel; Westminster Hall [...] Marylebone; Kensington, in welchen ich den königlichen Garten gesehen habe, British Museum, in welchen ich gesehen habe Bibliothek, Antiquadik [= Antiquarium?], von allen sorten vögel, fisch, ungezifer und früchten; ein besonderer Vogel genannt Basson, eine

Ranelagh Gardens. »Im Garten zu Ranelagh ist ein erstaunlich großer runder Saal zu Ebenfuß hinein, welcher mit einer unbeschreiblichen Menge großer Hängeleuchter, Lampen und Wandleuchter beleuchtet ist. An einer Seite ist die Musik staffelweise angebracht, und an der Höhe eine Orgel ... In der Mitte ist ein großer Kamin, da man, wenns kalt ist Feuer macht ... Um den Kamin sind viele Tische, und an den Wänden des ganzen Saales sind lauter Einbüge (= Einbuchtungen) oder Arten von Alkoven oder kleine Kapellen, in jedem ein Tisch ... Hier hat man Platz noch über, in der Mitte spazieren zu gehen, wie dann auch immer 2000 bis 3000, auch 4500 Menschen in der Runde herumspazieren und immer einander begegnen ... Hier ist jeder Mensch gleich, und kein Lord gibt zu, daß man mit blossem Haupt vor ihm stehet: für sein Geld ist jedermann gleich ... Ich lasse den Wolfgang ein Konzert auf der Orgel da spielen.« (Leopold, 28. 6. 1764)

Klapperschlang, ein Schleier von Baumrinde und Haar von den gefrans von baumrinde; kinesische Schuh, ein modell von den Grab Jerusalem; allerhand Sachen, die in Meer wächst, Steiner [= Versteinerungen], indischen Balsam, die Weltkugel und Himmelskugel und allerhand andere Sachen ...« (B/DI, 198 f.).

Die Kinder wurden dreimal zu Hofe eingeladen, im April, Mai und Oktober. Jedesmal erhielten sie 24 Guineen, eine fürstliche Entlohnung. König George III. und seine Gemahlin Königin Charlotte Sophie waren große Musikliebhaber. Die Königin spielte selbst Klavier und sang. Man hatte also eine kritische Zuhörerschaft, doch bestanden beide Kinder die Probe im Queen's Palace (dem späteren Buckingham Palast) mit Auszeichnung.

Bei dem Benefizkonzert am 13. Mai 1765 in Hickford's Great Room wurde Wolfgangs kurz zuvor komponierte, vierhändige Sonate C-Dur KV 19^d von den beiden Kindern uraufgeführt.

Im Juni erkrankte Leopold an einer schweren Halsentzündung und Magenkrämpfen. Die Familie zog für sieben Wochen nach Chelsea in der Nähe der Großstadt, um sich zu erholen. »Meine Frau hatte jetzt viel zu tun seit meiner Unpässlichkeit und viele Sorgen, wie leicht sich einzubilden.« Der Gedanke an seinen möglichen Tod löste große Ängste bei Maria Anna aus, denn Leopold hatte alle Fäden in der Hand: die Korrespondenzen, alle Geschäftsangelegenheiten, Finanzen und Reisepläne. Er hatte sich kurz zuvor darüber beklagt, daß er mit Mark, Sous, Escalins, Brabanter Gulden und vielen anderen Währungen jonglieren mußte – wie sollte sie sich da auskennen? Maria Anna war der englischen Sprache unkundig und hätte zudem als alleinstehende Frau mit erheblichen Benachteiligungen rechnen müssen. Außerdem wäre ihre Pension bei Leopolds Tod sehr gering gewesen. Ein solches Leben in größter Armut hatte sie als Kind nach dem Tod ihres Vaters erfahren. Diese erschreckende Perspektive belastete sie so sehr, daß sie während dieser krisenhaften Wochen an Gewicht verlor: »dermal ist sie mager geworden«, berichtet Leopold im nachhinein (13. 9. 1764). Um sich zu unterhalten – Klavier durfte nicht gespielt werden –, komponierte Wolfgang seine erste Sinfonie. Nannerl mußte sie nicht nur abschreiben, sondern teilweise auch instrumentieren. So erinnerte sie sich mehr als dreißig Jahre später: »Indem er sie componirte und ich sie abschrieb, sagte er zu mir, er mahne mich, daß ich dem Waldhorn etwas zu thun gebe« (24. 11. 1799).[4] Die Sinfonien enthalten zwar kein Waldhorn, doch selbst die mangelhafte Erinnerung Nannerls zeigt, daß sie bereits als Kind einiges vom musikalischen Handwerk verstand.

Die dreizehnjährige Tochter war alt genug, um die Hilflosigkeit ihrer Mutter zu begreifen. Die väterliche Autorität, die nicht nur ihrer musikalischen Entwicklung, sondern auch dem ökonomischen Wohlergehen galt, wird sich ihr als übermächtige Instanz fest eingeprägt haben. Zum Glück erholte sich Leopold, zumal Maria Anna in der Unterkunft in Chelsea selbst kochen konnte.

Die nächsten Monate waren weniger erfolgreich. Vieles spricht dafür, daß das Interesse des Londoner Publikums nachließ. Vermutlich verloren die Kinder bei der Aristokratie an Popularität, denn Leopold verringerte von Mal zu Mal den Eintrittspreis und verlegte schließlich die Konzerte in ein Wirtshaus (Swan and Harp).

Zwei Jahre waren bereits vergangen, nun wurde im Juli 1765 die Rückreise angetreten. Die Mozarts fuhren den heute noch landschaftlich reizvollen Weg nach Canterbury, wo sie die Kathedrale besichtigten, ein Pferderennen besuchten und auf dem Landsitz von Sir Horace Mann übernachteten, von Nannerl als »ein sehr schönes Landgut« beschrieben. Man hielt sich dort fünf Tage lang auf und fuhr dann nach Dover zur Fähre. Nannerl beobachtete gebannt, wie drei Pferde aus dem Schiff gebracht wurden und man das Schiff ins Wasser ließ. Daß sie durchaus eigenwillig sein konnte, zeigt Leopolds Bemerkung, wonach die Familie erst auf ihr Drängen sowie auf Anraten des Holländischen Gesandten beschlossen habe, nach den Niederlanden zu reisen (19. 9. 1765).

Die Überfahrt verlief gut, niemand wurde seekrank. In Calais konnte die Familie den eigenen Reisewagen wieder in Besitz nehmen, das umfangreiche Gepäck mußte nun nicht mehr fortwährend umgeladen werden. Auf der Fahrt nach Lille spielte Wolfgang zweimal auf Kirchenorgeln. In Lille erkrankte Leopold wiederum, und zwar so schwer, daß die Reisepläne ins Stocken gerieten und man vier Wochen am Ort bleiben mußte – noch einmal eine angsterzeugende Situation für die Mutter. Auch Wolfgang litt an einer schweren Erkältung.

Anfang September 1765 kam die Familie in Gent an. Dort beeindruckte Nannerl das Rathaus, »welches drei hundert und

26 Staffel hoch ist«. Im Kloster des heiligen Bernhard, wo Wolfgang auf der Orgel brillierte, besichtigten sie »die Sakristei Kapitel Zimmer, das Disputzimmer, und den Garten«. Auch Antwerpen, wo Wolfgang auf der Orgel der Kathedrale spielte, wurde gründlich besichtigt: neben der Liebfrauen-Kathedrale mit ihren berühmten Rubens-Gemälden die Alte Börse, die St.-Jakobs-Kirche, ein Kloster, der Festungswall (der heute die Innenstadt umschließt), die Karmeliterkirche, in der sich ein völlig aus weißem Marmor gearbeiteter Altar mit einer massiv silbernen Statue der Madonna mit Kind befand, die Nannerl beschreibt (»unser liebe Frau von silber und die Capell von weissen Marmor und schwarzen Marmor«). Man schaute sich noch den Turm der heutigen St.-Carolus-Borromäus-Kirche an, auch die Kirche St. Paul und das im 16. Jahrhundert erbaute Rathaus.

In Den Haag wurden die aufregenden Besichtigungen unvorhergesehen unterbrochen, denn Nannerl erkrankte zunächst an einem Brustkatarrh und anschließend an Bauchtyphus. Der Arzt stellte mit den Blattern eine falsche Diagnose. Ihr Zustand verschlechterte sich von Tag zu Tag, und sie schwebte in Lebensgefahr. Leopold beschrieb den Verlauf:

»Nun brach mir alle Geduld auf einmal los; ich sahe meine Tochter täglich abnehmen; sie hatte nun nichts mehr als die Haut und Knochen; und es fing nun schon auch der Sedes an mir zu zeigen, daß eine Relaxatio universalis causata per aquam Seltranam (ein durch Selterwasser veranlaßter Durchfall) im Anzüge seie. Der Medicus hatte selbst keine Hoffnung mehr. Mein armes Kind sahe eines teils die Gefahr selbst ein, und empfand ihre Schwäche. Ich bereitete sie zur Resignation in den göttlichen Willen; und sie empfing nicht nur das heilige Abendmahl, sonderen der Geistliche fand sie in so schlechten Umständen, daß er ihr auch das heilige Sacrament der letzten Ölung gab: denn sie war oft so schwach, daß sie dasjenige, was sie sagen wollte, kaum herausbringen konnte. Sollte jemand unsere Unterredung, die wir 3, meine Frau, ich und meine Tochter manchen Abend zusammen hatten, und wo wir dieselbe von der Eitelkeit dieser Welt, von dem glückseligen Tode der Kinder etc. überzeugen, gehöret haben; der würde ohne nassen Augen es nicht angehöret haben: da inzwischen der Wolfgangl im anderen Zimmer sich mit seiner Musik unterhielt« (5. 11. 1765).

Einerseits befürchtete Leopold, daß seine Tochter das Opfer eines falschen ärztlichen Rates werden könnte, andererseits fing er an, sich mit dem Gedanken an ihr Ableben abzufinden. Kein kämpferischer Geist bäumt sich da auf, er erscheint nicht verzweifelt über die vermeintlich todgeweihte Tochter. Man besprach mit ihr die schlechte Welt und erzählte ihr, welches Glück der Tod eigentlich bedeutet – ein fürwahr belastendes Thema für ein schwerkrankes und leidendes Kind. Wie sehr Leopold dagegen den möglichen Tod Wolfgangs fürchtete, zeigte sich zwei Jahre später, als Wolfgang an den Blattern erkrankte.

Die einzige Folge seiner Aussage »Nun brach mir alle Geduld auf einmal los« bestand darin, einen anderen Arzt heranzuziehen. Endlich wurde die Behandlung verändert und es trat eine Besserung ein. Auch nach der deutlichen Wende zum Guten vermischte sich Leopolds väterliche Sorge mit einer passiv-resignativen Schicksalsergebenheit.

»Nun kommt es darauf an, ob ihr Gott die Gnade gibt, daß sie wieder zu ihren Kräften gelanget, oder ob ein anderer Zufall dazu kommt, und sie in die Ewigkeit schicket ... Stirbt meine Tochter; so stirbt sie glückselig. Schenkt ihr Gott das Leben; so bitten wir ihn, daß er ihr seiner Zeit eben so einen unschuldigen seligen Tod verleihen möge, als sie jetzt nehmen würde. Ich hoffe das letztere: indem, da sie sehr schlecht war, am nämlichen Sonntage ich mit dem Evangelio sagte: Domine descende: komme Herr! bevor meine Tochter stirbt. Und diesen Sonntage hieß es: Die Tochter schlief: dein Glaube hat dir geholfen« (5. 11. 1765).

Leopold bat darum, in Salzburg fünf Messen zu lesen (als er selbst in England erkrankte, waren es zweiundzwanzig). Nannerl, deren Hang zur Religion früh ausgeprägt war, wollte zum Dank der »frommen Crescentia« zu Ehren eine Messe lesen lassen. Dieser Wunsch stürzte Leopold in Zweifel, da die Kirche diese Frau noch nicht seliggesprochen hatte (dies wurde erst 1900 vollzogen, vgl. Valentin 1987, 117), doch überwand er schließlich seine Skrupel und ersuchte Hagenauers Frau, sich darum zu kümmern[5].

Nannerls Fieberphantasien offenbaren, wie sehr die Reiseeindrücke sie innerlich beschäftigten, denn sie sprach abwechselnd englische, französische und deutsche Brocken, wobei sie das Erlebte im völligen Durcheinander von sich gab. Die Eltern mußten trotz ihrer Sorgen darüber lachen (5. 11. 1765).

Nannerl erholte sich im Laufe der nächsten Wochen und konnte am 22. Januar 1766 sogar zusammen mit ihrem Bruder öffentlich auftreten. Dann reiste die Familie aus Den Haag nach Amsterdam, wo die Kinder zwei Konzerte gaben. Sie kehrten anschließend nach Den Haag zurück, um an den Feierlichkeiten zur Inthronisation von Willem V. als Erbstatthalter der Niederlande teilzunehmen. Der glanzvolle Zug sowie die Festbeleuchtung, die fast die ganze Stadt in ein Lichtermeer eintauchte, das alles versetzte die Familie in Staunen. Drei Tage nach dem Festumzug spielten die Kinder bei Hofe. Wolfgang übergab Prinzessin Caroline von Nassau-Weilburg, einer Schwester Willem V., seine Sonaten für Klavier und Violine KV 26-31.

Über Haarlem verlief die Reise wieder zurück nach Amsterdam. Dort gab es ein Konzert der Kinder, in dem auch vierhändig gespielt wurde. Auch in Utrecht, der nächsten Station, traten sie auf, um dann im Mai nach Brüssel zu gelangen. In Valenciennes kauften sie Batist und einfarbiges und geblümtes Leinen zur späteren Verwendung. Endlich wieder in Paris angelangt (es war inzwischen Mai des Jahres 1766), waren sie erleichtert, ihr zurückgelassenes Gepäck in einwandfreiem Zustand vorzufinden.

In Paris und Versailles konzertierte das Geschwisterpaar wiederholt. Einer Äußerung Grimms ist zu entnehmen, daß Nannerls Erkrankung ihr nicht mehr anzumerken war. Er beschrieb die Dreizehnjährige als »von großer Schönheit«, ihr Cembalospiel als »von der schönsten und glänzendsten Ausführung«, und fügte hinzu: »Wenn die Kinder am Leben bleiben, werden sie nicht in Salzburg bleiben. Bald werden sich die Herrscher untereinander darüber streiten, wohin sie gehen werden« (Deutsch 1961, 54). Wie anders sollte es kommen!

Nach dem Abschied von Paris am 9. Juli ging es nach Dijon, wo die Kinder dem Prinzen de Condé, Louis-Joseph de Bourbon, Gouverneur der Champagne und Brie vorspielten. Zwei Tage darauf präsentierten sie im Rathaus mehrere vierhändige Stücke. In Lyon, wo man anschließend eintraf, erlebte die Familie eine öffentliche Hinrichtung durch Erhängen. Da die Stadt für ihre Seidenstoffe berühmt war, ließ Leopold für Nannerl trotz der hohen Kosten Kleider schneidern (16. 8. 1766). Gute Kleidung war ihm zufolge unabdingbar für den Erfolg.

Leopold bedauerte, nicht mehr nach Italien weiterreisen zu können. Er wollte in dieser Zeit die Jugend der Kinder ausnutzen, da das kindliche Alter das Publikum in besonderem Maße faszinierte (16. 8. 1766). Dennoch weilten die Gedanken bereits in Salzburg. Die Mutter ließ über Leopold ein Bett für Nannerl bestellen, »es darf nur ganz weis bleiben, weil es für mein Mädl gehöret, und wir alsdann erst Vorhäng oder Verkleidung werden darüber machen lassen« (16. 8. 1766). Auf der Rückreise durch die Schweiz präsentierten sich die Geschwister mindestens zweimal im Genfer Rathaus sowie bei zwei Konzerten im Rathaus von Lausanne. In Zürich stieg die Familie im vornehmsten Gasthof der Stadt »Zum Schwert« ab – Leopold konnte sich inzwischen diesen Luxus leisten –, und die Kinder traten im Musiksaal des Musikkollegiums auf. Der Dichter, Zeichner und Landschaftsmaler Salomon Gessner schenkte der Familie ein Exemplar seiner vierteiligen »Schriften« von 1765 und schrieb darin: »Genießen Sie, verehrungswürdige Eltern, noch lange die besten Früchte der Erziehung in dem Glücke Ihrer Kinder; sie seyen so glücklich, so außerordentlich ihre Verdienste sind. In der zartesten Jugend sind sie die Ehre der Nation und die Bewunderung der Welt ...« (Angermüller 2004, 55).

In Donaueschingen, wo der Fürst zu Fürstenberg Joseph Wenzel regierte, wartete man schon gespannt auf die Kinder. Das Musikleben war dort so vielfältig, daß die Familie zwölf Tage dort verbrachte und an neun Abenden jeweils vier Stunden lang allein selbst musizierte oder Musik hörte. Über einige Zwischenstationen gelangten die Salzburger nach Augsburg, wo Leopold seine Mutter zum letzten Mal sah. In München spielte Wolfgang dem Kurfürsten Maximilian III. Joseph vor, auch Nannerl spielte später in einem Konzert.

Nach fast dreieinhalbjähriger Abwesenheit traf die Familie am 29. November 1766 wohlbehalten in Salzburg ein. Des Staunens war kein Ende. Der Bibliothekar von St. Peter, Pater Beda Hübner, vermutete, daß Leopold mit den beiden Kindern bald Skandinavien, Rußland und vielleicht sogar China bereisen würde. Nachdem er die mitgebrachten Geschenke besichtigt hatte, notierte er:

»Herr Mozart mit seinen Kindern aus seiner sehr kostbar gemachten Reise von denen großen Monarchen, und denen Landesfürsten bekommen: Güldene Sakuhren hat er 9 mitgebracht: güldene Tabachieren hat er 12 bekommen: güldene Ring mit denen schönsten edelgesteinen besezet hat er so viele, das er selbsten nicht weist wie viele: Ohrgehäng für das frauenzimmer, Halszierde, Messer mit güldenen Klingen, Flaschenkellerl, Schreibzeig, Zahnstürerbüchsel, güldene Einsatz für das frauenzimmer, Schreibtäferl und dergleichen galanteriewahren ohne Zahl, und ohne Aufhören ... Das kostbarste aber, und schönste, so ich gesehen, ist die tabachiere vom König von Frankreich, so ihm der König selbsten mit 50 Louis d'or, das ist 500 f: gefüllet eigenhändig mit diesem ausdrücklichen Beysatz gegeben: so er Mozart diese tabachiere sollte etwas aus Nothwendigkeit verkauffen, so sollte er diese ihm König wiederum zu kauffen geben, er gebe ihm 1000 Louis d'or, das ist 1000 f: dafür« (Deutsch 1961, 57).

Nicht nur finanziell konnte die dreieinhalbjährige Reise als durchgehend erfolgreich bezeichnet werden, sie war es auch für Nannerl. Die Fünfzehnjährige war – zusammen mit Wolfgang – in Gedichten besungen, von der Presse und hochstehenden Persönlichkeiten gehuldigt, von Künstlern gemalt, beschenkt und bejubelt worden. Sie hatte die kostbarsten Kulturschätze Europas kennengelernt, zahlreiche Städte und Landschaften ausgiebig besichtigt, und sich in den höchsten Kreisen des Adels bewegt. Sie hatte ihr Bestes gegeben und viel erhalten.

Trotz größter Anstrengungen und weitgehender Perfektion auf ihrem Instrument mußte Nannerl aber auch erfahren, daß ihre Leistungen gegenüber Wolfgangs Können niedriger bewertet wurden. Für Wolfgang wurden Gedichte entworfen, er wurde als Genius gefeiert, ein ganzes Buch widmete man dem knapp Achtjährigen, wie 1764 in Paris. Was sollte Nannerl bei den folgenden Zeilen empfinden?

»Nimm kleiner, 7jähriger Orpheus dieß Buch aus der Hand Deines Bewunderers und Freundes! Lies es oft, – und fühle seine göttlichen Gesänge, und leihe ihnen /: in diesen seligen Stunden der Empfindung: / deine unwiderstehlichen Harmonien; damit sie die fühllose Religionsverächter lese, – und aufmerke! – damit er sie höre – und niederfalle, und Gott anbethe.«

Mit solchen Elogen wurden Wolfgangs Fähigkeiten in die Nähe des Göttlichen gerückt. Zwar kam auch sie in den Genuß eines Gedichts, das beide Kinder als Liebling der Götter und der Könige verherrlichte (Deutsch 1961, 29 und 31), doch konnte es ihr nicht entgehen, daß der Bruder ungleich mehr Aufsehen erregte.

»Mein Mädl ist eine der geschicktesten Spilerinnen in Europa«, hatte Leopold stolz am 8. Juni 1764 vermerkt. Wie haben wir uns ihr Spiel vorzustellen? Eine Hamburger Zeitschrift schreibt, daß sie »das Clavier in Vollkommenheit« beherrscht (Deutsch 1961, 46). Pater Beda Hübner notiert in seinem Diarium, »das Mägdlein spielt zwar künstlicher, und passater als ihr Brüderlein, aber

Nannerl als Kind, 1763

der Knab noch weit raffinierter, und mit ausgesuchtesten Gedanken, und mit denen schönsten Einfällen der Töne« (Deutsch 1961, 63). Die *Europäische Zeitung* bestätigt dies in ihrem Bericht über ein Konzert in London: »Es war ganz etwas Bezauberndes, die vierzehn Jahre alte Schwester dieses kleinen Virtuosen mit der erstaunlichsten Fertigkeit die schwersten Sonaten auf dem Flügel abspielen und ihren Bruder auf einem andern Flügel solche aus dem Stegreif accompagniren zu hören. Beide thun Wunder« (Deutsch 1961, 47).

Der Begriff »künstlich« bedeutete damals nicht »artifiziell« im

Sinne von aufgesetzt, sondern eher »kunstvoll«, also virtuos bis ins letzte Detail. Die unterschiedliche Schwerpunktbildung im Konzertprogramm der Geschwister (bei Wolfgang Improvisation, Stegreifspiel, Komposition, bei Nannerl virtuoses Nachspielen, hoher Schwierigkeitsgrad) hatte sich folglich auf die Spielweise ausgewirkt. Während Nannerl für das möglichst präzise und virtuose Nachspielen, also für den reproduktiven Sektor zuständig war und dort ihre großen Erfolge erzielte, lag Wolfgangs Stärke im Improvisatorischen, woraus sich dann das Komponieren entwickelte.

Von Geburt an waren trotz der hohen Begabung Nannerls deutliche Unterschiede zwischen den Geschwistern vorhanden gewesen. Kaum war Wolfgang dem Krabbelalter entwachsen, streckte er sich dem Klavier entgegen und versuchte zu spielen. Seine hohe Empfindlichkeit beim Trompetenspiel des Familienfreundes, sein tiefes Erschrecken vor dem Löwengebrüll in London läßt auf ein hypersensibles Gehör schließen. Seine rasche Verarbeitung musikalischer Eindrücke und die Aufgeschlossenheit allen produktiven Dingen gegenüber (er war ein begeisterter Rechner und kritzelte als Kind die Wände voller Zahlen) deutet auf ein unerschöpfliches kreatives Reservoir. Wolfgang mußte nicht zur Musik geführt werden, sondern er lebte in ihr. Von diesem Mittelpunkt aus besah er die Welt; die Musik war der Ausgang und der Motor seines Selbstverständnisses.

Da ähnliches über Nannerl nicht überliefert ist, wird allgemein angenommen, sie habe keine Neigung zum Produktiven gespürt und sei aus mangelndem Können zur Staffage des brüderlichen Genies abgesunken. Wie ist aber zu erklären, daß genügend Zeugnisse vorhanden sind, die die Talente beider Kinder betonen? Hat nicht Leopold kurz vor seiner Rückkehr nach Salzburg sinniert: »Gott ... hat meinen Kindern solche Talente gegeben, die ohne an die Schuldigkeit eines Vaters zu gedenken, mich reizen würde, alles der guten Erziehung derselben aufzuopfern. Jeder Augenblick, den ich verliere, ist auf ewig verloren, und wenn ich jemahls gewusst habe, wie kostbar die Zeit für die Jugend ist, so weiss ich es jetzt« (10. 11. 1766).

Warum, so wäre weiterzuspinnen, ist aus dem einstigen Wunderkind nichts als eine Salzburger Klavierlehrerin geworden? Warum formte der Meisterpädagoge Leopold nicht aus ihr eine achtbare Komponistin? Da das genaue Ausmaß der Begabung Nannerls nicht eindeutig festzulegen ist, muß man auf die Erziehung der Kinder zurückgehen. Gibt es Beweise dafür, daß Leopold die Kinder unterschiedlich unterrichtete?

Drei Indizien stellt die Forschung zur Verfügung, von denen sich zwei als untauglich erwiesen. Das sogenannte »Salzburger Studienbuch«, das Leopold angeblich für seinen Sohn angelegt haben soll, galt jahrzehntelang als ein Nachweis dafür, daß Leopold anhand des »Gradus ad parnassum« von Fux den Sohn in die »Kompositionswissenschaft« einführte. Es wurde jedoch nachgewiesen, daß das Studienbuch nicht in Salzburg, sondern erst in Mozarts Wiener Zeit entstand (vgl. Plath 1961). Es handelt sich um die Aufzeichnungen Wolfgangs für einen seiner Schüler. Dieses »Beweisstück«, das eine unterschiedliche erzieherische Ausrichtung belegt hätte, erwies sich somit als hinfällig. Einen weiteren Hinweis auf eine unterschiedliche Unterrichtung der Kinder lieferten bis vor kurzem die beiden Notenbücher. Die Forschung stützte sich lange auf die vermeintliche Tatsache, daß Leopold für seine Kinder je ein Notenbuch mit Übungen angelegt hatte. Besonders Abert hat sich dem Notenbuch für Wolfgang intensiv gewidmet und daraus entsprechende Schlüsse abgeleitet. Wolfgang Plath beweist jedoch anhand von Vergleichen, daß es sich nicht um Leopolds Handschrift handelt (vgl. Plath 1973).

Das dritte Indiz ist weitaus aufschlußreicher. Jüngst wurde – wie im Vorwort bereits erwähnt – ein Manuskript entdeckt, aus dem hervorgeht, daß Leopold seine Tochter tatsächlich in Tonsatz unterrichtete. Nannerls Aufgaben waren allerdings fest umgrenzt: sie hatte zwei Baßstimmen zu einer gegebenen Melodie zu erfinden und eine Variation zu einem gegebenen Baß zu schreiben.

Wolfgangs Hauptinstrument blieb das Klavier; dennoch wandte er sich nach 1763 stärker der Orgel zu. Der Knabe zeigte eine erstaunliche Befähigung; er bearbeitete sofort die Pedale, als hätte er schon viele Monate geübt. In London spielte er so, »daß alle sein Orgelspielen weit höher schätzen als das Clavier spielen« (28. 5. 1764). Nannerl konnte sich mit dem jüngeren Bruder gar nicht erst messen, denn niemand kam auf die Idee, ihr das Orgelspielen zu gestatten. Von alleine auf das Instrument zu klettern und die Tasten mit den Füßen zu bearbeiten, wie es der jüngere Bruder getan hatte – das wäre unschicklich gewesen.

Ohne Zweifel hätte auch Nannerl das Violin- und Orgelspiel erlernen können, wenn man sie gefördert hätte. Leopold kam dies gar nicht erst in den Sinn. Beides, das Orgel- und Violinspielen, sind berufsbezogene Qualifikationen, die im allgemeinen von Frauen nicht ausgeübt wurden. Trotz seines Ehrgeizes, die begabten Kinder mit all ihrem Können vorzuzeigen, zog er hier eine Grenze.

Wenn der Vater also streng berufsbezogen dachte – und alles deutet darauf hin, daß er dies tat –, erteilte er Nannerl nur so viel Unterricht, wie sie für ihre berufliche Ausrichtung als Pianistin benötigte. Bei Wolfgang, der Kapellmeister werden sollte, lagen die Dinge anders. Der Beruf des Musikers barg Gefahren des sozialen Abstiegs in sich. Dessen war sich Leopold bewußt. (Es ist kein Zufall, daß die Eltern von Komponisten ihre Söhne häufig zu einem »ehrbaren« Beruf überreden wollten; sie mußten teilweise mit Jura beginnen, wie z. B. Georg Philipp Telemann, Wilhelm Friedemann Bach, Carl Philipp Emanuel Bach und später Robert Schumann). Um so wichtiger erschien es Leopold, die Ausbildung vielseitig zu gestalten, damit der Sohn in höhere Kreise aufsteigen konnte. Dazu gehörte eine möglichst universale Schulung in allen musikalischen Bereichen sowie ein Einblick in die Funktionsweise des aristokratischen Beziehungsgefüges. In beiden Bereichen war Leopold ein Experte.

Vater Mozart mit Nannerl und Wolfgang während der großen Europareise

Zum Beruf des Kapellmeisters gehörte die umfassende Kenntnis mehrerer Instrumente, die Beherrschung der Kompositionsregeln, ein umfangreiches kompositorisches Schaffen und Fähigkeiten wie Vom-Blatt-Spiel, Partiturspiel und Improvisation. Er mußte ein Ensemble leiten können, kurzfristig Aufführungen vorbereiten, dabei selbst wahlweise an verschiedenen Instrumenten (zumeist führend) mitwirken, solistisch auftreten, Sänger/innen oder Instrumentalisten unterrichten und ein Repertoire schaffen, also komponieren können. Diese universale Einsetzbarkeit hatte Leopold im Sinn. Aus dieser Sicht wird deutlich, warum sich die Vielseitigkeit für die Tochter erübrigte.

Leopold sah die unterschiedliche Ausrichtung der Kinder als selbstverständlich an. Von England aus überlegte er, wie es in Salzburg nach der Rückkehr 1766 weitergehen sollte:

»Wo wird dann meine Tochter schlafen? Wo wird der Wolfgang sein Quartier aufschlagen? Wo werd ich für ihn einen besonderen Platz zum studieren und seiner Arbeit, deren er vielerlei haben wird, finden? Und wo bleib ich? Meine Kinder und ich soll jedes seinen Platz haben, um keines dem anderen hinderlich zu sein.«

»Sie wissen daß meine Kinder zur Arbeit gewohnt sind: sollten sie aus Entschuldigung daß eines das andre verhindert sich an müssige Stunden gewöhnen, so würde mein ganzes Gebäude über den Haufen fallen, ... und Sie wissen auch selbst wie viel meine Kinder, sonderlich der Wolfgangerl zu lernen hat« (12. 12. 1765).

Die Geschwister sollten beide tüchtig arbeiten, doch der Zusatz »sonderlich der Wolfgangerl« unterstreicht die unterschiedliche Gewichtung. »Basta! es wird schon gut werden, wenn wir nur mit der Hilfe Gottes gesund bleiben, und wenn Gott nur unsern unüberwindlichen Wolfgang gesund erhält«, schrieb er aus London (28. 5. 1764). Wolfgang wurde nicht nur über Nannerl, sondern über die ganze Familie gesetzt. Er galt mit seinem unfaßbaren Talent als der Herausragende, das Wunder, das die Welt noch nicht gesehen hatte. Leopold dachte praktisch. Er fürchtete, daß das Genie des Buben mit zunehmendem Alter zur Alltäglichkeit werden würde. Daher war er so sehr in Eile, reihte er eine Reise an die andere, gab er zu erkennen, daß er gegen die Zeit arbeiten mußte. Daß sein Sohn einer der größten Komponisten überhaupt werden würde, war ihm nicht bewußt und blieb ihm selbst nach seinem Besuch in Wien viele Jahre später verborgen, als Wolfgang bereits auf dem Höhepunkt seines Ansehens stand. Nicht, daß er seinen Sohn verkannt hätte, sondern es war für ihn undenkbar, Musik derart mit einer seelisch-subjektiven Ausstrahlung zu versehen. Musik war noch immer das Ergebnis eines Auftrages für das Hier und Jetzt, und keine zeitübergreifende Kulturproduktion, angetan, um auch künftige Generationen zu beglücken.[6]

Bereits die Londoner Vorankündigungen, bei denen Leopold seine Finger mit im Spiel hatte, sprachen vom künftigen Kapellmeister. Die Presse griff dies bereitwillig auf: vom »kleinen 7 jährigen Compositeur« war die Rede, vom »Komponist und Musikmeister von etwa acht Jahren«, vom »young Music Master and his Sister«, der »alle Kenntnisse und Fertigkeiten eines Kapellmeisters« besitzt (Deutsch 1961, 41 ff.).

Leopold, der nur den Posten eines Vizekapellmeisters bekleidete und selbst gern Kapellmeister geworden wäre, wünschte sich nichts sehnlicher für seinen Sohn als eine gute Stellung. Er verfolgte ein doppeltes Ziel: das Talent des Wunderkindes Wolfgang auszunutzen, solange er noch jung war, und ihm zugleich vielfältige musikalische Eindrücke zu vermitteln, Bekanntschaften zu knüpfen, seine Werke in Druck zu geben, sie in Archiven zu hinterlegen, ihn berühmt und bekannt zu machen. Nannerl konnte in diesem Zusammenhang nur den zweiten Rang besetzen, eine schmückende Beigabe sein. Mit der Zeit verblaßten alle Reden über die Talente seiner Kinder; es war nur noch Wolfgang, der zählte.

Bedenkt man, daß Nannerl vermutlich nur eine rudimentäre

Unterweisung in Tonsatz erhielt, und zieht man in Betracht, daß sie eine außerordentlich begabte Musikerin war, dann entsteht eine schmerzliche Diskrepanz. Mögliche Fähigkeiten wurden gar nicht erst geweckt, geschweige denn kultiviert und verstärkt. Dennoch ist Leopold in Schutz zu nehmen. Er handelte ausschließlich in dem guten Glauben, der Tochter das Beste zu bieten, was einer Angehörigen ihres Geschlechts ermöglicht werden konnte. Nannerl selbst wird angesichts des überragenden Könnens ihres jüngeren Bruders kaum gewagt haben, mit ihm in Konkurrenz zu treten.

3. Pocken und Pleiten:
Nannerls letzte Wunderkind-Reise 1767-1768

Das Leben in Salzburg war nicht gleichbedeutend mit provinzieller Stille. Manch ein Durchreisender meldete sich an, um vor allem dem kleinen Wolfgang die Aufwartung zu machen. Zu Ehren eines spanischen Gesandten gab der Erzbischof im März ein glanzvolles Fest, bei dem, so ein Zeitgenosse, »alle virtuosen alhier« Musik aufspielten (Deutsch 1961, 69). Nannerl und Wolfgang galten inzwischen als Berühmtheiten weit über die Grenzen Salzburgs hinaus, und sie waren sicherlich auch dabei.

Nach zehn Monaten zu Hause zog es Leopold wieder in die Ferne. Das Ziel war dieses Mal Wien. Anläßlich der Vermählungsfeierlichkeiten zu Ehren des Königs Ferdinand IV. von Neapel und seiner Braut, der sechzehnjährigen Erzherzogin Maria Josepha, hoffte er auf Musikaufträge für Wolfgang. Geplant war lediglich ein kurzer Aufenthalt, doch es kam alles ganz anders. Welche Rolle Leopold für Nannerl auf der Reise ausersehen hatte, ist unklar. Als Wunderkind hatte sie Staunen erregt, doch nun war sie im gleichen Alter wie die Erzherzogin, deren Heirat man zu feiern hoffte. Möglicherweise bewog Wolfgangs noch junges Alter den Vater dazu, seine Frau mitzunehmen. Da er Nannerl nicht alleine zurücklassen konnte, reiste sie ohne eine umrissene künstlerische Bestimmung mit.

Am 11. September 1767 verließ die Familie Salzburg. Nach vier Tagen erreichte man die kaiserliche Residenzstadt. Die Mozarts logierten bei einem Goldschmied. Doch alle Pläne wurden jäh durchkreuzt, als eine Blatternepidemie wenige Tage nach ihrer Ankunft ausbrach. Ausgerechnet die Erzherzogin, deren Hochzeit in Wien gefeiert werden sollte, erkrankte und starb daran. Die Theater wurden geschlossen, an Musikveranstaltungen war nicht zu denken.

Als der Sohn ihres Quartierwirts erkrankte, beschloß Leopold alarmiert, das Haus so schnell wie möglich zu verlassen. Während Leopold und Wolfgang zu einem »guten Freunde« zogen, blieben Maria Anna, Nannerl und der Bediente Bernhard trotz der Epidemie. Leopold ging damit das Risiko einer Erkrankung seiner Tochter ein. »Ich war gezwungen meine Frau und Tochter alda zu lassen, und ich floh mit dem Wolfgang zu meinem guten Freunde, wo wir blieben … ich konnte den Augenblick kaum erwarten, meinen Wolfgang aus dem mit den Blattern gänzlich angesteckten Wien in eine andere Luft zu führen« (10. 11. 1767). Nannerl mußte wieder einmal erfahren, daß ihr Bruder mehr galt als sie. Vor der anschließenden überstürzten Abreise über Brunn nach Olmütz brachte Leopold wohl beide Parteien wieder zusammen, denn in seiner Schilderung der Erkrankung Wolfgangs, die trotz aller Vorsichtsmaßnahmen ausbrach, benutzt er nun die »Wir«-Form: »Man gab uns 2 bessere Zimmer; wir wickelten den Wolfgang in Pelze ein und wanderten also mit ihm in die anderen Zimmer« (10. 11. 1767).

Die Beschreibung von Wolfgangs Erkrankung beansprucht mehrere Seiten eines Briefes an Johann Lorenz Hagenauer, angefangen mit dem Ausbruch der Epidemie, der eiligen Abreise, der Ansteckung und Pflege, bis hin zur Genesung des Sohnes. Am Schluß des Briefes ein lapidarer Zusatz: »Eine Sorge liegt mir noch am Herzen, nämlich, daß mein Mädl auch möchte die Blattern bekommen, denn wer weiss, ob die etlichen Blattern, die sie hatte, die rechten waren?«

Seine Angst war berechtigt: auch Nannerl erkrankte. Wie im vorangegangenen Brief über Wolfgangs Genesung beginnt er mit einem »Te Deum Laudamus!« und setzt hinzu: »Meine Tochter hat die Blattern glücklich überstanden! Ein Beweis, daß die wenigen Blattern, die sie in ihrer Kindheit hatte, so, wie ich mir es schon eingebildet, die rechten nicht waren. Sie hatte die Blattern so glücklich, daß Sie ihr gar nichts, dem Wolfgang aber wenig ansehen werden« (29.11.1767). Gegenüber den seitenlangen Schilderungen, die er Wolfgang widmete, hatte Leopold ganze zwei Sätze für die Tochter übrig, wobei er am Ende nochmals auf Wolfgang zu sprechen kam. Entsprechend ließ er für Wolfgang sechs Messen lesen (10.11.1767), für Nannerl dagegen nur eine. Solche Erfahrungen werden an Nannerl nicht spurlos vorübergegangen sein. Nicht, daß die Eltern sie weniger geliebt hätten – sie galt nun einmal als weibliches Wesen weniger. Dieses Verdikt war gottgewollt und unverrückbar, und zusammen mit Wolfgangs überragender Begabung ließ es sie im Lauf der Jahre manche Unbill ertragen.

Nach der Genesung sprach Leopold von einer neuen Zeitrechnung in Wolfgangs Leben. Seine Erleichterung vermischte sich mit dem Nachdenken darüber, wie er die Zeit in Wien nutzen sollte. Es schien ihm ideal, die hingeworfene Idee des Kaisers aufzugreifen, Wolfgang eine Oper *(La finta semplice)* schreiben zu lassen. Er wählte eine offensive Taktik: »Wer nichts wagt, gewinnt nichts; ich muß die Sache recht an das Licht bringen. Es muß gehen oder brechen! und was ist geschickter dazu als das Theater?« (30.1.1768) Im Mai rechtfertigte er seine Pläne:

»Oder sollte ich vielleicht in Salzburg sitzen in leerer Hoffnung nach einem bessern Glück seufzen, den Wolfgang groß werden und mich und meine Kinder bey der Nase herumführen lassen, bis ich zu Jahren komme, die mich eine Reise zu machen verhindern, bis der Wolfgang in die Jahre und denjenigen Wachstum kommt, die seinen Verdiensten die Verwunderung entziehen? Soll mein Kind durch die Opera in Wien den ersten Schritt umsonst getan haben, und nicht auf dem einmal so breit gebahnten Weg mit starken Schritten forteilen?« (11. 5. 1768)

Wolfgang war zwölf, er näherte sich der Pubertät. Leopold sah in dessen jugendlichem Alter einen vergänglichen Wert, den es auszunutzen galt: »Man denkt: es kommt nur noch auf einige Jahre an, alsdann verfällt es (das Wunder) ins natürliche und hört auf ein Wunder Gottes zu sein« (30. 7. 1768). Ebenso klar erkannte er, daß Nannerl kein Wunderkind mehr war und an Attraktivität eingebüßt hatte. Da Alternativen über den familiären Rahmen hinaus fehlten, verschwand sie aus seinen Überlegungen, während der Sohn endgültig in die Rolle des Hoffnungsträgers hineinwuchs.

Auf dem Weg zurück nach Wien machten die Mozarts wieder in Brunn Station, wo sie Weihnachten verbrachten und die Kinder konzertierten. Der Landeshauptmann lud ins Stadthaus ein, wobei sich die Geschwister »zur Bewunderung aller produzierten«; man begleitete sie auf verschiedenen Instrumenten (Deutsch 1961, 72). Es ist das letzte überlieferte öffentliche Konzert, an dem Nannerl außerhalb von Salzburg teilnahm.[7]

Wie fünf Jahre zuvor wurden die Kinder in Wien Maria Theresia und ihrem Sohn Joseph II., dem neuen Kaiser vorgestellt. Über Nannerls Spiel ist nichts zu erfahren, dafür trieb der Kaiser ihr »sehr oft die Röte ins Gesicht« (23. 1. 1768). Bedenkt man, daß ein Zeitgenosse sie ein gutes Jahr zuvor bereits als »ziemlich groß, und fast schon heiratsmässig geworden« beschrieben hatte (Deutsch 1961, 65), ist anzunehmen, daß die inzwischen Sechzehnjährige, die die Pubertät durchlief, als junge Dame angesehen wurde (und als solche auch reagierte). Es kann aber auch als Anzeichen von Unsicherheit interpretiert werden, denn Nannerl konnte durch ihre künstlerischen Qualitäten nicht glänzen; das, worauf sie sich sonst gestützt hatte, zählte immer weniger.

Im Hinblick auf Wolfgangs Begeisterung für die Bühne war es

klug überlegt, ihn durch eine Aufführung einer Opera buffa ins
rechte Licht zu rücken. Während Wolfgang eifrig komponierte,
muß sich Nannerl überflüssig vorgekommen sein. Es gab zwar
einige unterhaltsame Lichtblicke, so eine Aufführung des Singspiels *Bastien und Bastienne* im Haus des berühmten Hypnoti-
seurs und Musikliebhabers Mesmer oder den Besuch eines Feuer-
werks. Dann aber tat sich unerwarteter Ärger auf. Leopold hatte
nicht mit der Ranküne der Kollegen gerechnet. Sie bezweifelten,
daß ein Zwölfjähriger eine Oper schreiben und sie gar vom Klavier aus leiten könnte und unterstellten Leopold, er hätte die
Oper selbst angefertigt und für das Werk eines Kindes ausgegeben. Die Aufführung wurde mehrfach verschoben. Es waren ner-
venaufreibende Wochen, und Leopolds Ärger wuchs. Außerdem
drückten finanzielle Sorgen: er mußte von seinen Ersparnissen leben, da sein Gehalt vom März an eingezogen worden war. Um
diese Opernaufführung durchzusetzen, nahm er sogar eine drohende Kündigung in Kauf, nicht zuletzt wegen des zu erwartenden Honorars von 2000 Gulden – das waren schließlich mehr
als drei Jahreseinkommen.

Mutter und Tochter erlebten Leopolds Zorn auf die Wiener
Verhältnisse inmitten der Intrigen, Böswilligkeiten und Unterstel-
lungen und werden entsprechend mitgelitten haben. Seine Sprache war ungewöhnlich scharf: Die Rede ist von »Verdruß« und
»Verhängnis«, von »allen Gattungen der ausgesonnensten Ränke
und boshaften Verfolgungen« (29. 6. 1768). »Die ganze Musik-
hölle (hat) sich empöret, um zu verhindern, daß man die Geschicklichkeit eines Kindes nicht sehen soll« (14. 9. 1768); und:
»Nichts als unsere Ehre hält uns zurück« (29. 6. 1768). Es ging
um seine Glaubwürdigkeit und um die Zukunft des Sohnes, zwei
Dinge, die er sehr ernst nahm.

Der Psychologe Florian Langegger vermutet, daß Leopold
durch sein Verhalten unbewußt den Mißerfolg des Sohnes selbst
verschuldete. Er sieht »hinter den rastlos tätigen Bemühungen
eines wohlwollenden Vaters eine dunkle Kehrseite« und hinter

dem »scheinbaren Edelmut eine gehörige Portion Neid, Mißgunst und Zweifel« (Langegger, 43). Diese Interpretation ist gewagt und ungenügend abgesichert. Sie wird zudem durch spätere
Ereignisse widerlegt, denn auf der darauffolgenden Italienreise
war Leopolds Freude über Wolfgangs Erfolge aufrichtig: »Was
mich sonderheitlich vergnügt ist, daß wir hier ungemein beliebt
sind, und daß der Wolfgang hier noch mehr bewundert wird,
als in allen andern Stätten Italiens« (27. 3. 1770). Eher zustimmen
läßt sich der These, wonach sich Leopold zu sehr mit dem Sohn
identifiziert habe. Die darauffolgenden italienischen Reisen zeigen dies deutlich. Schon in Wien ist der Erfolg des Sohnes zugleich sein Erfolg; er ist sogar bereit, die eigene Stellung in Salzburg dafür zu opfern, und sicherlich erregte er in Wien kritische
bis böse Reaktionen auf sein unermüdliches Bemühen, den Sohn
in den Mittelpunkt zu stellen. Des Sohnes Ehre war seine Ehre,
jede Demütigung Wolfgangs traf ihn selbst.

Nannerl war, vom Üben abgesehen, sechzehn Monate lang zur
Tatenlosigkeit verurteilt und vom Salzburger Freundeskreis abgeschnitten. Sicherlich hat sie bei privaten Einladungen im kleinen
Zirkel gespielt. Dies waren jedoch Gefälligkeiten, ohne in erster
Linie der Zurschaustellung des eigenen künstlerischen Könnens
zu dienen. Sie hat sicherlich gespürt, daß sie dem Vater zur Last
fiel. In den Briefen, die er während des Aufenthalts schrieb, wird
sie kaum erwähnt. Zu allem Ungemach wuchs sie aus ihren Kleidern heraus, und Leopold beschwerte sich, daß er neue Kleidung
erstehen mußte: »Ist das nicht auch ein kleines Kreuz?« (12. 11.
1768).

Die Familie kehrte Anfang Januar nach Salzburg zurück. Es
war für Nannerl die letzte Reise in der Rolle einer öffentlich auf-
tretenden Künstlerin, und genau besehen war sie ein Mißerfolg
auf der ganzen Linie gewesen. Diese Niederlage hat wahrscheinlich den Grundstein zu Nannerls Bescheidenheit gelegt, die sie
stets dann zur Schau trug, wenn es um ihre künstlerischen Fähigkeiten ging. Die Reise bestärkte Leopold darin, künftig Frau und

Tochter zu Hause zu lassen, denn sie hatten sich als kostentreiben-
de Belastungen erwiesen. Darauf fixiert, den Sohn in jungen Jahren der staunenden Welt vorzuführen, schien ihm nun Italien der
ideale Ort zu sein, um einen Opernauftrag zu ergattern. Darauf
richtete er sein Augenmerk und sein ganzes Streben.

4. Sehnsucht nach dem Reisen:
Daheim mit der Mutter 1769-1775

»Diesmal reisen nur Vater und Sohn, Mutter und Tochter bleiben
zurück. Schließlich geht es nicht mehr darum, eine Familie zu
präsentieren, ein derartiger Aufwand ist nicht mehr notwendig.
Konzentration soll alle weitschweifigen Umtriebe ablösen« (Ortheil, 42). Dieses Zitat verrät mehr als nur eine Chronik der Ge-
schehnisse. Die Meinung des Autors schwingt mit: jetzt ist
Schluß mit aller Tändelei, nun rückt das Wesentliche in den Mittelpunkt. Das Eigentliche umfaßt wie selbstverständlich nur Vater und Sohn. Ähnlich wird es Nannerl wohl empfunden haben,
als Leopold und Wolfgang ihre erste Italienreise Ende 1769 antra-
ten, von der sie erst im März 1771 heimkehren sollten. Während
für Wolfgang das Leben nun begann, hatte sie den aufregendsten
und farbigsten Abschnitt ihres Daseins hinter sich. Die hinterlas-
sene Korrespondenz läßt vermuten, daß sie sich damit abfand,
nicht mehr außerhalb Salzburgs öffentlich zu konzertieren. Deutlich verriet sie dagegen in ihren Briefen ihren Unmut darüber,
nicht mitfahren zu dürfen. Reisen waren für sie unvergeßliche Erinnerungen, von denen sie ein Leben lang zehrte.

Kurz vor der Abreise gab es in Salzburg eine angenehme Unterbrechung ihres Alltags, als sie zusammen mit Leopold und
Wolfgang anläßlich der Weihe des Kajetan Hagenauer zum Pater Dominicus vor fünfzig geladenen Gästen musizierte. (Am
Vortag war ihm zu Ehren Wolfgangs *Dominicus-Messe* KV 66 in
der Stiftskirche von St. Peter erklungen.) Im Hause des Vaters

Hagenauer spielte Nannerl Klavier, Wolfgang ergötzte das Publikum mit Gesang, Geige und ebenfalls am Klavier (Deutsch 1961, 86). Außerdem gab es eine Aufführung von Mozarts Oper *La finta semplice*, die sie mit großer Freude besucht haben wird.

In diesen Jahrzehnten herrschten zwei Positionen, was die Bildung von Mädchen im »heiratsmäßigen« Alter betraf. Die gewöhnliche war die, daß Kenntnisse, die über ein gewisses Niveau hinausgingen, für sie schädlich seien. Man glaubte, daß die Mädchen in Gefahr gerieten, »hochmütig« zu werden, und der künftige Mann unter ihrer geistigen Überlegenheit zu leiden habe. Die andere war die, daß man Fähigkeiten, die Gott verliehen habe, nicht brachliegen lassen dürfe. Für diese letztere Position gab es zwar nur wenige Anhänger, wenn es um das weibliche Geschlecht ging, doch fanden sich auch vermehrt Fürsprecher für die Bildung junger Mädchen.

Leopold – das wurde bereits deutlich – fand den für ihn günstigsten Mittelweg, indem er Nannerl bis zu ihrer Pubertät in der Musikausübung unterrichtete. Damit handelte er als aufgeklärter Rationalist innerhalb der Normen seiner Zeit. Außerdem war es für Musiker üblich, die Töchter musikalisch auszubilden, auch wenn unklar blieb, wie sie diese Qualifikationen später nutzen würden. Den einmal erworbenen Qualitätsstand sollte Nannerl beibehalten, denn er ermahnte sie oft zu üben. Er wünschte, daß sie natürlich, ungeziert und ungekünstelt blieb, wie es für Frauen üblich war.

Im letzten Drittel des 18. Jahrhunderts wurde die Vater-Kind-Beziehung insgesamt aufgewertet und mit emotionalen Anteilen befrachtet. In Christian Felix Weisses *Kinderfreund,* der 1775-1784 erschien, legt der Vater das Geständnis ab: »Ich thue keine Reise über Land, wenn ich meine Kinder nicht mitnehmen kann, weil ich kein Vergnügen recht schmecke, das ich nicht mit ihnen theile.« Und Campe schreibt in seinem *Sittenbüchlein für Kinder aus gesitteten Ständen* 1777 von dem Vater: »Es ist mir immer so wohl, wenn sie (die Kinder) um mich sind« (zit. b. Sørensen,

42). Von solchen gefühlsbeladenen Modetorheiten ließ sich Leopold nicht beeindrucken. War in den Jahren bis 1767 noch die gesamte Familie mitgefahren, so reiste Wolfgang danach bis 1778 nur in Begleitung eines Elternteils: zunächst auf drei Reisen durch Italien mit dem Vater, dann bis nach Paris mit der Mutter. Die Sechzehnjährige blieb fortan, mal mit der Mutter, mal mit dem Vater, zu Hause. Die beiden späteren kurzen Fahrten nach München dienten nur dazu, den Aufführungen des Bruders beizuwohnen. Zwar spielte Nannerl auf diesen Fahrten in verschiedenen Münchener Häusern und in einem Augsburger Kloster, aber die Jahre, in denen sie internationalen Ruhm an der Seite des Bruders errungen hatte, verblaßten.

Der Erzbischof zeigte sich gnädig: Im Gegensatz zur vorangegangenen Reise gewährte er Leopold den Urlaub und unterstützte ihn mit einem Geldgeschenk von 600 Gulden. Außerdem ernannte er Wolfgang kurz vor der Abfahrt zum unbesoldeten dritten Kapellmeister. Damit konnte dieser einen eigenen Titel vorweisen. Die großzügige Geste Schrattenbachs macht aber auch deutlich, daß er als Schirmherr Ansprüche an Wolfgang stellte, der seinerseits aus der exotischen Wunderkindrolle herauszuwachsen begann.

Leopold verband die kulturelle Bildungsreise, wie sie in jener Zeit für aristokratische Kreise üblich war, mit der Reise des Künstlers, der sich beruflich vervollkommnen wollte. Damals wurden junge Adlige unter der Obhut eines Erziehers oder Hofmeisters an die befreundeten und angesehenen Höfe Frankreichs und Italiens geführt. Auch für einen Musiker empfahl es sich, die Studien in Italien zu vollenden, wenn er in deutschen Landen Tritt fassen wollte. Vor Mozart hatten zahlreiche deutsche Komponisten wie Haßler, Schütz, Händel, Hasse, Gluck und Johann Christian Bach Italien besucht. Leopold stimmte deshalb die Funktion der Reisen ganz auf die berufliche Zukunft des Sohnes ab. Er sollte den italienischen Opernbetrieb und die ausgereifte Gesangskunst der dortigen Virtuosen kennenlernen und mög-

lichst einen Opernauftrag ergattern. Begegnungen mit einflußrei-
chen Menschen sollten Wolfgang außerdem in der musikalischen
Welt der aristokratisch-höfischen Gesellschaft etablieren. Dies alles machte Nannerls Anwesenheit geradezu überflüssig. Die Arbeitskraft beider Frauen wäre allerdings hilfreich gewesen, zumal
diesmal kein Diener mitfuhr und er das Kofferpacken selbst übernehmen mußte. Es gab vermutlich Gespräche und Überlegungen,
ob Maria Anna und Nannerl mitreisen sollten.

Es verwundert nicht, daß die Daheimgebliebenen gerne mitgefahren wären, zumal Leopold auf der großen Europareise im Juli
1766 drauf und dran gewesen war, mit der Familie nach Italien
weiterzureisen. Er sprach damals von »Interesse« und »Reisebe-
gierde« nach diesem Land (16. 8. 1766), und sicherlich beschrieb
er seiner Familie begeistert die zu erwartenden Kunstschätze und
Naturschönheiten. Damals rief ihn das Pflichtgefühl zurück nach
Salzburg, und Nannerl wird dies sehr bedauert haben. Ihr neuer-
licher Wunsch, Italien zu sehen, stammte aus der Erinnerung an
das damals knapp Entgangene.

Die erste der drei Reisen des Vaters und des Sohnes nach Italien war rundherum erfolgreich. Der erzwungene Stillstand, den
Leopold in Wien schmerzlich erfahren hatte, wurde von einem
gesellschaftlichen Wirbel abgelöst. Die Ehrungen, die dem frischgebackenen vatikanischen »Ritter vom Goldenen Sporn« und Bo-
logneser »Cavaliere filarmonico« zuteil werden, hoben Wolfgang
von der Kindheit ab und bürdeten ihm eine hohe Verantwortung
auf. Die Erwartungen vermochte er zu erfüllen, und Leopold war
mit ihm zufrieden.

Die Reisebriefe aus Italien nach Salzburg sind überliefert,
nicht jedoch die Zeilen, die in die entgegengesetzte Richtung gingen. Dabei schickte Nannerl detaillierte Berichte: »Der Wolfgang
hat die lange Relation der Nannerl mit Freuden gelesen«, bemerkt
Leopold (1. 9. 1770).

Die beiden Frauen erfuhren nach und nach von den großen Er-
folgen Wolfgangs. Aus Innsbruck, wo er am 15. Dezember – also

Der Tanzmeistersaal in dem Haus, wo Nannerl von 1773 bis zu ihrer Verheiratung 1784 wohnte

kurz nach der Abfahrt – ein Konzert gab, legte Leopold einen Zeitungsausschnitt bei, in dem der Sohn als »dermalen wirkl. Hochfürstl. Salzburgischer Concertmeister« ausgewiesen wird – sicherlich von Leopold selbst lanciert. Der ohne Besoldung verliehene Titel kam dem Sohn für Werbezwecke zugute. Die Kirche war in Erwartung seines Orgelspiels so überfüllt, daß beide kaum an die Orgel gelangten. Als Wolfgang von einer Verehrerin einen wunderschönen Blumenstrauß mit einem eingeflochtenen Dukatenstück und einem Lobgedicht erhielt, schickte Leopold die Verse nach Hause. In den folgenden Monaten sandte er noch häufig Sonette und Lobgedichte heim. Auch ein Porträt von Wolfgang wurde erstellt. Nannerl dürfte dies mit gemischten Gefühlen aufgenommen haben, war sie doch früher selbst einmal Gegenstand von Gedichten und Lobpreisungen gewesen.

Viel Trost blieb den Daheimgebliebenen nicht. »Lebe du und die Nannerl wohl. Wir küssen euch 1000 Mal. Wir trinken alle Tag eure Gesundheit, der Wolfgang ... vergisst es niemals« (11. 1. 1770), bemerkt Leopold lapidar. Beide erteilten ihr mehrfach musikalische Aufträge. Wolfgang schrieb ihr den Anfang einer Sinfonie von Mysliveček auf und bat darum zu erkunden, ob sie in Salzburg vorhanden sei. Zuweilen meldete Leopold Besuch an: »Es wird ein gewisser Graf Attems nach Salzburg ... kommen ... vielleicht wird er euch besuchen, daß ihm die Nannerl etwas spielen soll« (17. 12. 1769). Nannerl zögerte ihrerseits nicht, Wünsche in die andere Richtung in Gang zu setzen. Sie bat den Bruder, die Incipits (Anfangstakte) seiner Cassationen zu notieren, damit sie diese mit gehörter Musik in Salzburg vergleichen konnte (4. 8. 1770). Leopold antwortete: »Der Wolfgang hat jetzt nicht Zeit seine Schwester zu bedienen, er wird es tun, so bald er kann« (18. 9. 1770). Er teilte Nannerl auf ihre Bitte mit, wo die Kadenzen und Partituren bestimmter Werke lägen, woraus zu schließen ist, daß sie regelmäßig musizierte. Seine Frage »Spielt die Nannerl fleissig den Flügl?« (3. 2. 1770) und sein Rat »Ich empfehle dir das Clavier« (17. 12. 1769) können daher mehr rhetorisch-väterlich zu verstehen sein. Dennoch ist es möglich, daß sie, aufgrund fehlender öffentlicher Betätigung die Lust zu üben verlor. Seine Frage »Du wirst wohl auch noch zu Zeiten singen?« (17. 2. 1770) wurde positiv beantwortet, worauf er ins Gegenteil fiel: »Mich freut, daß die Nannerl fleissig ist. Singen soll sie aber mehr nicht, als sie glaubt, daß ihrer Brust nicht schädlich ist« (24. 3. 1770). Dies kann ein Hinweis auf Nannerls Husten sein, von dem sie sechs Wochen zuvor berichtet hatte; denkbar ist aber auch, daß Leopold die damals übliche Begrenzung weiblicher Kunstausübung auf sie bezieht. Hierfür spricht seine Bemerkung: »Es gibt viele andere Ursachen, die dem Menschen eine Abzehrung zuziehen, sonderheitlich beim Frauenzim-

mer« (4. 8. 1770). Er erkundigte sich auch mehrmals, ob sie fleißig mit ihren Schülerinnen übe.

Der vierzehnjährige Wolfgang imitierte von oben herab den
väterlichen Tonfall gegenüber der älteren Schwester: »Sei nicht
so faul« (5. 6. 1770), »Ich ... wünsche dass du mir doch ins künftige auf meine Brief wirst besser antworten, denn es ist ja weit
leichter etwas anzuworten, als selbsten etwas erfinden« (22. 9.
1770). »Gehe fleissig ins Mirawell (= Mirabellgarten) in die Li-
tanien, und höre das Regina coeli oder das salve regina, und
schlaf gesund, und lass dir nichts Böses träumen« (19. 5. 1770).
Diese Hinweise auf den Kirchenbesuch verstärken wie selbstverständlich die unterschiedlichen Erlebniswelten. Während Leopold und Wolfgang die Kirchen aufsuchten, um ihre Schönheiten zu bewundern und die Orgeln auszuprobieren, waren die
Frauen zu Hause für das Beten zuständig: »Ich empfehle mich
ihnen (dem Ehepaar Hagenauer) beiderseits; die Frau Hagenaue-
rin wird wohl zu Zeiten ein Vater Unser für uns beten. Es tut
wirklich not, denn wir beten nicht gar viel«, schrieb Leopold seiner Frau (26. 5. 1770).

Leopold schlug zuweilen einen maßregelnden Ton an. Er
glaubte, Maria Anna und Nannerl hätten ihm zu seinem Ge-
burts- und Namenstag am 14. und 15. November 1770 nicht gra-
tuliert, und beschwerte sich: »Bei dir und der Nannerl dürfen
wir uns eben nicht bedanken, dann du hast mir zwar die Glück-
wünsche anderer überschrieben, deiner aber ist in der Feder geblieben; und die Nannerl hat vermutlich noch keinen Spruch
gewusst, dann sie schrieb auch kein Wort.« Daraufhin fiel ihm
ein, daß Nannerl schon längst einen italienischen Glückwunsch
geschickt hatte. Für seinen Irrtum entschuldigte er sich aber
nicht: »Wenn man viele andere Sachen im Kopf hat, kann man
unmöglich auf alles denken.« Als er später einen weiteren Brief
erhielt, der mit Glückwünschen seiner Frau und Nannerls »angefüllt war«, bedankte er sich ebenfalls, ohne die Kritik zurückzunehmen. Einige Monate zuvor hatte er geschrieben: »Der

Nannerl zu ihrem Namenstag zu gratulieren haben wir vergessen« (11. 8. 1770).

Seine schulmeisterliche Diktion traf Ehefrau und Tochter gleichermaßen. »Diesen Brief hast du dem Herrn Wieder zu verdanken, der mich zwingt dir zu schreiben, da ich nach dem Tische eine kleine Zeit nichts zu tun habe, und eben heute Posttag ist« (6. 3. 1771): ein solcher Satz klingt, als müsse er sich zum Schreiben an die Ehefrau geradezu überwinden. Hinsichtlich Wolfgangs Entwicklung schlug Leopold muntere Töne an: »Der Wolfgang bleibt mit seiner Wissenschaft auch nicht stehen, sondern wächst von Tage zu Tage, so, daß die grössten Kenner und Meister nicht Worte genug finden ihre Bewunderung auszudrücken und an (den) Tag zu geben« (21. 4. 1770). Wolfgang wuchs zu dieser Zeit nicht nur physisch – Leopold berichtet sorgfältig über seine körperlichen Fortschritte, den Stimmwechsel, die zu engen Kleider –, er entwickelte sich auch künstlerisch weiter und erhielt fast von alleine die fördernde Anerkennung der Umwelt. Nannerl dagegen wurde zurechtgestutzt und daran erinnert, wie sie sich zu verhalten hatte.

Mutter und Schwester wußten sich die Zeit in Salzburg durchaus angenehm zu vertreiben. Beide waren während der Reisen von Bruder und Vater mehrmals auf das Schloß Triebenbach im Zillertal eingeladen, das dem Familienfreund Johann von Schiedenhofen gehörte. Mit dem Arrangieren der Frisur, dem Schminken und Ankleiden nahmen es die Frauen im 18. Jahrhundert sehr genau, und Nannerl wird sich den umfangreichen Vorbereitungen zu den Vergnügungen auf dem Schloß gern unterzogen haben. Mutter und Tochter berichteten über den Fasching in Salzburg, und Leopold reagierte erleichtert darauf, daß sie einige Abwechslung genossen: »Mich freuet es ungemein daß Salzburg so lebendig ist, und daß ihr auch einige Unterhaltung habt« (27. 2. 1770). Und Wolfgang ergänzte: »Du, Mariandel, mich freuet es recht von Arsch weg daß du so erschröglich lustig bist gewesen« (17. 2. 1770).

Die Gärten von Schloß Mirabell, dem Sommersitz des Erzbischofs, die der Öffentlichkeit zugänglich waren und in denen Nannerl gern spazierenging

Einige Monate später ging Leopold wieder auf ausführliche Schilderungen der beiden Frauen ein: »Eben habe dein Schreiben erhalten, und alle Eure Lustbarkeiten mit Vergnügen gehört« (24. 11. 1770). Sie besuchten auch musikalische Veranstaltungen, denn Leopold kontert darauf nicht sehr feinfühlig: »Ihr habt also 3 Accademien gehabt? – – Nun prost darauf! – und uns habt ihr nicht eingeladen? – – wir wären flugs erschienen, und dann wieder davon geflogen« (6. 10. 1770).

Aus dieser Zeit stammt eine denkwürdige Bemerkung Wolfgangs, die offenbart, daß Nannerl durchaus komponierte: »Den zwölften Menuett von Haydn den du mir geschickt hast gefällt mir recht wohl, und den Baß hast du unvergleichlich dazu komponiert, und ohne mindesten Fehler, und ich bitte dich probiere öfter solche Sachen« (19. 5. 1770). Vermutlich trafen sich Schiedenhofen und Nannerl auf einem der Bälle in Salzburg, hörten die Menuette und beschlossen, sie für das Cembalo zu arrangieren.[8] Aber sie begnügte sich nicht mit Harmonisierungen, sondern komponierte auch Eigenständiges, denn Wolfgang schrieb: »Cara sorella mia! Ich habe mich recht verwundert, daß du so schön componiren kannst, mit einen Wort, das lied ist schön, und probiere öfter etwas« (7. 7. 1770). Diese Ermutigung ist hervorzuheben, denn in dem gesamten Briefwechsel der Familie Mozart werden Nannerls Kompositionen nirgends von Leopold kommentiert. Er nahm sie nicht zur Kenntnis. Sie ist auch deswegen bemerkenswert, weil Nannerl nach eigener Aussage nicht wußte, daß ihr Bruder Lieder komponiert hatte (4. 8. 1799). Er hat nur knapp über dreißig Lieder in seinem Leben geschrieben. Wählte sie bewußt ein Genre, von dem sie annahm, daß es keine Konkurrenz zum Bruder gab?

Die Briefe sind mit Schilderungen von Festivitäten, Faschingsmaskeraden, Konzerten und Opernaufführungen, landschaftlichen Schönheiten und anderen kulturellen Ereignissen angefüllt. Man machte neue Bekanntschaften und traf auf alte Bekannte, die sich an Nannerl und ihre Mutter noch erinnerten, besichtigte Kirchen, Gemälde, Museen, bestaunte die Architektur. In Florenz fragte der Großherzog nach Nannerl. In Rom wohnten Leopold und Wolfgang bei einer bekannten Familie, deren Herr verreist war, »folglich nur die Frau und ihre Tochter wie die Nannerl zu Hause. Eine schöne Wohnung, gutes Haus, und Leute die gut stehen. Wie viel hundertmal wünschet die Frau dich und die Nannerl zu kommen.« Und im gleichen Brief heißt es:

»Wir waren bey der Principessa Barberini, wo wir den Prinz Xaveri von Sachsen, auch den Prätendenten oder so genannten König von Engelland und den Cardinal Pallavicini abermal, und unter anderem einen Cavalier angetroffen der uns von Paris gekannt. Heut fanden wir beim Ambaßadore di Malta einen Cavalier der uns von Wien kennet, den schwedischen Gesandten der uns in London gesehen, den und Grafen von Wallerstein. Morgen hat uns der Duca d'Altemps eingeladen. Montags speisen wir bei den Augustinern, von demjenigen Orden, wie zu Salzburg, wo auch der General sein wird. Am Dienstage speisen wir auf einem Landgut ...« (28. 4. 1770).

Man erinnerte sich sehr wohl an Nannerls pianistisches Können: »Herr Mysliveček küsst der Nannerl die virtuosen Hände« (16. 1. 1773). Der Klavierspieler Antonio Bridi, der kurz zuvor in Salzburg gewesen war, hatte sie nämlich sehr gelobt. Solche Bemerkungen mußten widersprüchlich auf Nannerl wirken. Einerseits dazu verurteilt, im heimischen Kreis zu musizieren, fragten andererseits Bekannte nach ihr, rühmten ihr Können und wünschten sich, sie zu sehen. Wo war ihre wirkliche Rolle?

Den Daheimgebliebenen müssen die vielfältigen Aktivitäten der Reisenden aufsehenerregend erschienen sein. Aus Neapel wurde berichtet, wie die Noblesse täglich in einigen hundert Kutschen an der Küste spazieren fuhr. Häufig war auch die Königin dabei.

»Da diese Spazierfahrt am Meer ist; so schiesset man auf den Schiffen, wenn die Königin mitfährt, und rechts und links halten die Kutschen stille, und grüssen die Königin, wenn sie durchfährt. So bald es ein wenig Abend ist, werden bei allen Kutschen die Flambos (= Fackeln) angezündet, um eine Art von Illumination zu machen. Da wir täglich mitfahren und allezeit durch einen herrschaftlichen Wagen bedienet werden, so habe allezeit 2 Flambos ... Seine Majestät die Königin grüsset uns allezeit mit ganz besonderer Freundlichkeit. Am Pfingstsonntage waren wir beim großen Ball den der französische Gesandte, wegen der Vermählung des Dauphin gab« (5. 6. 1770).

Von einem Landsitz nahe bei Bologna, wo sie eingeladen waren, schrieb Leopold: »Du bist auf die kostbarsten Feigen, Melonen, und Pfirsich eingeladen!« (11. 8. 1770) Exotische Früchte waren im 18. Jahrhundert eine seltene Kostbarkeit. Man besichtigte auch Altertümer, beispielsweise in Verona. »Ich habe in meinem Leben von dieser Art nichts Schöneres gesehen«, schwärmt Leopold über das Theater in Mantua (26. 1. 1770). Der sonst so unterkühlt und scharfsinnig Berichtende wirkt nun emotional berührt, fast euphorisch. »Ich wünschte, daß du Florenz selbst und die ganze Gegend und Lage dieser Stadt sehen solltest, du würdest sagen, daß man hier leben und sterben soll« (3. 4. 1770). Er verwies die Daheimgebliebenen mehrfach auf den 1751 erschienenen Reiseführer von Johann Georg Keyssler: *Neueste Reisen durch Teutschland, Böhmen, Ungarn ...,* den sie lesen sollen, um sich für das Entgangene zu entschädigen: »Damit du wenigst im Zimmer reisen kannst, wenn du gleich nicht bei uns bist« (11. 1. 1770). Das Versprechen, »du wirst, wenn uns Gott gesund zurückkommen läst, schöne Sachen sehen« (9. 6. 1770), blieb ein schwacher Trost. Was taugen Mitbringsel schon angesichts der entgangenen sinnlichen Erlebnisfülle, was nützt ein angestaubter Reiseführer angesichts der Düfte, Farben, Bilder, der musikalischen und theatralischen Genüsse, der Vielfalt menschlicher Begegnungen? Glaubte Leopold ernsthaft, der Reiz des Reisens könne zwischen zwei Buchdeckel gepreßt werden? Das werden sich die beiden Frauen gefragt haben.

»Ich glaube gern daß es dir lustiger bei uns wäre ...«, schrieb er Maria Anna (5. 6. 1770). »Deinen Lamentations-Brief, den du nach Mailand geschrieben, habe erhalten«, bemerkt er lakonisch (6. 3. 1771), ohne jedoch auf die Klagen näher einzugehen. Mitleid erheischte sie nicht, eher Ironie: »Wenn Du so gern nach Italien reisen möchtest, so machen wir unsere Einladung zur Opera nach Mailand« (18. 9. 1770). »So bald die Opera in Szene ist, werde euch Nachricht geben. Am heiligen Stephanstag eine gute Stunde nach Ave Maria könnt ihr in Gedanken den Maestro Amadeo beim Clavier im Orchester ... euch vorstellen oder einbilden und ihn in Gedanken eine glückliche Production wünschen, und deswegen ein paar Vaterunser beten« (15. 12. 1770). Immer wieder kam er auf den Wunsch der Frauen, nach Italien mitzureisen, zurück. »So frohe ich bin, daß ihr nicht mit uns gereiset, so leid ist es mir, daß ihr alle die Stätte von Italien, sonderheitlich aber Rom nicht sehet. Es ist unnötig, ja unmöglich im kurzen eine Beschreibung zu machen. Ich rate dir noch einmal

Keysslers Reisebeschreibung zu lesen.« Wolfgang ergänzt: »Ich wünschte nur dass meine Schwester zu Rom wäre, denn ihr würde diese Stadt gewiss wohlgefallen ...« (14. 4. 1770).

Am 28. März 1771 trafen beide endlich in Salzburg ein, mit Taft aus Venedig als Geschenk. Wolfgangs Aufenthalt sollte von kurzer Dauer sein, denn er hatte einen Auftrag zu einer Festoper in der Tasche. Für Leopold schienen sich die Träume von Geld und Ruhm, den er seinem Sohn so sehr wünschte, zu erfüllen. Die Oper war für die Hochzeit des Erzherzogs Ferdinand mit Maria Beatrice d'Este in Mailand bestimmt. Das Textbuch, *Ascanio in Alba,* erhielt er erst in Mailand. Die Salzburger Monate wurden zu weiteren Kompositionen genutzt, darunter Kirchensonaten und Symphonien, sowie das Oratorium *La Betulia liberata.* Wolfgang war ja ein Konzertmeister, wenn auch ohne Besoldung; sein professioneller Status entfernte sich bereits jetzt von der Stellung der Schwester.

Im August brachen Vater und Sohn zur zweiten Italienreise auf, die vier Monate dauern sollte. Leopolds herablassend-belehrender Ton setzt sich in den Briefen während dieser Reise fort. »Es war sehr hauswirtschaftlich gedacht, dass du auf die erste Seite wenig, auf die zwote aber gar nichts geschrieben, denn so viele 1000 Buchstaben könnten einen Brief so beschweren, daß man ihn mit 6 Pferden nach Mailand führen müsste«, schrieb er seiner Frau ironisch: »Himmel! welche Unkosten!« Und er mahnte: »Ich zweifle nicht die Nannerl wird fortfahren ihre Kräuter Suppen zu nehmen; denn sie hat erfahren, daß sie ihr dienen« (7. 9. 1771).

Ende August war das Libretto zu Wolfgangs Oper *Ascanio in Alba* endlich in Mailand angekommen. Wolfgang stürzte sich in die Arbeit, Ende September begannen die Proben, und am 17. Oktober wurde das Werk innerhalb einer glanzvollen Festivität zur Hochzeit des Erzherzogs Ferdinand von Österreich und der Prinzessin Maria Beatrice Ricciarda von Modena aus dem Hause Este aufgeführt. Der Erfolg war so groß, daß die Oper zwei Tage darauf wiederholt wurde. Wieder traf man viele Bekannte unterwegs, die Nannerl und ihre Mutter von der ersten gemeinsamen Reise kannten. Es wird Nannerl seltsam berührt haben, daß sich die Glasharmonika-Spielerin Marianne Davies (1744-1792) mit ihren Eltern und ihrer Schwester in Italien aufhielt. Davies stand selbst im Mittelpunkt und erntete mit ihrem Spiel Anerkennung.

Diesmal machten die beiden Frauen keinen Hehl daraus, daß es ihnen schwerfiel, in Salzburg bleiben zu müssen. Leopold wurde von einem gemeinsamen Bekannten der Familie informiert, daß beide gerne mitgereist wären, und er antwortete seiner Frau:

»Wenn es euer gänzlicher Ernst gewesen wäre, so hast du sehr übel getan mir es nicht frei heraus zu sagen, obwohl der Unterschied, nur die Hin- und Herreise betreffend, absolute 60 Dukaten gewesen wäre. Es darf euch übrigens eben nicht sehr gereuen. Denn ihr würdet eine unglaubliche Hitze ausgestanden haben: und obwohl viele grosse Sachen hier veranstaltet werden; so sind es doch teils Sachen, die ihr schon gesehen« (5. 10. 1771).

Sein Bemühen, ihre Enttäuschung zu dämpfen, ist offensichtlich. Später griff er das Thema wieder auf: »Der geistliche Herr Troger hat euch die Zähne nach Italien gar zu sehr wässerig gemacht, und ich versichere euch, daß für Leute die dasjenige, was ihr in der Welt gesehen, nicht gesehen haben, in der Tat viel besonderes zu sehen ist: allein für euch sind es keine sonderliche Seltenheiten, und Italien bleibt immer stehen« (12. 10. 1771).

Kurz darauf sprach er von der »Nannerl, die so sehr nach Mailand seufzet« (19. 10. 1771). Leopold spürte, daß es ungerecht war, dem Kaplan die Schuld an der Sehnsucht der Frauen nach Italien zu geben, denn ganz unempfänglich war er für deren Klagen nicht. Die Gründe für seine Weigerung, sie mitzunehmen, sind vernunftbestimmt. Das Wiedersehen alter Bekannter, die Teilnahme an Festivitäten, die kulinarischen Genüsse, das Kennenlernen der Schönheiten Italiens, die Bälle und Theateraufführungen, die Volksfeste mit spektakulärer Illumination, die musikalischen Erlebnisse und schließlich die Aufführung der Festoper

Wolfgangs: da hätte sich Höhepunkt an Höhepunkt gereiht, wären lebenslange Eindrücke entstanden, und sie wären als Angehörige des berühmten jungen Komponisten anerkannt und respektiert gewesen. Sein Versprechen »Italien bleibt immer stehen« erwies sich als leer, denn weder Mutter noch Nannerl bekamen Italien je zu sehen.

Wenn das Aufzählen der Negativa die Funktion hatte, den Frauen das Daheimbleiben zu erleichtern, so stürzte er sie mit den Erfolgsberichten zugleich wieder in Ambivalenzen:

»Diesen Augenblick gehen wir ins Theater, dann den 16ten war die Opera und den 17 die Serenata, die so erstaunlich gefallen, daß man sie heute wieder repetieren muß. Der Erzherzog hat neuerdings 2 Copien angeordnet. Alle Cavalier und andere Leute reden uns beständig auf den Strassen an, dem Wolfgang zu gratulieren« (19. 10. 1771).

Um sie zu trösten, gestattete Leopold ihr, sich neue Kleider machen zu lassen (26. 10. 1771), und er lobte sie dafür, daß sie einen auf Italienisch verfaßten Text gut übersetzt hatte (14. 11. 1771).

Mitte Dezember 1771 trafen Vater und Sohn wohlbehalten in Salzburg ein. Angesichts der strahlenden Eindrücke kam Wolfgang die Heimatstadt immer provinzieller vor. Er benutzte einmal eine simple Schreibweise und setzte hinzu: »Eine neue Sprache habe ich von der Frau von Taste auch gelernt, die ist zum reden leicht, ... sie ist aber ein wenig – kindisch, aber gut für Salzburg« (5. 12. 1772).

Wolfgang war inzwischen durch ein Dekret des neugewählten Erzbischofs Hieronymus Colloredo, der Siegmund Graf Schrattenbach in Salzburg ablöste, mit einer Besoldung von 150 Gulden jährlich ausgestattet worden, während sich Nannerl ihr Taschengeld nach wie vor durch das Unterrichten verdiente. Bei täglich zwei Schülerinnen kam sie monatlich auf zehn Gulden, und erreichte damit immerhin ein Jahreseinkommen von 120 Gulden. Leopold mußte hingegen enttäuscht hinnehmen, daß Colloredo ihn als Kapellmeister nicht in Betracht zog. Statt seiner wurde der italienische Opernkomponist Domenico Fischietti mit einem Jahressalär von 800 fl. angestellt. Damit verschärften sich die Probleme für Leopold, der weniger als die Hälfte erhielt und nicht mehr damit rechnen konnte, sich finanziell zu verbessern. Es schien ihm nun dringlicher denn je, daß Wolfgang eine Anstellung bekam, um seine Angehörigen zu unterstützen. Die dritte Italien-Reise wurde daher bereits neun Monate später unternommen. Sie erfolgte anläßlich der Vorbereitung und Aufführung des Dramma per musica *Lucio Silla* KV 135 in Mailand, der ersten Station der Reise.

Wolfgang arbeitete fieberhaft an der Vertonung des Librettos. Durch Erkrankung und verspätetes Eintreffen der Sänger und Sängerinnen kam es zu Engpässen, doch konnte die Oper wie geplant am 26. Dezember aufgeführt werden. Obwohl es bei der Premiere zu Streitereien zwischen den führenden Gesangssolisten gekommen war, gab es weitere erfolgreiche Aufführungen.

Wie gern wäre Nannerl dabei gewesen! Leopold setzt seine Taktik des Ermahnens fort, obwohl es sicherlich nicht nötig war: »Wie gehet es mit der Mlle. Zezi, lernt sie? Ist die Nannerl fleissig mit ihr? – Ich laß die Nannerl grüssen und ihr sagen daß sie fleissig exerciren soll: und daß sie die kleine Zezi mit Fleiß und Geduld lehren soll. Ich weiss daß es zu ihrem eigenen Nutzen ist, wenn sie sich gewöhnt jemand anderen etwas gründlich und mit Geduld zu zeigen. Ich schreib es nicht umsonst« (12.12.1772).

Gemeint war Nannerls Schülerin Barbara Zezi, die Tochter eines Galanteriewarenhändlers. Leopold wollte seine Tochter zu einer guten Klavierlehrerin ausbilden, und aus seinen Ermahnungen ist zu schließen, daß er daheim ihren Unterricht überwachte. Auffällig ist die dreimalige, fast zwanghafte Betonung der Vokabel »Fleiß«. Da es keine Hinweise auf Faulheit oder Renitenz Nannerls gibt, ging es wohl eher darum, ihr bestimmte Verhaltensweisen einzuschärfen.

Die beiden Italienreisenden hatten wiederum schöne Erlebnisse zu verbuchen. Dem Opernbesuch Ende Februar 1773 in Mailand folgte ein Ball, der um ein Uhr morgens anfing und »bis in der Frühe zum Messhören« andauerte, ein Ereignis, um das die tanzbegeisterte Nannerl die beiden besonders beneidet haben wird.

Leopold erreichte durch eine vorgetäuschte Rheumaerkrankung eine Verlängerung des Aufenthalts. Maria Anna wurde mit Geheimschrift gebeten, die (erfundene) Nachricht von seinem körperlichen Gebrechen in der Heimatstadt zu streuen. Mitte März waren die beiden wieder daheim in Salzburg. Trotz der vielen Erfolge und Lobsprüche, die Wolfgang geerntet hatte, war ein Posten noch immer nicht in Sicht. Leopold gab sein Bemühen nicht auf, eine Stellung für Wolfgang zu finden, und schon vier Monate später war eine erneute Reise angesagt, diesmal nach Wien. Wieder einmal mußten die beiden Frauen zurückbleiben. Als aber Vater und Sohn von dort berichteten, wollten sie nicht mehr zurückstehen. Es gab genügend Gründe, um neidisch zu werden. Mehrfach waren beide beim wohlhabenden Arzt und Magnetiseur Anton Mesmer eingeladen worden, dessen Sommersitz in Rothmühl sie besuchten und der ein Konzert in seinem Garten veranstaltete. Maria Anna und Nannerl kannten ihn von ihrem letzten Besuch Wiens her. Vater und Sohn verbrachten außerdem ein Wochenende bei Freunden in Baden bei Wien und hatten eine – allerdings nicht ermutigende – Audienz bei der Kaiserin Maria Theresia. Am 8. August dirigierte Leopold in der Jesuitenkirche auf dem Platz Am Hof Wolfgangs Dominicus-Messe KV 66; einen Tag zuvor spielte Wolfgang ein Violinkonzert im Kajetaner-Kloster. Die beiden hatten ein volles und abwechslungsreiches Programm zu verzeichnen. Die Mozarts besuchten außerdem die Pianistin Marianne Martinez sowie die Sängerin Therese Teyber. Es gab durchaus Künstlerinnen, die öffentlich tätig sein durften und Anerkennung ernteten. Die Grüße und Empfehlungen aller möglichen Freunde häuften sich. Als die beiden bei einer Bekannten, Frau Fischer, in Wien ankamen, »war die alte Frau erstaunlich erfreut uns zu sehen, und war ihr nur leid, daß ihr nicht auch mit uns gekommen. Die alte und junge Frau empfehlen sich, und wünschen euch samt uns beiden zum Namenstage 100 000 Glück; wir werden auf der Landstrasse (= bei der Familie Mesmer) euer grosse Gesundheit trinken und den Namenstag celebrieren« (21. 7. 1773).

Nannerl kannte die berühmtesten Höfe Europas, sie wußte sich auf dem Parkett der edlen Häuser des Adels zu bewegen. Leopold hätte sie ohne weiteres zur Audienz mitnehmen können – schließlich hatte er sie dort fünf Jahre zuvor bereits präsentiert. Ein Besuch bei der Kaiserin hätte zudem ihre Freundinnen und Bekannten in Salzburg gewaltig beeindruckt. Wien: das wäre neben der Pflege alter Bekanntschaften auch die Vermittlung neuer musikalischer Eindrücke gewesen. Fahrten in das Umland, kulinarische und kulturelle Genüsse, die Möglichkeit, sich an Ort und Stelle über den Stand der Mode zu orientieren, überhaupt den geistigen und künstlerischen Horizont zu erweitern, das alles hätte ihr Lebensfreude beschert und Auftrieb gegeben. Doch Leopold sah vor allem die Belange des Sohnes, die er wie die eigenen behandelte. Daher war seine Antwort auf die Bitten der Ehefrau und der Tochter eindeutig. Er schrieb Maria Anna:

»Diesen Augenblick habe deinen Brief erhalten. Wenn ich der Frau von Mesmer ihre Umstände gewusst hätte, die, wie du weisst, sehr zweifelhaft waren, so hätte ich euch können mitnehmen. Allein, die habe ich nicht wissen können. Dann ist der Umstand, erstlich, daß die Mesmerischen dich auf der Landstrasse, und die Frau Fischer bei ihr haben wollte: und endlich wie würden wir zurück nach Hause kommen? – herab könntet ihr auf dem Wasser, und noch geschwinder mit dem Postwagen, aber beschwerlich genug, fahren. Und wie hinauf? und was würde dieses in Salzburg für ein erstaunliches Aufsehen machen! Du kannst versichert sein, daß es uns und allen unsern guten Freunden in Wien ein grosses Vergnügen wäre: allein jetzt ist es nicht mehr die Mühe wert, und wir sind nicht in den Umständen grosse

Kosten auszuwenden; hätten wir einiges Aussehen oder Geldeinnahme gehabt, so hätte dir sicher geschrieben, daß du kommen sollst« (21.8.1773).

Fürwahr ein merkwürdiges Sammelsurium an Argumenten! Sie sind Punkt für Punkt widerlegbar. Er und Wolfgang reisten erst vier Wochen später zurück, es wäre somit durchaus Zeit für einen Aufenthalt der beiden Frauen gewesen. Im Reisewagen Leopolds reichte anscheinend der Platz nicht aus, doch hätten die beiden mit der Postkutsche problemlos hin- und zurückfahren können. Daß sich zwei Parteien in Wien um deren Unterbringung bemühten, war mitnichten ein Grund, das Kommen der Frauen abzulehnen. Schließlich nahm Leopold seine Tochter im darauffolgenden Jahr deswegen nicht gleich nach München zu einer Opernaufführung mit, weil er keine Unterbringung für sie hatte. Polemisch auf den Punkt gebracht, hieße das: wenn kein Quartier bereitstand, konnte Leopold sie nicht mitnehmen; wenn zwei Personen zugleich ein Quartier anboten, durfte sie ebenfalls nicht fahren. Warum befürchtete er ein großes Aufsehen in Salzburg? Glaubte er, daß das Reisen zweier Frauen ohne männliche Begleiter oder die Heimkehr in getrennten Kutschen die Bürger erregen könnte? Hatte er vergessen oder verdrängt, welches Aufsehen die große Reise quer durch Europa einige Jahre zuvor verursacht hatte? Auch die finanziellen Einwände sind nicht ernst zu nehmen – Leopolds Urlaub war von dem in Wien anwesenden Salzburger Erzbischof, der ihn in Audienz empfing, gerade verlängert worden, und man lebte in Wien bei Bekannten fast umsonst. Vier Jahre später verschuldete er sich um fast zwei Jahreseinkommen, als der Sohn mit der Mutter auf Reisen ging. Die Gründe erscheinen somit bei näherem Hinsehen allesamt durchsichtig.

Daß die eigentliche Ursache in seiner ausschließlichen Konzentration auf Wolfgangs Belange lag, beweisen die beiden widersprüchlichen Aussagen im gleichen Brief vom 21.8.1773: »Jetzt ist es nicht mehr die Mühe wert« (= daß die Frauen fahren) mit dem Nachsatz: »Sollte der Erzbischof lange ausbleiben, so eilen wir auch nicht nach Hause.« Leopold plante also, den Urlaub zu verlängern, beharrte aber zugleich darauf, daß sich ihr Kommen aus zeitlichen Gründen nicht lohne.

Nach zahlreichen Verzögerungen kamen Vater und Sohn endlich Ende September 1773 wohlbehalten in Salzburg an. Als Trost brachte der Vater Hauben und Stoffe mit, die Nannerl bestellt hatte, sowie Handschuhe aus Baden bei Wien.

Über ein Jahr sollte vergehen, ehe die nächste Reise unternommen wurde. Leopold plante, nach München zu fahren, um die Aufführung von Wolfgangs Oper *La finta giardiniera* zu beaufsichtigen und mitzuerleben. Diesmal allerdings wollte sich Nannerl nicht mit fadenscheinigen Argumenten abspeisen lassen, zumal München nur eine Tagesreise entfernt lag, was damals einer äußerst kurzen Reisezeit entsprach.[10] Sie bat inständig darum, mitreisen zu dürfen. Leopold schlug ihr dies zunächst aus, da er kein Quartier für sie hatte, versprach aber, in München nach einer geeigneten Unterkunft auszuschauen. Es schickte sich nicht, daß sie zusammen mit Vater und Bruder beim Kanonikus der Frauenkirche, Herrn von Pernat, wohnte.

Kaum angekommen, schrieb Leopold: »Wegen der Nannerl, die ich grüsse, kann nichts schreiben. Ich hab noch keine Aussicht, wo (ich) sie hinbringen könnte« (9. 12. 1774). Einige Tage später: »Wegen der Nannerl habe noch kein Ort, das anständig wäre, aufbringen können, denn in diesem Punct ist hier in München sehr grosse Behutsamkeit nötig« (14. 12. 1774). Peinlich darauf bedacht, ihren Ruf zu wahren, konnte er die unverheiratete Tochter nicht irgendwo logieren lassen. Eine Nervenprobe für Nannerl, die bangte, ob es dem Vater gelingen würde, sie unterzubringen. Die Angst währte nur kurz, denn schon zwei Tage später erfuhr sie, daß sie bei einer Frau von Durst wohnen würde, der Witwe eines Hofkammerrates, »die erst 26 oder 28 Jahre höchstens alt ist, bräunet, schwarzaugend, sehr eingezogen, voller Belesenheit und Vernunft«, die er außerdem als »höflich und angenehm« bezeichnet – Eigenschaften, die Leopold bei Frauen behagten. Nannerl konnte ein eigenes, wenn auch etwas dunkles Zimmer dort bewohnen, die übrige Zeit sollte sie im Zimmer der Gastgeberin verbringen, wo ein Flügel während ihres Aufenthaltes hingestellt wurde.

Eine Schwierigkeit veranlaßte allerdings Leopold gleich zu Belehrungen:

»Nun kommt der Zufall, wo die Nannerl sieht, wie elend es ist wenn man sich selbst keine Haube aufsetzen, und sich selbst weder einschmieren, noch andere derlei Kleinigkeiten tun kann. Man kann nicht allzeiten die Ehehalten (= Dienstboten) anderer Leute zu seinen Diensten haben. Ich vermute die Gnädige Frau wird ihren Kopf wohl meistens selber in Ordnung zu bringen gewohnt sein. Die Nannerl muß also eine Negligé Haube selbst sauber aufzusetzen und sich einzuschmieren gewöhnen und das Clavier recht exercieren« (16. 12. 1774).

Leopold spielte darauf an, daß sie sich nicht alleine frisieren konnte. Bis etwa 1750 stäubten Männer und Frauen vor allem in vornehmen Kreisen Frankreichs ihr Haar mit Reismehl ein. Erst nach 1750 setzte eine Bewegung gegen das Haarpudern ein. Neben hygienischen Gründen machte man geltend, daß der enorme Verbrauch an Weizenmehl dem Volk die notwendigsten Nahrungsmittel verteuere (Fischel, 156). Die Sitte verschwand jedoch erst im letzten Jahrzehnt des 18. Jahrhunderts. Nannerl benutzte wohl keinen Puder, sondern Talg, wie das Wort »Schmieren« sagt.[9] Wie sie auf diese Imponderabilien reagierte, wissen wir nicht – ihre Reisefreude wurde dadurch offenbar nicht getrübt.

Der Vater schickte ihr vor der Abreise genaue Anweisungen. So sollte sie die Salzburger Bekannten Robinig, die ebenfalls nach München zur Opernpremiere reisen wollten, nahelegen, sie mitfahren zu lassen, ohne sich plump selbst einzuladen; sie sollte sich warm einkleiden (er empfahl einen »Mannspelz« und Pelz-Überschuhe, die eine Nacht zuvor am Herd gewärmt worden waren, sowie Stroh auf dem Boden der Kutsche), und er bestimmte, welche Noten mitzunehmen waren, nämlich Werke von Johann Christian Bach, Domenico Paradies sowie Wolfgangs Sonaten und Variationen. Außerdem forderte er sie auf, ein Kostüm für die Maskenbälle mitzunehmen, »und sollte es auch eine Salzburgerin sein« (30. 12. 1774). Eine Haubenschachtel sowie eine Truhe für die Kleidung war alles, was sie mitnehmen durfte – Leopold empfahl, die Kleider eng zusammenzulegen.

Am 4. Januar kam Nannerl um 14 Uhr in München zusammen mit Viktoria und Aloisia Robinig an und wurde bei Frau von Durst einquartiert. Nachdem Vater und Sohn mit dem Salzburger Wenzel Andreas Gilowsky in einem Gasthof gespeist hatten, verbrachten sie den Abend bei ihrer Gastgeberin. Am 5. Januar erwiderte Nannerl den Besuch und kam zum Kaffee zum Kanonikus von Pernat, wurde dann aber nach Hause geschickt, »weil Frau von Durst mit ihr in die Kirche geht und sie alle Tage in eine andere Kirche führen will« (5. 1. 1775). Die Zuständigkeit der Frauen für das Beten galt auch hier. Sie saß auf einer Kirchenbank, während Vater und Bruder unterwegs waren und Interessantes erlebten.

Aber die Tage waren beileibe nicht langweilig. Am 10. besuchte die Familie eine »maskierte Akademie«, und am 13. Januar wurde endlich Wolfgangs Dramma giocosa *La Finta giardiniera* KV 196 im Salvatortheater mit großem Erfolg aufgeführt. Wie er der Mutter berichtete, wurde »nichts als Geklatsche und Bravo geschrien; bald aufgehört, wieder angefangen und so fort«. Anschließend ging er mit seinem Vater in einen Raum, wo der Kurfürst von Bayern und der ganze Hof ihm gratulierten und er den Hoheiten die Hand küßte (14. 1. 1775). Nannerl wurde nicht dazu eingeladen, was sie sicherlich nicht grämte. Sie wird es schon als ein unvergeßliches Privileg empfunden haben, die Oper mit anhören und sehen zu dürfen.

Eigentlich sollte sie unmittelbar nach der Opernpremiere heimfahren, aber weder ihre Mutter noch sie hatten Leopold benachrichtigt, daß es mit der geplanten Heimreise mit einem Bekannten nicht klappen würde. Zufall oder Absicht? Leopold war genötigt, Nannerl in München zu belassen, was sie begeistert haben wird. Seine Aussage »Wir sind den ganzen Tag nicht zu Hause« läßt auf lebhafte Geselligkeit schließen. Am 21. Januar fuhr Nannerl mit einer Gruppe von Bekannten, darunter ihre Freundin Barbara Eberlin, von einem kurfürstlichen Leib-Kammerdiener begleitet in einem Hofwagen nach Schloß Nymphenburg, um die Zimmer zu besichtigen. Das Schloß war ihr übrigens nicht unbekannt, hatte sie es doch als Zwölfjährige zu Beginn der großen Europareise bewundert. Man speiste dort, und nachmittags besuchte sie mit ihrem Vater die Residenz, um den Schatz und die üppige Ausstattung der Zimmer zu sehen. Am 14. Februar amüsierten sie sich bei einem Maskenball.

Ihr Pflichtgefühl verließ sie auch in der Ferne nicht. Der Mutter schrieb sie: »Meine Scholarinnen sollen sich nur indessen exercieren, und geistlicher Herr Schulz soll für mich die Güte haben, die Woche ein paar mal zur Zezi Waberl gehen, auch wenn er will zur Antretter Fräulein, und ihre Stücke repetieren lassen.« Sie übernahm die Strenge ihres Vaters, der seinerseits ihre Schülerinnen zu überprüfen pflegte. Aber sie scherzte auch gerne mit ihrer Mutter: »Apropos lebet der Kanari, die Meisen, und der Rotkropf noch, oder haben Sie die Vögel verhungern lassen?« (B/D I, 520)

Anfang März reisten die drei nach Salzburg zurück – allesamt wohl mit unterschiedlichen Empfindungen. Leopold bedauerte, daß sein Geldbeutel »ein grosses Loch bekommen« habe (1.3. 1775), außerdem reichte ihm der Münchener Fasching (15.2. 1775). Wolfgang hatte in München wieder einmal die Luft der Großstadt geatmet und freute sich nicht sonderlich auf das provinzlerische Salzburg; einzig die Aussicht auf seine schwärmerischen Liebeleien wird seine Stimmung etwas gehoben haben. Nannerl schließlich hatte einen Höhepunkt in ihrem Leben erlebt, von dem sie noch lange zehrte. Ihr war sicherlich bewußt, daß sich Vergleichbares nicht so bald wieder ereignen würde. Es sollten fünf Jahre bis zu ihrer nächsten Reise vergehen, die sie wiederum nach München führte.

5. Kirche, Kunst, Küche und Kleider: Der Alltag

In einer Stadt voller brausender Autos, glitzerndem Warenangebot und Touristen aus aller Welt würde Nannerl heute, im 21. Jahrhundert, nur wenig wiedererkennen. Nicht viel ist von ihrer vertrauten Umgebung übriggeblieben. Neben der Silhouette der Stadt, der Salzach, den Bergen und einigen Wohnhäusern sind es vor allem die Kirchen, die heute wie damals das Stadtbild überragen.

Wenn Nannerl spazierenging, konnte sie von den zahlreichen Anhöhen aus auf Salzburg niederschauen. Der Mönchsberg mit seinem langen Rücken, der bezaubernde Aussichten bot, eignete sich ebenso dazu wie der Kapuzinerberg. Die Nordseite der Stadt, wo sich eine schöne Ebene öffnet, war von Basteien und Bollwerken begrenzt; die übrigen Seiten von Bergen umgeben. Die Hohen-Salzburg überragte auf dem Schloßberg alles und war ebenso ein Wahrzeichen der Stadt wie der Fluß Salzach, der das Stadtgebiet teilt. Eine Holzbrücke über den Fluß verband den ansehnlicheren südwestlichen Bezirk mit dem nordöstlichen. Der südwestliche Teil wurde durch das in die Vorstadt Mülln führende Klausentor umgrenzt, ferner durch das St.-Sigismunds-Tor, das durch den Mönchsberg gebrochen war, sowie durch das in die Vorstadt Nonnthal führende Cajetaner Tor. Auf der nordöstlichen Seite war Nannerl oft genug durch das Mirabell-Tor, das St.-Sebastians-Tor und das Steintor gegangen oder hatte sie mit einer Kutsche durchfahren.

Den eigentlichen Prunk der Stadt bildeten damals die 26 Gotteshäuser. Angesichts einer Einwohnerzahl von zwölf- bis fünfzehntausend Menschen (Kleinsorg, 27) war dies eine ungewöhnliche Ballung. Sie hängt mit der zentralen kirchengeschichtlichen

Bedeutung Salzburgs zusammen, die bis ins 7. Jahrhundert zurückreicht. Durch das 696 vom Heiligen Rupert gegründete Stift St. Peter sowie das Frauenkloster auf dem Nonnberg wurde Salzburg zum wichtigen Stützpunkt für die Missionierung der Alpenländer. Im Jahr 798 wurde die Stadt zum Erzbistum ernannt, und bildete fortan die Metropole einer mächtigen Kirchenprovinz, die schließlich fast ganz Bayern und die österreichischen Erbländer umfaßte. Diese überragende Stellung behielt die Stadt bis zur Aufhebung des geistlichen Standes im Jahre 1803 bei. Damals wohnte Nannerl als Witwe in Salzburg und erlebte sowohl eine glanzvolle geistliche Herrschaft als auch deren Niedergang.

Die Regierungszeit des Erzbischofs Wolf Dietrich von Raitenau (1587-1612) markiert den Beginn der architektonischen Umgestaltung zur barocken Residenzstadt. Unbehelligt vom Dreißigjährigen Krieg entfaltete sich eine rege Bautätigkeit, die bis ins 18. Jahrhundert reichte. 1612 wurde der Neubau des Doms in Angriff genommen, und 1628 wurde er eingeweiht. Er prägt den Übergang vom Manierismus zum Frühbarock. Von der Mitte des 17. Jahrhunderts an waren austro-italienische Architekten in der Stadt. Um 1690 baute der österreichische Architekt Johann Bernhard Fischer vier Salzburger Kirchen, die alle durch ihre Großräumigkeit und geniale räumliche Gestaltung auffallen.

Die Stiftskirche St. Peter mit ihrer Rokokoausgestaltung, der romanischen Baustruktur und der barocken Kapellenreihe am südlichen Seitenschiff, die stimmungsvolle Kirche der heiligen Erentrudis auf dem Nonnberg, die zur Benediktiner-Universität zugehörige, von Fischer erbaute hohe Kollegienkirche sowie die Franziskanerkirche mit ihrer auffälligen spätgotischen Choranlage: die Gotteshäuser kannte Nannerl in- und auswendig. Die bauliche Entwicklung hatte ihr Leopold möglicherweise erklärt; die barocke – für sie moderne – Ausgestaltung wird sie als eine zeitgemäße Ergänzung begriffen haben, die das Lob Gottes üppig-festlich umrahmte.

Zur sogenannten »Regulargeistlichkeit« gehörten zu Nannerls Lebzeiten die Angehörigen zahlreicher Klöster in und um Salzburg:

zwei Benediktiner-Klöster (St. Peter, Michaelbeuren)
ein Chorherrenstift zu Höglwerth
ein adliges Benediktiner-Frauenkloster (Nonnberg)
ein Theatinerhaus zu Salzburg
drei Augustiner-Eremitenklöster (Mülln, Hallein und Tittmoning)
ein Franziskaner-Kloster zu Salzburg
vier Kapuziner-Klöster (Salzburg, Mühldorf, Laufen und Radstadt)
ein Ursulinerinnenkloster zu Salzburg
ein Clarisserinnenkloster, ebenfalls zu Salzburg.

Von fünfzehn Klöstern waren drei ausschließlich Frauen vorbehalten. Die Zahl der »Religiösen« belief sich 1797 auf 309 männlichen und 90 weiblichen Geschlechts (Kleinsorg, 41). Die Äbtissin zu Nonnberg gehörte zu den Gliedern des Prälatenstandes, also zum höchsten Stand nach dem Erzbischof. Die Gründerin dieses ältesten, heute noch funktionierenden Frauenklosters, Erentrudis, war als Nichte des damaligen Erzbischofs von ihm berufen worden, und seitdem hatte die jeweilige Äbtissin einen hohen kirchlichen Rang inne. Man konnte sie nicht übergehen. Ausgerechnet im kirchlichen Sektor eröffneten sich für Frauen Chancen, von Männern anerkannt zu werden. Ihre Aktivitäten blieben allerdings auf das klösterliche Leben beschränkt, wo sie musizierten, Teppiche webten, die Brokatstickerei pflegten und anderen, auf den Innenbereich beschränkten Tätigkeiten nachgingen.

Die Familie Mozart war gläubig. Die Messen, die Leopold von seinen Reisen aus in Salzburg verlesen ließ, sowie seine häufige Bezugnahme auf die Macht Gottes zeigen, daß ihm die Frömmig-

Die Wallfahrtskirche Maria Plain bei Salzburg, die Nannerl oft besuchte

keit ein selbstverständliches Bedürfnis war. Es war somit nicht nur ein Pflichtgefühl, das Nannerl bewog, unzählige Stunden auf den Kirchenbänken zu verbringen. »Die Salzburger Frauen waren besonders fromm. Sie ließen Messen je nach der Veranlassung an bestimmten Altären in bestimmten Kirchen lesen, hielten sich genau an die Vorschriften für Fastentage, sie suchten nach Zeichen Gottes, die ihnen z. B. bei Krankheiten helfen konnten, sie hatten stets ihre Rosenkränze bei der Hand, sie glaubten an Wunder und sie besuchten regelmäßig Wallfahrtskirchen, wo sie Reliquien kauften« (Halliwell, 67). Auch Wolfgang war gläubig. Wenn man einer Schilderung von Rochlitz glauben kann, gibt eine Aussage Wolfgangs anläßlich eines Leipzig-Besuchs 1789 davon Zeugnis:

»Das Gespräch über Kirchenmusik war allgemeiner und ernsthafter geworden. Unersetzlicher Schade, sagte Einer, dass es so vielen grossen Musikern, besonders der vorigen Zeit, ergangen ist, wie den alten Malern, dass sie nämlich ihre ungeheueren Kräfte auf meistens nicht nur unfruchtbare, sondern auch Geist-tödtende Sujets der Kirche wenden mussten! – Ganz umgestimmt und trübe wendete sich Mozart hier zu den Anderen und sagte – dem Sinne nach, obschon nicht auf diese Weise: Das ist mir auch einmal wieder so ein Kunstgeschwätz! Bei Euch aufgeklärten Protestanten, wie Ihr Euch nennt, wenn Ihr Eure Religion im Kopf habt – kann etwas Wahres darin seyn; das weiss ich nicht. Aber bey uns ist das anders. Ihr fühlt gar nicht was das will: Agnus Dei, qui tollis peccata mundi, dona nobis pacem u. dgl. Aber wenn man von frühester Kindheit, wie ich, in das mystische Heiligthum unserer Religion eingeführt ist; wenn man da, als man noch nicht wusste, wo man mit seinen dunkeln, aber drängenden Gefühlen hin solle, in voller Inbrunst des Herzens seinen Gottesdienst abwartete, ohne eigentlich zu wissen, was man gehabt habe; wenn man diejenigen glücklich priess, die unter dem rührenden Agnus Dei hinknieeten und das Abendmahl empfingen, und beym Empfange die Musik in sanfter Freude aus dem Herzen der Knieenden sprach; Benedictus qui venit etc.; dann ist's anders. Nun ja, das geht freylich dann durch das Leben in der Welt verloren; aber – wenigstens ist's mir so – wenn man nun die tausend Mal gehörten Worte nochmals vornimmt, sie in Musik zu setzen, so kommt das Alles wieder und steht vor Einem und bewegt Einem die Seele« (Nissen, 658 f.).

In diesen Jahrzehnten veränderte sich das Verhältnis der Menschen zu Gott. Da die Welt nach der Überzeugung der Aufklärer ohne Gottes Eingreifen nach rationalen Gesetzen ablief, war er nicht mehr die Instanz, von der alle Gesetze ausgingen. Die Bürger sollten mehr persönliche Verantwortung übernehmen. Der Glaube war Wolfgang und Nannerl gemeinsam, doch hatte Wolfgang, der aktuellen Lebensströmungen folgte, mehr Abstand zur Kirche als Nannerl, die noch den alten Maximen verhaftet blieb.

Hat diese tiefe Frömmigkeit, die Nannerl im Gegensatz zu ihrem Bruder ein Leben lang pflegte, sie mit ihrem Schicksal versöhnt? Immerhin vermochte der Glaube zu verhindern, daß sie mit sich haderte, ja er trug vielleicht dazu bei, daß sie alle Fügungen ihres Lebens als gottgewollt und daher als richtig ansah. Wurde ihr nicht – trotz der Präsenz von Frauen in der kirchlichen Führung – immer und immer wieder vermittelt, daß Männer zum Repräsentieren geschaffen waren, daß sie Recht und Ordnung vertraten, daß das göttliche Prinzip ein männliches war und Frauen eine untergeordnete, rezipierende Stellung einnahmen? So konnte sie ihr Leben als gottgewollt und Rechtens empfinden, und es war geradezu moralisch geboten, sich innerlich gelassen in diese Umstände zu fügen. Die damals vorhandene Verschmelzung von Staats- und Kirchenoberhaupt tat ein übriges, um das, was »von oben« verlautbarte, als Gottes Willen und damit als etwas von vornherein Richtiges und nicht Kritisierbares hinzustellen. Die barocken Kirchen jener Zeit »mit ihrem verschwenderischen Rauschgold, ihren Stukkaturorgien, ihren ungenierten Putten, ihren Galerien und Logen (waren) zu weltlichkirchlich repräsentativen Festsälen geworden ... Die Katholizität des 18. Jahrhunderts bildete ... trotz Fürstenabsolutismus und Aufklärung immerhin noch so etwas wie eine geschlossene Einheit, in der Weltebene und Kirchenebene ... unbefangen miteinander spielten« (Hilber, 181 f.).

Das schloß nicht aus, daß man sich über die menschlichen Schwächen des »Pfaffenstandes« mokierte; doch die von Gott herrührenden Gesetze mußten befolgt werden. Das hatte den Vorteil, in einer festgefügten Ordnung integriert zu sein, die über jeden Zweifel erhaben war. Wie heute noch üblich, bildeten Frauen die Mehrzahl der Kirchenbesucher an normalen Tagen. Die Religion wurde seit dem späten 18. Jahrhundert hauptsächlich der weiblichen Sphäre zugerechnet. Die Wissenschaft spricht von »männlichen und weiblichen Frömmigkeitsmustern« und führt dies auf den politischen und ökonomischen Wandel zurück (McLeod in Frevert, 135). Nannerl fühlte sich in diesen Orten, die eine feste, unverrückbare Sicherheit ausstrahlten, heimisch und einbezogen.

Diese feste Ordnung hatte ihre Gegenseite: die der Grausamkeit und Willkür. Während die Familie Mozart mit Besuchern musizierte, Ausflüge veranstaltete, in die Kirche ging oder das Theater besuchte, wurde das Foltern im geistlichen Fürstentum an der Salzach als eine normale Einrichtung des Strafrechts ausgeübt. Man glaubte sie zu benötigen, um Geständnisse zu erzwingen. Im Zeitalter der Aufklärung blieb das Strafrecht rückständig. Der Erhalt des Tagebuchs eines Salzburger Scharfrichters ermöglicht einen Einblick in die damaligen Gepflogenheiten. Sicherlich war Nannerl – wohl mit ihrer Freundin Katherl Gilowsky – hin und wieder auch dabei, wenn sich die Menschenmengen versammelten, um einer Folterung oder einer Hinrichtung beizuwohnen. Alle Arten von Bestrafung zogen die Massen an, ob es um das Verprügeln ging, das Abschlagen einer Hand, das Einbrennen von Buchstaben in den Rücken, die Strafe des Prangers oder gar um das Köpfen. Bei dem Vollzug der Todesstrafe wurde der Kopf mit einem Schwerthieb vom Rumpf abgetrennt, häufig wurde das Haupt auf einen Pfahl aufgespießt und monatelang ausgestellt, bis er herunterfiel und vom Scharfrichter beerdigt wurde.

Bis 1805 wurde in Salzburg noch gefoltert. Als Wolfgang und Leopold in Mailand weilten, hätte laut Tagebuch des Scharfrichters am 16. 11. 1771 in Salzburg die in »Verhafft gelegene Ursula Stilmayrin, mit dem Schwert Hingerichtet und der abgehaude Kopf auf den Pfrill gestöckt und auf eine stang genaglet werden sollen« (Putzer, 64). Die Delinquentin wurde jedoch im letzten Moment begnadigt. Meist ging es um die Bestrafung für Diebstahl, worauf bei Wiederholung die Todesstrafe stand, aber auch um Giftmischerei oder »Unzucht«.

In einer nach gut und böse eingeteilten Welt war der Glaube ein Anker, an dem man sich festhalten konnte. »Täglich steht sie um 6 Uhr auf und geht zur heiligen Dreifaltigkeit, und da betet sie so eifrig, daß mich schon verschiedene Personen darüber angesprochen haben«, schrieb Leopold in einer Zeit großer Unsicherheit (25./26. 2. 1778). Wir greifen einige Jahre vor: Mutter und Bruder waren ins Ungewisse abgereist, die Daheimgebliebenen sorgten sich. Nannerl verrichtete stellvertretend für die Familie eine Pflicht, aber alles deutet darauf hin, daß sie dies gern tat. Es waren krisenhafte Monate, als Wolfgang und Maria Anna in Mannheim und Paris weilten, Leopold die Schulden über den Kopf wuchsen und Nannerl existentielle Ängste entwickelte. Während Leopold die Möglichkeit hatte, in Briefen auf seinen Sohn einzuwirken, konnte sie lediglich zuschauen. Sie steigerte ihre Inbrunst in dem Maße, als ihr die Hände gebunden waren. »Heut frühe sind die Fräulein von Schiedenhofen, und Kronach und die Nannerl auf Maria Plain gegangen für uns alle zu beten« (30. 9. 1777). Das Beten steht stellvertretend für das Handeln. Der tägliche Kirchgang kompensierte ihre Machtlosigkeit und entlastete sie somit seelisch. Daß sie sich die Wallfahrtskirche Maria Plain aussuchte, zu der ein mühsamer Fußanstieg nötig ist (wovon man sich noch heute überzeugen kann), unterstreicht ihr Bedürfnis, etwas unternehmen zu wollen.[11]

Leopold verachtete die übertriebene religiöse Idolatrie und hätte sicherlich interveniert, wenn er sie bei Nannerl festgestellt hätte. »Ich habe in meinem Leben so vielerlei Menschen gekannt, aber allzeit untrüglich wahr gefunden, daß die Betschwesterei das unfehlbare Zeichen vieler moralischer Fehler ist, die solche abscheuliche, boshafte Menschen durch die Scheinheiligkeit verdecken wollen«, schrieb er ihr einmal. »Weißt du wohl was gemeiniglich solcher Betschwestern Ende ist? – Am Ende beichten sie so lange, bis sie mit einem verschlagenen witzigen Pfaffen dadurch in genauere Bekanntschaft kommen, und eine Pfaffenhure werden. Ich kann mit Beispielen und Beweisen aufwarten« (16. 12. 1785). Auch der von ihm verehrte Schriftsteller Gellert prangerte in seinen Theaterstücken häufig genug die »Betschwesterei« als heuchlerisch an.

Einmal kritisierte er Nannerl tatsächlich wegen ihres Dranges, die Kirche zu besuchen. Als Ehefrau lebte sie in St. Gilgen und kränkelte schon einige Zeit. Leopold hatte ihr Kräuterbäder emp-

fohlen, und erfuhr dann »mit Verdruß«, daß sie trotz ihres ange-
schlagenen Zustandes die Kirche besuchte.

»Da du nach dem Baden ins Bette liegen musst, wie es der Doctor verordnet, so ist es höchst lächerlich, oder vielmehr schädlich
und unverantwortlich vom Bette in die Luft hinaus und in die
Kirche hinauf zu laufen, und noch obendrein manchmal bei offener Kirchentüre im Luftzug zu bleiben. Der Mensch muß seine
Gesundheit vor Gott verantworten, sonderheitlich wenn ich eine
Mutter bin! Das tägliche Messhören ist eine sehr löbliche An-
dacht, aber nicht einmal von der Kirche, noch weniger von Gott
geboten. Ist es etwa hinnach besser getan, wenn man seine Gesundheit verwahrloset und so krank wird, daß man auch an Sonntagen und Feiertagen keine Messe hören kann? – eure Bauern-
lümmel werden sich nicht ärgern: denn wenn man in St. Gilgen
einen Crepitum Ventris (= Furz) fahren lässt; so riecht ihn das
ganze Dorf samt allen Deputierten. Jedermann wird wissen,
daß die Frau Pflegerin ein Bad brauchen muß, und es wird nicht
nötig sein, daß der Herr Doctor dem Herrn Vicar einen Verkünd-
zettel hinausschickt um solchen von der Kanzel abzulesen, oder
an die Kirchentüren anzuschlagen« (28. 7. 1786).

Wie Nannerl auf diese beißende Ironie reagierte, wissen wir
nicht. Die Episode verrät ihr Bemühen, es jedem recht zu machen und sich den Dorfbewohnern gegenüber vorbildlich zu verhalten.

Wenn sich Nannerl mit den Normen und Geboten der Kirche
identifizierte, bedeutet dies andererseits keinesfalls, daß sie resigniert oder depressiv war. »Kirche« war nicht gleichbedeutend
mit den Stunden des stillen Gebets, des Beichtens oder der Melancholie. Salzburg war auch die Stadt der Prozessionen, der
prunkvollen kirchlichen Feiern wie Einweihungen von Novizinnen, denen sie gerne beiwohnte, und vor allem der Kirchenmusik.
Die kulturellen Ereignisse waren eng mit der Kirche verbunden:
zahlreiche Messen, Litaneien und Motetten Wolfgangs wurden
in Salzburg aufgeführt.

Salzburger Hof-(jetzt Residenz-)Platz, mit Ausfahrt des Erzbischofs, um 1778

Nannerls Tagebuchblätter, die uns heute Aufschluß über ihren Alltag geben, gelangten, wahrscheinlich noch vollständig, in den Besitz Constanze Mozarts, die sie für historisch wertlos hielt, einzelne Blätter herauslöste, teilweise zerschnitt und an Freunde und Autographensammler abgab. Als einige Blätter nach und nach auftauchten, gelang es, Bruchstücke aus den Jahren 1775-1777, 1779, 1780 und 1783 zusammenzufügen (Geffray 1998). Sie werden ergänzt durch das Tagebuch des fürsterzbischöflichen Hofrats und späteren Landschafts-Kanzlers Johann Ferdinand von Schiedenhofen, das er in den Jahren 1774 bis 1778 anlegte (vgl. Deutsch 1957). Nimmt man noch Leopolds Schilderungen des Salzburger Lebens hinzu, die dieser von 1777 bis 1778 dem reisenden Sohn und der Ehefrau zuschickte, entsteht ein breites Panorama an Ereignissen und Tätigkeiten.

Nannerls Tagesablauf war durchaus abwechslungsreich. Zum einen waren eher lästige Pflichten wie Haushaltsangelegenheiten zu absolvieren, zum anderen pflegte sie Geselliges wie das Musizieren, Spiele, Theateraufführungen, Besuche und Spaziergänge.

Sie erteilte auch Klavierunterricht bei einigen Schülerinnen. Von der ganzen Familie geliebt war die Fox-Hündin Bimberl (auch »Pimperl«, »Miss Bimbes« oder »Miss Pimsess« genannt), deren Wohlergehen bis hin zur Feststellung ihrer Läufigkeit Gegenstand der Familienkorrespondenz ist, und mit der sie oft spazieren-ging.

Früh um sieben gab es Kaffee; dann besuchte sie fast täglich entweder anschließend oder um 10.30 Uhr die Messe. Gerne nahm sie Bekannte wie die Dienstmagd Therese Pöncklin oder die Untermieterin Susanne Auer (»Sandl«) zum Gottesdienst mit. »Die Nannerl geht alle Tag in der Negligé in die 7 Messe zur Heiligen Dreifaltigkeitskirche und mit ihr die Tresel, und nun auch die Jungfrau Sandl«, berichtete Leopold (15. 12. 1777). Ihre Gepflogenheit, mit einer »Negligé« – einem leichten, losen Kleid – in die Kirche zu gehen, entsprach den Sitten hochadliger Damen (Biedermann, 282).[12] Die um 1700 erbaute Dreifaltigkeitskirche war das der Mozartwohnung am Hannibalplatz nächstgelegene Gotteshaus; später weitete Nannerl ihre Besuche auf andere Kirchen aus.

Als Maria Anna mit Wolfgang auf Reisen ging, übernahm Nannerl mit Gusto das häusliche Regiment. Vielleicht wollte sie durch besonderes Glänzen in der Hauswirtschaft Aufmerksamkeit erringen – Aufmerksamkeit, die ihr auf Konzertreisen nicht mehr gezollt werden konnte. Leopold zeigte sich beeindruckt: »Die Nannerl hat alles in Ordnung geräumt« (27. 7. 1777); »Ich muß dir sagen, daß die Nannerl im Hauswesen in allem erstaunlich fleissig, arbeitsam und aufmerksam auf alles ist« (27. 10. 1777). »Wir sind, Gott sei Dank gesagt, auch wohlauf, und leben so gut wir können, da die Nannerl alles besorgt ...« (27. 11. 1777). Wenn sie sich bewähren wollte, mußte sie sowohl mit eigenem Vorbild vorangehen als auch klarstellen, daß sie eine der Mutter ebenbürtige Herrin war. Sie scheint deren psychologisches Geschick geerbt zu haben, indem sie das Personal nie demütigte:

»Der Magd Tresel tut es verflucht spanisch vorkommen, daß die Nannerl in der Küche immer nachsieht, und sie über die Unsauberkeit alle Tage ganz erschröcklich herunterputzt. Sie läßt ihr nicht das mindeste hingehen. Und wenn sie eine Lüge sagt, so sagt ihr die Nannerl den Augenblick, daß sie eine Unwahrheit gesagt habe. Kurz! Die Tresel macht erstaunlich große Augen, denn es wird ihr rund alles in Bart hineingesagt; und doch ist sie gleich darauf wieder ganz gelassen« (6. 10. 1777).

Neben der Köchin stand beiden Frauen je eine Dienstmagd zur Verfügung: »Die Nannerl wird wohl schön geputzt sein weil sie zwei Kammerjungfern hat«, schrieb die Mutter aus München (29. 9. 1777). Mit der Beaufsichtigung des Gesindes war es im Haushalt nicht getan. Einmal berichtet Nannerl, daß sie den ganzen Tag gebügelt hat (29. 3. 1779). Auch Stricken und Nähen gehörten zu den Fähigkeiten, die sie beherrschte:

»Meine liebe Mama hat zu mir gesagt ehe sie fortgereist ist, in ihrem grossen Kasten in Kammerl werde ich eine Leinwand finden zu dem Rockfutter dem ich mir abnähen will. Und ich finde sie nicht. Ist sie eine neue oder alte Leinwand? Oder vielleicht ein altes Leintuch, ich bitte schreibe die Mama mir es, wie auch finde ich nicht das Baumwollgarn in schleicherln (= in einem Strang) zu Strumpf anstricken« (27. 10. 1777).

Es ist auch einmal die Rede vom »Gold und Silber zupfen« (15. 12. 1777), das sie den ganzen Tag an das Haus band, wahrscheinlich handelt es sich dabei um eine Art von Brokatstickerei. Im 18. Jahrhundert konnten die Westen, Hosen und Röcke der Männer ebenso mit Gold und Silber bestickt sein wie auch Frauenkleider, Frauenschuhe und Pantoffeln, Handschuhe und Taschen (Biedermann, 280). »Nachmittag Catherl mir Blondspitz putzen geholfen« (26. 3. 1779): Blonden waren geklöppelte Spitzen aus Naturseide, die an gewaschene Kleider wieder angenäht wurden, eine mühselige Arbeit, bei der die Freundin Katherl Gilowsky ihr Gesellschaft leistete. Auch das Fransen- und Tapetenmachen, die Litzen- und Filigranarbeit sowie das Blumenmachen gehörten damals zu den handwerklichen Fähigkeiten von Frauen, die Nannerl beherrscht haben wird.

Der Arbeitsaufwand in einem Haushalt des 18. Jahrhunderts hatte sich im Vergleich zum 17. Jahrhundert erheblich verringert. Vorratshaltung und Eigenproduktion gingen zurück. Während Frauen früher bestimmte Waren wie Eier, Milch, Geflügel und anderes selbst vermarkteten und mit Einkäufern verhandelten, zogen sie sich nun aus der Herstellung zurück und kopierten den auf Konsum konzentrierten Lebensstil der (adligen) Frauen der Oberschicht (Held, 50). Dennoch gab es mehr als genug zu tun, denn die Warenbeschaffung und -verarbeitung war weitaus zeitaufwendiger als heute, zumal die Mozarts keinen Platz für Gemüseanbau besaßen. Der kleine Hofgarten hinter dem Haus wurde statt dessen im Sommer für Spiele wie Kegeln, zuweilen auch zum Musizieren benutzt.[13]

Bestimmte Lebensmittel wie Öl, Zucker und Gewürze konnte man als fertige Produkte im Laden oder auf dem Markt erwerben; anderes wurde innerhalb oder außerhalb des Hauses weiterverarbeitet. Man brannte den Kaffee selbst, dörrte das Obst im Backofen für den Winter und braute das Braunbier (Freudenthal, 24). Die genauen Tätigkeiten im Hause Mozart sind nicht überliefert. Den Gepflogenheiten entsprechend ist denkbar, daß außer den bereits genannten Tätigkeiten noch Frucht- oder Kräuterwein gegoren, Gemüse getrocknet und eingemacht, das Fleisch geräuchert, Säfte und Essig bereitet, Lichter gezogen und gegossen, Seife gesotten und das Brot im Hause gebacken wurde. Eine große Unternehmung war jedesmal die Besorgung der großen Wäsche, die in etwa einmonatlichen Abständen unter Heranholung einer oder mehrerer Waschfrauen stattfand. Hierbei stützte sich die Hausfrau auf ihr weibliches Gesinde (vgl. Leierseder, 99 f.). Das Herstellen von Salben und Lotionen war außerordentlich zeitaufwendig, da man zum einen schwierig zu beschaffende Zutaten (wie Exkremente von Tieren, Federn u. a.) besorgen mußte und zum anderen die Rezepte eine lange Behandlung vorsahen (kochen, sieden, an die Sonne stellen, an einen kühlen Platz stellen, sieben, abschöpfen, destillieren u. a.). Die Familie besaß medizinische Rezepte in Buchform aus dem Jahr 1709 (Halliwell, 158).

».. . den 8ten hat wieder die experimental phisik angefangen«, trug Nannerl am 8. Mai 1776 in ihr Tagebuch ein. Hieronymus Graf Colloredo hatte verfügt, daß jährlich in den Sommermonaten Vorträge über Experimentalphysik an der Universität für »beyderley Geschlechter« abgehalten wurden (Geffray 1998 192 f.). Es ist daher möglich, daß Leopold sie zuweilen mitnahm. Neben den Anforderungen der Kirche und des Haushalts bestimmte jedoch vor allem die Musik Nannerls Leben. Als Wolfgang in Salzburg weilte, wurde bei familiären und öffentlichen Angelegenheiten ebenso häufig musiziert wie in den Häusern befreundeter Familien. Das Divertimento KV 251 für Oboe, zwei Violinen, Viola, Baß und zwei Hörner komponierte Wolfgang im Juli 1776 zu Nannerls 25. Geburtstag. Man sieht der Handschrift an, daß er es eilig hatte. Vater und Sohn spielten sicherlich mit, und der Freund Joseph Fiala wird die Oboenpartie übernommen haben.

Aber auch ohne den Bruder wurde regelmäßig musiziert. Der Vater sprach vom »gewöhnlichen Clavier Exercitio«, das er mit seiner Tochter veranstaltete, und das von 17.30 bis 20.30 Uhr dauerte (15. 10. 1777). Bedenkt man, daß Nannerl in der Regel um 6 Uhr aufstand, bewältigte sie ein umfangreiches Tagespensum.

Leopold lud häufig Musikanten ein, die im erzbischöflichen Dienst angestellt waren. Immer dann, wenn der Kastrat Ceccarelli dienstfrei hatte, erschien er mit einem Stapel Arien und Motetten unter dem Arm im Tanzmeisterhaus. Er sang, Leopold spielte die Violine, und Nannerl ersetzte die Instrumentalsoli am Klavier. Um sich Abwechslung zu schaffen, wagten sie sich gelegentlich an ein Klavierkonzert, wobei Nannerl die Soli spielte und zugleich die Tutti (das begleitende Orchester) andeuten mußte. Auch Trios wurden versucht; Ceccarelli spielte die zweite Violine, »da haben wir zu Zeiten etwas zu lachen, denn hier hat er angefangen Violin zu spielen, und er spielt jetzt im 6ten Monat« (12. 4. 1778). Ein Kastrat im Hause bot keine Gefahr für Nannerls Ruf und war daher ebenso willkommen wie der verheiratete Oboist Fiala, mit dessen Ehefrau Nannerl freundschaftlichen Kontakt pflegte. Nannerls Freundinnen Katherl Gilowsky, die Jungfrauen Rosalie Joly (»Sallerl«) und Maria Anna Raab (»Mizerl«), der ehemalige Jesuit und Geigenspieler Herr Bullinger, Herr Schiedenhofen, die Familien Hagenauer und Antretter sowie weitere Freunde und Bekannte des gehobenen Bürgertums kamen vorbei, um den Darbietungen zu lauschen oder auch selbst zu musizieren. Nannerls Können war bei wechselnder Besetzung und immer neuen Werken gefordert, und es ist wahrscheinlich, daß sie ihre Technik des Vom-Blatt-Spiels in diesen Jahren perfektionierte.

Als Klavierlehrerin hatte sie sich im Lauf der Jahre einen Namen gemacht. Das wenige Geld, das sie dabei verdiente, durfte sie für ihre Kleidung verwenden, bis die Verschuldung ihres Vaters sie zwang, es abzugeben. Sie unterrichtete ausschließlich Frauen und Mädchen, unter anderem die Gattin des Truchsesses Joachim Rupert Mayr von Mayrn, Frau Anna, ihre drei Töchter und Anna Barbara von Mölk (»Waberl«), Tochter des Hofratsdirektors Franz Felix Anton von Mölk.

Franziska Villersi, die in Salzburg als Erzieherin in einem gräflichen Haus arbeitete und die Nannerl bereits 1766 in Donaueschingen kennengelernt hatte, übte das Klavierkonzert KV 246 für ein Liebhaberkonzert ein. Bei der Probe sagte man ihr, sie habe abscheulich gespielt, worauf sie weinend zu den Mozarts kam. Der Aufführungstermin wurde um vierzehn Tage verschoben, und sie lernte bei Nannerl und Leopold das Spielen so, »daß sie sich die größte Ehre machte. Nun nimmt sie bei der Nannerl Lektion« (11. 6. 1778). Nicht genug damit, die Arbeitgeber Franziska Villersis, Graf Kuenburg und seine Gemahlin Komtesse Waldstein, bereuten daraufhin, daß sie ihre Tochter zum Klavierunterricht nicht zu ihr gegeben hatten, weil sie »in ganzen Jahren nichts gelernt« hatte (11.6.1778). Solche Erfolge steigerten Nannerls Ansehen.

Trotz der Hochachtung, die Nannerl als Künstlerin erfuhr, blieb sie als unverheiratete Frau dem Vater untergeordnet – wie es der Anstand gebot. Als die Gräfin Lodron Leopold bat, Nannerl zu ihr zu schicken, um ihr ein Rondo vorzuspielen, das sie von dem Komponisten Mysliveček zugeschickt bekommen hatte (1.11.1777), mußte Leopold erst einwilligen. Auf eigene Faust durfte die Sechsundzwanzigjährige nichts unternehmen. Der Vater hatte in allen Dingen die Aufsicht über Nannerls Tun und überprüfte sogar die Leistungen ihrer Schülerinnen: »Die Nannerl ist itzt zum Hagenauerischen, und gehet alsdann zu den Robini(g)schen, wo ich auch hinkomme um der freul: Louis die Schusterschen Duette hören zu lassen« (1.12.1777).

Mit der Einführung der sogenannten Dilettantenkonzerte kam ein belebendes Element in das Salzburger Musikleben. Musikalische Aufführungen mit Beteiligung von Laien waren in anderen Städten bereits geläufig, aber für Salzburg in dieser Form neuartig. Der Neffe des Erzbischofs Hieronymus, Graf Johann Czernin, gab sich mit dem Geigenspiel nicht zufrieden, sondern wollte auch dirigieren, also organisierte er sonntags um 15 Uhr eine »Dilettantenmusik« bzw. »Liebhaber-Akademie« im Palais des Erbmarschalls Graf Lodron. Dieser stattete Leopold einen Besuch ab, um Nannerl ausdrücklich einzuladen, das Cembalo zu spielen; Leopold sollte die zweiten Geigen »in Ordnung halten«. Nannerl beteiligte sich somit als einzige Frau unter lauter Männern – Adligen wie Bürgerlichen sowie ein paar jungen Studenten (12.4.1778); später kamen weitere Frauen hinzu. Sie war ausreichend beschäftigt, da sie alle Sinfonien und Arien begleitete.[14] Möglicherweise erforderte das unterschiedliche Können der Mitspieler eine solche Stütze. Wie schlecht die Qualität war, erfahren wir durch Leopold, der ein dargebotenes Trio sarkastisch kommentiert: »Kein Mensch kann aber sagen ob es gekratzt oder ge-

geigt war – ob es im 3/4 oder geraden Takte oder gar eine neue Erfindung eines bisher noch unbekannten Tempo war« (12. 4. 1778). Nannerl verhielt sich künstlerisch selbstbewußt, indem sie die Aufforderung, ein Konzert zu spielen, ablehnte, als die Gräfin ihren guten Flügel nicht zur Verfügung stellte. In Leopolds Brief ist kein Hinweis enthalten, daß er ihr dazu geraten hätte: Sie scheint also selbst entschieden zu haben, sich nicht für Zweitrangiges herzugeben. Für die dritte Liebhaber-Akademie wurde Nannerl wiederum gebeten zu begleiten: »Es werden die 2 Lodron freulen singen oder krähen, das weiss ich nicht, ich habs lange nicht gehört«, kommentiert Leopold ironisch (13. 4. 1778). Ob sie bei einem solchen Niveau überhaupt zusagte, ist zu bezweifeln. Die Konzertreihe bewährte sich, denn Leopold berichtet noch im Juni von Veranstaltungen. Auch Nannerls Schülerinnen traten dort auf, so Barbara von Mölk, die Stücke vorspielte, die sie mit Nannerl eingeübt hatte.

Einen wichtigen Raum im Leben der Mozarts nahm das sogenannte Bölzlschießen ein, das bei verschiedenen Familien (dem jeweiligen »Bestgeber«) abgehalten wurde. Man traf sich reihum in den Wohnungen der Mitglieder der »Bölzlschützenkompagnie« und schoß mit Bolzen aus Windbüchsen auf Scheiben. Hierzu wurde von jeweils einem Mitglied ein aktuelles Scheibenbild gestiftet. (Einige davon hängen derzeitig am heutigen Makartplatz.) Obwohl erotisch getönte Motive an der Tagesordnung waren, blieb Nannerl hiervon verschont. Ihre Freundin Katherl Gilowsky wurde wegen ihrer »Männersüchtigkeit« und ihres Hanges zum Nägelbeißen auf den Schießscheiben verulkt; Nannerl dagegen wurde am Klavier spielend abgebildet, daneben der aufrecht sitzende Hund Bimberl. »Alles recht schön gemalt, natürlich, sogar die Kleidung der Nannerl genau getroffen, und auch der Pimperl«, beschrieb Leopold die Scheibe (15. 12. 1777). Vermutlich hätte es Leopold mißfallen, wenn Nannerl anders als brav abgebildet worden wäre, denn er achtete penibel auf ihren Ruf. Als Preis wurde »das Beste« beigesteuert, und in den Briefen nehmen die Berichte über die jeweiligen finanziellen Gewinne oder Verluste gebührenden Platz ein.

Es gab daneben eine andere Bölzlschießgesellschaft, so zum Beispiel die des Herrn von Schiedenhofen. Man traf sich meist an Sonn- und Feiertagen im 1775 neu eingerichteten Saal des Rathauses. Die etwa dreißig Personen waren weniger am Scheibenschießen als am Kartenspiel interessiert, so zum Beispiel am Tresette (einem Spiel, bei dem derjenige gewinnt, der drei Siebenerkarten hat). Schiedenhofen erwähnt 1774 in seinen Tagebuchaufzeichnungen auch ein Bölzlschießen mit Kartenspiel, das in seinem Haus stattfand, und bei dem die Mozarts zugegen waren. Gefrorenes, Kaffee und Wein wurden gereicht, das die Mitglieder abwechselnd bezahlten (Deutsch 1957).

Spiele waren ein wesentlicher Teil der Unterhaltung im Hause Mozart. Vater Mozart hatte hinter dem Tanzmeisterhaus eine Kegelbahn montieren lassen. Nannerl, die der geselligen Unterhaltung überhaupt sehr zugetan war, kannte mindestens siebzehn verschiedene Kartenspiele, die im Zusammenhang mit ihrer Familie erwähnt werden: L'hombre und Troutsch Quadrille, Piquet, Comete, Trichaque, Quindeci, Tresette, Mariage, Brandeln, Schmieren, Nain jaune, das Hexenspiel, Tarock, Points, ein Wahrsagekartenspiel und die beiden Glücksspiele Pharao und Halb Zwölf (Bauer, 59). 1777 schrieb Johann Kaspar zu Riesbeck, der Salzburg im gleichen Jahr kennengelernt hatte, in seinen *Briefen eines Reisenden Franzosen:* »Alles atmet hier den Geist des Vergnügens und der Lust. Man schmaust, tanzt, macht Musiken, liebt und spielt zum Rasen, und ich habe noch keinen Ort gesehen, wo man mit so wenig Geld so viel Sinnliches genießen kann« (zit. b. Deutsch 1957, 16). Ein fürwahr euphorisches Bild, das allerdings den Alltag der Mehrheit der Bevölkerung ausblendet und sich auf die Vergnügen der oberen Schicht beschränkt. Für das gehobene Bürgertum war Salzburg keinesfalls nur eine bieder-langweilige Stadt.

Zu den willkommenen Abwechslungen gehörte das Tanzen

auf den Salzburger Redouten. Einer von Nannerls Verehrern, Ferdinand von Schiedenhofen, berichtet 1776 über eine Redoute im Rathaus: »Ich hatte meine blaue Matelot Masque. Es waren in allen 332 Masquen. Wir tanzten 12 Contredance und Quadrillen, dazu Frl. v. Mölck und Nanette Mozart meine Tänzerinnen waren. Der Ball dauerte bis 1/2 5 uhr frühe« (zit. b. Bauer, 55). Im Februar 1777 überraschte Nannerl ihre Bekannten als altes Mütterchen verkleidet; sie blieb lange unerkannt. Maskeraden, die zu den beliebtesten Unterhaltungen im 18. Jahrhundert gehörten, eröffneten Frauen die seltene Chance, sich erotisch autonom verhalten zu können. Die Verkleidung entband sie für einige Stunden von den engen Verhaltensmaßregeln, denen sie sonst ausgesetzt waren (vgl. Castle). Nach der obigen Schilderung zu urteilen, setzte Nannerl mehr auf das Humorvolle als auf die Erotik. Doch sei vor einer voreiligen Interpretation zugleich gewarnt. Bei ihrem Besuch Münchens 1775 hatte Leopold ihr geraten, irgendein Kostüm mitzubringen, und eine biedere »Salzburgerin« vorgeschlagen. Sie zog jedoch das Kostüm einer Amazonin vor, ausgerechnet eine Gestalt aus der Mythologie, die mit kämpferischem Selbstbewußtsein und weiblicher Autonomie in Verbindung steht. Alte Hexe und Amazonin – die Gegensätze könnten nicht größer sein. Allerdings sollte man nicht vergessen, daß es Wolfgang war, der sich bei den Bällen in München 1781 danebenbenahm, und nicht Nannerl. Die Wahrscheinlichkeit, daß sie die ausgelassene Stimmung bei Bällen benutzte, um die anerzogene weibliche Schicklichkeitsgrenze zu überschreiten, ist nicht sonderlich groß. Dennoch boten ihr Spiel und Unterhaltung einen Freiraum, der ihr im Alltagsleben versagt war, und den sie in vollen Zügen genoß.

Die Beschäftigung mit Kleidern und Modefragen war ihr wichtig. Sie galt allgemein als gutaussehend und hatte Spaß daran, sich nach der neuesten Mode zu kleiden oder gar eine neue Mode in Salzburg zu kreieren. Man war auf Informanten aus Großstädten angewiesen, die einem das jeweils Neueste beschrieben, daher nehmen Modefragen einen verhältnismäßig großen Raum in der Korrespondenz ein. Dennoch wurzelte ihr Interesse nicht in einer oberflächlichen Koketterie – das hätte ihr Vater nicht gestattet. Der Diskurs über Modedinge beschäftigte auch Männer. »Die Menschen jener Zeit waren weit entfernt von jener Biedermeiermeinung, die das Äußere gering schätzt, um das Wissen zu überschätzen. Sie wußten recht wohl, daß nur ein kultivierter Mensch imstande ist, sich gut anzuziehen. Sie waren überzeugt, daß Kleider nicht nur einen wesentlichen, sondern in den meisten Fällen auch den besten Teil des Menschen ausmachen« (Fischel, 83).

Die Familie Mozart legte allgemein Wert auf gute Kleidung. Nannerl fragt in ihren Briefen aber auch häufig nach Leinwand und Tuch – ein Zeichen dafür, daß sie sich aus Kostengründen neben einem Kleid für feierliche Gelegenheiten den Gepflogenheiten der unteren Bürgerklassen anpassen mußte, die einem eher soliden Geschmack huldigten. Aber ihr Herz hing an den luxuriöseren Sachen. Damit stand sie nicht allein. Um zu sparen, pflegten Wolfgang und Leopold abgelegte Garderobe der Salzburger Aristokratie und wohlhabender Bürger aufzutragen (Schenk 1983, 291). In den Briefen der Familie ist oft die Rede von Westen, Jacken und Hosen aus Seide oder Taft, mit Bordüren und Verzierungen, von Bändern, Perlen, Halstüchern, Spitzenmanschetten und Hauben. Daß Wolfgang stets gepflegt gekleidet war, ist von Clementi verbürgt, und wird von Constanze bestätigt: »Überhaupt sah er sehr auf seinen Körper, der auch sehr proportioniert war, hielt viel auf schöne Kleider, Spitzen und Uhrketten« (Nissen, 692). Als er von Frankreich zurückkehrte, kaufte ihm Nannerl zum Empfang »ein paar wunderschöne Spitzdatzel« (24. 9. 1778), Manschetten aus Spitze. In Wien fehlte ihm das Geld für Unterwäsche, worunter er litt: »Meine Wäsche sah aus zum Erbarmen. – Kein Hausknecht hatte hier Hemden von so grober Leinwand als ich sie hatte. – Und das ist gewiss das abscheulichste an einem Mannsbild« (5. 9. 1781). Umgekehrt freute er sich auf Schuhschnallen, die ihm Leopold versprochen hatte: »Ich brenne vor Begierde sie zu sehen« (26. 5. 1784).[15] Er fragt eine befreundete Baronin nach dem Preis für einen »schönen roten Frock welcher mich ganz grausam im Herzen kitzelt ... Denn so einen Frock muß ich haben, damit es der Mühe wert ist die Knöpfe darauf zu setzen, mit welchen ich schon lange in meinen Gedanken schwanger gehe; ... diese sind Perlmutter, auf der Seite etwelche weisse Steine herum, und in der Mitte ein schöner gelber Stein. – Ich möchte alles haben was gut, echt und schön ist!« (28. 9. 1782)

(Dieser letzte Ausruf erinnert von ferne an die Kleidersucht Richard Wagners, der sich mit ausgesucht-luxuriösen Stoffen umgab und diese Leidenschaft als ästhetische, aber auch erotisch-sinnliche Qualität pflegte.) Wolfgang bekam übrigens den begehrten Frock von der Baronin geschenkt, und sein Nachlaß verzeichnet an Garderobe zahlreiche Prachtstücke.

Auf der großen Reise kleidete Leopold die Familie nach Mode des jeweiligen Landes: »Was meinen Sie, wie meine Frau und mein Mädl in den englischen Hüten und ich und der grosse Wolfgang in englischen Kleidern aussehen«, schrieb er aus London (25. 4. 1764). Die englischen Hüte mit breiten Krempen aus weichem Material waren für Mutter und Tochter eine Neuheit, da sie gewohnt waren, Hauben zu tragen. In Paris kaufte Leopold der Zwölfjährigen zwei Kleider: ein blaues aus Atlasstoff »nebst allen dazu gehörigen Garnituren« sowie ein »reiches«, mit Blumen und goldenen breiten Streifen verziert (28. 5. 1764). Seinen Sohn ließ er als Kind mit Zopfperücke und Degen vorspielen. Ähnlich opulent stattete er Nannerls Sohn Leopoldl aus. Das kaum vier Monate alte Baby wurde zu seinem Namenstag »in einer neuen Haube von Atlas mit Dünntuch garniert, dem Rokkerl, das (ich) ihm machen ließ, roten Schühchen mit Taftbändern eingefasst, mit einem Halsband, daran ein schönes Amulett sowie eine Medaille« prangten (11. 11. 1785).

Auch die Reinlichkeit gehörte wie die Mode zum guten Ton.

Leopold mißbilligte das zu lange Tragen von Kleidung, wie man am Beispiel von Nannerls Freundin Katherl Gilowsky erkennen kann, die er kritisiert: »Ein neues Kleid, eine Haube, ein paar Schuhe etc: zieht sie an und trägt es so lang bis es zerrissen oder schmutzig ist. So gehet sie auch bei schönem oder schändlichem Wetter immer in einer Haut, und sie war am Maria Himmelfahrtstage mit der nämlichen schmutzigen Haube, und dem ganzen gewöhnlichen Anzug im Dom, wie sie Tags vorher herumlief« (27. 8. 1778).

Bei allem Interesse der Männer für ihre Kleidung blieben Modefragen im großen und ganzen Sache der Frauen. Als die Mutter mit Wolfgang unterwegs war, wandte sich Nannerl direkt an sie: »Ich nehme mir also mit deiner Erlaubnis die Freiheit ganz allein mit der Mama zu discutieren, da es ohnedies Frauenzimmer Discurs sind ...« (22. 12. 1777). Aus Mannheim berichtete die Mutter, daß Frauen zum Ausgehen keine Jacken trugen, sondern meist weite Mäntel und Überkleider. Die Hauben seien schöner als in Salzburg und ganz anders, und auch die Frisuren fand sie »unvergleichlich« (10. 12. 1777). Das mußte Nannerl interessieren, denn obwohl sie ein kleineres Gesicht als Wolfgang besaß, überragte sie ihn durch die schiere Höhe ihres Haaraufbaus auf dem Familienporträt bei weitem. Nannerl benötigte viel Zeit und auch Hilfe anderer, um ihren Aufputz frisieren zu lassen. Sie reagierte jedenfalls sofort auf die Nachrichten der Mutter:

»Die Mama hat die Güte gehabt mir zu schreiben, daß die Frisuren und Hauben in Mannheim viel schöner, und dass die Frauenzimmer viel gustoser (= geschmackvoller) angezogen sind als in Salzburg. Das will ich gern glauben. Doch wenn ich das Glück habe die Mama in zwei Monaten hier zu sehen, so bitte ich die Güte zu haben, genau acht zu haben wie die Frisur gemacht ist und ein Toupet-Kissen (= Einlage in die Haare, um sie höher zu machen) und was noch notwendig ist mitzubringen. Auch wenn es möglich wäre eine neue Modehaube und was der Mama gefällig ist. Wenn ich mir noch wie vor einiger Zeit was mit Schülern verdienen könnte, so wäre meine Freude gewesen, mein granatfarbenes Kleid zu einem Polognese machen zu lassen und mit dinduch (= dünnem Wolltuch) zu garnieren. Da hätte ich vielleicht von Mannheim ein wohlfeileres dinduch bekommen. Aber solche neue Mode Sachen muß ich mir ausschlagen« (22. 10. 1777).

Die Polognese oder Polonaise war ein Überkleid aus feingestreiftem Taft, das hinten in die Höhe gerafft war und das bald mit rauschender Schleppe, bald mit abgerundetem Rückenteil und zwei wehenden seitlichen Flügeln getragen wurde (Goncourt, 360). Ihre letzte Bemerkung bezieht sich auf die wachsende Verschuldung der Familie, die sie zur Mäßigung zwang.

Aus Mannheim berichtete die Mutter, daß man weder Ohrringe noch Schmuck im Haar oder Halsschmuck trug. Die Frisur sei »erstaunlich hoch, kein Herztoupet, sondern überall gleich hoch welches mehr als ein drittel Ellen (= ca. 60 cm) aus trägt, hernach erst die Haube darauf die noch höher ist als der Toupet und rückwärts den Zopf oder chenion (= mit einem Kamm zusammengefaßter Knoten) weit ins Genick hinunter, und auf der Seite mit vielen Boclen (= Schnallen) garniert, der Toupet aber ist (aus) lauter Krepp keine glatte Haare, sie haben sie noch höher getragen, dass man hat müssen die Kutschen erhöhen, weil kein Frauenzimmer hat aufrecht sitzen können, es ist aber wieder abgekommen. Die Polonaisen sind starke Mode und unvergleichlich gemacht. Die Schlender (= weiten Mäntel) für ledige Frauenzimmer vorne glatt im Leib und keine Falten« (14. 5. 1778).

An dem zwei Jahre später von della Croce gemalten Familienporträt ist zu erkennen, daß Nannerl diese Ratschläge beherzigt hatte. Es zeigt sie in einem dunkelroten Kleid, das eine Polognese mit seitlichen Stofflügeln aufweist. Gemäß der Mode läßt es Hals und Unterarme frei, und ist mit am Ellenbogen endenden, spitzenverzierten Ärmeln ausgestattet. Eine große rote Schleife verziert den Ausschnitt; eine ähnliche Schleife ist hinten am Kleid angebracht. Sie verzichtet auf Ohrringe und Halsschmuck, und ihre Frisur ist so hoch wie möglich aufgetürmt. Anstelle einer

Haube schmückt ihr Haar ein Band, das damals hochmodisch war (als Wolfgang nach Wien zog, bestellte sie Bänder, die ein Freund ihm besorgte).

Aber die Mutter hatte noch mehr zu berichten, ein anderes Mal aus Paris:

»Etwas für die Nannerl, sag ihr sie solle sich einen saubern Spazierstock anschaffen, denn hier ist es die größte Mode daß alle Frauenzimmer – ausgenommen die Mägde – mit Stöcken gehen in die Kirchen, in Visiten, Spazieren, wo sie nur hingehen, auf der Gasse versteht sich, nicht im Wagen, keine gehet zu Fuß ohne Stock. Weil es hier so schlüpfrig zu gehen ist, vor (allem) wenn es geregnet hat, so hat sich ein Frauenzimmer vor einer Zeit den Fuß verrenkt, da hat ein Doktor gesagt, es wäre besser wenn sich die Weibsbilder der Stöcke bedienten, so ist es gleich Mode geworden« (29. 5. 1778).

Die langen Stöcke aus spanischem Rohr wurden bei Frauen Mode, als der berühmte französische Arzt Tronchin den Frauen fleißige Bewegung in freier Luft als Heilmittel gegen das Modeleiden der Vapeurs empfahl (Fischel, 269). Nannerl griff die Idee begierig auf, wie einem Schreiben Leopolds zu entnehmen ist:

»Die Nannerl will die Mode mit den Stöcken für Frauenzimmer künftigen Winter hier anfangen, weil es schlüpfrig zu gehen ist, die Waderl (= Fächer) sich im Winter nicht schicken, und das Frauenzimmer doch gewohnt ist immer etwas in Händen zu haben« (11. 6. 1778).

Bei jeder Reise bat Nannerl darum, daß Modisches mitgebracht wurde oder auch Sachen, die in Salzburg kaum erhältlich waren, wie Stoffe oder Hauben. Zum Glück verstand Wolfgangs Frau Constanze auch etwas von Modedingen. Wolfgang, der daran interessiert war, daß Nannerl Sympathien für Constanze entwickelte, beschrieb seiner Schwester recht genau die neue Fransen-Mode. »Die Constanze hat sich erst 2 Piquée Kleider also garniert. – Es ist hier die grösste Mode; – weil sie selbe nun machen kann, so wollte sie meiner Schwester damit aufwarten, sie möchte ihr nur die Farbe sagen; denn man trägt sie von allen Farben ...« (8. 5. 1782). Er fügt hinzu, daß ein Kleid aus Atlasgewebe oder Seide auch mit seidenen Fransen garniert sein mußte. (Piquée war ein Doppelgewebe mit relieffartig erhabener Musterung.)

Constanze schenkte der Schwägerin zwei selbstgenähte Hauben nach neuester Mode, und als sich Nannerl eine Zierschürze von Wolfgang aus Wien wünschte, bot sie an, ihr eine zu nähen.

Eine Äußerung Leopolds verrät, daß festliche Kleidung eine kostspielige und seltene Anschaffung war. Als seine Frau 1778 mit Wolfgang in Paris ankam, bemerkte er, daß ihr Kleid aus rotem Atlas, das sie von Madame d'Epinay auf der großen Reise (also entweder 1763 oder 1766) erhalten hatte, »wieder nach Paris gekommen« sei (6. 4. 1778). Maria Anna trug es somit mindestens zwölf Jahre lang. Möglicherweise hat es Nannerl umändern lassen und anschließend weiter getragen.

6. Ärger mit Wolfgang: Daheim mit dem Vater 1777-1779

»Ich bitte mir zu verzeihen daß ich nicht öfters oder mehreres schreibe aber der Papa wie Sie sehen läßt mir selten, und einen kleinen Platz« (29. 12. 1777). »Der Papa läßt mir niemals so viel Platz dass ich der Mama und dir schreiben könnte« (9. 2. 1778). Man ist geneigt, diese Zeilen Nannerls an die Mutter und den Bruder symbolisch zu verstehen. Leopold bestätigt den Sachverhalt: »Deine Schwester ... konnte dir nicht schreiben, weil ich zu viel geschrieben« (27. 8. 1778). Der Vater breitete sich aus, nahm sich und Wolfgangs Probleme ernst; Nannerl mußte sich hineinquetschen, und wenn es gar nicht ging, ganz draußen bleiben.

Eine Ausnahme zu den insgesamt rund siebzig Briefen, die Leopold während der Reise Wolfgangs und Maria Annas an diese schickte, bildeten die Zeilen vom 27. 10. 1777. Der Grund ist naheliegend. Leopold war darüber aufgebracht, daß er keine Nachricht von ihnen bekommen hatte: »Wir zweifelten heute gar nicht einen Brief zu erhalten. Und dennoch nichts!« In seinem Ärger ließ er zu, daß Nannerl die Initiative übernahm und zur Feder griff. Sie besänftigte damit den Vater und schlug eine Brücke zu den beiden anderen. Selbst hier griff Leopold ein: er schob sich mit einer kurzen Information dazwischen. Es ist nur eine Zeile, die aber ausreicht, um seine kontinuierliche Präsenz zu unterstreichen.

So nichtig diese vermeintlichen Kleinigkeiten auch erscheinen mögen: sie umreißen Nannerls Spielraum. Den ohnehin engen Platz nutzte sie, um bei Konflikten zu vermitteln. In diesen Monaten gab es auch genügend Gelegenheiten dazu. Die späten siebziger Jahre bescherten der Familie bitteres Leid und teilweise existentielle Ängste. Wolfgang fühlte sich in Salzburg zwar im Familien- und Freundeskreis wohl, blieb aber in musikalisch-beruflicher Hinsicht unbefriedigt. Es fehlte ihm dort an qualifizierten Sängern und Musikern. Sein liebstes Genre, die Oper, war nicht gefragt. Hinzu kam die demütigende Behandlung seitens des Erzbischofs, die ihn zunehmend belastete: »Man ging mit mir schlecht um; ich verdiente es nicht«, schrieb er rückblickend (8. 1. 1777).

Leopold mußte handeln. Die großen Erfolge vor allem in Italien zeitigten keinerlei berufliche Konsequenzen. Er spürte, wie Wolfgang unruhig wurde. Sein eigener Ehrgeiz ließ es zudem nicht zu, den begabten Sohn schlecht besoldet und ständig bevormundet in Salzburg zu belassen. Er mußte in die weite Welt hinaus, war doch das Reisen für aufstrebende junge Männer von Stand geradezu eine Pflicht. Es erfüllte nicht nur den Zweck der Anknüpfung von Beziehungen zur beruflichen Förderung, sondern diente der Selbsterkenntnis und Selbsterfahrung, dem Aufbau einer eigenständigen und reifen Persönlichkeit, die sich im späteren Leben bewähren und in der Musik mitteilen sollte.

Diese Bewegungsfreiheit war für Wolfgangs persönliche Entfaltung unabdingbar. An fremden Orten konnte er musikalische Neuheiten erleben, es öffnete sich ein Feld zum Ausprobieren seiner Kunst. Folglich wollte er erst von Paris nach Salzburg zurückkehren, wenn der Erzbischof ihm das Reisen garantierte: »Ohne Reisen – wenigstens Leute von Künsten und Wissenschaften – ist man wohl ein armseliges Geschöpf! ... ein Mensch von superieuren Talent – welches ich mir selbst, ohne gottlos zu sein, nicht absprechen kann – wird – schlecht, wenn er immer in dem nämlichen Ort bleibt ...« (11. 9. 1778).

Das Gesuch um Beurlaubung wurde in einem Brief vom August 1777 an den Fürsterzbischof formuliert, der von Wolfgang unterschrieben ist, aber Leopolds Handschrift trägt. Er enthält einen auffälligen Hinweis auf Nannerls Status. Wolfgang bittet um Freistellung, damit er sein »Brot für sich selbst gewinnen« kann, und fährt dann fort: »Ich bin demnach vor Gott in meinem Gewissen schuldig meinem Vater, der alle seine Stunden unermüdet auf meine Erziehung verwendet, nach meinen Kräften dankbar zu sein, ihm die Bürde zu erleichtern, und nun für mich, und dann auch für meine Schwester zu sorgen, für die es mir leid wäre, daß sie so viele Stunden beim Flügl sollte zugebracht haben, ohne nützlichen Gebrauch davon machen zu können.«

Rätselhafte Zeilen! Deuten sie an, daß Nannerl eine künstlerische Tätigkeit übernehmen müßte, wenn nicht mehr für sie gesorgt werden könne, und wenn ja, welche? Der vorangehende Satz »Die Eltern bemühen sich ihre Kinder in den Stand zu setzen ihr Brot für sich selbst gewinnen zu können«, läßt darauf schließen. Leopolds fortgeschrittenes Alter, Nannerls lediger Status – sie war inzwischen 26 Jahre alt – und Wolfgangs unzufriedenstellende berufliche Position alarmierten den Familienvater. Auf jeden Fall wurde sie vorgeschoben, um Wolfgangs Fortkommen zu ermöglichen – ihr Bruder hat im übrigen nie für sie sorgen müssen, da sie bis zu ihrer Verheiratung beim Vater lebte.

Wolfgang war einundzwanzig Jahre alt und durchaus erwachsen, eine Reisebegleitung war daher aus der Sicht des Erzbischofs Colloredo nicht nötig. Er reagierte auf das Ersuchen mit der Entlassung sowohl Wolfgangs als auch Leopolds – ein schwerer Schock für letzteren, der bereits mit einem Katarrh gesundheitlich angeschlagen war, und dessen Zustand sich nun weiter verschlechterte. Die spätere Rücknahme seiner Kündigung änderte nichts daran, daß er gedemütigt worden war.

Aus der Not heraus verfiel Leopold auf die Idee, die Mutter auf die Reise zu senden, da es ihm zu riskant erschien, den unpraktischen Sohn alleine fortzulassen. »Es wird dir noch erinnerlich sein was ich für Einwendungen machte, die uns verhinderten Salzburg alle zu verlassen; du hast nun die Probe davon – grosse Unkosten auf den Reisen und nicht viel oder wenigstens nicht hinlänglicher Einnahmen solche mit einer Familie zu bestreiten«, schrieb Leopold einige Monate später (18. 12. 1777). Man hatte also bereits Pläne geschmiedet, als Familie zu fahren – eine aufregende Perspektive für Nannerl, die so gerne reiste. Ihre Vorfreude war vergeblich – auch diesmal mußte sie wieder daheim bleiben.

Zwei Monate vor der Abfahrt ihres Bruders und ihrer Mutter, am 31. Juli 1777, feierte Nannerl ihren 26. Geburtstag, der zu den letzten schönen Erinnerungen im vollständigen Familienkreis gehörte. Der Familienfreund Schiedenhofen notierte hierzu: »Vormittags ... zu Gusetti, wo die Musik des jungen Mozartn, die er abends seiner Schwester machen sollte, probiert wurde. Sie bestunde in einen Sinfonia, einen Violin Conzert, das der junge Mozart spielte ... und alles war von des jungen Mozarts Composition« (zit. b. Bauer, 55). Wolfgang hatte sich also große Mühe gegeben, die Schwester zu erfreuen. Die fröhlichen Gäste, die Lebhaftigkeit Wolfgangs und die musikalischen Darbietungen, die sicherlich im Gartenhof des Tanzmeisterhauses stattfanden, werden sie beglückt und erfreut haben. Punsch und Gefrorenes wurden wohl gereicht, und der Abend mit Tanz und Gesellschaftsspielen beendet.

Die Abfahrt am 23. September 1777 war für die Daheimgebliebenen schmerzlich. Der sonst so gelassene Leopold fühlte sich »krank, verwirrt, verdriesslich, niedergeschlagen, und sehr betrübt« (15. 10. 1777). Noch Monate später kam er auf das Ereignis zu sprechen, das selbst im nachhinein nichts an Schrecken einbüßte:

»Was ich bei eurer beiden Abreise ausgestanden übertrifft alle die vorhergehenden Betrübnisse meines Lebens, das aller erschröcklichste ist noch oben darein, daß ich elendig krank fürs Einpacken und Aufpacken besorget, von Angst und Schrecken betäubt immer unten beym Wagen zu tun hatte, und nicht einmal mit euch beyden alleine etwas vor eurer Abreise sprechen konnte« (3. 8. 1778).

Auch Nannerl litt: »Die Nannerl weinte ganz erstaunlich und ich mußte mir alle Mühe geben sie zu trösten. Sie klagte Kopfwehe, und Grausen im Magen, endlich kam ihr ein Erbrechen und sie spie tapfer, (ich) band ihr den Kopf ein, (sie) legte sich ins Bett und ließ die Fensterläden zu machen, der betrübte (Hund) Pimpes lag zu ihr.« Sie schlief dann ein, konnte mittags nichts essen und legte sich wieder hin; abends ging es ihr dann etwas besser. »So verging dieser traurige Tag, den ich in meinem Leben nicht zu erleben glaubte« (25. 9. 1777). Ihr Tagebuch bestätigt dies: »Den Tag ihrer Abreise war ich die meiste Zeit im Bett, habe mich gebrochen, und ausserordentlichen Kopfweh das war der 23te September« (23.-24. 9. 1777). Sie war seelisch überfordert, da sie nicht nur mit der eigenen Trauer, sondern zudem mit dem verstörten Vater fertig werden mußte, einem Vater, der sonst viel darauf hielt, in allen Lebenslagen souverän zu handeln.

»Wir arme Waisen müssen halt Trübsal blasen, und Langeweil geigen«, formulierte sie, und auch: »Denke wenn es dir gut oder auch übel geht auch an uns, die wir hier so traurig die Zeit durchleben müssen, und von Ihnen getrennt« (29. 9./23. 10. 1777). Es ist bemerkenswert, daß beide die »wir«-Form wählten, wenn sie

von ihrer Betrübnis schrieben. »Ich und die Nannerl sind lebendig und tot die alten getreuen Verlassenen – Waisen, Strohwitwer
und alles was traurig ist –« (31. 10. 1777). »Nimmt mirs nicht
übel, meine liebe Leute: was haben denn ich und die Nannerl
jetzt für eine Freude in Salzburg als – – – die Posttage? – – sagt
es mir! – –« (17. 11. 1777). Leopold wird in diesen Wochen viel
mit der Tochter gesprochen haben, um seinen Schmerz zu lin-
dern. Nannerl wußte genau, was es bedeutete, zu Hause gelassen
zu werden: ihre Leidensfähigkeit war in langjähriger Erfahrung
erprobt. Ihr Vater erlebte dagegen die Trennung zum erstenmal,
und sie mußte die Lücke ausfüllen, die ihre Mutter und Wolfgang
hinterließen, ihm beistehen und ihn trösten. Für ihn stand mehr
als nur eine räumliche Entfernung auf dem Spiel. Obwohl er
ahnte, daß sein Einfluß auf den Sohn abnehmen und eines Tages
ganz verschwinden würde, klammerte er sich an ihn. Für dessen
Ansehen und Ehre kämpfte er auch aus eigennützigen Gründen.
Die übermäßig enge Bindung, die er von Wolfgangs Kindheit
an aufgebaut und gepflegt und die sich durch die vielen Reisen
noch gefestigt hatte, rächte sich nun, indem die Trennung eine
seelische Verwundung verursachte. Der sonst so nüchtern und
vernünftig Wirkende zeigt Gefühl. In seinen Briefen redet er
Wolfgang häufig mit »ich bitte dich, mein lieber Wolfgang« an.
Nannerl erhielt eine solche direkte Anrede nie, in den italienischen Briefen war stets die Rede von »der Nannerl«. »Was mich
zu Zeiten betrübt macht, ist, daß ich dich nicht mehr Klavier,
noch Violinspielen höre, und so oft ich nach Hause gehe, wandelt
mir eine kleine Melancholie zu, dann, wenn ich mich unserm
Hause nähere, glaube ich immer ich müsse dich Violin spielen
hören« (6. 10. 1777). Ein Verliebter hätte es kaum anders schildern können. Nach Wolfgangs Musik war er geradezu süchtig:
»Mein lieber Sohn kann sich leicht vorstellen, daß es eine kleine
Marter für mich ist zu wissen, daß er unterdessen vieles compo-
niert hat – und ich leider! nichts davon hören kann, welches ehemals mein grösstes Vergnügen war. Geduld! ist aller hundsf– –

Patron –« (29. 6. 1778). »Gott! wenn sehe ich dich wieder!« brach es aus ihm heraus (9. 2. 1778).

Die Abwesenheit Maria Annas bedeutete für die inzwischen Sechsundzwanzigjährige einen empfindlichen Verlust. Die Mutter war eine Person des Vertrauens, mit der sie die Dinge des Alltags besprechen, aber auch eine solidarische Front gegenüber dem allmächtigen Vater bilden konnte. Im Unterschied zu Wolfgang war sie noch nie in ihrem Leben über einen längeren Zeitraum von der Mutter getrennt gewesen. Nun sollte sie sie gleich ersetzen. Neben ihrer klavierpädagogischen Tätigkeit standen ihr zwei große Aufgaben bevor: den Haushalt zu führen, und dem Vater emotional zur Seite zu stehen. Maria Anna umriß von unterwegs recht präzise ihr neues Tätigkeitsfeld: »Die Nannerl lass ich grüssen und ihr sagen sie solle dich nicht zürnen, und fleissig auf dich acht haben dass du keinen Verdruss hast, auch dir die Zeit verkürzen, damit du nicht melancholisch wirst« (2. 10. 1777). Letzteres sollte sich mit Fortgang der Reise als immer schwierigere Aufgabe erweisen.

Dennoch war fortwährende Traurigkeit nicht die Sache der Zuhausegebliebenen. Um sich abzulenken, ging Leopold mit Nannerl auf einen Maskenball in den Rathaussaal. Ein Freund der Familie, Berhandsky, schilderte Wolfgang, wie Nannerl (»Ihre Schwester die kleine Hex«) sich in ein armes altes Mütterchen verwandelte: »Sie machte sie so trefflich, dass Teufel unter einer so häßlichen Maske das schönste Gesichtgen vermutet hätte.« Sie mußte improvisieren, weil sie das Billett für die Redoute kurzfristig erhielt, und stellte mit geringen Mitteln ihr Kostüm zusammen. Eine alte Haushaube, dazu ein kleiner Umhang aus weißem Leinen mit Kapuze sowie ein Überwurf aus schwarzem Stoff, den sie von ihrer Freundin Barbara Eberlin geliehen hatte, dienten ihr dazu. Ihre schauspielerischen Fähigkeiten müssen beträchtlich gewesen sein: »mich hat lange niemand gekannt« (5. 10. 1777).

Auf dieser Reise begann der für Wolfgang so notwendige Ablösungsprozeß vom Vater. »Ich bin der andere Papa. Ich geb auf alles acht. Ich habe mir auch gleich ausgebeten die Postillionen auszuzahlen, denn ich kann doch mit die Kerls besser sprechen als die Mama« (23. 9. 1777), klingt selbstbewußt. Wolfgang wünschte sich von Herzen, den Vater zu ersetzen, und dessen Autonomie, Entscheidungskraft und Übersicht zu besitzen. Am ehesten gewann er seine Souveränität auf musikalischem Gebiet. »Er (ein Bekannter) weiss nicht was ich kann. Daß doch die Herrn einem jeden glauben, und nichts untersuchen wollen. Ja das ist allzeit so« (2. 10. 1777). »Sie denken sich halt, weil ich klein und jung bin, so kann nichts Grosses und Altes hinter mir stecken; sie werden es aber bald erfahren« (31. 10. 1777). Es mißfiel ihm, daß ein Freund Leopolds von dem »Sohn«, und nicht von dem »Herrn Sohn« schrieb: »Nu, er ist halt ein Wiener Lümmel; oder er glaubt die Menschen bleiben immer 12 Jahr alt« (4. 2. 1778). Er brennt darauf, allen zu zeigen, was in ihm steckt: »Ich bin hier sehr beliebt. Und wie würde ich erst beliebt werden, wenn ich der deutschen National Bühne in der Musik empor hülfe? – – – und das würde durch mich gewiss geschehen; denn ich war schon voll Begierde zu schreiben, als ich das deutsche Singspiel (*Das Fischermädchen* von Nicola Piccinni) hörte« (2. 10. 1777).

Der Vater verstand dieses so wichtige Verlangen nach Eigenständigkeit nicht, sondern machte den Erfolg Wolfgangs von äußeren Fortschritten abhängig. Er wurde nicht müde zu betonen, daß er ihm Geld und Ruhm wünschte. »Man kommt durch die Jahre und durch den Titel, den man als ein Compositeur eines Kurfürsten etc: hat, in mehr Ansehen und Respekt etc: das weißt du selbst« (18. 12. 1777). Dem gegenüber stellt er »kleine Lichter, Halb-Componisten, Schmierer«, die nur darauf aus seien, Niedertracht zu säen. Diese Vergleiche liefen letztendlich hinaus auf den Gegensatz zwischen dem »gemeinen Tonkünstler, auf den die ganze Welt vergisst«, und dem »berühmten Kapellmeister, von dem die Nachwelt auch noch in Büchern liest« (12. 2. 1778).

Mit diesen Bildern im Kopf übersah Leopold, daß Wolfgang ein eigenes Selbstwertgefühl erlangen mußte, um sich künstlerisch weiter entfalten zu können. Kompositorisch seiner Aufsicht längst entwachsen, galt es nun, sich gegen den väterlichen Willen durchzusetzen. Was dem Vater wie eine Vertändelung seiner Zeit erscheinen mußte, waren in Wirklichkeit erste selbständige Schritte in der Welt. Wolfgangs Schilderungen ist zu entnehmen, wie er andere zurechtwies, die ihn wegen seiner Orden hänselten; seine wachsende Souveränität zeigt sich in der Ablehnung einer Akademie, die seinen Wünschen nicht entsprach, ebenso sein Aufbäumen gegen überflüssige Konventionen: das alles waren unentbehrliche Erfahrungselemente. Auffällig ist die häufige Betonung der erstaunlichen Wirkung, die er beim Vorspielen auslöste, zum Beispiel in Augsburg. Im Grunde steht Wolfgang dem Selbstlob fern. Doch in dieser Phase seines Lebens brauchte er es, um seine Persönlichkeit zu festigen.

Zugleich – und das macht die Lage so widersprüchlich – sind seine Briefe von Gehorsamkeitsbeteuerungen gegenüber der väterlichen Autorität durchsetzt: »Ich werde auch ganz gewiss mich befleissigen Ihren Befehl und Rat, den Sie mir zu geben die Güte hatten, auf das genaueste nachzuleben« (23.-25. 10. 1777). Leopold hielt die Zügel psychisch festgezurrt, wenn er beispielsweise schrieb: »Mein lieber Sohn, wenn du glücklich bist, so bin ich, so ist deine Mutter, so ist deine Schwester, so sind wir alle glücklich« (17. 11. 1777). Daß ein solcher »liebevoller« Satz sich in eine lastende Verpflichtung verwandeln konnte, war ihm nicht bewußt. Indem der Vater sein Glück an das des Sohnes koppelte, setzte er ihn unter einen Erfolgszwang, der nicht einlösbar war: Wolfgang wird »gewiß alles tun sich Ruhm, Ehre, und Geld zu machen, um uns zu retten, und seinen Vater nicht dem höhnischen Gespött und Gelächter gewisser Personen, die ich euch nicht nennen darf, auszusetzen: welches mich gewiß unter die Erde bringen würde. Sein Glück, sein Ruhm wird die süßeste Rache für uns sein . . .« (29. 12. 1777).

Die anfangs unbeschwerten Zeilen Leopolds wichen allmählich einem ermahnenden Ton. Das ist kein Wunder, denn die
Schulden wuchsen. Im Dezember 1777 waren es bereits 600 Gulden – mehr als sein Jahressalär. Zudem ging es der Mutter in
Mannheim nicht gut. Sie sah Wolfgang oft den ganzen Tag nicht,
da er nicht daran dachte, sie zu den Abendgesellschaften mitzunehmen. Meist war sie daher allein zu Hause und konnte bei Re-
genwetter nicht ausgehen, da sie keinen Schirm besaß. Bittere
Kälte kam hinzu, und Leopold war sehr erleichtert, als sie in eine
bessere Wohnung überwechselten. Auch hier versagte Wolfgang:
er schaffte es nicht, sich für ihr Wohlbefinden verantwortlich zu
fühlen. Wie sollte er auch, wo ihm doch der Vater stets alle Verantwortung abgenommen hatte? Leopold beschwerte sich über
seine Briefe, die »auf die Nacht halb im Schlaf in Eile hinge-
schmiert« seien, und Wolfgang seinerseits hatte Mühe, sich als
verantwortungsvoll hinzustellen. »Ich bin gern lustig, aber seien
Sie versichert, daß ich trotz einem jedem ernsthaft sein kann«
(20. 12. 1777).

Der durch die Lebensumstände verursachte Abstand zwischen
Wolfgang und der Schwester weitete sich in dieser Zeit in ex-
tremer Weise. Der Kampf um Unabhängigkeit, für Wolfgangs
künstlerische Arbeit unabdingbar, entfiel für Nannerl. Gebunden
an den Vater, übernahm sie dessen Entsetzen über das Verhalten
des Bruders und sorgte sich, wenn Leopold Angst vor neuen vermeintlichen Kapriolen Wolfgangs bekam. Dies färbte so stark auf
sie ab, daß sie sich die Argumente, aber auch die Gefühlshaltun-
gen des Vaters zu eigen machte. Mit der Beschwörung: »Wir alle
beide sehnen uns sehr dass du bald dein Glück möchtest machen,
da ich hernach gewiß weiß daß unser aller Glück gemacht ist«
(9. 2. 1778), wiederholte sie die väterliche Einstellung, die Wolfgangs Erfolg mit dem Wohlergehen der Familie koppelte.

Die Situation war paradox. Nannerl identifizierte sich mit dem
Vater, der sich wiederum innerlich nach dem gehorsamen Wolfgang früherer Zeiten sehnte und mit allen Mitteln versuchte,

das Vater-Sohn-Gefälle wiederherzustellen. In dieser empfindlichen psychischen Konstruktion bekam Leopold zwar die leitende Rolle von Nannerl zugewiesen; aber dort, wo er sie gern besitzen wollte – nämlich in seinem Verhältnis zum Sohn –, wurde sie ihm verweigert.

Je mehr Leopold begriff, daß Wolfgang unfähig war, sich in der Welt durchzusetzen (heute würde man sagen: sich zu »verkaufen«), ja daß er geradezu jede Orientierung verlor, um so stärker wuchsen seine Frustration und sein Gefühl der Machtlosigkeit. Er hatte schließlich seinen Ruf riskiert. Die Salzburger sollten darum glauben, daß Wolfgang mit erhobenem Kopf die Stadt verlassen hatte und sich als erfolgreicher Komponist einen Weg in der Musikwelt bahnte. Nicht nur Leopolds wirtschaftliches Wohlergehen, auch sein sozialer Status hingen daher von dessen Erfolg ab.

Daheim war Nannerl bemüht, alles beizutragen, was den Ruf Wolfgangs zu stärken vermochte. Im Januar 1778 weilten der Violinist Anton Janitsch und der Violoncellist Joseph Reicha aus der Kapelle von Wallerstein auf der Durchreise. Sie wollten Nannerl spielen hören, um durch sie auf Wolfgangs Spielart zu schließen und seine Kompositionen kennenzulernen. Nannerl »spielte deine Sonate von Mannheim (KV 309) recht trefflich mit aller Expression. Sie waren über ihr Spielen und über die Composition sehr verwundert ... Sie accompagnierten der Nannerl auch dein Trio fürs Klavier ex B (KV 254) und recht vortrefflich«. Die Gäste lobten sie, worauf sie »immer sagte; ich bin nur eine Schülerin meines Bruders; so, daß sie die größte Hochachtung für deine Kunst haben« (12. 2. 1778). Es war für sie selbstverständlich, sich bescheiden in den Hintergrund zu stellen, damit seine Leistungen stärker hervortraten.

Zugleich trachtete sie danach, sich pianistisch fortzubilden. Neue Musik, wie Duette von Schuster, spielte sie vom Blatt. Leopold staunte über ihre Fortschritte. Zu diesem Zeitpunkt merkte er, welche Begabung die von ihm in den letzten Jahren vernachlässigte Tochter besaß. »Zu meinem grossen Vergnügen spielte sie die Nannerl, ja zu meiner grossen Verwunderung, ohne anzustehen (= anzuhalten), auch, was für sie im Adagio vorkam, und überhaupt mit Gusto und Expression« (18. 10. 1777). Gusto und Expression, also Geschmack und Ausdruck: der sonst so zurückhaltende Vater gab vor, von dem Können der Tochter überrascht zu sein. Dabei musizierten sie täglich zwei Stunden zusammen:

»Sie spielt, so oft sie kann, und accompagniert recht gut. Täglich abends sind 2 bis 2 1/2 Stund wenigst unser Übungszeit« (27. 10. 1777); »den übrigen Abend brachten wir zwei wie gewöhnlich mit einander beim Clavier zu. – Wir sind täglich alleine, und wenn wir diesen Winter so fortmachen, so wird die Nannerl alles accompagnieren, es mag beziffert oder unbeziffert – es mag die leichteste oder allerschwerste Tonart sein, und es mögen die aller unvermutesten Ausweichungen vorkommen, denn in diesem Stück hat sie in deinen Compositionen Gelegenheit genug sich zu üben: und wir wählen immer das Schwerste und sonderheitlich die Stücke C, F, etc.: mit der 3 minor (wahrscheinlich KV 279 und 280) die wir oft zur Übung vornehmen« (17. 11. 1777).

Vielleicht wollte Nannerl die schmerzliche Lücke, die Wolfgangs Abwesenheit aufgerissen hatte, mit umtriebigem Fleiß zudecken. Mit dem Musizieren gelang es ihr tatsächlich, den Vater abzulenken und zuweilen aufzumuntern. Als Wolfgang das Präambulum KV 395 (300g) heimschickte, lernte sie die erste Seite in einer Stunde auswendig und überraschte den Vater lachend mit dem neuen Stück (21. 8. 1778).

Im Februar 1778 stiegen die Schulden auf 700 Gulden. Zwei Rechnungen von Schneidern konnte Leopold vorerst nicht begleichen. Der Lohn der Hausmagd Tresel war fällig; die Miete hingegen zum Glück gedeckt, doch Leopold war alarmiert. In der Annahme, Wolfgang würde mit dem Flötisten Johann Baptist Wendling nach Paris fahren, um dort sein Glück zu versuchen, legte er dem Sohn seine finanzielle Situation ausführlich dar: »Ich bin aber, wie es dir bekannt, durch unsern letzten Schritt, tief hineingesunken, und du weisst, daß ich nun gegen 700 f schuldig bin, und mit meinem monatlichen Einnahme nicht weiss wie (ich) nun mich, die Mama und deine Schwester unterhalten werde.« Er mußte trotz seines Alters wieder Stunden geben, die noch dazu schlecht bezahlt wurden (5. 2. 1778).

Wieder einmal war kein Platz für Nannerl übrig, da Leopold zu viel geschrieben hatte, aber diesmal tat er es bewußt, denn er fügte hinzu: »ich hab ihn ihr auch nicht lesen lassen«. Leopold wollte die Tochter anscheinend nicht allzu sehr mit Sorgen belasten. Aus dieser Tatsache zu entnehmen, daß sie aus aller Verantwortung ausgenommen werden sollte (Ortheil, 103), trifft nicht ganz zu, denn kurz danach schrieb Leopold, daß sie über alles informiert war: »Hätte ich deine Schwester und den Herrn Bullinger, diesen wahren Freund, nicht, so würde ich dir vermutlich diesen Brief, an dem ich schon 2 Tage schreibe, nicht im Stande sein zu schreiben. Aller Welt muß ich meine Angst verbergen, diese sind die einzigen 2 Personen, die alles wissen dürfen, und die mich trösten« (23. 2. 1778). Sie wurde also einerseits der Verantwortung entzogen, andererseits aber mit Sorgen belastet.

Was war in dieser einen Woche passiert? Die Lage, die sich durch die Geldmisere bereits zugespitzt hatte, verschärfte sich weiter infolge von Wolfgangs Idee, mit der Familie Weber nach Italien zu ziehen, um der Mannheimer Sängerin Aloisia Weber zu einer Karriere zu verhelfen. Er hatte sich in sie verliebt, wollte unterwegs in Salzburg Station machen und die Familien einander vorstellen. Maria Anna stand ebenso wie ihre Tochter zwischen den Fronten und kritzelte ihrem Mann heimlich ein paar Sätze: »Sobald er aber mit den (Weberischen) ist bekannt worden, so hat er gleich seinen Sinn geändert, mit einem Wort, bei andern Leuten ist er lieber als bei mir, ich mache ihm im einen und andern was mir nicht gefällt Einwendungen, und das ist ihm nicht recht ...« (5. 2. 1778).

Schon der Gedanke an eine solche Reise brachte den Vater fast um den Verstand. Er, der sonst allen Krisensituationen gewachsen war, wurde nun von schierer Angst ergriffen. Souverän hatte Leopold mit seiner Familie eine mehrjährige Reise durchgestanden. Beide Kinder waren damals nicht nur einmal schwer erkrankt; er selbst hatte in London am Rande des Todes gestanden. Mit Hilfe seiner medizinischen Kenntnisse, der langjährigen Erfahrung und des organisatorischen Könnens wurde die Familie sicher durch alle Gefahren, finanzielle Unwägbarkeiten und über alle Grenzen Europas geleitet. Nun aber war er machtlos. Hatte er sich bislang mit der Vorstellung getröstet, daß Wolfgang seinen Weg schon machen würde, bekam er nun das Gegenteil vorgeführt. Der Sohn entpuppte sich als Schuldenmacher, dem jegliche Orientierung fehlte und der die Familie ins Unglück zu reißen drohte.

Die Sorgen beschwerten ihm die Brust, er stand kurz davor, krank zu werden. Um Wolfgang zu beeindrucken, griff er zu drastischen Beispielen. Sein Schlafrock war zerfetzt, so daß, »wenn in der Frühe jemand läutet, ich davonlaufen muß«. Sein altes flanellenes Leibchen, das er schon jahrelang trug, war so zerrissen, daß es kaum mehr zu tragen war. Er hatte sich keine Schuhe machen lassen, seit die beiden abgereist waren, und besaß auch keine schwarzen Seidenstrümpfe mehr. An Sonntagen zog er alte weiße Strümpfe an. »Wenn man es mir vor etlichen Jahren gesagt hätte, daß ich wollene Strümpfe werde tragen müssen, daß ich um deine alte Filzschuhe werde froh sein, wenns gefroren und trocken ist, um alte Schuhe darin zu stecken, daß ich um 2 und 3 alte Leibl werde müssen über einander anlegen um mich vor der Kälte zu schützen? – hätte ich es wohl geglaubt?« (25./26. 2. 1778)

Diese Monate müssen für Nannerl die bislang schwersten ihres Lebens gewesen sein. »Deine Schwester hat diese zwei Tage ihren Teil geweint« (12. 2. 1778): sie war vermutlich der nervlichen Belastung nicht gewachsen. Abgesehen davon, daß Leopold nun mit jedem Kreuzer sparte und Theaterbesuche, Faschingsbälle und andere Vergnügungen entfielen, verbreitete er eine unangenehme und quälende Stimmung, die sie belastete. Sie trug eine doppelte Bürde. Zum einen erlebte sie hautnah dessen Verzweiflung, und zum anderen rückte die schiere Existenzangst ins Blickfeld. Als wenn sie den Vater in seiner momentanen Machtlosigkeit entlasten wollte, ergriff sie die Initiative und entwickelte eine ungewohnte Geschäftigkeit.

»Deine Schwester allein ist nun meine Stütze, und ich suche meine Zerstreuung der mich quälenden Sorgen bei einer nicht sehr lustigen Unterhaltung, und dies ist tagtäglich von 6 Uhr bis 8 Uhr Arien, Sinfonien, Messen, Vespern etc.: mit ihr auf der Violine mitzuspielen, da sie den Generalbaß spielt, und sich im Accompagnieren übet; auch zu meiner Verwunderung so weit gekommen (ist), daß sie alles was ich vom Dom heraus bringe, es mag fugiert sein, wie es will, vom Blatt weg spielt, wir werden nach und nach den ganzen Domkasten ausspielen, indem (ich) nur allzeit den Orgel- und Violinpart von etlichen Stücken nach Hause nehme, und diese seit eurer Abreise fortgesetzte Übung hat sie dahin gebracht, daß sie so vollkommene Einsicht in die Harmonie und Modulation bekommen, daß sie nicht nur von einem Ton sicher in einen andern, wo sie immer soll, hingehen kann, sondern so präambuliert, daß du es dir nicht vorstellen kannst.«

Sodann benannte Leopold die Gründe für Nannerls Fleiß: »Und weisst du wohl was sie auch zu dieser Keckheit und grossen Übung, die sie unternommen, gebracht? – Mein Tod! Sie erkennet und sieht das Elend voraus in welches sie gesetzt würde, wenn ich jetzt in die Ewigkeit ging« (25./26. 2. 1778).

Leopold machte sich inzwischen ernsthafte Sorgen auch um Nannerls Zukunft, denn sie wäre bei seinem Tod dem Elend ausgesetzt gewesen, falls der Bruder nicht würde helfen können. Als Beispiel für die schlechte Versorgungslage führte er die Kinder des jüngst verstorbenen Organisten Adlgasser an, die monatlich acht Gulden erhielten – kaum mehr, als Nannerl derzeit durch ihren Unterricht verdiente. Wolfgang könne noch nicht mal hiermit rechnen, weil er selbst gekündigt habe, »und deine Schwester soll dienen, wie ers jetzt allen Töchtern, die ihren Vater verlieren, macht«. – Der Fürst erwartete somit von den Töchtern verstorbener Väter, die im erzbischöflichen Dienst gestanden hatten, daß sie für sich selbst sorgten, indem sie sich als Hausmädchen oder Gouvernanten verdingten. Dieser Fall Adlgasser muß auch Nannerl berührt haben, weil es unübersehbare Parallelen zu ihrer Situation gab. Den Kindern ging es nicht so schlecht, wie es ihr im vergleichbaren Fall gehen würde, weil deren Mutter als Sängerin einen kleinen Verdienst hatte.

Keine schöne Aussicht für Nannerl, fürwahr! »Sie weiss«, schrieb Leopold, »daß, wenn ich heute sterbe, sie eine arme Tröpfin ist.« Auf Wolfgangs Bemerkung anspielend, die Nannerl sollte nicht über einen Dr– – (Dreck) weinen, setzte Leopold hinzu: »Es war also nicht über einen Dr– geweint, als sie über deinen Brief weinte; und dennoch sagte sie, als du schriebst, daß du die 200 f (= für einen Kompositionsauftrag vom Holländer De Jean) nicht bekommen: Gott Lob! daß es nichts Schlimmeres.« Zugleich zeigte sich Nannerl bereit, ihren Schuldbrief über 50 Gulden einzulösen, da Leopold sich nicht traute, den Freund Hagenauer um weiteren Kredit zu bitten. Sie verzichtete darauf, den Erlös ihrer Klavierstunden für Kleider auszugeben und teilte der Mutter mit, daß sie sich »neue Mode Sachen ausschlagen« müsse (22. 12. 1777): alles wurde dem Vater ausgehändigt, alles dem Bruder geopfert.

Im 18. Jahrhundert waren plötzliche Todesfälle an der Tagesordnung; Leopold galt mit seinen 58 Jahren als alter Mann. Nannerl mußte tatsächlich damit rechnen, irgendwann völlig mittellos dazustehen. Sie wußte, daß der Erzbischof von ihr verlangen würde, selbst für sich zu sorgen. Die Aussicht, in einem fremden Haushalt als Kammerjungfer arbeiten zu müssen, war für sie schockierend. Es war zwar gang und gäbe, daß Töchter selbst gehobener Familien solcherart Geld verdienten. Ihre Freundin Katherl Gilowsky, die Tochter eines Barbiers, der zugleich als fürstlicher Leibarzt fungierte, war als Kammerjungfer tätig, doch hätte das für sie einen herben Prestigeverlust bedeutet. Leopolds Ehrgeiz in gesellschaftlichen Belangen hatte auf sie abgefärbt: ein sozialer Abstieg wurde als eine persönliche Schande ausgelegt, abgesehen davon, daß er ihre Heiratschancen gemindert hätte.

In dieser krisenhaften Situation tat sie zweierlei: sie steigerte ihre pianistischen Fähigkeiten, und sie intensivierte ihre Kirchgänge. Täglich stand sie um 6 Uhr auf und ging zur Dreifaltigkeits-Kirche, wo sie so inbrünstig betete, daß mehrere Personen Leopold deswegen ansprachen. Außerdem versuchte sie alles, was in ihren Kräften stand, um sich beruflich zu qualifizieren. Das Lob Leopolds, wonach sie »wie ein jeder Capellmeister« begleite (6. 4. 1778), bedeutete, daß sie sich mit jedem professionellen Musiker messen konnte. »Die Nannerl hat sich seit der zeit in Galanterie, Gusto, Expression und im Accompagnement erstaunlich exerziert« (11. 5. 1778). Mit »Gusto« meinte er das den Kompositionen zugrunde liegende Regelsystem verschiedener nationaler bzw. gattungsbestimmter Stile mit den dazugehörigen Auszierungen. Das »Accompagnement«, das Begleiten zu verschiedenen Besetzungen, beherrschte sie ebenso wie das Partiturspiel, also das Herausziehen der wichtigsten Stimmen und Harmonien vom Blatt. Das Präambulieren, das als Vorstufe zum Komponieren gelten kann, übte sie jetzt ebenso wie die Expression; hierzu gehörte die Akzentsetzung und Betonung, wofür es im Gegensatz zu der Barockmusik weniger strenge Regeln gab. Das Üben in der Expression hängt mit dem »Galanteriespiel« zusammen, das damals als Gipfel der Klavierkunst galt, und das sie schon als Kind blendend beherrschte.[16] Als der Kastrat Ceccarelli ein Violinsolo mitbrachte und Leopold nicht zu Hause war, schrieb sie kurzerhand den Baß selbst. Leopold freute sich: »nun muß sie mir solches öfter thun« (11. 5. 1778).

Welche berufliche Zukunft sie genau anvisierte, kann nur vermutet werden. Für das Unterrichten höherer Töchter benötigte sie diese Kunstfertigkeiten nicht. Sie hätte auch schlecht von den Einnahmen leben können. Denkbar ist, daß sie die Möglichkeit im Auge behielt, in den sogenannten Akademien gegen Subskription oder Eintrittsgeld zu konzertieren. Sängerinnen taten dies schon seit langem, da die weibliche Stimme nicht zu ersetzen war, während Klavierspielerinnen meist aus Gefälligkeit und damit ohne Honorar und soziale Sicherung spielten und sich das professionelle Feld noch erobern mußten. Unter männlichem Schutz war eine berufliche Tätigkeit eher denkbar.[17] In einem Schreiben malte Leopold sich aus, daß Wolfgang in Paris von einem Adeligen ein monatliches Gehalt bekommen, nebenbei Kompositionsaufträge erhalten sowie seine Werke per Subskription gravieren lassen würde, »ich aber und deine Schwester Lektion geben, und deine Schwester in Konzerten und Akademien spielen, so würden wir gewiß recht gut zu leben haben« (6. 4. 1778). Er sprach damit erstmals von einem Gelderwerb Nannerls – ein in den Briefen bislang einmaliger Vorgang.

Der Druck auf Wolfgang stieg. Gerade dies aber konnte er nicht ertragen. Je mehr sein Vater jeden Kreuzer nachrechnete, um so weniger gelang es ihm, das Geld zusammenzuhalten oder es gar durch geschicktes Taktieren zu vermehren. Was sich für sein späteres Leben als verhängnisvoll, für seine Kunst jedoch als segensreich erweisen sollte, zeigt sich in dieser Situation bereits in Ansätzen. Das äußere »funktionierende« Leben war für ihn nur von zweitrangiger Bedeutung; an erster Stelle stand der Freiraum für das eigene Schaffen. Um diesen zu gewährleisten, war er fähig, zugewiesene Schuld abzuwälzen und seelischen Ballast abzuwerfen. Notfalls nahm er sich auf Kosten des Geldverdienens die Zeit für kreative Muße. Er wollte beispielsweise gern umsonst unterrichten, aber nicht zu einer bestimmten Zeit und Stunde. »Sie dürfen nicht glauben daß es Faulheit ist – Nein! sondern weil es ganz wider mein Genie, wider meine Lebensart ist –« (31. 7. 1778). Wolfgang kreierte als moderner Künstler eine Haltung, die der Vorstellung des leibeigenen und stets dienstbereiten Musikers entgegenstand, und die Nannerl völlig fremd sein mußte.

Es ist nur logisch, daß er auf Leopolds drastische Schilderung seiner zerschlissenen Kleidung kaum einzugehen wußte und nur wenige Sätze zu diesem Thema übrig hatte: ihm seien die Tränen in die Augen gekommen, aber es sei nicht seine Schuld, da er in Mannheim so viel wie möglich spare (7. 3. 1778): »Ich bitte Sie, lassen Sie sich nicht öfter den Gedanken in Kopf kommen, daß ich ... Sie vergessen werde! – – denn ich kann ihn nicht vertragen ... wie können Sie doch an mir zweifeln?« (28. 2. 1778) In diesen Monaten riß das belastende Verhältnis zwischen Vater und Sohn Wunden auf, die angesichts der je unterschiedlichen seelischen Disposition bei beiden Narben hinterließen.

Leopolds Versuche, Schuldgefühle beim Sohn zu wecken, wurden durch den ansteigenden finanziellen Mißerfolg verstärkt. Zuweilen wurde er grob:

»Du willst lieber aus Gefälligkeit Lektion geben – ja das willst du! und du willst auch lieber deinen alten Vater in der Not stekken lassen, dir, als einem jungen Menschen ist für gute Bezahlung diese Bemühung zu viel, deinem alten 58jährigen Vater stehet es besser an um eine elende Bezahlung herum zu laufen, damit er sich und seine Tochter den nötigen Unterhalt mit Mühe und Schweiss verschaffet und dich allenfalls mit dem bisschen was noch da ist, anstatt die Schulden zu bezahlen, unterstützen kann, da du dich unterdessen unterhaltest einem Mädl umsonst Lection zu geben. Mein Sohn, denke doch nach, und gib deiner Vernunft Platz! denke nach, ob du nicht grausamer mit mir verfährst als unser Fürst« (23. 2. 1778).

Wolfgang ließ wie gewohnt diese Vorwürfe an sich abprallen. Immer wieder thematisierte Leopold die finanzielle Misere, wobei die Not der Schwester in lebhaften Farben ausgemalt wurde. »An deinem Leben hängt mein Leben und der künftige Unterhalt deiner ehrlich dich von Herzen liebenden Schwester« (13. 7. 1778). Er wies den Sohn mit immer stärkerem Druck auf seine

Pflicht des Geldverdienens hin: »Mit der Opera wirst du dich wohl nach dem Geschmack der Franzosen richten. Wenn man nur Beifall findet und gut bezahlt wird; das übrige hole der Plunder! Wenn du mit der Oper gefallest, so wird bald etwas in Zeitungen sein. Das möchte (ich) mit der Zeit wünschen dem Erzbischof zum Trotz« (20. 4. 1778). Wolfgang war zwar auf den Beifall angewiesen, aber er war ihm nicht das wichtigste. Dagegen legte er großen Wert darauf, sein Bestes gegeben zu haben. Sein künstlerisches Credo erwuchs aus einer inneren Sicherheit, die ihm niemand wegnehmen konnte. Er wußte, wozu er fähig war, auch wenn die Umwelt sein Schaffen nicht begriff. Dieses Selbstbewußtsein übertrug er auf seine Berufswünsche. Als er für eine Organistenstelle in Versailles ins Gespräch kam, war er eher ablehnend eingestellt: »Ein guter Dienst wäre mir sehr lieb, aber nicht anders als Kapellmeister und gut bezahlt« (3. 7. 1778).

In Paris angekommen, mieteten sich Mutter und Sohn zunächst einen schlechten Raum. »Ich sitze den ganzen Tag allein im Zimmer wie in Arrest, welches noch dazu so dunkel ist und in einen kleinen Hof geht das man den ganzen Tag die Sonne nicht sehen kann«, schrieb Maria Anna, die sonst nicht zum Klagen geneigt war. Das Mittagessen bestand aus einer Suppe mit Croutons, die sie nicht mochte, dann »ein Bröckel schlechtes Fleisch« und zum dritten »etwas von einem Kalbsfuß in einer schmutzigen Brühe, oder eine steinharte Leber« (5. 4. 1778). Aber bald zog man um, und Leopold war eine große Erleichterung über die neue Wendung anzumerken, die sich fast in Fröhlichkeit entlud. Den nachfragenden Salzburger Bekannten wurde umgehend angedeutet, daß beide gesund und glücklich in Paris angelangt waren: er ging zum Arcoischen Haus, Nannerl zu Hagenauers und Mölks, um die Nachrichten zu verbreiten. Leopold baute auf die Hilfe des Herrn von Grimm in Paris, und war nun »ausser aller Sorge und recht vergnügt« (20. 4. 1778). Dennoch befürchtete er neue Geldforderungen von seiten Wolfgangs: »Ich kann dir mit Geld nicht beystehen, das weist du ... Will ich mit dem wenigen, was noch da ist, unsere Schulden bezahlen, so hat deine Mama und deine Schwester nach meinem Tod gar keinen Kreuzer, und ich könnte dir auch mit nichts beystehen« (11. 5. 1778): eine düstere Warnung, die er oft genug vor Nannerl ausgesprochen haben wird, und die sie sicherlich ängstigte.

Kurz nach der Ankunft in Paris erkrankte die Mutter schwer. Kopfschmerzen, Durchfall, Schüttelfrost und hohes Fieber, noch dazu unzureichende ärztliche Behandlung, belasteten die Siebenundfünfzigjährige so sehr, daß sie nach wenigen Tagen starb. Wolfgang erwies psychologisches Geschick, als er zunächst von der schweren Erkrankung der Mutter berichtete, obwohl sie inzwischen bereits verstorben war. Zugleich beauftragte er den Familienfreund Joseph Bullinger, nach einer angemessenen Zeitspanne die Wahrheit zu überbringen. Leopold war erschüttert. »Du kannst dir leicht vorstellen, wie uns beyden um das Herz ist. Wir weinten eins zusamm, daß wir kaum den Brief lesen konnten. – und deine Schwester! – grosser Barmherziger Gott!« (13. 7. 1778). Nannerl war unfähig, etwas zu schreiben: »jeder Buchstabe, den sie hinschreiben soll, treibt ihr einen Tränenguß in die Augen«. Sie mußte sich erbrechen, bekam schwere Kopfschmerzen und legte sich ins Bett. Es sind die gleichen Symptome, die sie bei der Abreise von Mutter und Bruder zeigte und die höchste seelische Ergriffenheit verraten. Aber sie konnte sich nicht gänzlich gehenlassen. »Deine Schwester muntert mich auf«, heißt es einige Tage später, und: »Deine Schwester küsst dich millionmahl, sie ist erstaunlich fleisig, und hat in wahrheit alle Sorge für mich« (3. 8. 1778).

Wolfgang verarbeitete den Schock verblüffend schnell. Das Ableben seiner Mutter beansprucht in einem langen Brief an Vater und Schwester gerade ein Sechstel des Platzes. »Beten wir also einen andächtigen vatter unser für ihre Seele – und schreiten wir zu andern sachen, es hat alles seine Zeit – ich schreibe dieses im Hause der Madame d'Epinay, und des M. Grimm, wo ich nun logire, ein hüpsches Zimmerl mit einer sehr angenehmen aussicht habe – und, wie es nur immer mein zustand zuläst, vergnügt bin ...« (9. 7. 1778). Seine Trauer ist echt, doch sie wird überdeckt von seiner Fähigkeit, Unangenehmes auszublenden.

Langsam reifte in Leopold die Idee, Wolfgang heimzuholen. Er rechnete ihm die Schulden vor und stellte diesen die Einkünfte von jährlich insgesamt eintausend Gulden gegenüber, die Vater und Sohn zusammen verdienen würden. Nannerl nahm durch das Unterrichten monatlich zehn Gulden ein. Sie unterwies die zwei jüngeren Töchter der Gräfin Antonia Lodron täglich, Leopold hatte die beiden älteren übernommen.

Wolfgang vermochte es nicht – auch aufgrund seiner Verliebtheit –, sich in die Salzburger Verhältnisse hineinzuversetzen. Im Gegenteil, er fragte beim Vater an, wie der Familie Weber zu helfen sei. Leopold reagierte empört: »Um Gottes willen ich soll ihnen auf einige Jahre zu 1000 f helfen! – könnte ich das, ich würde zuerst dir und mir und deiner lieben Schwester helfen, die schon 27 Jahr alt ist, und keine versorgung weis, und ich schon alt bin« (27. 8. 1778). Hier klingt zum ersten Mal das Problem von Nannerls Alter an: der Druck, zu heiraten, nahm zu. Doch sollte sie den Vater allein lassen? Er brauchte sie zum Trost, aber auch, um den Haushalt zu bewältigen. Sie besaß die Pflichten einer Ehefrau, aber nicht die Privilegien der Altersversorgung.

Je mehr Leopold sich mit dem Gedanken an Wolfgangs Heimkehr vertraut machte, um so mehr Argumente trug er zusammen, um den Sohn davon zu überzeugen. Man hatte ihn schon oft gefragt, warum er und Nannerl in einem so großen Haus wohnten. Das Problem wäre mit seinem Kommen gelöst worden. Da sich im Hause ein Stall befand, könnte ein Pferd gehalten und eine kleine Chaise gekauft werden. »Wenn man nur nicht jeden Kreuzer ansehen muß, dann geht alles gut ... wenn man einen besseren Gehalt hat so ändert sich alles« (3. 9. 1778). Man würde wieder die Faschingsbälle besuchen können. Außerdem hatten die Münchener Komödianten für September ihr Kommen angesagt; sie würden den ganzen Winter über bleiben, und er stellte »Compagnien« in Aussicht – gesellschaftliche Treffen, die heutigen Partys glichen. Schließlich erwähnte Leopold die Möglichkeit einer baldigen Italienreise und die rasche Abzahlung der Schulden, die inzwischen das Zweifache seines Jahreseinkommens überstiegen.

»Addio! alles wünschet dich hier zu sehen! der Oberhofmeister trägt dir seine Pferde an; auch der Dr. Prex sein schönes Bräundl; die Robini-Louis ihre Liebe; – – – ich meine Gesundheit – langes Leben – und alles was du deinem Vatter Gutes gönnen kannst; deine Schwester ihre schwesterliche Freundschaft, liebe und Bedienung; die Tresel die Magd alle 13 Capaunen die sie für dich gekauft hat; und die Pimperl viel 1000 Lecker« (17. 9. 1778). »Wenn du deinen Vatter und deine Schwester Liebst, so must du auch glauben, daß sie dir alles vergnügen zu machen sich mühe geben werden« (31. 12. 1778). Ja, er würde gemütskrank, wenn Wolfgang fernbliebe. »Alle Brusterkende Kraftmittl sind vergebens eine Gemüths Krankheit zu heilen. Niemand kann mich vom Tod erretten als du –« (3. 9. 1778) – starke Worte für einen knapp Zweiundzwanzigjährigen, der sich mit der Aussicht, im fürsterzbischöflichen Dienst zu sein, gar nicht anfreunden konnte und nur widerwillig in Richtung Heimat fortbewegte. Nannerl, verständlicherweise am Familienfrieden interessiert, teilte die Ängstlichkeit des Vaters und wiederholte sein Anliegen: »nur bitte ich dich folge dem Rat meines Vaters in allen Stücken« (10. 9. 1778).

Doch Wolfgang zögerte sein Kommen hinaus, worauf eine ernsthafte Mißstimmung entstand. Da Leopold lange nichts von ihm hörte, befürchtete er das Schlimmste und erlitt eine »erschröckliche Todesangst«. Der Gedanke trieb ihn um, daß der Sohn seine Kräfte sinnlos verschwendete, während sein wirtschaftliches Wohlergehen, und das seiner Tochter, ungesichert blieb. Wieder teilte er seine Not mit Nannerl: »Ich beichtete und Communicierte sammt deiner Schwester alsogleich« (19. 10. 1778). Da sie gewöhnlich allein oder mit einer Freundin die Kirche besuchte, deuten die Kirchgänge Leopolds auf seine verzweifelte Lage hin. Bei einem Schuldenstand von inzwischen eintausend Gulden hatte er auch Grund zur Panik. Die Angst verwandelte sich in eine beißende Anklage: »Ich will absolute wegen deiner nicht mit Schande, und in Schulden sterben; und noch weniger deine arme Schwester im Elend hinterlassen ... ja ich hoffe, daß du, nachdem deine Mutter mal à propos in Paris hat sterben müssen, du dir nicht auch die Beförderung des Todes deines Vatters über dein Gewissen ziehen willst« (19. 11. 1778). Der Tonfall solcher Angriffe verrät die nervliche Anspannung. Nannerl mußte wiederum gegensteuern. Sie lud den Kastraten Ceccarelli sowie den Oboisten Fiala und seine Ehefrau zum Essen ein, »damit sie mich (Leopold) aufmuntern, da ich seit dem 19ten, wo deinen Brief aus Manheim erhalten, sehr krank war, weil ich ganze Nächte nicht schlafen konnte und immer an dich dachte« (23. 11. 1778). Außerdem war der 21. November sein 31. Hochzeitstag, was seine depressive Stimmung verstärkte.

Je mehr Leopold drängte, desto aggressiver wurden Wolfgangs Ausfälle gegenüber dem Arbeitgeber. »Der Erzbischof kan mich gar nicht genug bezahlen für die sclaverey in salzbourg! ... Der Erzbischof darf mit mir gar noch nicht den grossen, wie er es gewohnt war, zu spiellen anfangen – es ist gar nicht unmöglich daß ich ihm eine Nase Drehe!« schrieb er kurz vor der Ankunft (12. 11. 1778). Verdrängte er seine Abwehr gegen die väterliche Vormundschaft und projizierte er sie auf den Erzbischof? Auf der Heimfahrt erlitt er in München einen weiteren Rückschlag, als ihm die geliebte Aloisia, die dort als Sängerin engagiert war, eine Abfuhr erteilte. »Heute kann ich nichts als weinen ... mein Herz ist gar zu sehr zum weinen gestimmt!« (29. 12. 1778) Seine Kusine, Maria Anna Thekla, die wahrscheinlich zur Feier der geplanten Verlobung von Wolfgang nach München eingeladen worden war, hatte nun die undankbare Aufgabe, ihn zu trösten. Sie begleitete ihn nach Salzburg.

Nannerl erlebte in diesen bitteren Monaten Schweres. Die

Trennung von Vater und Sohn, die sonst stets zusammen verreist waren, machte ihr bewußt, wie sehr Wolfgang im Mittelpunkt des ganzen Denkens ihres Vaters stand. Sie hatte eine Art Pufferfunktion inne, mußte vermitteln, litt mit, wurde aber an entscheidenden Stellen aus der Verantwortung entlassen. Dabei waren die Ängste für sie existentiell, so sehr, daß sie ihre Lebensplanung umstellte und sich musikalisch weiterbildete. Sie war bereit und fähig, Geld durch Musik zu verdienen, aber als die Gefahr des wirtschaftlichen Ruins verflogen war, wurde sie auf ihren »weiblichen« Status verwiesen, der ihr einzig eine Heirat als Perspektive offenließ. Durch den Tod ihrer Mutter bedingt übernahm sie die Verantwortung für das Funktionieren der familiären Wirtschaft. Während Wolfgang auf der Reise sein Selbstwertgefühl verstärkte, das er dringend benötigte, um sich künstlerisch weiter entfalten zu können, bleib Nannerl im Dienst an der Familie gefangen. Dennoch konnte sie den Vorteil genießen, daß sich Leopolds Aufmerksamkeit daheim auf sie konzentrierte. Sie verbesserte sich im Improvisieren, im Vom-Blatt-Spiel und im Vortrag, aber diese Schritte unterscheiden sich grundlegend von denjenigen, die Wolfgang unternahm. Er machte sich einen Namen, konnte seine Werke an verschiedenen Stätten erproben und mit anderen Zeitgenossen in einen lebendigen Austausch treten, verliebte sich und erhielt eine »Abfuhr«, die er seelisch verkraften mußte. Alles das ließ ihn reifen. Freilich kam auch Nannerl in Salzburg mit Musikern zusammen, doch selbst in dieser Situation versteckte sie ihre eigene Leistung hinter der des Bruders.

7. Wolfgangs Abschied: 1779-1782

Endlich trafen Wolfgang und seine Kusine, das »Bäsle« Maria Anna Thekla, am 15. Januar 1779 in Salzburg ein. Zwei Tage darauf hatte Wolfgang sein Dekret als Hoforganist in Händen. Er war nun mit einem jährlichen Gehalt von 450 Gulden angestellt, das dem seines Vorgängers entsprach, aber dennoch keine allzu großen Sprünge gestattete (zum Vergleich: der Oboist Fiala erhielt ein Jahressalär von 500 Gulden). Zwei lange Jahre diente er am salzburgischen Hof. Am Ende dieser Zeitspanne stand die Uraufführung seiner Oper *Idomeneo* im November 1780, zu der er nach München fuhr. Die Fortsetzung ist in die Annalen der Musikgeschichte eingegangen: vom Erzbischof anschließend nach Wien beordert, löste er sich endgültig vom Salzburger Dienst und blieb fortan dort.

Nannerl schenkte dem Bruder zur Feier seines Kommens ein paar Spitzenmanschetten. Während für ihn die Heimkehr einen Rückschritt in die Sklaverei bedeutete, der ihn mit Unlust erfüllte, konnte sie nur profitieren. Vermutlich gehörten die beiden darauffolgenden Jahre zu den glücklichsten ihres Lebens. Ihre Existenzängste, von Leopold so wirkungsvoll geschürt, waren vorerst gebannt, denn der Schuldenberg schmolz in diesen Monaten zusammen. Was die Unterhaltung betraf, hatte Leopold mit seiner Voraussage nicht übertrieben. Tatsächlich gastierte eine deutsche Schauspielertruppe unter ihrem Prinzipal Johann Heinrich Böhm, einem Freund der Familie, vom Frühjahr an in der Stadt. 1775 war ein öffentliches Theater eröffnet worden, das bis zu siebenhundert Zuschauer faßte, und das Repertoire wechselte von einfachen Burlesken bis hin zu Stücken von Shakespeare. Diese Aufführungen wurden durch die im Februar beginnenden Bälle ergänzt. Die Geschwister waren dem Tanzen ebenso zugetan wie dem Theater, so daß Wolfgang der Neubeginn in Salzburg versüßt wurde.

Dank einer Reihe erhaltener Tagebuchblätter aus dem Jahre

1779 ist der Tagesablauf Nannerls aus diesen Monaten konstruierbar, obgleich sie bei weitem nicht alle Tätigkeiten notierte. Ihre hauswirtschaftlichen Arbeiten ließ sie meistens unerwähnt. Daß sie bügelte, Klöppelspitzen annähte oder Wolltuch reinigte, sind seltene Informationen. Eines vergaß sie nie: die Notierung ihrer Kirchenbesuche. Einem erhaltenen Abschnitt ihres Tagebuchs ist zu entnehmen, daß sie vom 26. März bis zum 14. Mai 1779 jeden Morgen in der Messe oder im Hochamt war. Diese täglichen Besuche hatte sie sich während der verunglückten Reise Wolfgangs angewöhnt, und war offensichtlich dabei geblieben.

Verblüffend ist die Vielzahl der Kirchen, die sie frequentierte. Zu Ostern besuchte sie die »Heiligen Gräber«. Einem katholischen Ritus gemäß wurden sie von den Kirchen im Gedenken an die Grabesruhe Christi am Karfreitag errichtet und im Laufe der Osterzeit von den Gläubigen abwechselnd besucht.[18] Sie hatte den Ehrgeiz, alle Gräber zu besuchen, und in der Tat schaffte sie ein erstaunliches Pensum. So war sie am Gründonnerstag zunächst mit Wolfgang am Hof, um die »Tafel der Jünger« zu sehen. Nach altem Brauch mußte an diesem Tag der Erzbischof zwölf alten Männern aufwarten, die die Apostel symbolisierten. (Man kann sich Wolfgangs versteckte Freude über den ausnahmsweise dienenden Colloredo vorstellen.) Nachmittags war sie mit Katherl Gilowsky in der Kollegien-Kirche, der Bürgerspital-Kirche, der Benediktinerabtei St. Peter und der Kajetaner-Kirche. Diese Besuche der »Heiligen Gräber« waren nur kurz und umfaßten keinen Gottesdienst, denn sonst hätte sie sie zeitlich nicht leisten können. Das merkt man vor allem an ihrer Liste der am Karfreitag besuchten Kirchen. Nach einem Frühstück mit Wolfgang bei Katherl ging sie zusammen mit dieser um 8 Uhr in den Dom, danach zur Michaels-Kirche, zur (heute nicht mehr bestehenden) Kirche der Roten Bruderschaft, anschließend zur Kajetaner-Kirche, wo sie eine der »Scala Santa« in Rom nachgebildete Treppe auf Knien bestieg (»dort die heiligen Stiegen gemacht«). Dann ging sie kurz heim, um anschließend die Kapuzinerkirche, die Kirche St. Johann am Imberg, die Andreaskirche und die Sebastianskirche zu besuchen. Nach dem Mittagessen zu Hause ging sie nacheinander in die Kollegienkirche, die Kirche St. Peter, die Franziskaner- und die St. Blasius Kirche. Von Katherls Wohnung aus beobachtete sie die Prozession, um darauf die Ursulinen-Kirche, die Kirche am Mönchsberg, die Leprosenhaus-Kirche und die Müllner-Kirche – beide in der Vorstadt Mülln – zu besuchen. Im Anschluß daran ging sie heim. Um 18 Uhr nahm sie gemeinsam mit Katherl an der Karfreitags-Abendandacht in der Dreifaltigkeitskirche teil. Das waren insgesamt 17 Kirchenbesuche an einem einzigen Tag, wenn man die doppelte Aufzählung des Doms wegläßt: selbst mit der Kutsche ein erstaunliches Pensum.

Wolfgang beteiligte sich zwar hin und wieder an den Kirchenbesuchen, überließ diese Pflicht aber im großen und ganzen der Schwester. Das lag daran, daß er mehrfach an der Orgel Kirchendienst hatte; im übrigen aber setzte sich die Gepflogenheit fort, ihr als Frau das Beten für die Familie zu überantworten.

Unterrichten, Kirchgänge, Spaziergänge mit dem Hund Pimpes oder mit Freundinnen, gegenseitige Besuche und Musizieren – das waren neben der Verwaltung des Haushalts nach wie vor Nannerls Hauptbeschäftigungen. Fast täglich wurde sie von einer Bediensteten frisiert oder gekämmt, gelegentlich übernahm sie diese schwierige Tätigkeit (die Haare waren hochgetürmt) selbst. Und vor allem die Besuche der Komödie: sie verzeichnet in der Zeit vom April bis Anfang Juni 1779 insgesamt dreiundzwanzig Theaterbesuche – sie ging so oft ins Theater, wie es ihr nur möglich war. Der Nachholbedarf war groß, hatte sie doch während Wolfgangs Abwesenheit weitgehend auf Besuche verzichtet.

Um sich ein genaueres Bild von Nannerls Lebensumständen in dieser Zeit zu machen, sind im folgenden die Ereignisse einer knappen Woche verzeichnet:

Am *10. Juni 1779* ging sie morgens um 8 Uhr in die Kirche. Danach unterrichtete sie Frau von Mayr und deren drei Töchter und speiste anschließend dort zu Mittag. Mit Frau Mayr stattete sie einer Frau von Fichtl einen Besuch ab. Später kam Katherl hinzu, die sie nach Hause begleitete. Die Frau des Oboisten besuchte Nannerl zu Hause, wo man Karten spielte und hinterher spazierenging.

Am *11. Juni* war sie um 8 Uhr in der Messe; anschließend unterrichtete sie bei der Familie Weyrother das Mädchen Regine (»Regerl«) und lehrte dann bei der Familie Mayr, wo sie auch den Nachmittag verbrachte. Später besuchte sie mit dem Vater, Wolfgang, Katherl und Sigismund Robinig die Felsmesse am heutigen Rainberg, um Soldaten von 18 bis 19 Uhr exerzieren zu sehen.

Am *12. Juni* ging sie um 7 Uhr 30 in die Kirche und gab im Anschluß wieder bei der Familie Mayr Klavierunterricht. Nachmittags waren der Trompeter Schachtner und Abbé Bullinger zu Besuch; wahrscheinlich wurde musiziert. Abends kam der Sohn des Oberbereiters, Gottlieb Weyrother jr., der Geige spielen konnte, dazu.

Am *13. Juni* beichtete sie von 6 bis 7 Uhr 30 in der Dreifaltigkeitskirche. Mittags speiste Herr Anton Paris, der dritte Salzburger Hoforganist, bei ihnen. Anschließend praktizierte man das beliebte Bölzlschießen und spielte Karten. Abends gingen Frau Fiala und Katherl Gilowsky mit der Familie spazieren; nach dem Abendessen besuchte man die Familie Hagenauer.

Am *14. Juni* gab sie um 7 Uhr morgens Fräulein Villersi Unterricht (kein Gottesdienst!), hinterher unterrichtete sie wieder Regine Weyrother und Frau von Mayr. Nachmittags erhielt deren Tochter Klavierstunden, anschließend kam Frau Fiala hinzu, die mit der Familie Mozart spazierenging und mit ihnen abends speiste.

Gegenüber dieser eher nüchternen Bestandsaufnahme wirken Wolfgangs Eintragungen mehr als derb. Er versetzte sich in die Person seiner Schwester:

»Nachmittag die Katherl bei uns. Und auch der Herr Fuchs-Schwanz, den ich hernach brav im arsch geleckt habe; O köstlicher arsch! – Doctor Barisani auch gekommen, den ganzen Tag geregnet, den 20.ten um 10 Uhr in der Mess. Der fuchsschwanz von einem esel den ich ganz abgegriffen hab, und der Esel der mich geleckt hat, hat als ein esel selbst das beste gegeben. mein Bruder gewonnen. hernach Tarock gespiellt. Das abscheulichste wetter. nichts als gieß, gieß, gieß et caetera« (19./20. 8. 1780).

Leopold hielt sein Versprechen, dem Sohn Unterhaltung zu bieten. Am 21. April fuhr die Familie mit der Schützenkompanie zum Eizenbergerhof, einer Restauration mit großem Saal auf der Straße nach Bayern, wo Bälle, Gastmahle und andere Feste stattfanden. Dort wurde Leopold zum Oberschützenmeister gewählt. Nannerl notiert außerdem ein Feuerwerk in der Sommer-Reitschule (21. 3. 1780), und einmal fuhren Leopold, Wolfgang und Nannerl zum Augustiner-Chorherrenstift St. Zeno und von dort in das 15 Kilometer entfernte Bad Reichenhall. Wolfgang erwähnt »zwei charmante Tage« (7. 9. 1780).

Auch musikalisch war man vielseitig tätig. Ende März 1779 wurde Wolfgangs Litanei KV 243 im Dom aufgeführt und am 24. September 1779 die Haffner-Serenade KV 250. Wahrscheinlich fanden auch Aufführungen in der Wohnung statt. Wolfgang berichtet von der »zweiten Schlackademie« Anfang 1780, wobei die Haffner-Serenade aufgeführt wurde. Er dirigierte vermutlich selbst. Die Frau des Theaterprinzipals, Böhm, sang eine Arie, es gab ein Oboen- und ein Harfensolo. Klavierwerke waren nicht dabei, so daß Nannerl nur zuhörte. Einen großen Auftritt hatte sie dagegen am 3. September, als sie mit Wolfgang am erzbischöflichen Hof das Konzert für zwei Klaviere KV 365, das wohl von ihm stammende Arrangement des Konzerts für drei Klaviere KV 242 und anschließend die vierhändige Sonate KV 381 spielte.

Es war also durchaus ein lebhaftes Kommen und Gehen im Hause. Wolfgang genoß die vielen Ausflüge, die Besuche in Gasthäusern, die Spiele, das Musizieren – er wird fröhlich gewirkt haben, und Nannerl konnte annehmen, daß es ihm gutging. Seine schlechte Laune, die die letzten Briefe aus der Ferne durchzogen hatte, schien verschwunden zu sein. Wie sah es aber in seinem Innern aus? Bei seiner Abneigung gegen die Einwohner Salzburgs und deren Lebensart klammerte er die Schwester und den Vater stets aus. »Ich schwöre ihnen bey meiner Ehre daß ich Salzburg und die Einwohner – ich rede von gebohrnen Salzburgern – nicht leiden kann; – mir ist ihre sprache – ihre lebensart ganz unerträglich; ... glauben sie mir, daß ich für begierde brenne sie und meine liebe schwester wieder zu umarmen – wenns nur nicht in salzbourg wäre« (8. 1. 1779).

Wolfgang Hildesheimer vermutet, daß Wolfgang sich entsetzlich langweilte, und leitet das aus seinen Ulk- und Unsinnseintragungen in Nannerls Tagebuch ab. Wolfgang hat die Salzburger Monate im nachhinein selbst negativ beurteilt. Er schrieb, daß es »um keinen Kreuzer Unterhaltung« gab, und daß die Menschen dort seine Kunst nicht verstehen und anerkennen konnten (26. 5. 1781). Bekanntlich neigte er zu Übertreibungen, wenn er argumentativ etwas erreichen wollte. Darum sollte man seine Worte nicht allzusehr gewichten, denn es galt, den Vater um jeden Preis von der Richtigkeit seines Weggangs zu überzeugen. (Er übertrieb kurz nach seiner Übersiedlung nach Wien das Positive, so wie er das Negative Salzburgs herausstrich.) Und dennoch geben diese Eintragungen eine Einstellung preis, deuten eine Tendenz an. Wolfgang stand zweifelsohne unter einer besonderen Spannung, sowohl seinem Arbeitgeber als auch dem Vater gegenüber. Er kam künstlerisch gefestigt – gewiß auch gereift –, aber seelisch angegriffen nach Hause. Der Konflikt mit seinem Vater und der Tod der Mutter hatten ebenso wie Aloisias Zurückweisung Spuren hinterlassen. Doch zeigt seine in diesen Monaten geschriebene Musik, daß er auch heitere und zufriedene Stunden verlebte und keineswegs fortwährend unter der Salzburger »Sklaverei« litt. Er hatte gelernt, Unliebsames wegzuschieben, und so gelangen ihm auch jetzt musikalische Meisterwerke von hohem Rang. Die Schönheit und meisterliche Gestaltung der Werke dieser Zeit – zu denken ist an das Konzert für zwei Klaviere KV 365, die vierhändige Sonate KV 381, das Divertimento für Streichquartett und zwei Hörner KV 334, die B-Dur-Sinfonie KV 319 – wären nicht zu erklären, wenn man diese Phase als durchgehend unglücklich definierte. In den drei Sinfonien KV 318, 319 und 338 ist das Bemühen um einen persönlichen Stil im sinfonischen Schaffen spürbar, die späteren Meisterwerke bauen darauf auf. Die eigentliche Leistung Wolfgangs bestand darin, daß er das Erlebte – den Liebesverlust Aloisias, das tragische Ende seiner Mutter und die Autoritätskonflikte mit dem Vater – in seinem Schaffen zu einer neuen Qualität verarbeitete. Salzburg vermochte ihn nicht so tiefgreifend zu deprimieren, daß er etwa künstlerisch ins Stocken geriet.

Insbesondere die Kirchenmusik, der er sich in diesen zwei Jahren intensiv widmete, muß für Nannerl eine Quelle der Freude gewesen sein. »Kirchenmusik ist nicht dazu da, um Experimente zu machen; man gibt nicht subjektiven Gefühlen Raum, sondern benimmt sich würdig, in der Trauer und im Jubel« (Einstein, 368). Dennoch zeigt Wolfgang nicht nur festlichen Prunk, sondern läßt auch Expressivität walten. Allerdings blieb die individuelle Seite seines Schaffens, die später in Wien hervorbrach, zu dieser Zeit noch verschlossen. Er hatte sich mit seiner Musik an die Besetzung, die Dauer und die Anlässe anzupassen. Auch wenn er sich, wie in seinem Brief von 1776 an Padre Martini in Bologna, darüber beschwerte, daß der Erzbischof Colloredo nur Musik von kurzer Dauer haben wollte, schuf er trotz der gebotenen Straffung leuchtende Werke von großer Geschlossenheit.

Nannerl wird seine Musik ohne Einschränkung geliebt haben. Es gibt eigenartige Entsprechungen zwischen ihrer Lebenswelt und Mozarts Musikstil dieser Jahre. Da war zum einen die in seiner Kirchenmusik natürlich wirkende Verwobenheit von Weltlichem und Geistlichem, die seiner unbefangenen Frömmigkeit entsprach. Die liebenswürdigen Züge seines geistlichen Schaffens, das bei allem Glanz maßvoll und proportioniert blieb und volkstümliche Elemente einbezog, müssen ihr besonders gelegen haben. Diese »Diskretion im Ausdruck des Persönlichen« (Hilber, 177) kam ihrer Wesensart, geprägt durch die Restriktionen, die ihrem Geschlecht auferlegt waren, entgegen. Aber es gab auch die andere, weltliche Seite der Musik: die der glanzvollen, heiteren Gelöstheit, wie sie Wolfgang in seinem Konzert Es-Dur für zwei Klaviere KV 365 demonstriert. Vieles deutet darauf hin, daß er es nach den Erfahrungen in Mannheim und Paris 1779 in Salzburg komponierte.[19] Das Doppelkonzert schrieb er sich und der Schwester in die virtuosen Hände, wobei er alle technischen Register zieht und vom Brillanten bis zum Intimen eine aufgefächerte Farbigkeit entstehen läßt.

Am 5. November verließ Wolfgang mit der Postkutsche Salzburg, um in München seine Oper *Idomeneo, re di Creta* zu Ende zu schreiben, die Proben zu beaufsichtigen und die Aufführung zu dirigieren. Der Erzbischof hatte ihm bis zum 18. Dezember Urlaub gewährt. Er war glücklich, obwohl er sich einen »schwieligen Hintern« auf der Fahrt holte und zwei Stationen lang mit den Händen »auf dem Polster gestützt, und den Hintern in Lüften haltend« fahren mußte (9.11.1780). Endlich konnte er sich seiner Lieblingsbeschäftigung, der Opernkomposition, in Freiheit widmen.

Nannerl erkrankte vierzehn Tage nach seiner Abreise. Erfahrungsgemäß lösten Abfahrten von Familienangehörigen emotionale Krisen bei ihr aus, die sich auf ihren körperlichen Zustand niederschlugen. Ob sie ahnte, daß neue, schwere Konflikte bevorstanden? Ihr Hausarzt verbot ihr, außer Haus zu gehen, und verschrieb ihr eine Brustlatwerge, Brusttee und Gerstenwasser sowie Gerstenschleim. Leopold berichtet:

»Du weist, daß sie schon dortmals als die accademie beym Barisani war, lange schon Schnupfen und einen mit vielem Hussten begleiteten Cathar hatte, daß sie immer ausgieng, Lection gab, und dabey sich sehr erhitzte: sie kommt ja immer von ihren Instructionen wie gebrathen zurück. Endlich sprach sie mit dem Herrn Dr. Barisani, und er mußte ihr alsogleich aderlassen, sie ließ 7 untzen. und er sagte sie wäre in Gefahr gewesen eine Brustabzehrung zu bekommen. Nun da noch eine kleiner trockener Huste nach der aderlass da ist, eine Tröckne im Hals und auf der Brust, so muß mit einer fleisigen Wartung, mit Diet, Ruhe, und anfeuchtenden Mitteln der Brust zu Hilfe gekommen werden. Sie darf auch in keinem kalten zimmer mehr schlaffen.«

Und er klagte: »Ich muß nun wieder krankenwärther und mit meinen 61 Jahren auf dem Rücken der standhafteste seyn ... Basta! So lang es geht, – gehts!« (20. 11. 1780)

Obwohl auch Wolfgang einen leichten Katarrh bekam, ließ er sich davon nicht beeinträchtigen. Er war in seinem Element. Eine Äußerung seiner späteren Frau Constanze über diese Monate läßt aufhorchen. Seltsamerweise ist sie von den Mozart-Biographen meist übergangen worden; vermutlich machte der schlechte Ruf Constanzes alle ihre Behauptungen unglaubwürdig. Sie wurde 1829 von dem englischen Ehepaar Novello gefragt, welche eigene Oper Mozart bevorzugt habe. Sie antwortete, er habe »*Don Giovanni* und *Figaro* und vielleicht das meiste aus *Idomeneo* geliebt, weil er mit letzterem schöne Erinnerungen an die Zeit und die Umstände verband, unter denen er die Oper geschrieben hatte« (Novello 1959, 71). Mary Novello bestätigte dies in ihrem Tagebuch: »Die glücklichste Zeit seines Lebens waren die Tage, da er in München *Idomeneo* schrieb. Darum bewahrte er diesem Werk eine besondere Vorliebe« (Novello 1959, 87). Auch Nissen behauptet, daß Wolfgang den Münchener Aufenthalt zu den angenehmsten seines Lebens rechnete (Nissen, 415), wobei auch hier wiederum Constanze die Informantin ist. Da sie zu diesem Zeitpunkt mit Wolfgang noch nicht liiert war, hatte sie keinerlei Ursache, etwas zu retuschieren – ihre Information kann somit als wahrheitsgemäß gelten.

Ein Schlüssel zu dieser Idealisierung der Münchener Wochen könnte in der »doppelten Sklaverei« der Salzburger Zeit liegen: »einmal die offensichtliche Tyrannis seines Landesherrn; zum anderen die liebevolle und fürsorgliche Bevormundung durch seinen ›redlichen vatter‹« (Langegger, 100). Wolfgang war nicht zimperlich, wenn es darum ging, den Erzbischof zu kritisieren: »Bey gott, wenn es auf mich ankämme – so würde ich bevor ich dießmal abgereiset bin, an den letzten Decret den Hintern geputzt haben, denn, mir wird bey meiner Ehre nicht Salzburg – sondern der Fürst – die stolze Noblesse alle Tage unerträglicher –« (16. 12. 1780).

Vermutlich genoß Wolfgang die Zeit in München so sehr, weil sie ihm ermöglichte, befreit vom Vater zu arbeiten, ohne dessen Mißgunst erleiden zu müssen. Zudem war er von lästigen Alltagspflichten entbunden. Obwohl er ein eigenes Gehalt in Salzburg bezog, bat er den Vater um Geldüberweisungen. Das entlastete ihn, obwohl er dafür mit Unkenntnis in Gelddingen zu büßen hatte, wie er später kritisch vermerkte: »Wo hätte ich denn das geld schätzen lernen können? – Ich habe noch zu wenig unter den händen gehabt –« (26. 5. 1781). Diese Zwischenlösung – Selbständigkeit bei väterlicher Übernahme der Alltagssorgen – wird er als ideal empfunden haben. Außerdem war er künstlerisch für die Oper verantwortlich. Er veränderte das Libretto Varescos nach Gutdünken, holte den väterlichen Rat ein, ohne ihn unbedingt befolgen zu müssen, und war zudem in einer Großstadt, die ihm Vergnügen und Anerkennung bot.

Diese Salzburger Monate mit dem anschließenden Aufenthalt in München besaßen eine unterschiedliche Bedeutung für die Geschwister. Während sie für Wolfgang eine Zwischenstation zum Kräftesammeln für die eigentliche Behauptung und Bewährung darstellten, bildeten die knappen zwei Jahre nach Wolfgangs Heimkehr mit dem Glanzlicht des Münchener Besuchs, bei dem Nannerl auch im privaten Kreis künstlerisch brillieren durfte, einen Höhepunkt besonderer Art, der sich nicht wiederholen sollte. Ihr Leben war danach arm an herausragenden Ereignissen. Sie bestand von vornherein darauf, zur Aufführung nach München fahren zu dürfen. Ihre größte Angst war, daß der erwartete Tod der Kaiserin Maria Theresia wegen der Hoftrauer die Opernaufführung gefährden könne, und sie schrieb dem Bruder sorgenvoll: »Du wirst es schon wissen dass die Kaiserin so krank ist, die könnte uns ein hübschen Spass machen. Wenn sie jetzt stirbt, so könnte die Opera schon gespielt werden, aber wenn sie später hinaus stürbe, so wäre meine ganze Freude vereitelt; lebe wohl liebster Bruder. Ich hoffe dich doch wenn es der Willen Gottes ist in München zu sehen« (30. 11. 1780). Die Kaiserin war – zum Glück für sie – einen Tag zuvor verschieden.

Vater und Sohn überlegten, in München einen Ofen für die Zeit ihres Besuchs setzen zu lassen, verwarfen aber schließlich den Gedanken. Wolfgang empfahl, wegen der Trauer um Maria Theresia schwarze Kleidung mitzunehmen, wodurch sie in Verlegenheit geriet. Ihr altes Kleid war so abgetragen, daß sie sich ein neues aus Seide schneidern lassen mußte. Leopold bezifferte die Kosten, die sie dafür aus eigenen Ersparnissen zu entrichten hatte, auf siebzig Gulden – ein Vermögen für sie. Er hatte wohl dafür gesorgt, daß ihr Kreditbrief über fünfzig Gulden, der als Sicherheit für die Verbindlichkeiten der Pariser Reise bei Johann Lorenz Hagenauer diente, wieder bereitlag. Ihre Entscheidungen machen deutlich, wie sehr ihr daran lag, dort zu gefallen. Sie sparte nun ihr Geld für die Münchener Bälle und wollte »unsre Redouten den Salzburgern überlassen, die von keiner bessern unterhaltung wissen« (30. 12. 1780). Ihr Stolz darauf, in München feiern zu können, ist unverkennbar, wobei ein gewisser Standesdünkel anklingt.

Noch von Salzburg aus bat sie Wolfgang, die Hausmagd Therese Päncklin in seinen Briefen nicht zu vergessen, da diese nach Wolfgangs Abreise nicht mehr bleiben wollte, und er ging mit ironischer Übertreibung darauf ein: »Mein Compliment an die liebe thresel – die magd die mich hier im hause bedient, heisst auch thresel – aber, Gott! – was für ein unterschied gegen der linzer-thresel! – An schönheit, tugend, reitze – und tausend anderen ver-diensten!« (30. 12. 1780) Sicherlich las ihr Nannerl diese Zeilen mit ernster Miene vor.

Trotz anfänglicher kleiner Mißklänge ist der Ton der Korre-spondenz zwischen Vater und Sohn heiter und entspannt. Selbst Nannerl vermerkte, daß Wolfgang gute Laune hatte. Er erzählte, daß er – um die erstaunliche Wirkung bestimmter Tabletten zu rühmen – Nannerl drei Kröpfe angedichtet habe, worauf Leo-pold trocken antwortete: »Deine Schwester bedanckt sich für die schöne Recommendation wegen der 3 Kröpfe. Mit einen Klei-nen kann sie als eine gute Salzburgerin doch aufwarten, denn dies ist die wahre national-Schönheit« (18. 12. 1780). Leopold schilderte, wie er erkrankt war und vergeblich versucht hatte, zu Hause zu schwitzen. Da diese Maßnahme keinen Erfolg zeigte, trank er etliche Schalen Holderblütentee und ging in die Ko-mödie. Er saß neben der neunzehnjährigen Tochter des erzbi-schöflichen Leibarztes, Maria Theresia Barisani. »Die Comödie dauerte 3 1/2 Stund ich geriet in so einen Schweiß, daß ich zu Hause beim Ofen ein anderes Hemde nehmen musste. Nun ist die grosse Frage, ob mir der Hollerblüh-Thee oder die Terese Barisani den Schweiß ausgetrieben, oder ob ich beyden diese er-wünschte Wirkung zu verdanken habe?« (15. 12. 1780) Wolfgang entgegnete im gleichen Tonfall: »Apropos, weil doch eben die Re-de von schwitzen ist, so bin ich der Meynung daß in selbiger Co-mödie wohl freylich beyde Mittel zugleich gewirkt haben müs-sen – ... Nun werden Sie gott lob und danck hofentlich wieder ganz gesund seyn? – Ja, wenn man sich von einer Barisani theres frottiren lässt, so kann es nicht anders seyn« (19. 12. 1780). Es sind Scherze von Mann zu Mann: Leopold erkannte den Sohn in diesen kurzen Augenblicken als ebenbürtigen Partner an. Auch in musikalischen Fragen herrschte Eintracht.

Am 26. Januar trafen Leopold und Nannerl in München ein. Die Hauptprobe war tags darauf angesetzt, und nach einigen Ver-

Die Heiligkreuzkirche in Augsburg. Ostseite mit Klostereingang und Gästezimmern. Im Kloster musizierte Nannerl im März 1781 zusammen mit Wolfgang. Die Geschwister spielten »mit einer beinahe mehr als himmlischen Musik auf 2 Fortepiano unaufhörlich ... es war unbeschreiblich entzückend«.

zögerungen fand die Aufführung am 29. Januar statt, der zwei weitere Aufführungen am 3. Februar und 3. März folgten. Einige Freunde waren aus Salzburg angereist, um Wolfgangs Erfolg persönlich mitzuerleben. Nannerl genoß sicherlich das Gefühl der erhabenen Freude, als die ersten, von Wolfgang dirigierten Takte der Ouvertüre erklangen. Er konnte hier endlich seine auf der letzten Reise gemachten Eindrücke verarbeiten. Trotz der Grenzen, die der alte Stoff der opera seria[20] ihm auferlegt hatte, gelang ihm eine neue Ebene des Ausdrucks, die sich in der Instrumentation (vgl. Ilias zweite Arie), im psychologischen Ausloten feinster Details, in den effektvollen Chören und der Einführung von Ensembles (Quartett, 3. Akt) niederschlägt.

Nannerl kannte seine Klangsprache, auch sein dramaturgisches Genie begriff sie zweifelsohne als große Theatergängerin. Selbst den Vater-Sohn-Konflikt, der ihn beschäftigte, wird sie als Kennerin seiner Psyche verstanden haben. Aber noch etwas anderes kommt hinzu. Mit den Figuren der Ilia und der Elektra betrieb Wolfgang auch musikalisch eine scharfe Trennung zwischen zwei entgegengesetzten Frauenfiguren, die den Diskurs des ausgehenden 18. und des 19. Jahrhunderts in Literatur und Theater bestimmen sollten: der tugendhaft-aufopferungsvollen Ilia und der eifersüchtigen, auf eigene Wünsche bedachten Elektra. In der ersten Arie Elektras (Nr. 4) wirft die Königin der Nacht ihre Schatten voraus. Das Orchester unterstützt mit grellen sforzati-Schlägen das eruptive Ausmaß ihrer Wut, die sich in chromatischen Partien und extremen Sprüngen entlädt. Auch ihre dritte Arie (Nr. 19) enthält in der Singstimme große Sprünge, verminderte Septakkorde, Chromatik und auffallende Staccatopartien. Im Orchester wird dieselbe erregte Trillerfigur »fast das ganze Stück hindurch zu Tode gehetzt« (Abert I, 699). Obgleich die zweite Arie (Nr. 13) aus dem Duktus dieser beiden rasenden Arien herausfällt, gelingt Wolfgang über das Modell der opera seria hinaus ansatzweise das Bild der künftigen »femme fatale«, die die Phantasien des Bürgertums im 19. Jahrhundert so besetzt halten sollte. Dem gegenüber steht die sanfte Ilia, die ihr Glück und sogar ihr Leben mit dem des Geliebten verkoppelt: »O seguir tio morir, mio ben, voglio« (»O dir folgen, O sterben, mein Liebster will ich«). Nannerl wußte, mit welchem Frauenbild sie sich zu identifizieren hatte.

Die Resonanz auf die Oper war vor allem bei der Hofgesellschaft und den Musikern gut. Wolfgang war über das Gelingen erleichtert. In dem Bewußtsein, bald in das ihn langweilende Salzburg zurückkehren zu müssen, stürzte er sich mit allzu großem Elan in die Wonnen der Karnevalszeit. Während Nannerl warten mußte, bis sie jemand aufforderte, tanzte Wolfgang lange und ausgelassen mit einer Frau, deren Ruf Leopold nicht behagte. Wahrscheinlich geschah darüber hinaus noch einiges, das Leopold ihm verübelte. Er warf es jedenfalls dem Sohn noch Monate später vor, so daß sich dieser aus Wien verteidigen mußte. »In

München, das ist wahr, da hab ich mich wieder willens in ein falsches licht bey ihnen gestellt, da hab ich mich zu viel unterhalten ... das geschah aus Jugendlicher dummheit; ich dachte mir, wo kömmst du hin? Nach Salzburg! mithin must du dich letzen!« (26. 5. 1781) Einige Wochen darauf mußte er sich wiederum rechtfertigen – Leopold legte viel Wert auf Contenance:

»Mein ganzer umgang mit der Person vom schlechten Ruffe bestund auf dem Ball. – und den hatte ich schon lange ehe ich wusste daß sie vom schlechten Ruffe seye – und nur darum damit ich meiner gewissen Conterdanse tänzerin sicher seye. – dann, konnte ich ohne ihr die ursache zu sagen nicht auf einmal abbrechen – und wer wird Jemand so was ins gesicht sagen. – Habe ich sie nicht auf die letzt öfters angesetzt, und mit andern getanzt?« (13. 6. 1781)

Es gab jedenfalls eine Mißstimmung, die auch Nannerl belastet haben wird, die sich so sehr auf alles gefreut hatte. Dennoch wären Vater und Tochter gewiß nicht mehr als fünf Wochen geblieben, wenn sie nicht insgesamt schöne Tage in München verbracht hätten. Wolfgangs Vorankündigung: »Meine Schwester soll nicht faul sein, sondern brav exercieren. Denn man freuet sich schon auf sie« (15. 11. 1780), läßt vermuten, daß sie in den verschiedenen Münchener Häusern musizierte – allein, oder gemeinsam mit ihm.

Im März erhielt Wolfgang einen Befehl des Erzbischofs, sich beim Wiener Hoflager einzufinden; der Landesherr weilte für einige Wochen dort. Vom 7. bis 10. März besuchte die Familie die Stadt Augsburg. Im Kloster Heilig Kreuz, wo sie logierten, spielten die Geschwister »mit einer beinahe mehr als himmlischen Musick auf 2 Fortepiano unaufhörlich ... es war unbeschreiblich entzückend«, wie der Kämmerer des Augsburger Klosters schrieb (Deutsch 1961, 171). Vielleicht waren einige Musiker aufzutreiben, so daß die beiden das Klavier-Doppelkonzert KV 365 zum besten gaben, das Wolfgang kurz zuvor in Salzburg komponiert hatte. Den Vortrag der beiden, die so perfekt auf-

Portrait der Familie Mozart, 1780/81

»Ich schreibe dir mit einem Aufsatz auf dem Kopf, daß ich sehr in Sorgen bin mein Haar zu verbrennen. Und warum mich das Mölk Stubenmädl frisiert hat, ist die Ursache, weil ich morgen das erste Mal dem Maler sitze.« (Nannerl, 30. 12. 1780)
»Deine Schwester war nun 2 mal beim Maler. Sie ist gut getroffen, und wenn beim Ausmalen kein Fehler vorbeigeht, so wird es ein charmanter Kopf.« (Leopold, 8. 1. 1781)

einander eingespielt waren, können wir uns mühelos als eine künstlerische Glanzleistung vorstellen. Nannerl wird ihre Freude hieran gehabt haben, denn das Lob und die allgemeine Aufmerksamkeit der Zuhörer erinnerte sie an die gemeinsamen Kindheitsauftritte.

Danach trennten sich die Wege. Wolfgang kam am 16. März in Wien an, und am 14. März kehrten Leopold und Nannerl nach Salzburg zurück. Sie nahmen aus München den Sohn des dortigen Theaterdirektors Theobald Marchand, Heinrich, nach Salzburg mit. Er lebte von da ab als Kostzögling bei ihnen und wurde von Leopold in Klavier, Violine und Komposition unter-richtet.

Die Begegnung mit dem Wiener Publikum schürte Wolfgangs Haß gegen die Bevormundung durch seinen Salzburger Dienst-herrn und führte zum Bruch. Er beschloß, dort zu bleiben und ohne festes Einkommen sein Glück zu versuchen, diesmal ohne väterlichen Beistand. Nicht zufällig trägt der erste Brief, den er nach den Münchener Erlebnissen aus Wien dem Vater schickte, die Anrede »mon très cher ami« (17.3.1781) – zum einzigen Mal. Angesichts seines großen Erfolges als anerkannter Meister in München benötigte er keine Zurechtweisung mehr, sondern suchte ein Gespräch unter Gleichen. Das war Leopold allerdings nicht möglich. Er war außer sich, und er wird sein Unverständnis und seinen Ärger, der in Verbitterung überging, auch Nannerl mitgeteilt haben. Es war ein Zustand, der ihr nur zu vertraut war.

Obwohl der Vater in seinem hilflosen Zorn alle ihm denkbaren Argumente anwandte, um den Sohn zur Rückkehr zu zwingen, prallte er dieses Mal gegen eine Wand. Er konnte zwar den Ruin der Familie nicht mehr beschwören, wie er es bei der letzten Rei-se Wolfgangs machte, denn er schickte ihm kein Geld mehr. Aber er konnte ihm vorhalten, er würde den väterlichen Leumund in Salzburg schädigen, die eigenen Interessen vor die der Familie stellen und sich mit Personen von schlechtem Ruf verbünden. Die Vorwürfe, daß er nicht mit Geld umgehen könne und die Fa-stentage mißachte, kannte Wolfgang bereits. Seine Haltung erin-nert an die Konflikte der Paris-Reise: er ließ vieles an sich abglei-ten, reagierte mit Unverständnis, hielt dem Vater vor, er träume, und – stürzte sich in die Arbeit. Glaubt man seinem Bericht, so war er morgens um 6 Uhr bereits frisiert und um 7 Uhr angeklei-det. Er komponierte bis 9 Uhr, und gab bis 13 Uhr Unterricht. Dann speiste er meist bei Freunden, die teilweise erst um 14 oder 15 Uhr zu Tisch baten, so daß er gewöhnlich nicht vor 17 oder gar 18 Uhr arbeiten konnte. Wenn er keine Konzerte hatte, schrieb er bis 21 Uhr an seinen Kompositionen. Zuweilen arbeitete er noch nachts: »Da verschreibe ich mich öfters bis 1 Uhr. Und dann wieder um 6 Uhr auf!« (13. 2. 1782) Es ist ein fieberhaftes Schaffen, wie man es von vielen großen Künstlern und Wissenschaftlern kennt. Die Arbeit wurde ihm endgültig zum unentbehrlichen Mittelpunkt seines Lebens, und er gestattete keinerlei lästige Störungen.

Leopold reagierte freilich ungläubig, denn er mußte den Sohn in Salzburg zuweilen antreiben. Er verstand nicht, daß Wolfgangs Weggang mehr war als nur die Suche nach einem Verdienst. Wolfgang benötigte Menschen, die ihn innerlich bereicherten, und eine Umgebung, die ihn motivierte. Allein der Gedanke an ein solches Vorgehen verbot sich für Nannerl, die dafür eine andere in der Familienkonstellation wichtige Position zugewiesen bekam. Anfang Juli schrieb ihr der Bruder, sichtlich um sie bemüht. Die Anrede »liebste Schwester« benutzte er gleich zweimal. Geschickt setzte er auf ihre Vorlieben Mode, Theater und Musik, ging auf ihre bestellten Haarbänder ein und bot ihr weitere Gefälligkeiten an. Er rühmte die hohe Qualität des Wiener Theaters: »Ich wollte Dir wünschen hier ein Trauerspiel zu sehen!« (4. 7. 1781), und stellte zwei neue Violinsonaten in Aussicht (KV 376 und 379). Selbst die Festivitäten der Bölzlschießkompagnie schienen ihn zu interessieren. Der Brief bekundet sicherlich auch die ungebrochene Zuneigung der Geschwister füreinander. Dennoch kommt ihm eine strategische Bedeutung zu, denn Wolfgang wußte um ihre schwierige Situation, deren Auslöser er war. Er warb um sie und hoffte, daß sie zwischen den beiden Männern vermitteln konnte.

Das war schwierig genug, denn sie hörte tagtäglich Leopolds Klagen. Man würde ihm allerdings nicht gerecht, wenn man ihn als einen zeternden, autoritären Patriarchen brandmarkte. Er kannte Wolfgang zu gut, und so ahnte er, daß sein Sohn in vielen Bereichen scheitern würde. Wolfgangs sorgloser Umgang mit dem Geld, seine schnelle Beeinflußbarkeit, seine Trägheit, wenn er nicht motiviert war, seine Aufsässigkeit gegenüber unliebsamen Autoritäten, seine mangelnde Schläue im Durchsetzen eigener Interessen, die Grimm in Paris schon moniert hatte: das waren alles Faktoren, die dem Vater den Schlaf raubten. Leopold war weiterhin in großer Sorge, was aus ihm und Nannerl werden würde. Er konnte Salzburg nicht mit ihr verlassen, solange Wolfgang ohne festen, langfristigen Verdienst blieb. Nannerl hing weiterhin finanziell von ihm ab, und er war ein alter Mann. Ein Zusammenleben im Familienverbund war weiter weg als je zuvor.

Nannerl teilte in vielem seine Sorgen, aber sie wird auch die Nöte des Bruders gesehen haben. Ihre Situation war ausweglos, denn ihr waren die Hände gebunden. Sie hielt folglich mit ihrer Meinung zurück und bat Wolfgang lediglich, häufiger zu schreiben. Ihr Schweigen war nur konsequent. Ganz egal, wessen Partei sie ergriff, würde sie immer einen von beiden verletzen. Hätte sie im Brief den Bruder verteidigt, wäre der Streit mit Leopold unvermeidbar gewesen; Wolfgang zu kritisieren, hätte den Verlust seiner Zuneigung zur Folge haben können. Unfähig, ihre innerliche Erregung zu verarbeiten, reagierte sie auf die ihr eigene Art, indem sie erkrankte.

Kaum hatte sie sich erholt, folgte die nächste Hiobsbotschaft: Wolfgang wollte heiraten. Im Dezember und über den ganzen langen Januar zogen sich die Auseinandersetzungen hin. Wolfgangs Taktik war die gleiche wie zuvor: am selben Tag, an dem er dem Vater über seine geplante Heirat berichtete, wandte er sich freundlich an sie. Er schickte ihr neue Kompositionen (seine Violinsonaten KV 376, 377, 379 und 380 sowie die Klaviervariationen KV 352), kommentierte verschiedene Komödien und lud sie ein, jederzeit nach Wien zu kommen, wenn sich eine günstige Mitfahrgelegenheit ergab (15. 12. 1781). Das war ein geschickter Schachzug, wußte er doch, wie gern sie verreiste. Die eigentliche Korrespondenz richtete sich an den Vater, dessen Einwilligung für die Eheschließung ihm sehr wichtig war. Einen letzten ausführlichen Brief erhielt sie kurz vor der Heirat der beiden. Wolfgang warb um Sympathien für seine Verlobte und ließ Constanzes musikalische Kompetenz im besten Licht erstrahlen: »Weil sie mich nun öfters aus dem Kopfe Fugen spielen gehört hat, so fragte sie mich ob ich noch keine aufgeschrieben hätte? – Und als ich ihr nein sagte, – so zankte sie mich recht sehr daß ich eben das Künstlichste und Schönste in der Musick nicht schreiben wollte; und gab mit Bitten nicht nach, bis ich ihr eine Fuge aufsetzte, und so ward sie« (20. 4. 1782).

Doch Nannerl schaffte es nicht, den Konflikt zu schlichten, der Streit tobte in alter Stärke. Wolfgang argumentierte nicht sonderlich klug. Seine fixe Idee, daß er Constanze »befreien« und »erretten« müsse, kann nicht dazu beigetragen haben, Leopold zu beruhigen, da er genau wußte, daß Wolfgang vollauf damit beschäftigt war, seine eigene Existenz zu sichern. Leopold sprach mit einem Mittelsmann, der Constanze kannte und sie als ein »Luder« bezeichnete, was seine Vorbehalte nur noch verstärkte. Er vermutete zudem unlautere Motive der Mutter Cäcilia, glaubte, daß diese Wolfgang gezielt übertölpeln wollte und verstieg sich zu der aggressiven Bemerkung, daß sie »in Eisen geschlagen Gassen kehren und am Hals eine Tafel tragen sollte mit den Worten ›Verführer der Jugend‹« (16. 1. 1782).

Wolfgang ließ sich nicht aus der Ruhe bringen, schickte Leopold eine Dose und ein paar Uhrbänder, außerdem Nannerl zwei Hauben nach der neuesten Wiener Art, von Constanze angefertigt. Diese legte ein kleines Kreuz »von keinem grossen Wert, aber die Hauptmode in Wien« sowie ein Herz mit einem Pfeil dazu. Die Hauben taten ihre Wirkung bei der modebewußten Nannerl, die ihrer Freude Ausdruck gab. Leopold verharrte jedoch in seiner skeptischen Ablehnung: er dankte, konnte sich aber nicht verkneifen zu fragen, ob Wolfgang die Uhrbänder geschenkt bekommen hatte (was dieser einräumen mußte).

Wie wichtig es Wolfgang war, Constanzes Ansehen bei seiner Familie zu erhöhen, wird aus zwei Briefen deutlich, die sie nach Salzburg schickte. Der erste Brief war an Nannerl gerichtet und zeigte wiederum, daß ihre Rolle von ihm hoch eingeschätzt wurde. Das Schreiben ist zweifellos mit Wolfgangs Hilfe oder mit Hilfe eines anderen geschrieben; der Stil ist geschraubt und unecht:

»Wertheste und schätzbahreste freundin! Niemals würde ich so kühn gewesen seyn, mich so ganz gerade meinem triebe und Verlangen, an sie, Wertheste freindin, zu schreiben, zu überlassen, wenn mich dero H: bruder nicht Versichert hätte, daß sie mir diesen schritt, welcher aus zu grosser begierde mich mit einer obschon unbekannten, doch durch den namen Mozart mir sehr schätzbahren Personn wenigstens schriftlich zu besprechen, geschieht, nicht übel nehmen werden . . .« (20. 4. 1782).

Ein paar Wochen später war Constanze genötigt, zu improvisieren, und das klingt dann so:

»so oben ist ihr lieber sohn zur graffin thun gerufen worden, und hat also die zeit nicht seinem lieben Vatter dan briff zu eintigen (endigen), daß ihr ser leit ist er hat mir die Comesion gegeben ihnen es zu wisen zu machen, weil nun heit der posttag ist damit sie nicht ohne briff von ihm sein daß nöchtemal würt er seinem lieben Vatter schon daß mehrere schreiben . . .« (25. 5. 1782).

Das waren alles Dinge, die Leopolds von vornherein schlechte Meinung nur noch bestätigten. Zu ihrer Verteidigung muß man hinzufügen, daß sie ihre Schreibart im Lauf ihres Lebens erheblich verbesserte, das Fehlerhafte also an ihrer mangelhaften Ausbildung lag.

Bald brachen die Konflikte in erneuter Heftigkeit auf. Cäcilia Weber war darüber aufgebracht, daß ihre Tochter mit Wolfgang ein intimes Verhältnis unterhielt, ohne daß von einer Heirat die Rede war. Sie setzte verschiedene Mittel ein, um Wolfgang zu einem Entschluß zu bewegen. So drohte sie, Constanze von der Sittenpolizei gewaltsam von ihrem Aufenthaltsort bei der Baronin von Waldstätten abholen zu lassen. Zusammen mit Constanzes Vormund Thorwart wurde ein Termin anberaumt, an dem Wolf-

gang sich entscheiden mußte, was er auch tat. Daraufhin erhielt
er ein (verschollenes) »gleichgültiges, kaltes Schreiben« vom Vater
(31. 7. 1782). Nach etlichem Hin und Her begriff Leopold, daß
Wolfgang von seinem Entschluß nicht mehr abzubringen war
und einen Tag, nachdem er im Stephans-Dom getraut worden
war (am 4. August), trafen endlich die väterliche Einwilligung
und der Segen ein.

Kurz vor seiner Verheiratung gratulierte Wolfgang seiner Schwester zu ihrem Namenstag. Seine knappen Zeilen unterscheiden
sich von der Liebenswürdigkeit früherer Briefe: »Verzeihe mir liebe
Schwester daß ich dir keinen förmlichen Gratulationsbrief schreiben kann. – Allein ich habe unmöglich die Zeit – du weisst ja, daß
ich dir ohnehin alle Tage alles Gute wünsche –« (24. 7. 1782). Bis
zu dem Salzburger Familientreffen ein Jahr später erhielt Nannerl
keinen Brief mehr von ihrem Bruder. Er hatte seine Verheiratung
durchgesetzt und brauchte sie nicht mehr, um beim Vater zu vermitteln.

8. Liebe und Leid: 1782-1784

Leopold gab sich resigniert dem Glauben hin, daß sich alles gegen ihn verschworen habe. In dieser Laune beschrieb er der Baronin von Waldstätten, einer begabten Pianistin und Gönnerin
Wolfgangs, seinen Zustand: er sei durch Wolfgangs Betragen »aufgeopfert« und würde »Herabsetzungen« erdulden. In einem darauffolgenden Brief ließ er seine damaligen Lebensgewohnheiten
Revue passieren:

»Ich lasse mich durch viele Monate nicht am Hofe sehen, und
nur dann, wenn ich muß; lebe mit meiner Tochter im Stillen; habe einige Freunde die mich besuchen, – lesen, Musik und ein Spa-
ciergang macht unsere Unterhaltung aus, und bei schlimmem
Wetter ein sehr niedriges Tarock oder Tresette Spiel, auch zu Zeit
Schachspiel ... Ich (vermeide) große Gesellschaften um nicht

ganz verstimmt zu werden, und mein bisschen gute Laune noch zu erhalten« (23. 8./13. 9. 1782).

Nannerl, die gern tanzte und unter Menschen war, mußte sich seinen Absonderungstendenzen fügen. Der verbitterte Mann vertraute ihr zwar seine Sorgen an, ließ sie aber nicht an seinen Entscheidungen teilhaben. Es ist gut vorstellbar, wie Gespräche zwischen den beiden vonstatten gingen: Leopold redete, und sie hörte zu. Noch nicht einmal zum Fasching nach München, den er regelmäßig besuchte, nahm er sie mit. War ihre Gegenwart ihm lästig, oder sah er sie lieber daheim, wo die Hauswirtschaft zu beaufsichtigen war?

1782 brachte er »Gretl«, ein weiteres Kind des Münchener Theaterdirektors Theobald Marchand, die vierzehnjährige Margarethe, aus München mit. Sie war die ein Jahr ältere Schwester Heinrich (Henry) Marchands, der ein Jahr zuvor gekommen war, und der in Klavier, Violine und Komposition unterrichtet wurde. Margarethe Marchand hatte sich durch Kinderrollen auf der Bühne hervorgetan und erhielt Gesangsunterricht durch ihre spätere Schwägerin Franziska Danzi. Leopold unterrichtete sie in Gesang und Klavierspiel.[21] Es entwickelte sich eine freundschaftliche Zuneigung zwischen Gretl und der um siebzehn Jahre älteren Nannerl, die viele Jahre anhielt. Ein Jahr später kam mit Maria Johanna (Hannchen), der Tochter der Schauspielerin und Sängerin Eva und des Tänzers Paul Brochard, ein dritter Kostzögling hinzu.

Nannerl hatte damit einen fünfköpfigen Haushalt zu versorgen. Nebenher unterrichtete sie regelmäßig, unter anderem die jungen Mädchen Aloisia (* 1769) und Maria Josepha (* 1770) des Herrn Hermes von Fürstenhof, wie ihre häufigen Tagebucheintragungen »beim Hermes« verraten. Sie hatte vollauf zu tun. Ihre Hausmutterrolle kann der Grund dafür gewesen sein, daß andere Arten des Geldverdienens verworfen wurden. Die Möglichkeit, sich vom Vater zu lösen und wirtschaftlich unabhängig zu leben, hätte es durchaus gegeben. Die in Wien lebende Pianistin Josepha von Auernhammer erzählte Wolfgang, ihr sei angeboten worden, für ein Jahresgehalt von 399 Gulden in ein Herrschaftshaus nach Salzburg zu gehen, um dort zu unterrichten. Empört darüber, daß seine Schwester anscheinend nicht gefragt wurde, informierte er Leopold postwendend. »Der Cavalier heisst Kuenburg. – Wie gefällt Ihnen das? – Meine Schwester hält man also für nichts? – Machen Sie davon Gebrauch. – Er war nur einen Tag hier – kommt er aber wieder, so werde ich schon Gelegenheit finden ihm darüber zu sprechen –« (29. 5. 1782).

Leopold und Nannerl kannten Oberstallmeister Graf Leopold Kuenburg gut. Er und seine Frau hatten einige Jahre zuvor bedauert, daß ihre Töchter nicht von Nannerl unterrichtet wurden (11. 6. 1778). Sie hatten zweifellos bei den Mozarts vorgefühlt und eine Absage erhalten, ehe sie sich in Wien um eine Gouvernante bemühten. Leopold wollte von einer solchen Veränderung nichts wissen. Nannerl hätte im Haushalt ersetzt werden müssen, er hätte eine verständige Gesprächspartnerin verloren, und ihre Stellung hätte keine Statusverbesserung gebracht. Unmittelbare finanzielle Not bestand nicht; sein Gehalt reichte bei bescheidener Lebensführung für beide. Außerdem hätte eine Anstellung in einem Privathaus das Problem ihrer Altersversorgung auch nicht lösen können.

In dem Maße, wie sich Leopold von Wolfgang abwandte, geriet Nannerl in den Blickpunkt seiner Überlegungen. Sein Traum, Wolfgang könne mit Hilfe eines gut dotierten Kapellmeisterpostens Vater und Schwester versorgen, war endgültig zerronnen. Leopold konnte sich ausmalen, daß im Falle einer beruflichen Verbesserung auch Wolfgangs Schwiegermutter, der er Schlimmes zutraute, Ansprüche anmelden würde. Zudem war der künftige Nachwuchs des frischgebackenen Ehepaars zu bedenken. Diese Hoffnung mußte er begraben und statt dessen ernsthaft über die Zukunft seiner Tochter nachdenken. Als Unverheiratete wäre sie bei seinem Tod in finanzielle Nöte geraten, da der Erzbischof die Töchter verstorbener Hofbediensteter nicht un-

Nannerl vor ihrer Verehelichung, 1784

terstützte. Nannerl war bereits einunddreißig, und der Entscheidungsdruck erhöhte sich von Jahr zu Jahr.

»Auch galt die Tochter in ihren jüngeren Jahren für eine regelmässige Schönheit«, diese Worte des Salzburger Jugendfreundes Albert von Mölk lassen vermuten, daß es ihr an Verehrern nicht mangelte. Es war entweder Albert selbst (geb. 1749) oder sein Bruder Franz (geb. 1748), die sich für sie interessierten. Franz war 1769 zum Hofrat ernannt worden. Hinweise darauf, daß einer der Brüder ihr den Hof machte, gibt es erstmals 1770. Aus der Sicht ihres Standes hätte sich Nannerl bei einer Bindung verbessert. Es scheint jedoch, daß die Neigung des Verehrers unerwidert blieb. Kurz vor seinem vierzehnten Geburtstag hänselte Wolfgang aus Italien seine Schwester:

»Mich freuet es recht von ganzen Herzen das du bey dieser Schlittenfahrt dich so recht ergötzet hast, und wünsche dir tausend Gelegenheiten zur Ergötzung, damit du recht lustig dein Leben zubringen mögest. Aber eins verdrießt mich, das du den Herrn von Mölk so unendlich seufzen und leiden hast lassen, und das du mit ihm nicht schlittengefahren bist, damit er dich hätte umschmeissen können: wie viel Schnupftüchel wird er nicht den selbigen Tag wegen deiner gebraucht haben, vor weinen« (26. 1. 1770).

Warum hat sie ihn nicht geheiratet? Es mag sein, daß Nannerl keine rechte Partie für ihn war. Aber einiges spricht dafür, daß sie sich für ihn nicht erwärmen konnte, da er ihr zu provinziell und bieder war. Anläßlich der Uraufführung der *Finta gardiniera* meldete Wolfgang aus München nach Salzburg, der Herr von Mölk habe »sich so verwundert, und verkreuzigt über die Opera seria, wie er sie hörte, daß wir uns völlig schämten, indem jedermann klar daraus sähe, daß er sein Lebtag nichts als Salzburg und Innsbruck gesehen hat« (11. 1. 1775). Nannerl war über ihren Stand hinaus gebildet; sie hatte als Kind viele Länder und Höfe bereist, wurde an Höfen empfangen und kannte sich in der Musik wie ein Kapellmeister aus. Das machte sie wählerisch. Ein Ehemann, der gesellschaftlich ungehobelt und musikalisch ungebildet war und den ihr jüngerer Bruder verspottete, war ihr wahrscheinlich ebenso unmöglich wie einer, der die Affinität der Familie Mozart zum Adel nicht mittrug, die sich in Kleidung, Benehmen und in Gewandtheit im Umgang mit höheren Schichten auswies.

Bei einem weiteren potentiellen Kandidaten, Joachim Ferdinand von Schiedenhofen (1748-1823), Sohn eines Hofrats und Domkapitelsyndikus, war die Angelegenheit umgedreht. In diesem Fall entsprach sie anscheinend nicht seinem Status. Seine steile Karriere war vorprogrammiert. Er besuchte ein Gymnasium und dann die Salzburger Universität. 1769 wurde er in Salzburg Hofratsakzessist, 1771 Hofrat, 1777 wirklicher Hofrat und 1791 Landschaftskanzler. Er besaß das Schlößchen Triebenbach westlich von Salzburg, das Maria Anna und Nannerl während der Italienreisen von Vater und Bruder gelegentlich besuchten. Es hätte sich eine Affäre anbahnen können, denn er scheint tatsächlich eine Zeitlang an ihr interessiert gewesen zu sein. Leopold empfahl sich aus Italien dem Herrn von Schiedenhofen und war ihm »sehr verbunden, daß er die Nannerl öfter auf dem Flügl spielen macht« (21. 4. 1770), und Wolfgang scherzte: »Der Herr von Schiedenhofen soll Dir fleißig Menuett schreiben helfen, sonst bekomt er keine Zuckerl nit!« (4. 8. 1770) Welcher Art die »Zuckerl« waren, ließ der Vierzehnjährige wohlweislich offen. Wahrscheinlich kam jedoch Nannerl aus finanziellen Gründen für Schiedenhofen nicht in Betracht. Dafür spricht zumindest die Tatsache, daß er 1778 die wohlhabende Tochter eines Hofkammerrats heiratete.

Zu den Bewerbern, die von vornherein keinerlei Chancen besaßen, gehörte der Leibkammerdiener und Truchseß Johann Joseph Adam, dessen Gattin 1777 verstorben war. Ein Jahr später hatte er sich Nannerl zu nähern versucht. Leopold wies ihn jedoch schroff ab und erteilte ihm Hausverbot.

»Einmal überfiel er uns, von derselben Zeit an waren wir aber niemals mehr zu Hause, und endlich – – da er sich über seine Liebe gegen(über) unsere Dienstmagd Tresel öfter herausließ – befahl ich ihr zu sagen, daß es uns, wenn er einmal verheiratet wäre, eine Ehre sein würde ihn und seine Frau bei uns zu sehen, so lange er aber Witwer wäre müsste ich mir seine Besuche verbitten, indem meine Tochter nicht der Stoff einer Stadtgeschichte sein wollte« (27. 8. 1778).

Der Vater übernahm die Regie und sprach im Namen der Tochter. Die Vorstellung, daß die Leute über sie tratschen könnten, war ihm ein Greuel.[22]

Der wichtigste Anwärter und Freund Nannerls war jedoch

Franz Armand d'Ippold (ca. 1730-25. 2. 1790), dessen Name Ende 1779 erstmals in ihren Aufzeichnungen auftaucht. Das »de« legte er sich selbst zu, wie aus seinem im Salzburger Landesarchiv liegenden Testament hervorgeht. Ob er damit »seine Autorität gegenüber seinen hochadeligen Schutzbefohlenen aufrechterhalten« (Klein, 2) oder einfach mehr Ansehen erringen wollte, bleibt dahingestellt. Er stammte aus Deutschböhmen, war k. u. k. Hauptmann, seit 1774 Hofmeister der Edelknaben und, als 1775 das Institut der Pagerie mit dem adeligen Collegium Virgilianum (in der Dreifaltigkeitsgasse, in nächster Nähe der Mozarts) vereinigt wurde, auch Direktor des letzteren. Dies war ein verantwortungsvoller Posten, da es sich bei den Knaben um Kinder des Adels handelte, die handverlesen ausgebildet wurden. Bei festlichen Gelegenheiten traten sie als Pagen hervor.

Ende 1777 wurde er zum erstenmal eher beiläufig in einem Brief Leopolds erwähnt, als er zum salzburgischen Hofkriegsrat befördert wurde. Ende 1780 verzeichnete Nannerls Tagebuch fünfmal seinen Besuch, jeweils mit anderen Personen zusammen. »Hernach d'ybold bei uns« (4. 12. 1780): das »bei uns« läßt vermuten, daß das Paar nie alleine war. Leopold achtete streng auf den Ruf des Hauses. Nannerl begleitete in Gegenwart von Herrn Schikaneder und Herrn d'Ippold einen Geiger; man spielte aus den Violinsonaten KV 301-306 (15. 12. 1780). D'Ippold war ein aufmerksamer Zuhörer und Musikliebhaber.

Im Juli 1781 fragte Wolfgang nach dem Gang der Affäre: »Nun möchte ich auch gerne wissen, wie es mit Dir und dem bewußten guten Freunde steht? schreibe mir doch darüber! oder habe ich Dein Vertrauen in dieser Sache verloren?« (4. 7. 1781) Die darauffolgenden Monate müssen sie – vorausgesetzt, daß sie sich in d'Ippold verliebt hatte – in einen Zustand der Anspannung versetzt haben, da die Affäre sich mit Wolfgangs Weggang nach Wien und der entsprechenden ohnmächtigen Wut Leopolds zeitlich überschnitt. Die Situation spitzte sich im Sommer zu. Anscheinend vertraute d'Ippold Nannerl seine Liebe an. Irgendein

Hindernis lag im Weg. Nannerl geriet in einen Konflikt, den sie erneut gesundheitlich austrug. Sie mußte sich einer Badekur unterziehen, um ihre Kräfte wiederzugewinnen. Wie sehr sich die Lage zugespitzt hatte, ist Wolfgangs Bemerkungen in seinem Brief vom 19. September zu entnehmen. Er sorgte sich um Nannerls Gesundheit und empfahl den Verliebten, ebenfalls nach Wien zu ziehen.

»Nun will ich dir aufrichtig schreiben, und eben auch wegen deiner immerzu zustossenden unpässlichkeiten – glaube mir, liebste Schwester, in allem Ernste, daß die beste Kur für dich ein Mann wäre – und eben deswegen weil es so sehr Einfluß auf deine Gesundheit hat, wünschte ich von Herzen dass du bald heyrathen könntest ... – Für dich und d'yppold wird schwerlich – Ja ich glaube gewiss – in Salzburg nichts daraus werden. – könnte denn d'yppold hier nichts für sich zuwege bringen? – er für sich selbst wird auch wenigstens nicht ganz leer seyn. – frage ihn darum – und glaubt er daß die Sache gehen könnte, so solle er mir nichts als den Weg zeigen – ich werde gewiss das Unmögliche tun – weil ich den stärksten Anteil an der Sache nehme. – wäre das ausgemacht – so könnt ihr euch sicher heyrathen – denn glaube mir – du würdest dir hier Geld genug verdienen – zum beispiel – in Privatakademien zu spielen – und mit den Lektionen – man würde dich recht darum bitten – und gut bezahlen. – Da müsste aber mein Vater quittiren und auch mit – dann könnten wir wieder recht vergnügt zusammen leben. – – Ich sehe kein ander Mittel – und ehe ich gewusst habe daß es dir mit dem d'yppold recht ernst ist – so hatte ich schon mit dir sowas im Sinn – nur unser lieber Vater war der Anstoss – denn ich möchte daß der Mann in Ruhe komme, und sich nicht plagen und scheren sollte – auf diese Art könnte es aber seyn – denn durch das Einkommen deines Manns, durch dein eigenes, und durch das Meinige können wir schon auskommen, und ihm Ruhe und ein vergnügtes Leben verschaffen. Rede nur bald mit dem d'yppold, und gib mir gleich Anleitung, denn wie eher man die Sache zu betreiben anfängt, desto besser. Durch das Kobenzlische Haus kann ich das Meiste machen. – Er muss mir aber auch schreiben, wie und was? –«

Wolfgang verkehrte mehrmals im Landhaus des Staatskanzlers Johann Philipp Graf Cobenzl. Er glaubte, mit seiner Hilfe dem Freund eine Stellung in Wien verschaffen zu können, verlangte aber von d'Ippold, Ideen zu entwickeln. Dieser reagierte jedoch nicht – aus welchen Gründen auch immer. Nannerl werden diese Träume von einer Lebensgemeinschaft zweier Ehepaare, noch dazu im großbürgerlichen Wien, sehr gefallen haben.

Eine Eheschließung war also in Salzburg nicht möglich, worauf Wolfgangs Satz hindeutet: »Ich sehe kein ander Mittel.« Vielleicht fürchtete Leopold, die Einkünfte des Brautwerbers wären für eine Ehestandsgründung ungenügend. »Der dicke Plumpfsack Hofkammerrat Amann hat eine starke Zulage von 150 oder 200 Florin bekommen mit einem langen Flederwisch, daß er mehr Sorge für die Erziehung seiner Kinder (aus zweiter Ehe) haben solle … Herr Zahlmeister hat also einen Schritt näher zu einer geschickten Hayrath«, schrieb Leopold über einen Bekannten (4. 1. 1786). Eine Verehelichung war offenbar nur mit einem bestimmten Finanzpolster möglich. Spärlich war das Einkommen d'Ippolds nicht gerade: sein hinterlassenes Vermögen, das aus Salzburger Ersparnissen bestand, übertraf mit 4000 Gulden mehrere Jahresgehälter Leopolds. Bedenkt man jedoch, daß Nannerl nach ihrem Tode fast das Doppelte hinterließ, relativiert sich die Summe. Möglicherweise war eine Verheiratung mit seiner Funktion als Leiter eines Knabeninternats unvereinbar.

Vollends unerträglich war Leopold der Gedanke, Nannerl könnte nach Wien umziehen. Er hatte den Sohn eindringlich davor gewarnt, seine sichere Salzburger Stelle aufzugeben. Sollte er nun der Tochter die Übersiedlung in diese Stadt empfehlen und gar noch selbst mitfahren? Wie würde er dastehen, mit einem mittellosen Schwiegersohn und einem finanziell ungesicherten Sohn, der seiner Ansicht nach ein allzu ausschweifendes und unkonventionelles Leben führte? Auf seine Bitte, Schulden bei seinem Vater zu begleichen, hatte Wolfgang hilflos reagiert: »Daß Sie, mein liebster Vater, noch kein Geld von mir bekommen, ist gewiss meine Schuld nicht, sondern die dermalige üble Saison. – Haben Sie nur Geduld. – Ich muß sie ja auch haben. – Ich werde Sie bei Gott nicht vergessen« (5. 9. 1781).

Die Entscheidung über Nannerls Zukunft kam Leopold äußerst ungelegen. Er hatte in einem schmerzhaften Prozeß erfahren müssen, daß selbst der strengste Einsatz väterlicher Autorität bei Wolfgang abprallte. Trotz seiner Resignation waren die alten Wunden noch nicht verheilt. Kaum hatte er sich von allem erholt, wurde er von Nannerl in eine ähnliche Situation gedrängt. Er sollte eine Entscheidung vollziehen, die auf dem schwankenden Boden der »Liebe« aufgebaut war, aber aus seiner Sicht vernünftigen Erwägungen widersprach. Zukunftspläne aber, die auf vagen Träumen fußten, wirkten auf ihn wie ein rotes Tuch. Möglicherweise kamen Konkurrenzgefühle gegenüber Wolfgang auf. Denn wie konnte Leopold auf den Sohn hören, wo doch dieser so häufig gegen seinen Rat verstoßen hatte? Ein Gemisch aus Verantwortungsgefühl für die Tochter und Ärger über den Sohn wird ihn bewogen haben, ein Machtwort zu sprechen und damit einen Schlußstrich zu ziehen.

Wolfgang hatte sich zuweilen gegen die väterliche Übermacht durchsetzen müssen, um seine Persönlichkeit zu festigen. Das Verbleiben in Salzburg hätte ihm künstlerisch und psychisch geschadet, und die Aufgabe seiner Ehepläne – eine weitere apodiktische Forderung Leopolds – hätte seine seelische und sexuelle Entwicklung beeinträchtigt. Die Liebe erschloß ihm ein Reich der Empfindungen, ebenso wie der Umzug nach Wien ihm eine Welt erfüllten Daseins bescherte. Beides war sowohl für seine künstlerische als auch seine persönliche Entwicklung unabdingbar. Dennoch kostete ihn die Trennung vom Vater erhebliche Qualen. Das partnerschaftlich-joviale Verhältnis, das Anfang der achtziger Jahre bestanden hatte, wurde durch Wolfgangs Weggang unvermittelt zerstört, und zwar so, daß er die Schuld zugeschoben bekam. Leopold verstand es, seine Autorität mit Liebe zu verschleiern. Alle seine Unternehmungen waren zum Wohle seiner Kinder, wie er zu betonen nicht müde wurde. Damit verpflichtete er sie zugleich, ihn zu lieben und ihm gehorsam zu sein. (Leopold handelte wohlgemerkt in guter Absicht; er durchschaute die autoritäre Fixierung seines Handelns nicht und fühlte sich im Einklang mit pädagogischen Maximen seiner Zeit.) Während Wolfgang es sich selbst und seiner Kunst gegenüber schuldig war, gegen den väterlichen Willen zu entscheiden und den Bruch zu riskieren, besaß Nannerl eine solche Möglichkeit der Rechtfertigung nicht. Wem war sie Rechenschaft schuldig? Eine Revolte gegen die väterliche Entscheidungsgewalt hätte sie nicht nur ihrem Vater entzweit und jeglicher materieller Grundlage beraubt, sondern sie vor allem außerhalb der gesellschaftlichen Spielregeln gestellt und moralisch isoliert. Sie konnte dem pädagogisch geschickten und erfahrenen Vater nichts entgegensetzen.

Dies alles überforderte Nannerl, die einerseits d'Ippold liebevoll zugetan war, andererseits aber vermittelnd zwischen Vater und Sohn stand, wobei sie in Zweifelsfällen für ersteren Partei ergriff. Sie geriet in eine Krise, die an ihrer Gesundheit zehrte. »Wegen meiner Schwester haben Sie mich, weil es so unerwartet war, ziemlich erschreckt«, schrieb Wolfgang (B/D III, 160). Und an Nannerl gerichtet: »Durch den letzten Brief unsers lieben Vaters habe vernommen daß du krank seiest, welche mir keine geringe Sorge und Kummer macht – und zwar 14 Tage hast du schon die Bad-Kur gebraucht; du warst also schon lange krank – und ich wusste kein Wort davon« (19. 9. 1781). Eine Bäderkur war eine kostspielige Angelegenheit. Leopold hätte sie nicht für Nannerl angeordnet, wenn es sich nicht um eine ernsthafte Erkrankung gehandelt hätte.[23]

Im Oktober wünschte ihr Wolfgang, daß sie sich »nach und nach erholen« möge (6. 10. 1781). Wenn sich auch ihr körperlicher Zustand besserte, die seelischen Turbulenzen waren keinesfalls vorbei. D'Ippold machte sich weiterhin Hoffnungen. Er war ein geduldiger und zurückhaltender Mensch und vertraute wohl darauf, daß Leopold im Lauf der Zeit milder urteilen würde, zumal Nannerl bereits das dreißigste Lebensjahr erreicht hatte.

Nannerl und Leopold erwarteten ungeduldig den versprochenen Besuch des Ehepaars aus Wien, der mehrfach verschoben wurde. Leopold vermutete ärgerlich, Wolfgang würde ihn »foppen«, worauf dieser seine Arbeitsüberlastung anführte (12. 7. 1783). Auch Nannerl beschwerte sich, denn Constanze antwortete ihr: »Mein lieber Mann hat Ihren Brif richtigst erhalten, und es freuete sowohl ihn als mich daß Sie sich so sehr uns zu sehen wünschen. Nur verdross ihn Ihr Argwohn, daß wir nicht gleiche Sehnsucht haben möchten, und in der Tath, es schmerzte mich selbst!« (19. 7. 1783) Das Paar traf im Juli 1783 in Salzburg ein – ihren Buben hatten sie bei einer Ziehmutter in Wien gelassen.

Wolfgang wurden noch dreißig Gulden von einem Gläubiger abgeknöpft, als er in Wien in den Wagen stieg, was ihm »schwer war, zu entbehren« (Nissen, 475). Constanze, deren Schilderungen der Biographie Nissens zugrunde liegen, muß sich noch lebhaft daran erinnert haben. Seine Finanzen waren so knapp bemessen, daß er sich vier Dukaten vom Vater lieh (10. 12. 1783). Dennoch geizte er nicht mit dem Geld. Am 30. Juli hatte Nannerl ihren 32. Geburtstag; einen Tag darauf spendierte er ihr Gefrorenes und abends Punsch, den er ihr mit dem Gratulations-Gedicht »Glücks-Wunsch, beim Punsch« überreichte.

>»Ich bin heut ausgegangen. Du wußtest nicht warum. –
> ich kann nur so viel sagen, daß es geschah darum,
> um dich mit etwas kleinem ein wenig zu erfreu'n,
> wobei ich weder Kosten, noch Fleiss noch Müh wollt'
> scheu'n.
> Ich weiß zwar nicht gewiss, ob du den Punsch magst
> trinken.

O! sage nicht – Nein, – sonst möcht' das Bindband stinken,
Ich dachte so bei mir, du liebst die Engeländer,
denn liebtest du Paris, so gäbe ich dir Bänder,
wohlriechende Gewässer, ein künstliches Bouquet,
Du aber, liebste Schwester, du bist keine Coquett,
Drum nimm aus meiner Hand den guten, kräft'gen Punsch
   Und laß ihn dir recht schmecken, das ist mein einz'ger
                                   Wunsch.«
(31. 7. 1783)

Parfüm, künstliche Blumen und Modeschnickschnack waren im
18. Jahrhundert Insignien für Koketterie, und obwohl Nannerl
ein Faible für Modedinge besaß, wollte sie sicherlich nicht als
erotisch leichtlebig gelten. Wolfgang erfaßte dies mit einem An-
flug von Ironie. Auffällig ist ihre Vorliebe für das Englische. Er
teilte diese Präferenz; bei Nannerl wird sie sich vermutlich auf
die Romane bezogen haben, denn sie war eine begeisterte Leserin. (So bestellte sie später aus St. Gilgen den neuesten Roman
des Briten Samuel Richardson.) Sie schätzte dieses Gedicht offenbar sehr, denn ihr Sohn fand es in ihrem Nachlaß (Hummel 1958,
86).

Wolfgang brachte Trubel und Frohsinn in den Alltag. Bemüht,
seine Frau in einem vorteilhaften Licht zu präsentieren, besuchte
er gleich zu Beginn des Aufenthaltes mit Constanze und Nannerl
die Messe, um anschließend bei den alten Familienfreunden Hagenauer, Schiedenhofen und Barisani Visiten zu machen. Wie
in früheren Zeiten pflegte die Familie den Verkehr mit Freunden, spielte Bölzlschießen und Karten, ging in die Komödie, fuhr
mit einem oder mehreren Wagen in die Umgebung, so zum Vorort Plain, nach Aigen, Hellbrunn und Gnigl, und unternahm Spaziergänge auf Salzburgs Hausbergen. Constanze schwärmte noch
Jahrzehnte später von diesen Ausflügen (Novello 1959, 102). Doch
wäre es voreilig, daraus zu schließen, daß das Verhältnis zu ihrem
Schwiegervater und ihrer Schwägerin ohne Spannungen war. Nis-

sen zitiert sie in seiner Biographie in diesem Zusammenhang: »Uebrigens war auch der Sohn mit seinem Besuche in Salzburg 1783 nicht recht zufrieden gewesen. Er hatte gehofft, dass man seine Frau mit einigen seiner Jugendgeschenke erfreuen würde, welches gänzlich unterblieb« (Nissen, XVIII). Weiter ist zu lesen: »Das Bewußtsein, daß man ein Unrecht tat, scheint das ganze Betragen gegen ihn und seine Frau in einen gezwungenen Zustand versetzt zu haben« (zit. b. Schurig 1923, Bd. 2, 127). Leopold vermochte seinen Groll gegen die Heirat und den Weggang des Sohnes nicht ganz zu verdrängen. Dennoch wird Constanze es genossen haben, daß Wolfgang – fern von Gläubigern, Geldsorgen und eiligen Kompositionsaufträgen – sich in seiner alten Umgebung erholte.

So jagte das Ehepaar auf dem Mönchberg und schoß dabei einen Vogel. Nannerl verzeichnet auch Bäder der beiden in der Salza – etwas, was im 18. Jahrhundert allmählich Mode wurde. Gemeinsam verbrachten sie Zeit an der Kegelbahn im Hinterhof des Tanzmeisterhauses, wo auch das Bölzlschießen durchgeführt wurde. Außerdem spielte man Tarock und Tressette. Mindestens zweimal besuchte Nannerl zusammen mit Constanze die Messe – ein Zeichen, daß das Verhältnis bei weitem nicht so gespannt war, wie manche Biographen vermuten. Sicherlich kam es dabei zu manch aufschlußreichem Gespräch. Fast täglich wurde musiziert. Ihre nüchternen Eintragungen verraten erst bei näherem Hinsehen die vielen Aktivitäten: »Den 1ten in der 10 Uhr Mess, beim Hermes. Perwein und Cassel bei uns. Nachmittag Ceccarelli, Bologna (zwei Kastraten), Reitter, Bullinger bei uns Musik gemacht. Seperl gelernt (= unterrichtet): hernach Bologna, Ceccarelli mit uns in Mönchsberg droben Bier getrunken. Ein recht schöner warmer Tag« (1. 8. 1783).

Auch das Tanzen kam nicht zu kurz. Am 18. Oktober berichtet Nannerl von insgesamt siebzehn Personen, die sich bei den Mozarts einfanden, um Kontertanz mit Violinbegleitung zu üben. Am nächsten Tag fuhr man zum Eizenberger Hof, soupierte dort und tanzte bis vier Uhr morgens. Um sechs Uhr ging es erst nach Hause, so daß niemand am Tag darauf vor ein Uhr mittags aufstand (19./20. 10. 1783).

Anfang Oktober wurde im Tanzmeisterhaus vor Gästen unter anderem ein »Concert aus dem C auf dem Clavier«, wohl KV 415, vorgetragen. Ob Nannerl es spielte, ist unklar. Die aus Wien stammende blinde Pianistin Maria Theresia von Paradis, die unterwegs auf einer Konzertreise war, besuchte damals die Familie. Kurz darauf stattete Nannerl ihr einen Gegenbesuch in dem Wirtshaus ab, wo die Wienerin mit ihrer Mutter logierte. Im September hatten die Mozarts das Theater besucht, in dem der mit der Familie freundschaftlich verkehrende Prinzipal Ernst Kuhne mit seiner Truppe gastierte. Auf dem Spielplan stand Shakespeare. Stücke aus Gattis Oper *l'Olimpiade* zur Feier des erzbischöflichen Namenstages erweckten Erinnerungen an frühere Gala-Veranstaltungen zu Ehren Colloredos bei den Geschwistern.

D'Ippold war meist dann zu Besuch, wenn musiziert wurde. Er spielte selbst nicht, doch muß ihm das Zuhören ein besonderes Vergnügen bereitet haben, zumal er sich mit Wolfgang gut verstand. Während des Besuchs des Wiener Ehepaars scheint sich die Affäre, die ins Stocken geraten war, wieder zugespitzt zu haben. Im September verzeichnet Nannerl zum erstenmal den Besuch seiner Schwägerin Josepha d'Ippold, geborene Ambros. Während Constanze, Wolfgang, Leopold sowie die beiden Zöglinge Gretl und Henry die Schießstätte vor dem Mirabelltor besuchten, blieb Nannerl allein zu Hause und empfing Frau d'Ippold. Wollte Josepha ihre künftige Verwandte kennenlernen und begutachten? Am nächsten Tag erwiderte Nannerl den Besuch, und am 21. September notierte sie: »d'yppold bei mir.« Es gab wohl Persönliches mit ihm zu besprechen. Tags darauf notiert sie: »Bologna bei uns mit dem Papa, Gretl, Henry in der Komödie. Ich mit Monsieur d'yppold und seiner Schwägerin in Mirabell Garten, dann bei Madame d'yppold, dort Tarock gespielt und sou-

piert. Monsieur d'yppold und Trezy mich nach Haus geführt«
(22.9.1783). Anton Trezzi war der ehemalige Ziehsohn von d'Ippold. Es wurde peinlich genau darauf geachtet, daß das Paar
sich zumindest außer Hause stets in Begleitung anderer Personen befand. Was aber veranlaßte Nannerl, sich von der Familie
zu trennen, um sich den d'Ippolds zu widmen?

Nach mehreren Begegnungen verabschiedete sich Madame
d'Ippold am 5. Oktober. Vielleicht hatte Nannerl zwei Jahre zuvor bei einem Heiratsantrag ihres Freundes gezögert, so daß d'Ippold seine Schwägerin bei einem erneuten Versuch um Beistand
gebeten hatte.

Am 28. Oktober reisten Wolfgang und Constanze heim. Nannerl sah ihren Bruder zum letztenmal in ihrem Leben. Abends
kam d'Ippold wieder zu Besuch. Mit zwei weiteren Gästen wurde
musiziert. Allen wird wehmütig ums Herz gewesen sein, denn
nach dem gehörigen Wirbel, den das Ehepaar verursacht hatte,
mußte der geregelte Alltag wieder einkehren. Es ist vorstellbar,
daß d'Ippold – innerlich gestärkt durch die Zustimmung seiner
Schwägerin sowie durch die freundschaftliche Zuwendung Wolfgangs – Leopold zur Rede stellte, und dieser ein endgültiges Nein
aussprach. Falls Leopold so handelte, befand er sich durchaus im
Einklang mit den Vorstellungen seiner Zeit. Verantwortungsvolle
Väter konnten es sich kaum leisten, der Tochter freie Hand zu gestatten, dazu war das wirtschaftliche Risiko zu groß. Warum
sollte der Vater von seinem Recht, einen Bewerber abzulehnen
oder anzunehmen, abrücken? Er sah es als seine Pflicht an, Nannerl in gute Verhältnisse einzuheiraten.

Es war durchaus üblich, Ehe und Liebe voneinander zu trennen. Als Grundlage für eine Eheschließung galt Liebe im 18. Jahrhundert noch weitgehend als unangemessene, wenn nicht sogar
hinderliche Gefühlsregung. Der Begriff bedeutete in der alten
Gesellschaft auf die Ehe bezogen lediglich, »sich nicht so sehr
zu hassen, daß ein Zusammenleben völlig ausgeschlossen wäre«
(Bock/Duden, 142). Johann Bernhard Basedows *Practische Philo-*

sophie für alle Stände (1758), die Leopold gekannt haben wird, gibt angehenden Eheleuten den Rat, einen Partner zu wählen, »von deren Gegenwart und vertrauten Umgang ihr wenigstens keinen Widerwillen empfindet«. Basedow spricht kaum von der »Liebe«, dafür von der »ehelichen Freundschaft«. Die erotische Leidenschaft als Basis für eine Ehegemeinschaft ist ihm dagegen ein Greuel: »Eine so vorzügliche Neigung, daß man ohne die Gewählte ... keine andere zu lieben oder mit keiner anderen in der Ehe zu leben, fähig wäre ... ist niemals anzuraten«, und er schließt: »Ein jeder rechtmäßiger Oberherr, folglich Eltern und Vorsteher der Unmündigen, sind in ihrem Gewissen berechtigt, solche Heiraten, die ihnen eine Quelle des Unglücks scheinen, zu verwehren« (zit. b. Sørensen, 22).

Im 18. Jahrhundert prallten die Vorstellungen der ständisch-agrarischen Gesellschaft, die die Heiratsplanung ausschließlich den Eltern zuwies, auf die aufklärerischen Gedanken vom freien Individuum. Eine intensive Diskussion über das bislang übliche Recht der Eltern, bei der Wahl des Ehepartners lenkend eingreifen zu können, setzte ein, wobei moralisch-sittliche und psychologische Argumente vorgebracht wurden. Die moralischen Wochenschriften verlangten bereits um 1720, daß Frauen nicht mehr gegen ihren Willen in Ehen gezwängt werden sollten. War die eheliche Bindung in der vorindustriellen Gesellschaft ein mehr ökonomisch begründeter Zusammenschluß, der die gemeinsame Wirtschaft, die Kinderaufzucht und die Religionsausübung gewährleisten sollte, so wurde sie in dieser Zeit mehr und mehr zur psychischen, sehr persönlichen Beziehung zwischen den beiden Ehepartnern (Leierseder, 276).

Die strengen Verzichtparolen der Zeit galten in erster Linie den Frauen. So beanspruchten Leopold und Wolfgang beide für sich das Recht, Liebesheiraten einzugehen. Ihre Partnerinnen entstammten armen Verhältnissen, so daß ihnen die jeweilige Liaison keinen finanziellen Vorteil eintrug. Einer Frau eine Wahlmöglichkeit zuzugestehen, stufte Leopold jedoch als eine neumodische Marotte ein. Er mokierte sich gern über sentimentale Liebesromanzen, die in der empfindsamen Literatur Mode waren. Einmal spottete er über ein Fräulein, das sich in München aus Liebeskummer vom Frauenturm gestürzt hatte: »Sie wird halt glauben in das Paradies der romantischen Heldinnen sich durch diesen Luftsprung versetzt zu haben« (19. 1. 1785). Für ihn waren solche Frauen verblendete Geschöpfe, die sich durch rührselige Liebesliteratur beeinflussen ließen.

Im ausgehenden 18. Jahrhundert kam es auch hier zu einer allmählichen Veränderung. Gegen den elterlichen Willen zu heiraten galt weiterhin als moralisch verwerflich. Es wurde aber auch gebrandmarkt, wenn Eltern ihrem Kind einen Ehepartner mit Gewalt aufdrängten. So eine Schrift von 1757: »Gleichwie die Kinder sich nicht ohne Einwilligung ihrer Eltern verehelichen dürfen: so können die Eltern ihre Kinder nicht ohne ihre eigene freye Einwilligung zur Ehe zwingen« (zit. b. Sørensen, 21). Dieses moralisch verbindliche Vetorecht beider Parteien läßt Wolfgangs verzweifeltes Bitten um die väterliche Erlaubnis zu seiner Verheiratung in einem anderen Licht erscheinen. Es handelte sich nicht um ein rein familiäres Problem, sondern um ein Gebot der Zeit. Die Zusage, die Leopold schließlich gegen seine innerste Überzeugung gab, zeigt, wie korrekt und verantwortungsbewußt er innerhalb seines Ermessensspielraums handelte. Bei Nannerl lagen die Dinge anders, da sie in einem stärkeren Maße von der väterlichen Entscheidungsgewalt abhängig war. Während Wolfgang es sich leisten konnte, notfalls gegen den väterlichen Willen zu verstoßen, war ihr dies verwehrt. Wolfgang besaß als aufstrebender, männlicher Bürger das moralische Recht zu einem eigenständigen, glücklichen Leben. Sein Freundeskreis in Wien hätte seine Heirat auch gegen den väterlichen Willen gebilligt. Eine Entscheidung gegen den Vater hätte Nannerl aber gesellschaftlich gebrandmarkt. Mädchen ohne Familie wurden als Menschen ohne soziale, rechtliche und christliche Bindungen betrachtet, die man jeden Lasters für fähig hielt (Götte, 94).

Diese sozialen Vorgaben reichten für sich genommen aus, um Nannerl in ihrer Entscheidungsfreiheit zu hemmen. Zu allem Überfluß war auch Leopolds individuelle Situation erheblich angespannt. Sein Sohn, dem er jahrzehntelang sein Tun und Handeln geweiht hatte, hatte ihn gedemütigt. Wolfgang hatte gegen seinen Willen den Salzburger Dienst verlassen und dies in einer Weise, die der Vater als höchst unziemlich empfand. Nicht nur, daß Wolfgang bereit gewesen war, finanziell ungesichert eine Ehe einzugehen und eine Familie zu gründen, er hatte noch dazu das Mädchen einer Familie geheiratet, der Leopold zutiefst mißtraute. Er fühlte sich um den Ertrag seiner Lebensaufgabe betrogen. Was lag daher näher, als mit der Ablehnung d'Ippolds eine autoritäre Geste zu wählen, um die eigene, geschwächte Stellung aufzuwerten? Leopolds Denken und Handeln fußte auf einem traditionell patriarchalischen Familienmodell, das durch Wolfgang in gefährliche Schwankungen geraten war. Alle Vorschläge, die Wolfgang für eine mögliche Hochzeit Nannerls gemacht hatte (Umzug nach Wien, Arbeitssuche d'Ippolds, Unterrichtstätigkeit Nannerls in den Wiener Häusern und Aufbau einer neuen, bürgerlichen Existenz), bedeuteten Ungehorsam und mußten daher von ihm abgelehnt werden.

Für die Ausübung eines Machtwortes spricht somit vieles. Die Erkrankung Nannerls im Herbst 1781, die möglicherweise im Zusammenhang mit diesem Verzicht zu sehen ist, wird ihn nicht ernsthaft in Konflikt mit seiner Entscheidung gebracht haben, denn es galt für die Frau des 18. Jahrhunderts: »Die körperliche Schwäche und Nachgebenskraft des weiblichen Körpers ist ein Wink der Natur, daß das Weib mehr zum stillen Dulden gemacht ist; daß in der Kraft zu dulden seine große Fähigkeit liegt ...« (J. E. Ewald 1807, zit. b. Leierseder, 66).

Wolfgang hatte sich eine Familie und einen Wirkungskreis weit entfernt von Salzburg geschaffen. Nannerl mußte sich nun damit abfinden, daß es keine gemeinsame Zukunft mit ihm geben konnte. Ihr war ebenso unwiderruflich klargeworden, daß eine Bindung an d'Ippold unmöglich und damit weiteres Warten auf eine Meinungsänderung ihres Vaters sinnlos war. Ob sie Leopold ein zweites Mal konsultierte und er erneut die Gründe für seine Ablehnung darlegte, ist unerheblich. Ihr war bewußt geworden, daß sie handeln mußte, um ihre wirtschaftliche Existenz zu sichern. Zehn Monate nach Wolfgangs Abreise war sie mit einem anderen Mann verheiratet.

Wolfgang wurde in Wien von der Nachricht ihrer bevorstehenden Verheiratung überrascht. Nannerl zog ihn im Gegensatz zu ihrer sonstigen Gepflogenheit nicht ins Vertrauen. Dies erscheint als ein Indiz dafür, daß sie an der Liaison innerlich nur wenig beteiligt war, und daß die Initiative vom Vater ausging. Wie Wolfgang, der d'Ippold freundschaftlich zugetan war, über den neuen Bewerber dachte, erfahren wir nicht. Er beschränkte sich auf anzügliche Kommentare. »Potz Saperment! Jetzt ist es Zeit daß ich schreibe, wenn ich will daß dich mein Brief noch als eine Vestalin antreffen soll! – Ein paar Tage später, und – weg ist's –« (18. 8. 1784). In seiner unbefangenen Art schlägt er vor, daß Leopold sich pensionieren läßt und entweder nach St. Gilgen zu Nannerl oder nach Wien zieht; ein Vorschlag, der Leopold unsinnig erscheinen mußte, da er in beiden Fällen nicht Herr im eigenen Haus gewesen wäre.

Woher kannte Nannerl ihren künftigen Mann? Bereits im September 1776 notierte der Salzburger Schiedenhofen: »Abends zum Mozartischen, wo ich den Leutnant Gilowski und Pfleger zu St. Gilgen antrafe« (Eibl 1966). Die Familie Mozart kannte also den Verwaltungsbeamten Berchtold zu Sonnenburg jahrelang, bevor der damals siebenundvierzigjährige um Nannerls Hand anhielt.

Am 16. April 1783 notierte Nannerl: »Den 16ten ist die Pflegerin von St. Gilgen gestorben. Ein Frl. v. Grinbichl.« Nach dem Tod seiner siebenundzwanzigjährigen zweiten Ehefrau hielt Berchtold zu Sonnenburg um die Hand der zweiunddreißigjährigen Nannerl an. Mehrere Punkte sprachen aus der Sicht Leopolds für ihn. Da war zum einen seine Position als oberster Verwaltungs- und Justizbeamter eines Pflegegerichts, das ihm eine Lebensstellung mit Versorgung der Witwe garantierte. Er war ferner Angehöriger des niederen Adels, was den aufstiegsbewußten Leopold beeindrucken mußte. Und schließlich konnte Nannerl als Frau Berchtold in das Geburtshaus ihrer Mutter einziehen. Daß sie nun still und abgeschieden, fern von den Salzburger Kunstgenüssen und dem alten Bekanntenkreis leben mußte, waren Einschränkungen, die in Leopolds Überlegungen nicht zu Buche schlugen. Er rechnete damit, daß sie häufig zu Besuch kommen würde, was jedoch nicht eintreffen sollte.

Das Geschlecht der Berchtolds ist bereits im 13. Jahrhundert nachgewiesen. Der Gründer der Salzburger Linie war Hans Martin Berchtold, der um 1646 von München ins Salzburgische zog und später Salzoberanschaffer in Hallein wurde. Seinem 1667 geborenen Sohn Johann Joseph verlieh der Salzburger Fürsterzbischof von Firmian 1733 den Salzburger Adelstitel mit dem Prädikat »von Sonnenburg«.[24] Sein Sohn Franz Anton (1706-1769) war der Vater Johann Baptists. Er wurde 1745 zum Pfleger von Hüttenstein, St. Gilgen, ernannt und war damit einer der Amtsnachfolger von Wolfgang Nikolaus Pertl, Nannerls Großvater mütterlicherseits, der dieses Amt von 1716 bis 1724 versehen hatte. Die von Franz Anton für die Kirche gespendeten Seitenaltäre sowie seine Bemühungen um einen Neubau, die er gemeinsam mit dem örtlichen Vikar vorantrieb, zeigen seine enge Verbundenheit mit dem Ort.

Nannerls künftiger Mann Johann Baptist, der zwei jüngere Brüder besaß, wurde von 1748 an im Benediktiner-Kloster zu Mondsee unterrichtet. Er wechselte zur Salzburger Universität, wo er sich zum Magister der Philosophie qualifizierte. 1758 erhielt er von der dortigen juristischen Fakultät das »Universalzeugnis«; Nannerl war damals sieben Jahre alt. Anschließend praktizierte er zwei Jahre lang beim fürstlich salzburgischen Hofrat. Mit Dekret vom 2. März 1761 wurde ihm gestattet, seinem Vater

»im Amte, jedoch sine spe successiones, adjungieren zu dürfen«.
Trotz des ausdrücklichen Hinweises darauf, daß er durch diese
Tätigkeit keine Anwartschaft auf die Stelle hatte, wurde er eine
Woche nach dem Tod seines Vaters im November 1769 dessen
Amtsnachfolger. Der Vater hatte wohl rechtzeitig seine Beziehun-
gen spielen lassen. Ein »Pfleger« ist nach heutigen Begriffen ein
Verwaltungsbeamter im Range eines Bezirkshauptmanns und
Bezirksrichters, dem Verwaltung und Gerichtsbarkeit oblagen
(Schenk 1983, 18). Er mußte verwaltungstechnische, steuerliche
und pastorale Fähigkeiten und Kenntnisse besitzen, um Zölle ein-
zuziehen und bei Konflikten ausgleichen zu können.

Den Namen nach zu urteilen, entstammten die beiden ersten
Ehefrauen Berchtolds dem niederen Adel. Anscheinend war er
wählerisch.

Seine erste Frau gebar neun Kinder in neun Jahren, von denen
fünf nur wenige Tage oder Wochen überlebten, und starb nach
der Geburt des letzten Kindes. Er brauchte daraufhin dringend
mütterliche Fürsorge für das Neugeborene und die noch kleinen
Geschwister. Johanna Mayrhofer von Grünbichl trat als Vierund-
zwanzigjährige in die Ehe ein und hatte damit neben einem Säugling drei weitere Stiefkinder im Alter von drei, sechs und neun
Jahren zu versorgen. Nach einem Jahr war sie selbst schwanger;
nach zwei Ehejahren hatte sie bereits fünf Kinder in ihrer Obhut. Im dritten Ehejahr verstarb sie, vermutlich wie ihre Vorgängerin aus Erschöpfung. Nach ihrem Tod war die Situation noch
schwieriger für Johann Baptist, denn nun warteten fünf Kinder
daheim ohne mütterliche Obhut. Diese Situation zeigt die für
das 18. Jahrhundert typische hohe Anzahl der Schwangerschaften
sowie die hohe Rate der Kindersterblichkeit. Kursiv gesetzt sind
die Kinder, die der hohen Sterblichkeit nicht zum Opfer fielen
und die Nannerl infolgedessen aufzuziehen hatte:

1. EHEFRAU MARIA MARGARETE, GEB. POLIS VON MOULIN
(1746-1779), VERHEIRATET 10. 7. 1769-10. 11. 1779
Kinder:

Sigismund 9. 10. 1770-22. 10. 1770

Anna Maria (Nannerl) 30. 8. 1771-1839

Johann Baptist 22. 8. 1772-27. 9. 1772

Wolfgang Joseph 25. 1. 1774-6. 7. 1787

Maria Franziska 31. 7. 1775-11. 10. 1775

Franz Anton 16. 8. 1776-18. 8. 1776

Joseph Maria Cajetan 7. 8. 1777-22. 7. 1806

Maria Symphorosa 7. 8. 1778-21. 8. 1778

Andrä Averlinus 10. 11. 1779-7. 2. 1830

2. EHEFRAU JOHANNA (JEANETTE) MARIA,
GEB. MAYRHOFER VON GRÜNBICHL (1757-1783),
VERHEIRATET 12. 2. 1780-15. 4. 1783
KIND: *Karl Franz* 15. 4. 1782-8. 9. 1855

3. EHEFRAU MARIA ANNA, GEB. MOZART, VERHEIRATET
23. 8. 1784-26. 2. 1801
Kinder:

Leopold Alois Pantaleon 17. 7. 1785-15. 5. 1840

Johanna (genannt Jeanette) 22. 3. 1789-1. 9. 1805

Marie Babette 17. 11. 1790-29. 4. 1791

Welche Eigenschaften zur Übernahme eines solchen mutterlosen Haushalts nötig waren, verrät eine Schilderung Leopolds. Er erzählte, wie ein Witwer mit Kindern von zwei Schwestern die weniger hübsche zur Ehefrau wählte. Der Grund war, »daß nämlich diese für ihn ... und für seine Kinder sich besser schicken möchte, weil sie vielleicht weniger witzig tun will, und auch vielleicht weniger Hang zur unnötigen überflüssigen Galanterie oder Eitelkeit hat« (18. 8. 1786). Eine attraktive Frau konnte durch die Bewunderung der Männer abgelenkt oder eingebildet werden; wichtiger war eine innerlich gefestigte Frau, die bereit war, die schwere Bürde eines kinderreichen Haushalts zu tragen.

Warum liierte sich die modebewußte und tanzfreudige Nannerl nach ihrer unerfüllten Liebe zu d'Ippold so schnell mit einem Mann, der wie dessen Gegenteil wirkte? Zu erklären ist dies nur mit Vernunftgründen. Die »mariage de raison« gehörte trotz der Neuerungen der Empfindsamkeit noch immer zu den allgemeinen Gepflogenheiten des 18. Jahrhunderts. Die Gründe liegen auf der Hand: angesichts der hohen Sterblichkeitsraten waren die Aussichten auf ein lebenslanges »Glück« ohnehin illusionär. Bis zu 30% aller Ehen waren solche, in denen mindestens einer der beiden Eheleute das zweite oder dritte Mal verheiratet war, so auch im Fall Berchtolds. Die Hast, mit der nach einem Sterbefall eine neue Ehe eingegangen wurde, lag in dem Zwang der gemeinsam zu führenden Hauswirtschaft (Bock/Duden, 142).

Johann Baptist brauchte dringend eine reifere Frau, die sich um seine Kinder kümmerte. Mit einer ausgebildeten Musikerin als Gattin verbesserte sich sogar sein Ansehen. Nannerl wiederum erhielt durch Berchtolds Nobilitierung den Status einer »Reichsfreifrau« – etwas, das sie beeindrucken mußte. Das Tauschprinzip waltete: Berchtold brachte seinen Status und die finanzielle Sicherheit ein, Nannerl ihre kultivierte Bildung und ihre Arbeitskraft.

Am 12. August 1784 stellte Johann Baptist einen offiziellen Antrag auf Beschleunigung der Eheverkündung. Er war erfolgreich, denn am gleichen Tag wurde der Heiratskontrakt geschlossen. 11 Tage darauf, am 23. August, wurde die Trauung in der Kirche von St. Gilgen vollzogen. Leopold reiste mit seinen Kostzöglingen Grethe Marchand sowie Hannchen Brochard zur Hochzeit an den Wolfgangsee. Auch Berchtolds Verwandtschaft war zugegen. Das Ehepaar erhielt wohl die üblichen Geschenke: Silbergeschirr, Zinn und anderen Hausrat. Vermutlich gab ihr Leopold ein Tasteninstrument – es sollte ihr liebstes Geschenk werden.

Fünf Tage nach der Hochzeitsfeier fuhr die kleine salzburgische Gesellschaft zurück. Dabei kam es zu Unglücksfällen. Der

Wagen kippte wegen eines zu schlappen Hängeriemens insgesamt viermal zur Seite. Bauern halfen, Ketten einzuziehen – »wir tappten dann zu Fuss durch Kot und über Steine« (30. 8. 1784), und die sechzehnjährige Grethe schrieb über das Ereignis an Nannerl, die nun ehrerbietig mit »Euer Gnaden« angeredet wurde: »Sie werden sehr in der Angst gewesen sein, wenn Sie wüßten welche Lebensgefahr wir ausgestanden« (31. 8. 1784).

Wolfgang verfaßte aus der Ferne in seinem »poetischen Hirnkasten« die folgenden Zeilen für Nannerl:

> Du wirst im Ehstand viel erfahren
> was dir ein halbes Rätsel war;
> bald wirst du aus Erfahrung wissen,
> wie Eva einst hat handeln müssen
> daß sie hernach den Kain gebar.
> Doch Schwester, diese Ehstands Pflichten
> wirst du vom Herzen gern verrichten,
> denn glaube mir, sie sind nicht schwer;
> doch jede Sache hat zwo Seiten,
> der Ehstand bringt zwar viele Freuden,
> allein auch Kummer bringet er.
> Drum wenn dein Mann dir finstre Mienen,
> die du nicht glaubest zu verdienen,
> in seiner üblen Laune macht:
> So denke, das ist Männergrille,
> und sag: Herr, es gescheh dein Wille
> bei Tag – und meiner bei der Nacht.
> (18. 8. 1784)

Obwohl man offen und zuweilen anzüglich über sexuelle Dinge sprach und der Prüderie des 19. Jahrhunderts fernstand, war Nannerls Jungfräulichkeit eine unverrückbare Tatsache, die auf ihr sittsames Vorleben schließen ließ. Berchtold konnte gegen ihr Heiratsgut von 500 Gulden, dessen Zinsen ihr als »Spennadlgeld«

(eine Art Taschengeld) gesichert blieben, eine Widerlage von 1000 fl. bieten, und weitere 500 fl., von denen sie vorläufig 20 fl. Zinsen bezog, als »Morgengabe seu in praemium virginitatis«. So lautete der Passus des Ehevertrages (Deutsch/Paumgartner, XIII). Ihre Reinheit war also viel Geld wert. Es wäre eine unvorstellbare Schande für sie gewesen, wenn sich in der Hochzeitsnacht etwas anderes herausgestellt hätte.

Im Ehevertrag war außerdem geregelt, daß alles, was der Bräutigam oder die Braut während der Ehe erhalten oder erben sollten, als »separirtes Gut« gelten und sie es daher zur »freyen Disposition« erhalten würde (Brautkontrakt, Salzburger Landesarchiv, zit. b. Halliwell, 560). Womöglich hat Leopold die Interessen seiner Tochter bei der Abfassung der Vereinbarung vertreten und an seinen eigenen Tod dabei gedacht. Er traute seiner Tochter das entsprechende musikalische Wissen und Können zu, um verantwortungsvoll mit den Musikalien umgehen zu können.

Einen Tag nach der Rückkehr aus St. Gilgen brachte Leopold seine Kostzöglinge zu ihren Eltern zurück. Daß er sie nach Nannerls Weggang nicht mehr im Hause haben wollte, zeigt, wie unabdingbar sie für die haushälterischen und emotionalen Bedürfnisse dieser Kinder gewesen war. Leopold befand sich nun – da auch noch der geliebte Hund verstorben war – in einem einsamen Haus.

Und wie werden Nannerls Gefühle gewesen sein? Genau ein Jahr vor ihrer Hochzeit hatte die Schriftstellerin Sophie de La Roche mit *Pomona für Teutschlands Töchter* die erste von einer Frau konzipierte, überregional verbreitete Frauenzeitschrift Deutschlands herausgegeben. Eine fortgesetzte Kolumne waren die »Briefe an Lina«, die sich an ein fünfzehnjähriges Mädchen richteten und alles behandelten, was ein Bürgermädchen zum Glück führen sollte. Das wichtigste Erziehungsziel bestand darin, sich mit den Gegebenheiten abzufinden und in die weiblichen Aufgaben einzufügen. Nannerl befand sich mit ihrem Verhalten also auf der Höhe ihrer Zeit.

9. Als Ehefrau in St. Gilgen: 1784-1787

An einer der landschaftlich reizvollsten Stellen des Salzburger Landes, am Westende des Wolfgangsees, liegt die Dorfgemeinde St. Gilgen, dreißig Kilometer und sechs Stunden Kutschenfahrt von Salzburg entfernt. Als Nannerl hinzog, lebten dort etwa 1200 Einwohner. Im Dorf selbst gab es nur etwa 76 Häuser, die anderen 120 Häuser waren um den See herum verstreut. Am wichtigsten war die Salzgewinnung, aber auch der Bootsbau, das Fischen und die Eisenindustrie hatten sich dort breitgemacht. Auch Spitze wurde hergestellt.

Da der See und die Gegend darum so unterschiedlich genutzt wurden, konnten Konflikte zwischen den Ortschaften St. Gilgen, St. Wolfgang und Strobl leicht entstehen. Hier mußte der sogenannte Pfleger einschreiten. Außerdem war er befugt, Steuern einzutreiben. Neben juristischen Kenntnissen benötigte er demnach auch psychologisches Fingerspitzengefühl.

Von Nannerls Wohnhaus aus liegt die Pfarrkirche St. Aegidius nur wenige Schritte ortseinwärts entfernt. Hier verbrachte sie viele Stunden. Diese Kirche ist mit der Lebensgeschichte von Nannerls Familie eng verknüpft. Ihre Großeltern wurden in dem ursprünglich gotischen Bau am 22.11.1712 getraut, ihre Mutter am 25.12.1720 getauft, und ihr Großvater am 9.3.1724 auf dem Friedhof begraben. Ihr Schwiegervater trieb als Pfleger zusammen mit dem Vikar den Neubau der spätbarocken Kirche von 1767 bis 1769 voran. Er wurde 1769 dort bestattet. Nannerl selbst wurde dort am 23.8.1784 getraut, und am 2.3.1801 wurde ihr Mann dort zu Grabe getragen.

Das ehemalige Pflegegerichtshaus ist direkt am Wasser gebaut. Es bietet einen bezaubernden Blick auf den See und die darumliegenden Berge, die sich im Wasser spiegeln. Die Dreiunddreißigjährige war aber nicht der attraktiven Landschaft wegen nach St. Gilgen gezogen. Als sie den verwitweten Berchtold zu Sonnenburg ehelichte, der ihrem Großvater in diesem Amt nachgefolgt war, bewegte sie sich auf den Spuren ihrer Mutter. Diese war im gleichen Haus geboren worden, in dem Nannerl die nächsten siebzehn langen Jahre ihres Lebens verbringen sollte.[24]

Berchtold erledigte die geschäftlichen Dinge im Parterre, wo die Besucher empfangen wurden. In der Berchtoldschen Familienchronik sind die Räume spezifiziert (Halliwell, 454). Der Auflistung des Mobiliars und der Ausstattung ist zu entnehmen, daß die Wohnung zwei mit Porträts und Vorhängen stattlich eingerichtete Wohnzimmer besaß. Außer einer Küche gab es ein Schreibzimmer, einen Klavierraum, ein Schlaf- und ein weiteres Zimmer. Mit Ausnahme der Wohnzimmer standen in allen Räumen Betten, selbst im Klavierraum und in der Küche, wobei letztere dem Dienstpersonal vorbehalten waren. Vermutlich war die Schlafstätte im Musikraum für Nannerl selbst eingerichtet. Da sie täglich mehrere Stunden dort übte, konnte sie sich zwischendurch ausruhen oder sich überhaupt vom Familienbetrieb absondern. Denkbar ist aber auch, daß sie das Zimmer nur »zwischendurch« nutzen konnte und sich daher die strenge Regelung für Zeiten auserbeten hatte, in denen sie in Ruhe gelassen werden wollte.

Mit ihrem Umzug aus dem Tanzmeisterhaus, dem dritten Wohnungswechsel ihres Lebens überhaupt, begab sich Nannerl zurück zu ihren Vorfahren. Sie bewegte sich im Kreis, während Wolfgang, der in Wien alle paar Monate die Wohnung wechselte, nach vorne strebte.

Auf Nannerl warteten fünf unmündige Kinder. Leopold saß dagegen allein zu Hause und litt unter diesen Umständen. »Wenn die Komödien weg sind, so weiß nicht was den Abend tun soll, ich möchte vor Denken und Langeweil krepieren« (19. 1. 1785). Über den Umzug seiner Tochter konnte er sich nicht beklagen, denn er hatte ihn selbst gewollt; dennoch behagte ihm sein neuer Lebensabschnitt nicht. Da es keinen Postkurs gab, schickte er seine Briefe und sonstigen Sendungen an Nannerl durch einen regelmäßig verkehrenden Fuhrmann oder eine Glasträgerin, die

Produkte aus einer bei St. Gilgen gelegenen Glashütte nach Salzburg lieferte und dabei private Post mitnahm. Der Bote fuhr freitags nach Salzburg und kehrte samstags zurück, und Leopold wünschte sich über diesen Weg einmal wöchentlich Nachrichten von seiner Tochter.

Seine Briefe offenbaren nur wenig über sein wahres seelisches Befinden. Mit den Berichten über Theater- und Musikaufführungen, Skandale, Liebesaffären, Klatsch über Salzburger Bekannte oder Prominente, durchsetzt mit Ratschlägen zur Gesundheit und zur richtigen Erziehung der Stiefkinder, blieb er im Alltäglichen befangen. Es ist nicht mehr viel vom kultivierten, weitgereisten Weltmann zu spüren, eher vom Pensionär, der sich auf sein Altenteil zurückzieht. Allmählich besserte sich seine Stimmung. Den zahlreichen Klatschgeschichten ist ein waches Interesse an den Salzburger Ereignissen anzumerken. Sie drehten sich häufig um Frauen, so beispielsweise um eine skandalöse »Buhlerin, die mit ihrem Leibscapital sich viel Geld« erwarb (2. 12. 1785), um die Streitereien zweier Männer wegen einer unwillkommenen Vaterschaft, um ein Mädchen, das von der Mutter zur Hure gemacht wurde, um mannstolle Frauen. Er konnte auch bissig sein: »Die bucklige, krummhalsige elende Gräfin Thun Fräulein ist gestorben« (12. 1. 1787). Auch sonst ließ ihn sein Spott nicht im Stich:

»Der neue Geiger Latouche hat verflossenen Sonntag endlich sich hören lassen: ... Es war halt so, als wenn ein Schüler seine Lektion das erste mal mit Zittern daher sagte. Er hat erst 30 Jahre, und wenn er noch 20 Jahr exerciert, so wird er wohl das Courage bekommen, ... und mit der Hilf des lieben Gott im 50ten Jahre ein verwegener kecker Violinspieler werden« (28. 4. 1786).

Er war nicht untätig, sondern unterrichtete bis kurz vor seinem Tod adelige Damen. So einsam, wie er es zunächst empfand, war er in Wahrheit nicht. Abgesehen von Heinrich Marchand, den er aus München wieder zu sich holte, erhielt er häufig Besuch von Bekannten. Eine Besucherin war die von Wolfgang hochge-

Nannerls Ehemann Johann Baptist von Berchtold
zu Sonnenburg, um 1785

schätzte Sängerin Nancy Storace, die sich auf der Durchreise von
Wien nach England befand, und der Leopold vier Stunden lang
die Sehenswürdigkeiten der Residenzstadt zeigte.

Es ist bedauerlich, daß Nannerl ihre Briefe nach dem Tod des
Vaters vernichtete, denn sie entwickelte in ihnen eine ungewöhnliche Gesprächigkeit, was aus den Antwortbriefen des Vaters hervorgeht. »Vieles zu beantworten, und was noch zu schreiben
hätte, muß auf ein andersmal sparen«, schrieb Leopold auf einen
ihrer Briefe hin (9. 12. 1785), und: »Aus deinem Brief habe die
ganze Erzählung mit Vergnügen gelesen« (22. 5. 1786). Aus sei-

nen Zeilen erschließen sich zahlreiche Einzelheiten über ihr Leben, die sich wie ein Puzzle zu einem sinnvollen Zusammenhang fügen.

Ihr Mann war mit seinen 48 Jahren eine gefestigte Persönlichkeit. Ein Porträt aus dieser Zeit zeigt einen korrekt gekleideten, gereiften Herrn mit väterlichen Zügen. Das abschätzige Urteil, er sei ein »verlebter und vertroddelter Witwer« gewesen (Schurig 1922, XXVIII), ist zweifellos überzogen. Leopold behandelte ihn in seinen ersten Briefen respektvoll. Fast unterwürfig sprach er vom »Herrn Sohn«, vom »lieben« oder gar vom »liebsten Herrn Sohn«. Zuweilen schrieb er »dein Herr«. Wolfgang wurde dagegen lediglich mit »dein Bruder« abgetan, kaum jemals mit »mein Sohn« oder gar mit dem Vornamen genannt.

Für Nannerl galt es nun umzudenken. Sie mußte sich einer weiteren männlichen Autorität beugen. Leopold behielt ihr gegenüber seinen befehlenden Tonfall bei, aber sie hatte sich in Konfliktfällen auf seiten des Ehemannes zu stellen. Das entsprach der mit dem alten Selbstverständnis behafteten Ehe. So heißt es im Rechtskommentar des Kur-Bayerischen Landrechts von 1756: »...demnach ist und bleibt der Mann sowol von seyner Frau als der ganzen Familie das Oberhaupt, wogegen sie ein für allemal subordiniert und untergeben ist« (zit. b. Leierseder, 126). In Johann Heinrich Zedlers Universallexikon von 1735 wird ihre Rolle zweigeteilt: »Haus-Mutter ist die Gehülfin des Haus-Vaters, folglich die andere Haupt-Person einer Haus-Wirtschaft, ohne welche selbige nicht leicht in guter Ordnung angestellet und geführet werden mag. In Betrachtung der ehelichen Gesellschaft ist sie als Ehe-Frau und Mutter anzusehen, in der Herrschaft und Haushaltung aber, als die Frau und Befehlshaberin zu achten« (zit. b. Möbius, 49). Es ist anzunehmen, daß Johann Baptist diese Ansichten teilte. Seine Frau nahm also eine Zwischenposition zwischen dem Hausvater einerseits und den Kindern und dem Dienstpersonal andererseits ein. Sie besaß gewisse Entscheidungsrechte, die aber stets mit dem Gatten abzustimmen waren.

Es hatte sich in gebildeteren Kreisen die Einsicht durchgesetzt, daß bei allem patriarchalen Selbstverständnis eine Ehe nicht auf nacktem Zwang fußen dürfe. Leopold schrieb Nannerl mißbilligend, ihm sei zu Ohren gekommen, daß Berchtolds Bruder seine Frau »sehr übel behandelt, und sogar sie mit Schlägen beehren soll« (21.2.1785). Obwohl dem Ehemann gesetzlich ein Züchtigungsrecht eingeräumt war – mit »Maßen« und aus »triftigem Grund« angewendet (Leierseder, 126) –, bevorzugte Leopold mehr die neueren pädagogischen Vorstellungen, bei denen die Maßnahmen nicht äußerlich verabreicht wurden, sondern in Selbstkontrolle übergingen.

Ein erster Konflikt, bei dem Nannerl nachgeben mußte, entstand durch Johann Baptists Reiseunwilligkeit. Sie wollte den Kontakt zu ihrer Heimatstadt behalten. Leopold hatte ihr dies in Aussicht gestellt, als er sie von den Vorteilen der Ehe überzeugte, und er bedrängte sie nun, zu kommen. Nach und nach verstand Johann Baptist es jedoch, ihr diese Wünsche auszuschlagen. Sein Lebensmittelpunkt war in St. Gilgen, und es machte ihm keine große Freude wegzufahren. Seine Frau wollte er andererseits nicht ohne Begleitung reisen lassen, weil das zum einen für Damen unschicklich war, und zum anderen ihre Arbeitskraft und Aufsicht daheim fehlten. Er wird beobachtet haben, wie gern sie in Salzburg weilte, dort mit anderen musizierte, angeregt mit ihren Bekannten plauderte und die Abwechslung genoß. Ihre Stimmung wird sich entsprechend verdüstert haben, wenn sie nach St. Gilgen mit seinem mangelnden kulturellen Angebot zurückkehrte. Daß der längste Aufenthalt des Ehepaars in Salzburg ausgerechnet während Leopolds Abwesenheit erfolgte, läßt zudem auf Spannungen zwischen den beiden Männern schließen, die Berchtolds ohnehin schwache Reiselust nicht gerade verstärkt haben werden.

Im ersten Ehejahr fuhr das Paar schon einige Wochen nach der Hochzeit Ende September nach Salzburg. Leopold begleitete beide nach St. Gilgen und blieb dort einige Tage. Es sah zunächst so

Frisch verheiratet: Maria Anna, Freifrau von Berchtold
zu Sonnenburg, um 1785

aus, als würden Nannerl und Leopold sich häufig sehen können.
Kurz darauf berichtete Leopold von dem beispiellosen Erfolg
des Singspiels *Die Entführung aus dem Serail,* das in Salzburg –
wenn auch in schlechter Aufführung – gegeben wurde, und sie
erkundigte sich einige Male, ob das Stück ihres Bruders nicht
zweimal gegeben werde. Das war zwar nicht der Fall, aber am
26. Dezember 1784 sah sie bei einem zweiten Besuch Salzburgs
wenigstens eine Aufführung; das Ehepaar reiste dann am 5. Januar zurück.

Nannerl gefiel es nicht, daß ihr Vater zum Karneval nach München fahren wollte, denn in seinen Briefen verteidigte er seine Entscheidung gleich zweimal. Er war ihr als Verbindung zu Salzburg und zu den dortigen Ereignissen sehr wichtig geworden, abgesehen von der Warenbeschaffung. Außerdem war sie schwanger, und ihr Vater war ihr bester und engster Ratgeber in medizinischer Hinsicht. Er fuhr jedoch wie geplant, nahm von München seinen ehemaligen Kostzögling, den Geiger und Pianisten Heinrich Marchand mit, und reiste weiter mit ihm nach Wien, um Wolfgang und Constanze zu besuchen.

Nannerl war daran interessiert, Noten ihres Bruders aus Wien mitgebracht zu bekommen. Insbesondere einen Klavierauszug von *Die Entführung aus dem Serail* wünschte sie sich. Wie die Schilderungen des umtriebigen Lebens ihres Bruders durch Leopold auf sie wirkten, ist nicht bekannt.

Als feststand, daß Nannerl ihr Kind in Salzburg gebären würde, die Hochschwangere ihrem Vater jedoch keinen festen Termin nennen konnte, an dem ihr Mann sie nach Salzburg begleiten würde, war er darüber »sehr übler Laune« (3.6.1785). Schließlich reiste Leopold selbst Mitte Juni nach St. Gilgen, um sie nach Salzburg zu begleiten. Eine Woche später reiste Berchtold nach; es sollte aber einen ganzen Monat dauern, ehe das Kind zur Welt kam. Sie gebar ihr Kind am 27. Juli 1785 in ihrer alten Wohnung, dem Tanzmeisterhaus am Hannibalplatz. Es wurde noch am selben Tag in der St.-Andrä-Kirche auf den Namen Leopoldus Alois Pantaleon getauft. Wann ihr Mann zwischenzeitlich heimkehrte, ist nicht nachweisbar – er holte sie jedenfalls am 1. September von Salzburg ab.

Leopold bot an, den Säugling für eine gewisse Zeit bei sich zu behalten. Insgeheim plante er, ihn ganz zu sich zu nehmen. Dies verriet er jedoch Nannerl zunächst nicht, wohl ahnend, daß sie darunter leiden würde. Er hatte sich als ausgezeichneter Erzieher seiner eigenen Kinder erwiesen, und er suchte nach einer Aufgabe. Das Kind kam gerade zur rechten Zeit, und er konnte sich einbilden, Nannerl einen großen Gefallen zu tun. Angesichts der

Belastungen, die in St. Gilgen auf sie warteten, und im Wissen um seine ausgezeichneten medizinischen Kenntnisse hatte sie zunächst keine Bedenken, das Kind dort zu lassen. Leopold war von dem »charmanten Buben« entzückt, brachte er doch Leben in das leere Haus und gab ihm noch einmal an seinem Lebensende eine sinnvolle Aufgabe. Um seinen Wunsch durchzusetzen, taktierte er »zweispurig«. Während er Berchtold mit vernünftigen Argumenten zu überzeugen versuchte, daß es vorteilhaft für das Kind wäre, in Salzburg zu bleiben, handelte er Nannerl gegenüber autoritär. »Ich behalte den Leopoldl, um diesen hast du dich nicht zu sorgen«, erwiderte er kurz und bündig auf ihren Vorschlag sieben Monate nach der Geburt, das Kind zusammen mit seinem Kindermädchen Nandl nach St. Gilgen übersiedeln zu lassen. »Wie kann es dir einfallen, daß die Nandl unter diesem Lärmen boshafter Kinder mit dem Leopoldl hinausgehen würde?« Er kannte die widerspenstigen Kinder Johann Baptists gut genug und wollte den Säugling nicht dem Getöse aussetzen. Nachdrücklich wiederholte er: »Damit du meine ganze Gesinnung weisst, so sage ich dir, daß ich den Leopoldl, so lang ich lebe, bei mir behalten werde; dieser ist, und war von Anfang schon mein Entschluss. Ich werde ihn im Sommer auf einige Zeit mit der Nandl hinausbringen; aber auch wieder mit mir zurücknehmen« (11. 2.-3. 3. 1786).

Der Tonfall verrät den befehlsgewohnten Vater. Leopold war sich sicher, daß Johann Baptist nicht widersprechen würde, da er ohnehin unter der Last seiner Kinderschar litt und mit deren Erziehung nicht zurechtkam. Leopold hätte das Kind auf Wunsch des leiblichen Vaters selbstverständlich ausgehändigt, die Mutter aber wurde gar nicht erst gefragt, sondern über seine »Gesinnung« und seinen feststehenden »Entschluß« informiert.

Musikforscher haben sich diesem Einschnitt in Nannerls Leben bisher nicht zugewandt und auch nicht erwogen, daß sie litt. Leopolds Entschluß als »geschickte Überzeugungstaktik« (Halliwell, xix) zu umschreiben, ist beschönigend[25], ebenso wie die Feststellung, »Nannerl ist in St. Gilgen ohnedies mit fünf Stiefkindern aus den ersten Ehen ihres Gatten versorgt« (Deutsch/Paumgartner, VII), die das Neugeborene als eine zu vernachlässigende Größe erscheinen läßt. Auch die Ansicht, daß Leopold und Nannerl »ein kaum verhülltes inzestuöses Szenario ausagierten« (Solomon 1995, 398), ist spekulativ. Es wäre unhistorisch, die symbiotisch gefärbte Mutter-Kind-Beziehung der Mittelschicht, wie sie vom 19. und 20. Jahrhundert her bekannt ist, auf sie übertragen zu wollen. Andererseits wäre es ebenso kurzschlüssig, ihr zu unterstellen, daß die Trennung von ihrem Erstgeborenen sie nicht geschmerzt hätte. Vielleicht stimmte sie schweren Herzens zu, weil sie damit Reisen nach Salzburg gegenüber ihrem Mann begründen konnte. Sie erlebte während der ersten Wochen nach der Geburt, wie sehr sich ihr Vater über das Kind freute, und sie war daran gewöhnt, ihm dienstbar zu sein. Von ihrem Mann war keine Hilfe zu erwarten. Er konnte auf das Kind verzichten. Zwischen zwei Männern stehend, bei denen gelegentlich rivalisierende Zwischentöne rumorten, blieb kaum Raum für eigene Wünsche.

Wie paßt es zusammen, daß Leopold Nannerls Kind gegen ihren Willen an sich nahm, aber gleichzeitig die Bitte seines Sohnes ausschlug, dessen beide Kinder während einer Gastspieltournee bei ihm zu belassen? Ein Bekannter der Familie hatte Wolfgang erzählt, daß Nannerls Kind bei seinem Großvater weilte, und es schien Wolfgang daraufhin nur vernünftig, den Vater um die gleiche Gefälligkeit zu bitten. Leopold wollte selber bestimmen, wen er aufzog, und in seiner Genugtuung über die Belehrung, die er Wolfgang hatte zukommen lassen, schwingt ein wenig Rache für erlittene Unbill mit:

»Das wäre freilich nicht übel, – sie könnten ruhig reisen, – könnten sterben, – – könnten in England bleiben, – – da könnte ich ihnen mit den Kindern nachlaufen etc. oder der Bezahlung für die Kinder, die er mir für Menscher (= Dienstmägde) und Kinder anträgt etc. – Basta! meine Entschuldigung ist kräftig und lehrreich, wenn ers benützen will« (17. 11. 1786).

Halliwell vermutet, daß Leopold die Übernahme der Kinder aus väterlich-gütiger Sorge um Wolfgangs Karriere ablehnte (Halliwell, 529). Leopolds Weigerung, die er selbst als »kräftig« (also lautstark) und »lehrreich« (also pädagogisch motiviert) bezeichnet, zeigt aber, daß er immer noch mit dem Sohn haderte und ihn eher belehren wollte. Der skandalöse Weggang aus Salzburg, die Eheschließung mit einer seiner Meinung nach unpassenden Frau, die noch fehlende feste Anstellung, die unregelmäßige Post und der Gedanke an die eigenen Opfer bei der Erziehung des Sohnes verbitterten ihn nach wie vor.

Das »Leopoldl« blieb zeit seines Lebens Leopolds größte Freude. Er kümmerte sich gemeinsam mit drei Mägden ständig um den Knaben. Seine aufkeimende Liebe zum Enkelkind ersetzte ihm die entbehrte Beziehung zu Wolfgang und erinnerte ihn an eine Zeit, da er mit diesem in engem seelischen Zusammenhalt lebte. Man könnte meinen, seine Sehnsucht nach der körperlichen Nähe zum kleinen Wolfgang herauszuhören, wenn man liest: »Der Leopold ist charmant! Ich habe ihn frisch und gesund angetroffen, und da kein Licht im Zimmer war, als ich kam, so hat er mir das ganze Gesicht abgegriffen, weil er meine Stimme kannte« (24. 2. 1787). Kaum war Nannerl heimgefahren, erkrankte der Säugling lebensgefährlich. Sie erfuhr in seinen Briefen den sorgfältig protokollierten Stand der Dinge; gewiß eine schwere seelische Belastung für sie.

Falls Nannerl gehofft hatte, daß das Kind ihren Mann zu häufigen Reisen nach Salzburg veranlassen würde, sah sie sich getäuscht. Je länger das Ehepaar in St. Gilgen lebte, desto ausgedehnter wurden auch die Pausen zwischen den Besuchen. Die Reiseunwilligkeit seines Schwiegersohns rief Leopolds Unmut hervor und veranlaßte ihn zu immer offenerer Kritik. Der Säugling diente ihm dazu, um moralischen Druck auszuüben. »Alle Welt muß sich billig wundern, daß ihr es aushalten könnt und nicht die Begierde habt, euer Kind zu besuchen und anzusehen, da ihr doch nur 6 Stund entfernt seid. Hundertmal werde von allen Leuten darüber gefragt, daß ich darüber müde werde; denn was soll ich antworten? ... Die Reise ist eine Kleinigkeit ...« (1. 2. 1786). Da er den Fasching in München verbringen wollte, hätte es ihn entlastet, die Eltern beim Kind zu wissen. »Würde ich nicht ruhiger und getroster in München sein, wenn ich euch auch nur auf einige Tage hier beim Kind wüsste? Ihr wisst nicht, wie unruhig ich bin, weil (ich) den charmanten Buben von Herzen liebe« (3. 2. 1786). Selbst diese Bitte fruchtete nichts. Er durchschaute Johann Baptists fadenscheinige Begründung der Arbeitsüberlastung und war in seiner Wortwahl nicht zimperlich:

»Daß der Herr Sohn sich entschuldiget, er könnte vor lauter vieler Arbeit nicht herein reisen dürfte ich wahrhaftig, ohne selbst rot darüber zu werden, keinem Menschen sagen, da man weiss, wie gross der Umfang der kleinen Pfleg St. Gilgen ist, und man auch daraus auf die erschröckliche Menge der Arbeit schliessen kann. Ich empfehle mich dem Herrn Sohn und lasse ihn fragen, was er glaubt, was alle vernünftigen Leute von einem Manne denken müssen, der im Stande ist es auszuhalten, sein Kind, das nur 6 Stund von ihm entfernt ist, ganze 8 oder 9 Monate, und vielleicht noch länger, oder vielleicht, welches Gott verhüte, gar nicht mehr zu sehen? ... Was könnten und müssen Vernünftige denken? – – und was sagen denn hinnach die offenherzige Lästermäuler? – Die ersten erkennen es als eine aufgelegte, durch vielleicht übertriebene Sparsamkeit verursachte Hartherzigkeit. Die zweiten sagen rund heraus; Ei! der Pfennigfuchser! Wenn er nur eine Frau hat; – brav Kinder macht: das Übrige bekümmert ihn nichts!« (9. 2. 1786)

»Nun zweifle (ich) nicht, daß ihr auf Pfingsten gewiss hereinkommen werdet, sonst würde ich wirklich aus ganzem Herze böse und ungeduldig« (13. 5. 1786). »Wie man sich doch den Kopf zerbrechen muß, um Menschen, die einander zu sehen wünschen, mit Vergnügen zusammen zu bringen. Was haben wir denn nach unserem Tod? – Sollen wir nicht jeden Augenblick benützen uns ein gesellschaftliches Vergnügen zu machen, da wir von ander bösherzigen Menschen genug gequält werden?« (9. 9. 1786)

Das sind offene Worte, die Berchtold sicherlich verstimmten und ihn zu harten Repliken Nannerl gegenüber veranlaßt haben müssen. Man kann sich des Eindrucks eines Machtspiels nicht erwehren. Johann Baptists Gegeneinladung an Leopold wurde brüsk und von oben herab abgewiesen: »Wegen einer Reise nach St. Gilgen hab keine Erlaubnis nötig, – habe auch niemals eine genommen« (9. 2. 1786). In diesem prekären Dreieck war Nannerl in ihrer Stellung als Ehefrau gezwungen, nach außen – also selbst gegenüber dem Vater – die Meinung des Ehemanns zu vertreten. Das tat sie, wohl auch, um sich daheim vor Kritik zu schützen, was Leopold rasch durchschaute:

»Übrigens ist es immer sehr hartherzig, wenn man vor aller Welt Augen kein andere Ursach hat sein Kind nicht sehen zu wollen, als das bissl Wirtschaft, denn du magst schreiben von vieler Arbeit, was du immer willst, so ists lächerlich, – als wenn die Herrn Collegen dahier nicht wüssten, in was die Arbeit besteht. Genug! Nichts als ein allenfalls unmöglich zu machender böser Weg (= schlechte Wegstrecke) könnte allenfalls entschuldigen –: sonst nichts! sonst gar nichts!« (10. 2. 1786)

»Vor aller Welt Augen« hieß, daß Freunde und Bekannte über eine Vernachlässigung des Kindes sprachen. Das wird sie getroffen haben, denn sie war allgemein darauf bedacht, nach außen hin eine Fassade der Anständigkeit zu bewahren.

Im Mai 1786 war der Theaterleiter Schikaneder wieder in der Stadt, und Leopold benutzte dies als Köder, um die beiden zu einem Besuch in Salzburg zu veranlassen, was er mit dem Versprechen von Freikarten attraktiv zu machen versuchte. Außerdem schlug er vor, die »Hubernannerl« (Nannerls Bekannte Nannerl Huber), die bei ihnen weilte, auf die Fahrt mitzunehmen und damit Kosten zu sparen. Anfang Juni waren sie tatsächlich für ungefähr zehn Tage in Salzburg, und es war das erste Mal seit zehn

Monaten, daß sie den kleinen Sohn – und auch Franz d'Ippold, mit dem Berchtold vermutlich kein sonderlich freundliches Verhältnis verband – wiedersahen.

Das Ehepaar wurde zum Fasching 1785 und 1786 von der befreundeten Familie Marchand nach München herzlich eingeladen. Am 28.1.1785 fuhr Leopold nach München und Wien und schrieb begeistert über die dort verlebten Wochen. Trotz seiner ermunternden Worte – »Packt also ein, damit ihr, da der Fasching so lang ist, auf München reisen könnt« (14.1.1786) – konnte sich Berchtold nicht dazu entschließen. Bedenkt man, wie gerne Nannerl 1775 und 1781 nach München fuhr, läßt sich ihre Niedergeschlagenheit ausmalen. Marchands und Brochards ließen grüßen, ». . . und glaubten ihr würdet auch hierher kommen« (2.2.1785). Leopolds Berichte werden sie neidisch und traurig zugleich gestimmt haben: »Am Dienstag war ich zum Brochard eingeladen. Wir waren 12 Personen . . . Ein herrliches Tractament Mittags, dann Spaziergang, – dann Spiel, – dann Soupee« (15.2.1786).

Die zahlreichen Empfehlungen, die Leopold überbrachte, offenbaren, wie groß der Bekanntenkreis der Mozarts und wie beliebt Nannerl war. Auf Reisen konnte sie in den Salons und Wohnstuben bekannter Familien mit ihrem Spiel brillieren, was ihr Achtung und Anerkennung eintrug. Aus Wien schickte er herzliche Grüße von einer Schülerin, der Nannerl einst Klavierunterricht erteilt hatte, und ergänzte: »Du weißt daß dich die Villersi ganz besonders liebte und schätzte.« Ein andermal:

»Der Joseph Barisani fragt mich allzeit um dein Wohlergehen: – und die Gualbert Dobrowa sagte mir auf dem Caßin, daß du schwanger seiest. Hofrat Hermesischen, Schiedenhofen, Hagenauer, Barisani, Mölkischen und Gott weiss wer aller, immer fragen und fragen und wieder fragen, – eben so die Gräfin Lützow, die Gräfin Klözlischen, die Baron Schaffmanin etc. Bischof in Chiemsee, Herr Domdechant, Graf Daun, Oberstallmeister und sogar der Bischof von Lavant Schrattenbach fragte mich gestern um dich auf dem Cassino, weil man euch so lange nicht gesehen hat« (23. 3. 1786). »Aller Orten fragt man wie es dir gehe? – Ob du gesund und vergnügt lebst? Und alle Leute empfehlen sich euch«, schrieb Leopold aus München (15. 2. 1786). »Alle Marchandischen, Brochardischen, Langischen, Tavernier, Frau von Durst, Dufraisne etc: etc: empfehlen sich, und alle glaubten und wünschten euch in München zu sehen« (24. 2. 1787).[26]

Was wird in ihr vorgegangen sein, als sie die Grüße las? Berchtold lag nicht daran, München zu besuchen – abgesehen von den Unkosten hätte er sich vielleicht als Anhängsel seiner Frau gefühlt, deren Klavierspiel allseits gerühmt wurde. Sie bekam München nie mehr in ihrem Leben zu sehen.

Im Sommer 1786 lud er wieder einmal das Ehepaar nach Salzburg ein, weil Marchands aus München ihr Kommen angesagt hatten und weil die Firmung von Nannerls Stieftochter, ebenfalls Nannerl genannt, angesagt war. Für Nannerl tat sich die Möglichkeit auf, im geräumigen Tanzmeistersaal mit hervorragend qualifizierten Spielern und Spielerinnen zu musizieren, vor einem geladenen, sachverständigen Publikum, das ihre Leistungen zu schätzen wüßte. Leopold stellte bis zu zehn Musiker in Aussicht. So würde Nannerl Klavierkonzerte ihres Bruders mit ihnen spielen und Arien aus dessen Opern begleiten können, da Gretl Marchand Sängerin war. Tatsächlich reiste das Ehepaar im September nach Salzburg. Auch Franz d'Ippold kam, um das Ehepaar zu begrüßen und der Musik zu lauschen. »Leopolds Gefühle, als er sich das Fest der neuesten Werke Wolfgangs anhörte, gespielt von Familienangehörigen, Schülern und Freunden, kann man nur erraten« (Halliwell, 519). Leopold hatte aber bereits in Wien und München dessen Musik in reichlichem Maße hören dürfen, und so werden diese Tage eher für die Tochter eine Offenbarung gewesen sein.

Nannerl spürte recht bald, wie sehr ihre als »Einöde« (24. 11. 1799) bezeichnete neue Heimat im Vergleich zu Salzburg abfiel.

»Es ist doch verflucht traurig, daß da hinaus so viele Umstände und Ausgaben nötig sind«, klagte Leopold (22. 1. 1785). Sie sprach im Winter davon, daß es »wie in Sibirien« aussehe. Hin und wieder gab es Abwechslung wie eine Seefahrt (25. 11. 1785), aber es fehlte an kulturellen Angeboten aller Art. Leopold ließ durchblicken, daß St. Gilgen weder bei dem Dienstpersonal noch bei Erziehern etwas galt. »Du fragst: gibts denn gar keine brave Menscher (= Dienstpersonal) mehr? – – Ich antworte: wenig! – und die gehen nicht zu euch hinaus« (13. 1. 1786). Als Nannerl und ihr Mann nach einem Erzieher für die Kinder suchten, erwiderte ihr Vater: »Es wird schwer halten einen rechtschaffenen und sicheren Menschen da hinaus zu bekommen; er versitzt seine Zeit, – und was hat er für Aussichten?« (14. 10. 1785)

Berchtold war keine heitere Frohnatur, sondern eher düsteren Prognosen zugetan. Sein Pessimismus machte ihn nicht zum angenehmsten Gesellschafter. Sicherlich waren ländliche Haushalte an verlassenen Orten mit schlechten Verkehrsverbindungen immer von Naturereignissen wie Mißernten unmittelbar gefährdet (Freudenthal, 25), dennoch neigte er zu übertriebenem Pessimismus. Leopolds Ausruf »Sagte ichs nicht, daß vernünftige Menschen sich nicht zum voraus grämen sollen?« (24. 11. 1786) richtet sich gegen die ängstliche Besorgnis seines Schwiegersohns, und er setzt wiederholt seinen gesunden Menschenverstand ein, um die beiden zu beruhigen. Als Nannerl eine schlechte Ernte zum Anlaß nahm, um eine Katastrophe vorauszusagen, reagierte Leopold ironisch: »Hilf Himmel! was ist das für ein Lärmen, als wenn die größte Hungersnot, und Elend schon vor der Tür wäre ... wegen einem Schauer entsteht, und ist noch niemals eine so allgemeine Teuerung entstanden« (3. 6. 1785). Und er lachte sie aus, als sie schrieb, daß die in der Presse verbreitete Prophezeiung eines Erdbebens sie bange gemacht habe (22. 2. 1786).

»Ich sehe wohl, du bist auch höchst unzufrieden –, aus ökonomischen Ursachen höchst unzufrieden!« kommentierte er, als sie ihm von einem geplanten Wechsel der Arbeitsstelle ihres Mannes nach Neumark berichtete. Eine solche Unzufriedenheit ist Nannerl selbst wohl nicht zuzuschreiben; es ist kaum vorstellbar, daß sie gewagt hätte, sich über das Leben in St. Gilgen zu beschweren. Zum geplanten, dann aber nicht vollzogenen Umzug schreibt er: »(Ich) hoffe der Herr Sohn wird sein Gemüt samt dir in Ruhe gesetzt haben, und wünsche, daß ihr mehr euch der göttlichen Vorsehung überlassen werdet ...« (18.11.1786). Die Worte »sein Gemüt samt dir« verraten, wie sehr Nannerl sich die Meinungen des Mannes zu eigen machte.

Johann Baptists Sparsamkeit reizte Leopold wiederholt zur Kritik. Als er der neuen Köchin alle schweren Hausarbeiten wie beispielsweise Holztragen zu übertragen versuchte, hielt ihm Leopold das Sparen am falschen Ende vor: es könne doch jede bäuerliche Haushilfe die schweren Dienste verrichten, eine gute Köchin dagegen sei schwer zu finden. Er glaubte, daß »der Herr Sohn manchmal zu tief in den Ökonomiegeist versenkt« sei (18.1.1787). Eine Irritation entstand, als er Leopold bat, den Schmuck seiner zweiten Frau in Salzburg zu veräußern. Es gelang Leopold, den Verkaufspreis auf 1050 Gulden hochzutreiben, doch scheiterte er an der Starrhalsigkeit des Schwiegersohns, der den Schmuck keinesfalls unter 1200 Gulden veräußern wollte. Er blieb unverkauft.

Leopold hatte ursprünglich geglaubt, Nannerl in eine vornehme Familie eingeheiratet zu haben. Dies erwies sich als trügerisch. Berchtolds Bruder Joseph Sigismund entpuppte sich als Alkoholiker (2.2.1787), und es kränkte Leopold, daß er sich zwar in Salzburg aufhielt, aber nicht für nötig befand, ihn und das Kind zu besuchen (29.11.1785). Den anderen Bruder Johann Nepomuk Martin (1737-1798) kritisierte er, weil er seine Frau schlug. Solche charakterlichen Fehlleistungen zeigte Nannerls Mann nicht, im Gegenteil, er fiel durch Korrektheit auf, die sich zuweilen in penible Genauigkeit und einen Hang zum Geiz verwandeln konnte. Mit seinen Kindern nahm er es allerdings nicht so genau. Er kümmerte sich kaum um deren Erziehung und überließ es seiner Frau und den Dienstmägden, Ordnung zu schaffen.

16 Monate waren vergangen, seit seine zweite Frau verstorben war, und Berchtold hatte sich scheinbar nicht um die Kinder gekümmert bzw. nicht kümmern können. Nannerl war mit der Erziehung der Stiefkinder nicht einverstanden. Selbst als Kind sorgfältig ausgebildet, hatte sie gelernt, Zeit nutzbringend anzuwenden. Dies ließ sie gegen den ungeregelten Zeitvertreib rebellieren, wie er in Berchtolds Haushalt praktiziert wurde. Es wird sie ferner gestört haben, daß das Fehlen adliger und gutbürgerlicher Familien in dem bäuerlichen St. Gilgen die Orientierung der Stiefkinder an kultivierten und gebildeten Menschen verhinderte.

Sie versuchte, ihrer Stieftochter Nannerl das Tastenspiel beizubringen, die weder lesen noch schreiben konnte und an Konzentrationsschwäche litt. Außerdem unterrichtete sie die älteren Kinder in Klavier und Gesang und erbat sich von Leopold Gesangsübungen im Solveggio-System. Sie überredete ihren Mann dazu, den ältesten Stiefsohn Wolfgang zu einem Magister nach Salzburg zu schicken, wo er unterrichtet wurde (4. 1. 1787). Der Lehrer stellte rasch fest, daß Wolfgang »sehr bäuerische Sitten« an sich hatte (24. 11. 1786) und im Lehrstoff weit zurücklag. Auch Leopold hielt die Kinder für unbegabt und ungebildet. »Daß der Müssiggang der Kinder Unglück ist, hat seine vollkommene Richtigkeit«, bestätigte er ihr, »und mit was will man sie beschäftigen, da sie nichts können? ... Wo wird man einen Praeceptor bekommen, der sich den ganzen Tag, wie ein Gefangener, zu Kindern einsperrt, die keine Lust zum Lernen haben, – und obendrein so wenig Talent, daß sich der Lehrer, für alle saure Mühe, keine Ehre machen kann?« (18. 11. 1785) Ein anderes Mal kritisierte er Nannerls Stieftochter, deren Bildung sich – wie er meinte – auf dem Niveau einer Dienstmagd befand (25. 11. 1785). Er ermahnt sie, fleißig Lesen und Schreiben zu üben, und wiederholt, wie wichtig es sei, eine »feinere Lebensart« zu erlernen, denn sie war wie auch ihre Geschwister in der körperlichen Hygiene vernachlässigt worden. Als Wolfgang erkrankte und von Salzburg nach Hause geschickt werden mußte, beklagte Leopold, daß er daheim in St. Gilgen durch Nichtstun am Lernen gehindert würde, außerdem in »dummer Gesellschaft der andern« (Kinder) sei (10. 5. 1787).

Noch mehr als der verwahrloste Bildungsstand machte Nannerl die Aufsässigkeit der ihr anvertrauten Stiefkinder zu schaffen. Obwohl sie genug »Kindsmenschen«, also Kindermädchen eingestellt hatte, fühlte sie sich für die Aufsicht und Erziehung zuständig. Leopold nannte sie »boshaft« (B/D III, 512). Ihr Stiefsohn Wolfgang rühmte sich Leopold gegenüber, »seine zwote Mamma rechtschaffen cujoniert« zu haben (9. 3. 1787). Damit wird er Nannerls Vorgängerin gemeint haben, was nicht hieß, daß sie es mit den Kindern besser hatte. Dies wird an einer Bemerkung ebendieses Stiefsohns deutlich, der von seinem Onkel gefragt wurde, »ob er denn zu Hause wegen seinen Lügen und Spitzbübereien nicht sei bestraft worden«? – Seine Antwort war: »Der Papa hat allzeit die Schuld auf die Menscher (= das Dienstpersonal) und die Mama gelegt, und sie ausgezankt« (16. 3. 1787). Es muß für Nannerl demütigend gewesen sein, daß ihr Mann sie vor den Kindern zurechtwies. Als sie gar nicht mehr weiter wußte und sich verzweifelt dem Vater anvertraute, beriet er sie folgendermaßen:

»Übrigens bitte ich dich, du wollest dir mit den Kindern gar keinen oder so wenig Verdruss machen, als es immer möglich ist. Geschieht etwas zwischen den Kindern und der Monica (der Dienstmagd), so sage deinem Herrn Gemahl mit trockenen Worten: Ich habe alles getan, was ich tun konnte, du bist Vater, sie sind deine Kinder, deine Schuldigkeit es ist. – kurz! lasse es gehen, wie es geht: halte der Köchin und Lenerl die Stange, damit sie dich lieben, – schicke die Monica fort; und er soll zu den Kindern nehmen, wenn er will: bleib fest darauf, und lass ihn als Vater bei der Sorge für seine Kinder seine Schuldigkeit tun; zürne dich über nichts! lache! und gehe in dein Zimmer.« (B/D III, 511 f.)

Die haushälterischen Aufgaben Nannerls bezogen sich weitgehend auf den Einkauf sowie die Leitung und Überwachung der Hauswirtschaft. Darüber hinaus wird sie mit ihrem Mann Repräsentationspflichten übernommen, für die Weiterbildung der Kinder gesorgt und am geistigen und geselligen Leben der Familie und des Ortes teilgenommen haben (vgl. Freudenthal, 14). Spitzenklöppeln, Stricken und Nähen waren Tätigkeiten, die sie gut beherrschte. Aus ihrer Salzburger Zeit ist bekannt, daß sie nicht zögerte, selbst anzupacken.

Die Heranschaffung der benötigten Waren beanspruchte viel Zeit. Zahlreiche Gebrauchsgegenstände und Lebensmittel fehlten in St. Gilgen. Das 18. Jahrhundert kannte noch keine billige Massenproduktion, und gewisse Waren wurden nur an größeren Orten hergestellt. Nannerl bat Leopold, bestimmte Produkte einzukaufen und der Glasträgerin mitzugeben, da kein regulärer Postverkehr bestand. Leopolds Briefe sind mit Zahlenkolumnen und Abrechnungen angefüllt – er berechnete alles bis zum letzten Kreuzer genau. Als Gegenleistung für seine Mühe erhielt er meist Lebensmittel, die er dankbar entgegennahm. Der Warenverkehr zwischen den beiden Orten umfaßte folgende Güter:

Von Salzburg nach St. Gilgen	*Von St. Gilgen nach Salzburg*
Schokolade, Kräuter,	Fische, Krebse
Seife, Zitronen, Zucker,	(a. d. Wolfgangsee)
Bücher, Fächer,	Holzbretter für
Zahnpulver, Pillen,	Fensterläden,
Notenpapier, Schuhe,	Hühner, Kapaun,
Hut, Haube (nach	Hasen, Wurst,
Maß), Strohhut, Sago,	Ente, Wildbret,
Senf, Safran, Stärke,	Lammfleisch,
Seiden- und	Schmalz.
Baumwollgarn,	

Seidenstoff, Kamille,

Clavichord-Saiten,

Kerzen, Weinessig,

Schnallen, Gerstenschleim,

Brandsalbe, Linsen,

Rasierbürste, Erbsen,

Bohnen, Tabak,

Kraut, Kohlrabi, Reis,

Gerste, Handbesen,

Hofkalender, süßes Kraut,

Stockfische,

Pfefferminz-Destillat,

Haarpuder, Salz,

Nudeln, Orangen,

Mandelkleie (für Kosmetik),

Stoffbänder,

Schuhbürsten.

Daneben ließ Nannerl Baumwolle und Seide in Salzburg spinnen. Auch Reparaturen (Uhren usw.) wurden dort getätigt.

Die Diskussion um geeignete Dienstboten nahm einen breiten Raum ein. Nannerl brauchte eine Untermagd und eine Köchin und bat Leopold, sich in Salzburg danach umzuschauen. In ihrem Haushalt beschäftigte sie – sofern die verschiedenen Bezeichnungen in ihren Briefen jeweils unterschiedliche Personen bedeuten – neben der Untermagd noch zwei weitere Mägde, ein Stubenmädchen, die Köchin und auch eine Kammerjungfer. Während die Mägde grobe Dienste verrichteten wie Holz- und Wassertragen, Feuer machen, Waren einkaufen und tragen, war das Stubenmädchen für persönliche Dienste zuständig. Sie mußte auch frisieren können. Die Kammerjungfer, die eine weiße Haube trug – was ihr einen höheren Status verlieh –, mußte Hauben und Kleider garnieren, also die vor dem Waschen abgetrennten Spitzen hinterher wieder anheften können. Wichtig war für Leopold, daß die sich bewerbenden Dienstkräfte nicht »caressierten«, also keine Liebhaber hatten.

»Herr von d'Ippold gibt mir alle Botentage seine Complimente euch zu schreiben auf« (4. 1. 1786). »Der d'Ippold gibt mir in allen Gelegenheiten seine Empfehlung auf« (24. 3. 1786). Der Kontakt zwischen den ehemals Liebenden blieb bestehen. Leopold vermittelte ohne Argwohn von beiden Seiten Grüße: »D'Ippold hab alles gleich in der Comoedie ausgerichtet« (12. 11. 1784). Nannerls Freund war keineswegs über Leopold verärgert. Im Gegenteil, die beiden sahen sich oft. So schauten sie gemeinsam den Kavalieren beim Exerzieren zu (9. 6. 1785). Rätselhaft blieb Leopolds Bemerkung »Herr von d'Ippold empfehlt sich, er schickte mir gegenwärtigen Einschluss« (18. 8. 1786). Schrieben sich Nannerl und d'Ippold gegenseitig? Es war wohl kaum schicklich, mit einer verheirateten Frau zu korrespondieren, und so ist eher anzunehmen, daß er ein Geschenk mitgab, wie er es häufig tat. Einmal übersandte er eine Ananas und eine Schachtel kostbarer Birnen, ein anderes Mal eine Kiste, in der Leopold Äpfel vermutete (18. 1. 1786), ein weiteres Mal »Leckerl« (9. 2. 1787).

Franz d'Ippold kümmerte sich in rührender Weise um Nannerls Sohn. Der abgewiesene Liebhaber verhielt sich wie ein fürsorglicher Vater. Sein Umgang mit dem Kind wirkt sympathisch, geschah aber wohl nicht aus reiner Nächstenliebe. Nannerl war seinem Kreis durch äußere Gewalt entzogen worden, doch er konnte den Kontakt zu ihr fortsetzen, indem er ihr Grüße und Geschenke schicken ließ. Der kleine Leopoldl war ihm ein zusätzliches Bindeglied, das ihn innerlich mit der Geliebten verknüpfte. »Herr von d'Ippold war eben heut Nachmittag bei mir; ich kann dirs nicht beschreiben was er mit dem Leopoldl für eine Freude und Unterhaltung hatte, er blieb über eine Stunde beim Kind, schwätzte, lachte, und spielte mit ihm ... kurz! Herr von d'Ippold, der sich beiderseits empfiehlt, war in seinem Vergnügen« (11. 11. 1785). An Leopoldls Namenstag kam er eigens, um ihm zu gratulieren, das Kind war von seiner Uniform begeistert (er war Kriegsrat), »das rührte den d'Ippold so sehr, daß er dem Kind immer wieder das Handl küsste, das Kind der Nandl erstaunlich anempfahl und beim Weggehen ihr 24 Kreuzer schenkte« (16. 11. 1785). Er fühlte sich verantwortlich und hielt das Personal zur bestmöglichen Pflege an. Als Leopold im Februar 1786 zum Fasching in München weilte, besuchte Franz das Kleinkind »zu verschiedenen Stunden und Zeiten täglich«. Nannerl werden diese von Leopold arglos dahin geschriebenen Zeilen innerlich bewegt haben. Träumte sie davon, wie es gewesen wäre, mit d'Ippold in Salzburg leben zu können, fern von lärmenden und boshaften Stiefkindern, mit dem eigenen Kind im Arm?

Eine leichte Mißstimmung entstand im September 1786 bei einem Besuch des Ehepaars in Salzburg. Über eine Woche nach ihrer Rückkehr vermerkte Leopold, daß sich Franz seit seinem Antrittsbesuch bei der Ankunft Nannerls nicht mehr meldete. Nach den Gründen für sein Fernbleiben befragt, erklärte d'Ippold, daß die Arbeitsüberlastung ihn am Kommen hindere. Es ist vorstellbar, daß Nannerl Franz nicht bitten konnte, bei den weiteren Treffen zugegen zu sein, da ein solches Ansinnen, von einer Frau ausgehend, als unschicklich galt. Ihr Ehemann, dem die starke Sympathie zwischen den beiden sicherlich nicht entgangen war, unternahm von sich aus nichts, um den Abgewiesenen willkommen zu heißen, und Leopold scheint nicht geahnt zu haben, daß Franz gerne hinzugekommen wäre, um seiner geliebten Nannerl beim Musizieren zuzuhören. Oder wollte er dem Ehemann der von ihm noch immer geliebten Frau nicht begegnen? Einige Wochen später war der Groll vergessen. Leopolds Dienstmagd Nandl besuchte Franz zusammen mit dem Kleinkind, und man verbrachte dort zwei vergnügliche Stunden (14. 12. 1786). Nannerl gratulierte ihm am 29. 1. 1787 zu seinem Namenstag.

Die Musik behielt weiterhin eine zentrale Bedeutung in Nannerls Leben. Aufmerksam verfolgte sie die Nachrichten aus Salzburg. Über eine neue Abonnementsreihe (»Casin-Versammlung«), bei der neben der Musik Erfrischungen angeboten und Spieltische für die Noblesse aufgestellt wurden, berichtete Leopold ausführlich, und sie fragte ihn mehrfach, wann die Reihe fortgesetzt würde. Sie verbrachte viel Zeit damit, Noten abzuschreiben, und arbeitete anscheinend rasch. »Da ich so gewohnt bin geschwind zu schreiben«, erklärt sie Jahre später ihre Arbeitsweise (Deutsch 1961, 447). Leopold ermahnte sie, sich nicht abzuhetzen (4. 12. 1786): »Das beständige Schreiben ist dir nicht gesund!« (16. 12. 1786) Es hat den Anschein, als würde sie sich durch die Beschäftigung mit der Musik ablenken und ihr Dasein in St. Gilgen erträglicher machen wollen.[27] In einer von ihr aufgestellten »Tagesordnung« verzeichnete sie von 14 bis 17 Uhr ein dreistündiges Klavierspiel mit anschließendem einstündigen Spaziergang. Dieser nachmittägliche Luxus erinnert an einen Paravent, hinter dem sie verschwand und hinter dessen Schutz sie träumend ihren Erinnerungen nachgehen konnte. Keiner schrieb ihr die Übungszeit vor, Leopold mißbilligte sie sogar, weil die Spaziergänge dadurch zu kurz kämen. Daß sie sich jeden Nachmittag bis 18 Uhr den Kindern und den Haushaltsgeschäften entzog, wird ihrem Mann nicht unbedingt gefallen haben. Wie auch immer Berchtold dazu stand, er gewöhnte sich allmählich daran und schätzte im Lauf der Zeit besonders die Violinsonaten. Vielleicht gelang es ihr, in St. Gilgen einen Geiger ausfindig zu machen, denn die Sonate KV 454 erkor er gar zu seinem »Favoritstück«. Da die Familie Mozart früher große Werke daheim auch in kleinster Besetzung spielte, ist es möglich, daß sie in St. Gilgen einen oder zwei Musikliebhaber kennenlernte und die Klavierkonzerte, die sie eifrig abschrieb, mit minimaler Streicherbesetzung musizierte. Die Bläsersoli deutete sie dabei am Klavier an.

Sie interessierte sich vorrangig für die neuesten Kompositionen Wolfgangs und erkundigte sich mehrmals, ob Post aus Wien gekommen sei. Die Antwort war meist abschlägig. Aber sie wollte auch andere Komponisten kennenlernen. Der Vater schickte ihr

»allerhand Schnick-Schnack teils zur Unterhaltung teils zum Exercieren« (12. 11. 1784); auf ihren Wunsch sandte er die *Œuvres melées,* eine Sammlung deutscher und italienischer Klaviersonaten u. a. von Philipp Emanuel Bach und Johann Ernst Eberlin, die zwischen 1755 und 1765 in zwölf Teilen erschienen waren und sich breiter Popularität erfreuten. Sie ließ sich die Sonaten von Johann Schobert und Variationen von Johann Gottfried Eckard schicken, um ihre Stieftochter darin zu unterweisen.

Das feuchte Klima am See machte sich negativ bemerkbar. Ihr Hammerklavier, wahrscheinlich ein Hochzeitsgeschenk von Leopold, das er beim Salzburger Orgel- und Klavierbauer Schmid gekauft hatte, war verstimmt und klapperte, weil die Hämmer an den Saiten hängenblieben. Im Clavichord sprangen die Saiten. Leopold hatte Mühe, den Klavierstimmer zu bewegen, nach St. Gilgen zu fahren. Es entstanden Spannungen, weil Schmid von dritter Seite von Nannerls Beschwerden erfuhr und Fehler beim Klavierbau seinerseits bestritt. Aber sie ließ nicht locker. Schließlich entschied sich das Ehepaar, in Linz ein neues Klavier zu kaufen. Sicherlich erhöhte ihr künstlerisches Können das Prestige Johann Baptists; dennoch kann es angesichts seiner Kleinlichkeit in finanziellen Dingen als ein Erfolg bewertet werden, daß sie ihre musikalischen Interessen wahren konnte.

Neben der Musik blieb Nannerls Begeisterung für das Theater ungebrochen. Von Anfang an schickte Leopold Theaterzettel nach St. Gilgen, zuweilen auch Theaterstücke. Wie stark das gemeinsame Interesse am Theater auch die Korrespondenz der beiden prägte, zeigt Leopolds zweimalige Verwendung des Ausdrucks »Spiritosa inventione« (6. 10. 1785/20. 11. 1786), das in dem Lustspiel *Der Lügner* von Carlo Goldoni als Umschreibung für das Lügen verwendet wird. Die Familie hatte das Stück Ende 1779 gesehen, wie Nannerls Tagebucheintragung verrät (2.-16. 12. 1779); er wußte also, daß sie seinen Scherz verstehen würde.

Wiederholt fragte sie ihn über Theater- und Musikaufführungen aus. Sie wollte wissen, wann die Komödianten nach Salzburg gekommen waren, wie die Sängerinnen gefallen hatten, ob die Stücke gut aufgeführt worden waren und ob ihm die Handlung zugesagt hatte. Gern hätte sie die Komödien selbst gesehen, doch blieb ihr nur noch, sie aus Kladden ihrer Salzburger Freundin abzulesen. Leopold sandte ihr zwanzig Komödien, die ihre ehemalige Klavierschülerin Barbara Eberlin abgeschrieben hatte, von ihm als »allerhand Geschmier« betitelt (1. 2. 1786). Das betraf wohl mehr die Handschrift als den Inhalt, denn er selbst war ein eifriger Besucher der Komödien und ließ sich zuweilen zu Tränen rühren (27. 5. 1785).

Das »Eberlin Waberl« versorgte sie regelmäßig mit Büchern, und Leopold hatte Mühe, sie alle nach St. Gilgen schaffen zu lassen. Als Dank erhielt »das Waberl« Würste aus St. Gilgen.

Im September 1786 hatte er Glück mit seinem Versuch, das Ehepaar nach Salzburg zu locken, sie kamen am 18. September und blieben bis zum Oktober. Nannerl wurde angewiesen, bestimmte Noten mitzubringen. Auch diesmal wurde wieder viel musiziert. Dieses stumme Einverständnis und das Glücksgefühl, das beide beim Musizieren empfanden, verdeutlichten das Band zwischen Vater und Tochter, was sicherlich nicht immer einfach für Berchtold war.

Als eifrige Leserin sprach sie ihren Vater auf das Buch *Der Proceß der drei Könige* von Bouffonodor an, ein Spottwerk auf die Könige Ludwig XVI., Karl III. von Spanien, Georg III. und auf Maria Theresia.[28] Leopold schickte häufig politisch gefärbte Literatur, die auf aktuelle Gegebenheiten einging (2. 2. 1787) – ein Indiz dafür, daß sich Nannerl gern auf dem laufenden hielt –, sowie Bücher, die sich mit religiösen Tagesfragen beschäftigten, so zum Beispiel die des katholischen Aufklärers Muratori (1. 3. 1787). Außerdem bat sie ihn, *Die Abderiten* von Wieland für sie zu besorgen (27. 5. 1785). Er schickte ihr später weitere Werke von Wieland (17. 11. 1786). Sie las die siebenbändige deutsche Ausgabe von Samuel Richardsons *Sir Grandison,* ein Briefroman, der damals Tagesgespräch war und in dem der Held die Ideale eines guten Christen und eines vollkommenen Gentleman vereint. Außer der *Trauerrede auf den Abt von St. Peter,* die soeben in Salzburg erschienen war, sandte Leopold noch weitere Lektüre wie zum Beispiel Reisebeschreibungen. Nicht nur literarische, sondern auch wissenschaftliche Neuigkeiten interessierten sie. Er schickte ihr Erläuterungen zu einer Übung der Experimental-Physik, die ein Universitätsdozent regelmäßig hielt und die Laien beiderlei Geschlechts zugänglich war (»hier lese es, und schick mirs wieder zurück«, 13. 5. 1786). Sie besuchte wohl früher schon diese Übung, denn sie ist in ihrem Salzburger Tagebuch vermerkt.

Sie ließ sich Zeitschriften-Jahrgänge überbringen, die sie und Wolfgang als Kinder bereits gelesen hatten und die in Salzburg verstaut waren, zum Beispiel die von Christian Gottlieb Stephanie dem Älteren herausgegebene, ab 1766 erschienene *Neue Sammlung zum Vergnügen und Unterricht.* Sie gab diese Lektüre wohl den Stiefkindern zum Lesen. Außerdem mahnte sie ausstehende Ausgaben der *Oberdeutschen Staatszeitung* an.

Die Konflikte zwischen Vater und Ehemann, der Ärger mit den Stiefkindern, der Mangel an kulturellen Erlebnissen und Ereignissen, der fehlende Freundeskreis, die Versagungen d'Ippold gegenüber, die vom Ehemann verfügten Reiseeinschränkungen, all dies schwächte Nannerls Gesundheit. Im Oktober 1785, ein Jahr nach ihrer Eheschließung, meldeten sich erste Krankheitssymptome. Ist dies wieder als ein unbewußtes Aufbegehren zu deuten? Sie litt unter einem Druck auf der Brust. Nachts bekam sie Hitzewallungen, Ängste beim Erwachen und beim Frühstück, und sie hatte blassen Urin. Diese Einzelheiten wurden mit dem Vater detailliert besprochen. Sie hatte Monatsbeschwerden, und ihre Menses wurde, als »Ordinary-Post« verschlüsselt, von Leopold kontrolliert. Er war entsprechend den medizinischen Ansichten seiner Zeit (vgl. Duden, 183 ff.) der Meinung, daß es gefährlich sein konnte, wenn zu viel Blut im Körper zirkulierte, und er gab ihr zahlreiche Ratschläge, wie die Menstruation angeregt werden konnte. Dr. Barisani, den Leopold in Salzburg konsultierte, empfahl Aderlassen, das Trinken von Schokolade sowie ein Medikament: »Die Pulver sind unschuldig, und nichts anders als Weinstein, Rhabarbara und ein klein wenig Bibergail. Die Aderlaß wäre aber zu der Zeit vorzunehmen, wo die Ordinari vorbei ist, und vermög meiner Berechnung, da du den 2ten November schreibst daß es heut, welches der 9te Tag ist, wieder kam, sollte es den 20ten dieses herum wieder kommen etc: folglich wäre jetzt noch zur Aderlaß Zeit« (11.11.1785). Immer wieder fiel sie in ihren kränkelnden Zustand zurück. Sie bekam einen trockenen Mund beim Klavierspielen, hatte Blähungen, litt an Hitzewallungen, Schüttelfrost und an einem schwachen Magen. Der Vater rätselte, ob sie trotz ihrer Periode schwanger sein könnte. Die Unpäßlichkeiten zogen sich bis Ende Dezember hin. Leopold ahnte, daß sie psychosomatisch waren, denn er riet zur Abwechslung. Als ihr Mann nach Gmund zu einer Versteigerung fahren wollte, bemerkte er, daß es ihrer Gesundheit zuträglich wäre, wenn sie mitfahren könnte (11.8.1786).

Leopold selbst kränkelte erstmals im April 1786. Im September litt er unter Brustschmerzen. Ende des Jahres hatte er ein Sausen im Kopf, das nicht aufhörte und dem sich weitere Beschwerden hinzugesellten. Im Jahr 1787 war er weiterhin leidend. Ein Antrag auf eine Reise nach München im Februar wurde zunächst vom Erzbischof abgelehnt, doch nachträglich genehmigt, so daß er einige Tage bei Freunden verweilte, ohne aber wie sonst die Tanzveranstaltungen und Konzerte zu besuchen. Die Tochter sorgte sich sehr um ihn. »Du willst immer, daß ich dir von meiner vollkommenen Gesundheit schreiben sollte. Du bedenkst nicht den Unterschied zwischen einem alten und jungen Mann«, erwiderte er lakonisch auf ihre bekümmerten Anfragen (24.2.1787). Ganz gesund konnte er nicht mehr werden, was ihm auch bewußt war.

Im März 1787 erkrankte er ernsthaft. In Wien erfuhr Wolfgang wohl durch d'Ippold von seinem Zustand und schrieb ihm einen letzten Brief, worin er anbot, bei einer Verschlechterung nach Salzburg zu kommen. Er neigte dazu, aus einer Gefühlswallung heraus vieles zu versprechen, was er nicht in die Tat umsetzen konnte, und Leopold wird gewußt haben, daß es zwar ernst gemeint, aber dennoch in den Wind gesprochen war. Die eher praktisch eingestellte Nannerl redete dafür weniger, sondern handelte, indem sie nach Salzburg fuhr und den Vater pflegte. Die fast zweimonatige Unterbrechung der Korrespondenz sowie Leopolds Bemerkung »Ich vergönne dir die Ruhe, da du bei mir den ganzen Tag geplagt warst« (10. 5. 1787) verraten, daß sie schwere Arbeit leistete.

Aber diese etwa sechswöchige Pflegezeit wird auch ihr Gutes gehabt haben, denn sie war weit entfernt von den lauten, ungezogenen Kindern und der kulturellen Langeweile St. Gilgens. Hier war sie wieder in der Nähe von d'Ippold, der Leopold fast täglich zu besuchen pflegte. Andererseits ängstigte sie der Zustand ihres Vaters ernsthaft, der ihre einzige Verbindung mit der »Außenwelt« darstellte und ihr Eheleben mit Unterhaltung gefüllt hatte. Sie wäre noch länger in ihrem geliebten Salzburg geblieben, zumal Leopolds Zustand nicht zufriedenstellend war (»Ich war zu schwach um mir [das Geld] vorzählen zu lassen«, schrieb er ihr in seinem ersten Brief nach ihrer Rückkehr), aber Berchtold wird seine Frau aufgefordert haben, endlich zurückzukehren. Eine letzte verbitterte Bemerkung Leopolds galt dem Sohn: »Dein Bruder wohnt jetzt auf der Landstrasse No. 224. Er schreibt mir aber keine Ursache dazu, gar nichts! das mag ich leider erraten« (11. 5. 1787).

In den frühen Morgenstunden des Pfingstsonntags 1787, am 28. Mai, starb Leopold. Als Todesursache werden »Auszehrung« und »Milzverstopfung« genannt.

10. »In meiner Einöde ...«: 1787-1801

Über die Todesumstände Leopolds gibt es keine genauen Informationen. Es wird behauptet, daß er in den Armen seiner Tochter verschied (Hummel 1952, 75), ohne daß dies allerdings belegt wäre. Hat sie – womöglich gemeinsam mit d'Ippold – an seinem Sterbebett gewacht? Vielleicht verschlechterte sich Leopolds Zustand so rapide, daß sie nicht mehr nach Salzburg eilen konnte, nachdem sie ihn kurz zuvor aufopferungsvoll gepflegt hatte. Die Familienchronik vermerkt, daß Johann Baptist nicht bei der Beerdigung zugegen war, die einen Tag darauf, am 29. Mai, stattfand. Nannerl wird nicht erwähnt. Es ist immerhin möglich, daß sie – falls sie an Leopolds Sterbebett gewacht hatte – am nächsten Tag, als die Beerdigung stattfand, heimreiste, um Johann Baptist zu informieren und sich entsprechende Kleidung für den Gedenkgottesdienst in der St. Sebastianskirche zu besorgen, denn diese Trauerfeier war die wichtigere Veranstaltung. Da der Gottesdienst am 31. Mai um 9 Uhr morgens stattfand, müßte das Ehepaar einen Tag vorher, also am 30. Mai, eingetroffen sein. Am Nachmittag des 31. Mai wurde Leopolds Testament verlesen.

Wolfgangs Reaktion verblüfft angesichts der engen seelischen Bindung, die zwischen den beiden so lange herrschte: er äußert sich kaum über dessen Ableben, verfaßt jedoch einige Tage später ein Gedicht für seinen verendeten Star. Seine wahren Gefühle sind nicht zu ergründen. Sein Leben änderte sich durch den Tod Leopolds nicht – jedenfalls nicht äußerlich. Anders war es bei Nannerl. Als ihre Mutter starb, war sie außer sich vor Leid. Der seelische Schock saß auch diesmal tief: von Trauer überwältigt, fühlte sie sich außerstande, den Bruder unmittelbar zu informieren. Es war d'Ippold, der ihn benachrichtigte, denn Wolfgang nahm auf ein Schreiben des treuen Familienfreundes Bezug. Einige Tage später entschuldigte sich Nannerl für ihr Schweigen bei ihrem Bruder, der dafür volles Verständnis aufbrachte.

Das Licitations-Protocoll und die Berchtoldsche Familienchronik zeigen, daß Leopold ein Testament hinterließ. Er besaß fast 3000 Gulden in Reichswährung, und er bestimmte, daß spezifische Gegenstände entweder in Wolfgangs oder Nannerls Besitz überzugehen hatten. Um welche es sich handelte, ist nicht mehr nachweisbar. Aber das Licitations-Protocoll enthält eine – wenn auch unvollständige – Liste der Gegenstände, die bei der Versteigerung vom 25.-28. September feilgeboten wurden, und erlaubt einen Einblick in seinen Haushalt.

Wolfgang war in Geldnöten und hatte begonnen, sich aus diversen Quellen Geld zu leihen. Er ließ die später ausgehandelte Abfindungssumme an Michael Puchberg überweisen, an den Mann, der ihn später mit Zuwendungen unterstützte und an den er geradezu verzweifelte Bittbriefe bis zu seinem Tod richtete. Wahrscheinlich zahlte er mit der Erbschaft bereits zu dieser Zeit geliehenes Geld zurück. Die Geldsorgen sollten ihn von nun an nicht mehr loslassen: sie raubten ihm nach eigenem Bekunden Kraft und Ruhe zum Komponieren. Nannerl dagegen, die in ihrem Leben nie mehr als ein Taschengeld besessen hatte, war mit einem übermäßig sparsamen Mann verheiratet, auf dessen Weisung sie nun handelte.

Wolfgang bat d'Ippold, »unseren wahren guten Freund« (2.6. 1787), seine Interessen bei der Nachlaßregelung zu wahren, was dieser jedoch ablehnte. Er hätte als juristischer Gegner Nannerls auftreten müssen. Dies wollte er weder sich noch ihr zumuten: ein erneutes Zeichen seiner tiefen Verbundenheit. Ein alter Familienfreund, Hofrat Ernst von Gilowsky, vertrat schließlich Wolfgangs Rechte. Wolfgang stimmte Nannerls Vorschlag zu, eine öffentliche »Feilbietung« des Nachlasses vorzunehmen, und bat um die Inventarliste, um sich einige Gegenstände zu sichern. Für die Abhandlung der Verlassenschaft war die Hofbehörde zuständig, da Leopold Hofangestellter gewesen war. Es vergingen über zwei Monate, bis er und Nannerl um die Genehmigung zur Versteigerung ersuchten. Viele Biographen interpretieren die Differenzen, die wegen der Vorauswahl bestimmter Stücke entstanden, als eine tiefe Entfremdung. Nannerl wird als »unversöhnlich« dargestellt. Es wird behauptet, sie sei von ihrem Bruder abgerückt, habe »den Zwiespalt vermehrt« und einen »tatsächlichen Bruch« herbeigeführt (Schurig 1923, Bd. 1, 30 und 56).

Für beides – eine tiefe Entzweiung sowie für eine unversöhnlich agierende Nannerl – fehlen Beweise. Die Autoren stützen ihre Vermutungen auf Wolfgangs Schreiben vom 16. Juni 1787: »Meine liebste, beste Schwester! wenn Du noch unversorgt wärest, so brauchte es dieses alles nicht. Ich würde, was ich schon tausend Mal gedacht und gesagt habe, Dir alles mit wahrem Vergnügen überlassen; da es Dir aber nun, sozusagen, unnütz ist, mir aber im Gegenteil es zu eigenem Vorteil ist, so halte ich es für Pflicht, auf mein Weib und Kind zu denken.«

Mit Sicherheit war es nicht Nannerl, die auf den Gegenständen beharrte, sondern ihr Ehemann, da die juristische Machtposition des Ehemannes über seine Gattin damals auch das Vermögens- und Erbrecht umfaßte (Leierseder, 126). Das Sitzungs-Protokoll des hochfürstlichen Hofrates zu Salzburg vom 21. September 1787 spricht von einem Vergleich, den »H. v. Sonnenburg mit dem Wolfgang Mozart und respective auf desselben Anweisung mit H. Hofrath v. Gilowsky als Mandatario unterm 18. dies, über die ihme zur Helfte angefallene väterliche Verlassenschaft getroffen hat« (Deutsch 1961, 262). Dennoch schieben die Musikhistoriker ihr die Initiative zu. Wann hätte Nannerl je in ihrem Leben eigene Interessen gegenüber dem Bruder durchgesetzt? Der Tonfall Wolfgangs war durchgehend freundlich; er wiederholte die Anrede »liebste, beste Schwester«, schob den Zusatz »Meine Liebe« ein und bezeichnete sich als »Dich liebenden und schützenden Bruder«. Vermutlich schlichtete sie zwischen den Parteien, indem sie Johann Baptist davon überzeugte, daß sie die Gegenstände nicht benötigte. Denn Wolfgang setzte seinen Willen auf der ganzen Linie durch. Wie zufrieden er schließlich war, zeigen seine Zeilen an Berchtold – übrigens die einzigen erhaltenen Zeilen an seinen Schwager –, in denen er sich »sehr erfreut über unsern gütigen Vergleich« äußerte (29. 9. 1787).

Nannerl wollte einige Erinnerungsstücke behalten. Jahre später sollte sie in ihrem Testament festlegen, daß Erbstücke aus der Mozartfamilie an die Söhne Wolfgangs vererbt werden sollten. Ihr lag sehr daran, das Erbe ihrer Eltern und Großeltern zu bewahren. So wird sie darum gebeten haben, bestimmte Gegenstände, die sie bis an ihr Lebensende behielt, darunter Leopolds Clavichord, die Kindergeige und die sogenannte Konzertgeige Wolfgangs, das von della Croce gemalte Familienbild – Preziosen, die heute im Geburtshaus der Geschwister ausgestellt sind – vor der Auktion sicherzustellen und zu behalten. Wolfgang war in erster Linie an Bargeld interessiert und so kam es zu einem für beide Seiten zufriedenstellenden Vergleich, da man den Wert berechnete und der Auktionssumme zuschlug. Nachdem sie auch persönliche Dinge wie Autographen, Musikalien und Briefe untergebracht hatte, stand das übrige Hab und Gut Leopolds zur amtlichen Versteigerung an.

Zwischen Wolfgang und Berchtold kam es noch vor der Auktion am 21. September 1787 zur Einigung, wonach Wolfgang gegen Auszahlung von tausend Gulden in Wiener Währung auf den väterlichen Erbanteil verzichtete. Das aus 579 Gegenständen bestehende Inventar war auf rund tausend Gulden geschätzt worden, so daß Berchtold ein gewisses Risiko einging, bei lebhaften Geboten jedoch einen Gewinn hätte erzielen können. Er neigte allerdings dazu, Gegenstände überzubewerten, hatte er doch den Schmuck seiner verstorbenen Frau schon einmal zu hoch eingeschätzt.

Es waren 579 Posten, die fast vier Monate nach dem Ableben Leopolds versteigert wurden. Er hinterließ u. a. drei reichverzierte Kleider (Rock, Weste und Hose, die mit je 40, 50 und 60 Gulden angesetzt waren, allerdings keinen Bieter fanden). Mit dabei waren Hüte, Mäntel, Hemden, Strümpfe, eine Perücke, Schuhe, Vorhänge. Der Hausrat war gewaltig. So befanden sich zwölf

Tischtücher, Leintücher, Handtücher, fünfzehn Paar Bettücher, vier Betten, Matratzen, Federsäcke und Vorhänge darunter, ebenso Küchengegenstände wie Bratpfannen, Schürhaken, Bestecke, Glutschaufel, Feuerzangen, Kaffemühle. Zahlreiche Dosen, englische Uhren, Zahnstocherbüchsen und andere Preziosen und Galanterien, die er vermutlich von den Reisen mitgebracht hatte, standen zur Versteigerung bereit, ebenso Schuhschnallen, Ringe, Federn, eine kleine Pistole, ein Fernglas, Operngläser, Bücher, Schreibzeug, wertvolle optische Apparate englischer Herkunft und natürlich viele Musikalien. An Instrumenten ein Flügel, ein Violoncello, ein Klavier, eine Bratsche, drei Geigen. Alles wurde notiert, vom »Kinder Caffe-Schaalen samt untersazl und Chocolade Becherl« bis zur Treppe in Form einer Truhe zum Besteigen eines barocken Bettes. Das Tanzmeisterhaus verfügte über viel Raum, was von ihm ausgenutzt worden war, und Nannerls Arbeit beim Auf- und Ausräumen muß gewaltig gewesen sein.

Die Versteigerung vom 25.-28. September verlief enttäuschend. Kaum mehr als die Hälfte der Gegenstände wurde verkauft. Die restlichen Objekte verblieben in Nannerls Besitz. Wolfgangs Forderung, den Anteil von 1000 Gulden im Wiener Kurs auszuzahlen, bedeutete real die Summe von 1200 Gulden der damals in Salzburg geltenden Reichswährung. Da Berchtold außerdem laut Sitzungs-Protokoll des Hofrats nach neuerlichen Verhandlungen alle Mozart betreffenden gerichtlichen und anderen Unkosten sowie 10% der »ausser Land gehenden 1000 fl.« an die Salzburger Landschaft übernehmen mußte (also weitere 100 Gulden), blieb so gut wie kein Bargeld für das Ehepaar übrig. Berchtold wird sich über dieses schlechte Geschäft redlich geärgert haben. Verständlich ist es, daß der in Gelddingen so Penible einige Dukaten und Silberstücke, die man bei der Sichtung des Nachlasses fand, für seine Partei beanspruchte, »weil er alles übernommen habe« (Deutsch 1961, 262).

Nannerl blieb kaum Zeit, sich um die geschäftlichen Dinge zu kümmern. Sie war mit dem Ausräumen der Wohnung, dem Wegschaffen nicht verkaufter Gegenstände und dem Ordnen des Übriggebliebenen beschäftigt. Es ging wohl chaotisch zu, denn wie sie sich später erinnerte, scheinen in der Verwirrung manche Kompositionen von Leopold und Wolfgang weggeworfen worden zu sein (6. 4. 1803). Aufgrund von Leopolds Gewohnheit, alles aufzuheben, und angesichts der Größe seiner Wohnung gab es große Mengen an Papieren und Gegenständen zu prüfen – eine zeitraubende Arbeit. In den früheren Familienbriefen ist häufig von der langen Suche nach Noten und Gegenständen die Rede. Als Wolfgang einmal von Mannheim aus Arien anforderte, schrieb ihm Leopold:

»Die Aria vom Bach … hab zwar gefunden, allein weder die ausgesetzten Manieren, die von deiner Schwester geschrieben sind, noch die verschiedenen Cadenzen die ich einmal auf kleinem Papier sauber abgeschrieben. Diese letztern lagen immer bey den kleinen Partituren, und da du auf die letzte alles in der Eile zusammengenommen, so wäre es nicht unmöglich, daß du es unter diesen kleinen Partituren mitgenommen. Die ausgesetzten Manieren mögen, da alles unter einander geworfen worden, Gott weiss wo, zwischen etwas darinne liegen, welche wohl mit der Zeit hervorkommen werden, deine Schwester hat sich schier zu Tod gesucht« (25./26. 2. 1778).

Daß Wolfgang die Schwester am Jahresende wegen der Übersendung seiner Partituren mahnte, erstaunt angesichts ihrer sonstigen Zuverlässigkeit und signalisiert, daß sie in diesen Wochen überfordert war. Wolfgang erhielt die autographen Partituren, und Nannerl verblieb das Aufführungsmaterial. Die Stimmabschriften von Messen und Vespern übergab sie dem Kloster Heilig Kreuz in Augsburg. Das Material für den eigenen Gebrauch ging nach ihrem Tode an das Archiv des Stifts St. Peter, wo es heute noch zum großen Teil lagert.

Erkrankte sie, die immerzu gekränkelt hatte, nun ernsthaft? Es waren turbulente Wochen durchzustehen. Sie mußte ihren zweijährigen Leopold aus seiner gewohnten Umwelt reißen und in

St. Gilgen mit unbekannten Gesichtern konfrontieren. In Salzburg war er von seinem Großvater sowie den beiden Mägden verwöhnt worden, und häufig hatte ihn d'Ippold besucht, mit ihm gespielt und geplaudert. In St. Gilgen war er nun ein Kind unter vielen. Mitten in den Nachlaß- und Aufräumarbeiten, am 6. Juli, starb Nannerls dreizehnjähriger Stiefsohn Wolfgang, der sich in Salzburg bei einem Magister in Ausbildung befunden hatte. Seine schwere Krankheit deutete sich schon im Mai an; Leopold erfuhr damals von dem Lehrer, daß er »inwendig nicht gesund« war. Zu der Pflege ihres Vaters kam also die ihres Stiefsohnes hinzu. Das Verhältnis war kein übermäßig herzliches gewesen, dennoch wird sein Tod sie zusätzlich belastet haben.

Nannerls Fahrten nach Salzburg schrumpften nun auf ein Minimum zusammen. Es gab keinen vertretbaren Grund mehr, die Residenzstadt aufzusuchen, es sei denn, man mußte unaufschiebbare Einkäufe tätigen. Dies hatte nicht nur zur Folge, daß sie von den so belebenden Informationen über die Komödien, die Politik und den Alltagsklatsch abgeschnitten war, auch der Kontakt zu d'Ippold ließ nach. Ihr Bewegungsspielraum war zudem durch die Pflege ihres Sohnes, die Betreuung der übrigen Kinder und durch Schwangerschaften noch mehr als bisher eingeschränkt. Es kann sein, daß sie sich in dieser Zeit mit kleinen Kompositionen befaßte, denn noch 1800 wird sie vom Organisten Philipp Schmelz als Beiträgerin in der Sammlung »Melodien zu Herrn Gregor Kraemers hundert neuen Schulgesängern« aufgelistet: »Nach diesem fordert Herr Krämer auf eine bescheidene und ehrenvolle Weise die Tonkünstler überhaupt, und Mehrere insbesondere auf, zu seinem Gesangbuche Melodien-Beyträge zu machen. Unter Letztere gehören des Titl. Herrn Pflegers von Sonnenburg Gemahlin, gebohrne Mozart, in St. Gilgen . . .« (zit. b. Eder 2001, 81).

Wieder war es die Musik, die ihr in diesen Zeiten half. Nannerl wartete ungeduldig auf neue Klavierstücke aus Wien, denn Wolfgang hatte früher mit eigens für sie komponierten Stücken

zu ihrem Namenstag aufgewartet. Diesmal kam nichts. Sie muß
nach acht Monaten Warterei ihren Unmut geäußert haben, denn
der Bruder antwortete in seinem typisch versöhnlichen Tonfall:
»Mit Recht könntest du böse auf mich sein! Wirst du es aber auch
dann sein, wenn du mit diesem Postwagen die neuesten Klavierstücke von mir erhaltest? – O nein! Dies wird hoffentlich alles
wieder ins Gleise bringen.« Seine anschließenden Glückwün-
sche zeigen, daß er der Schwester unverändert herzlich zugetan
war:

»Da du überzeuget sein wirst, daß ich dir gewiss täglich alles
mögliche Gute wünsche, so wirst du auch darüber hinausgehen,
daß ich mit meinem Glückwunsche zu deinem Namenstage etwas spät nachhinke; – liebste Schwester; – Ich wünsche dir vom
ganzen Herzen, von ganzer Seele, alles das, was du dir selbst am
erspriesslichsten zu sein glaubest, und hiermit Punktum. – Liebe
Schwester! – Du kannst nicht zweifeln daß ich viel zu tun habe –
du weisst auch recht gut daß ich zum Brief schreiben etwas faul
bin; – nehme es mir also nicht übel wenn ich dir selten schreibe; –
dieses soll aber dich nicht abhalten, mir öfters zu schreiben; – so
ungerne ich Briefe schreibe, so gerne erhalte ich deren. – Auch
hast du mehr Stoff zu schreiben als ich, da mich in Salzburg mehr
Sachen interessieren als dich in Wien –« (2. 8. 1788).

Der Brief schließt mit der Bitte, ihm Kirchenmusik von Michael Haydn zu besorgen. Außerdem schlug Wolfgang vor, Nannerl solle Haydn nach St. Gilgen einladen, ihm dort Wolfgangs
neue Kompositionen vorspielen und die Gelegenheit nutzen, sich
dessen Werke geben zu lassen. Es fiel ihr schwer, auf seinen Vorschlag einzugehen, denn sie war bereits schwanger, als sie seinen
Brief erhielt.

Mozart genoß in Wien hohes Ansehen und verdiente gut. Im
Januar 1787 wurde er nach Prag eingeladen und erhielt dort
den Auftrag, für die nächste Prager Saison eine Oper zu schreiben
(Don Giovanni). Kurz zuvor wandte er sich an seine Schwester
und entschuldigte sich, daß er so lange nichts von sich hatte hö-

ren lassen. Er erzählte, daß er in kaiserliche Dienste übernommen worden war. Im Wissen darum, daß Nannerl gelernt hatte, die ökonomische Sicherheit über alles zu stellen, bemerkte er: »Ich bin überzeugt daß dir diese Nachricht gewiss willkommen ist«. Auf ihre Anfrage hin teilte er ihr mit, daß er 800 Gulden jährlich durch die kaiserliche Dekretierung erhielt, was eine für Salzburger Verhältnisse große Summe darstellte. Er bat sie noch, die Incipits (Anfangstakte) aller bereits zugestellten Stücke zu übermitteln, damit er nichts doppelt schickte. »Auf diese Art wirst du gleich bedient sein. – Lebe wohl, liebe Schwester, und schreibe mir ja oft – wenn ich dir nicht allzeit ordentlich antworte, so schreibe es keiner Nachlässigkeit sondern bloss meinen vielen Geschäften zu. – Adieu. – – Ich umarme dich vom Herzen und bin ewig dein aufrichtig dich liebender Bruder W. A. Mozart« (19. 12. 1787).

Sein Brief vom 2. 8. 1788 war der letzte, den er ihr schickte. Angesichts seiner langen Schreibpausen, aber auch aufgrund ihrer eigenen Belastungen gab sie die Korrespondenz vermutlich auf. Im März 1789 gebar sie ihre erste Tochter Johanna, Jeanette genannt, ein Jahr darauf ihre zweite Tochter Marie Babette. Obwohl sich Nannerls Stieftochter verstärkt um den zweijährigen Leopold kümmerte, hatte Nannerl mit Marie Babette alle Hände voll zu tun, da sie von Geburt an kränkelte und besonderer Fürsorge bedurfte. Aber dies wird nicht der einzige Grund für den aussetzenden Briefverkehr gewesen sein. Leopold, dem Wolfgang wenn auch nicht regelmäßig, so doch in gewissen Abständen geschrieben hatte, existierte als bindendes Glied nicht mehr. Die Lebensbezüge der beiden brachen endgültig auseinander. Sie hatte auch nach dem Tod Leopolds weitaus mehr Geschäfte zu erledigen – alle Waren aus Salzburg mußte sie nun selbst herbeischaffen lassen.

Wolfgang war im höchsten Maße abgelenkt, denn er war trotz guter Einnahmen in große Geldnot geraten. 1789 erkrankte Constanze an einem Geschwür am Bein und mußte sich mehrfach einer Kur unterziehen, so daß Wolfgang auf Reisen ging, um zusätzliche Einnahmen zu erzielen. Sie schwebte zeitweise in Lebensgefahr, und das erstgeborene Kind starb gleich nach der Niederkunft. Hiervon erfuhr Nannerl nichts. Wolfgang wußte zudem, wie penibel sie in Gelddingen war und hatte sicherlich keinen Wunsch, ihr von seiner Not zu schreiben. Von einem etwaigen Mißklang zwischen den beiden, so gerne manche Musikautoren dies kolportieren, kann jedoch keine Rede sein.

Es fügt sich folgerichtig in die Geschichte ihrer Beziehung ein, daß Nannerls geliebter Freund Franz d'Ippold sechzigjährig im Februar 1790 starb. Wenn die Signale seiner Zuneigung als Ausdruck einer unerschütterlichen Liebe zu interpretieren sind, dann war seine letzte Hoffnung, zu ihr eine Verbindung aufrechtzuerhalten, im Jahre 1787 gescheitert. So ironisch es klingen mag: ausgerechnet Leopold, der die Eheschließung mißbilligt hatte, fungierte als Garant für einen Kontakt. Sein Tod ließ ein Glied in der Kette zwischen Salzburg und St. Gilgen zerbrechen. D'Ippold konnte keine Geschenke und Grüße mehr überbringen lassen. Eine solche direkte Annäherung an eine verheiratete Frau hätte die Machtsphäre des Ehemannes tangiert und entsprach nicht dem Stil des korrekten und zurückhaltenden Freundes.

Der Sohn Nannerls, den er als sein eigenes Kind betreut hatte, war ihm ebenfalls genommen. Auch Nannerl war es nicht mehr möglich, mit ihm in Verbindung zu treten. Rechnet man die Monate des Jahres 1787 nach Leopolds Tod als eine Zeit, in der sich die beiden immer wieder sahen, so verblieben Franz zwei einsame Jahre, ehe er starb.

Wir wissen nicht, was sie bei der Nachricht vom Tod ihres treuen Freundes empfand. Trauer und Ohnmacht werden sich mit Gedanken an bessere Zeiten vermengt haben. Erinnerungen daran, wie sie im Tanzmeisterhaus am Clavichord saß und er gerührt lauschte; wie er sie seiner Schwägerin vorstellte; wie sie sich im Schutze gesellschaftlicher Ereignisse sehen und unterhalten konnten. Tränen der Dankbarkeit dafür, daß er sich um ihren

Sohn so liebevoll gekümmert und sie auch nach ihrer Verheiratung unerschütterlich geliebt hatte.

Im November 1791, ein Jahr nach dem Tod ihrer zweiten Tochter, wurden die drei ältesten Söhne Berchtolds, der 14jährige Joseph, der 12jährige Andrä und der 9jährige Karl in die Schule nach Salzburg geschickt. Die Familienchronik vermerkt, daß es Nannerl war, die dies veranlaßte: sie hatte darauf gedrängt, daß sie eine ordentliche Ausbildung erhielten. Deren Abwesenheit muß sie sehr entlastet haben. Sie wird entsprechend mehr Zeit für ihre kleine Tochter Jeanette gehabt haben, die sie später in Gesang und Klavier unterrichten sollte.

Ein Jahr nach Franz d'Ippolds Tod traf sie ein weiterer schwerer Schlag, als sie vom Tod ihres Bruders erfuhr. Obwohl die Korrespondenz versiegt war, blieb sie Wolfgang stets im Geiste nah. Kindheit und Jugend waren mit seinem Wirken sehr eng verbunden gewesen, und das geschwisterliche Verhältnis blieb innig, wenn es sich auch mit der Zeit äußerlich lockerte. Auch hier werden ihr die Erinnerungen an vergangene Zeiten eingefallen sein: an das »Rückenspiel«, das die beiden Kinder auf Reisen in der Kutsche so gerne spielten, an den gemeinsamen Pfiff, der die Geschwister verband, und der auf Wolfgangs Reisen unbeantwortet blieb (21.9.1771), an die geheimen Vermittlungsdienste, in die sie eingeschaltet wurde und die einer Salzburgerin galten, an seine komischen Briefe, die er mal in italienisch, mal in einem Sprachmischmasch aus lateinisch, französisch, italienisch und deutschem Dialekt schrieb.[29] Erinnerungen auch an seine Neckereien, wobei er auf ein unerschöpfliches Reservoir an Namen zurückgriff. Aus Wien schickte der immerhin sechsundzwanzigjährige Wolfgang an sie »von uns beiden 1: ein paar Ohrfeigen 2:ᵗ ein paar Maulschellen, 3ᵗ: ein paar Wachteln, 4ᵗ: ein paar Watschen. 5ᵗ: ein paar Faunzen, und 6ᵗ: ein paar Maultaschen –« (10.12.1783).

Sie wird wehmütig der vielen Stunden gedacht haben, in denen sie gemeinsam musizierten, an die Freude, die seine Werke ihr spendeten. Zahlreiche Kompositionen entstanden für sie, so beispielsweise die vier Münchener Präludien KV 248 a, die ebenso verschollen sind wie ein Capriccio aus Paris. Die beiden Sonaten für zwei Klaviere D-Dur KV 381 (123a) und B-Dur KV 358 (186c) spielten sie oft zusammen. 1782 schickte er Praeludium und Fuge C-Dur KV 394 (383a): »Ich wünsche nur, daß du es lesen kannst, weil es gar so klein geschrieben ist, und dann – daß es dir gefallen möge« (20. 4. 1782). Er bittet sie, das neue Finale zum bewährten D-Dur-Konzert KV 175, »welches hier so großen Lärm macht«, »wie ein Kleinod zu verwahren« und es keinem Menschen, auch nicht den in der Hausgemeinschaft lebenden Schülern, zu spielen zu geben. »Ich habe es besonders für mich gemacht«, begründet er dies, »und kein Mensch als meine liebe Schwester darf es mir nachspielen« (23. 3. 1782). Gerade jetzt, wo sie von den alten Freunden abgeschnitten war, blieb seine Musik für sie ein Lebenselixier, etwas, das sie zudem an die gemeinsam verlebten Jahre erinnerte, an die Begeisterung der Zuhörer, und an die internationalen Erfolge. Sie bewahrte daher sorgfältig »alle Kleinigkeiten von meinem Bruder« auf (24. 11. 1799).

Aber auch die langen Monate werden ihr durch den Kopf gegangen sein, als er unterwegs mit der Mutter war und ohne sie zurückkehrte; als er nach Wien zog und den Vater ernsthaft kränkte; und ihre Gedanken werden auch bei dem Besuch des Ehepaars in Salzburg geweilt haben, wo sie ihn zum letzten Mal sah. Stets nahm er ihre Partei und war um ihr Wohl besorgt, als es beispielsweise um die mögliche Heirat mit d'Ippold ging. Es war nicht nur ein zu Späßen aufgelegter Bruder von ihr gegangen, sondern ein lieber Freund.

Zunächst flossen die Informationen über Wolfgangs Tod nur spärlich. »Da ich von der Welt ganz abgesondert lebe«, schrieb Nannerl 1799. Sie erfuhr in St. Gilgen nur wenig von dem, was außerhalb ihres Dorfes vor sich ging. Johann Baptist tat anscheinend nichts, um ihr Kontakte nach außen zu erleichtern, und Constanze, die gleich nach dem Tod ihres Mannes aktiv wurde, um das Erbe für sich zu sichern, informierte Nannerl hierüber auch nicht. Dennoch nahm Nannerls Leben fast unmerklich eine neue Wende. Aus der klavierspielenden Ehefrau und Mutter wurde nun die Schwester eines verstorbenen Komponisten, dessen Genie allmählich von der Umwelt erkannt wurde. Als letzte Angehörige der Familie Mozart oblag ihr, aus der Jugendzeit des Bruders zu berichten; für die späteren Jahre war Constanze Zeugin.

Kurz nach Wolfgangs Tod wurde sie um Aufzeichnungen für einen Lebensabriß gebeten, den der Gymnasial-Professor Friedrich Schlichtegroll innerhalb seiner Reihe *Nekrolog der Deutschen* plante. Sie stellte ihre »Data zur Biographie des Verstorbenen Ton-Künstlers Wolfgang Mozart« im Lauf des Jahres 1792 zusammen. Es war das umfangreichste Schriftstück, das sie je in ihrem Leben verfaßte: ein Zeichen dafür, wie ernst sie ihre Aufgabe nahm. Sie hielt sich dabei hauptsächlich an Leopolds Briefe aus ihrer Kindheit, die sie in Abschrift besaß (Eibl 1978 b, 78).

Die Korrespondenz kam durch eine Mittelsperson zustande. Albert von Mölk (1749-1799), der lange Jahre in Salzburg als Spitals-Inspektor tätig gewesen war, war möglicherweise einer der früheren Verehrer Nannerls. Es herrschte jedenfalls ein freundschaftlicher Ton zwischen ihnen, der von den gemeinsamen Jahren herrührte. Der Vorgang läßt sich wie folgt rekonstruieren: Schlichtegroll wandte sich mit einem Fragenkatalog zu Wolfgangs Leben über Mölk an Nannerl, die ein umfangreiches Schriftstück zusammenstellte und es Mölk zusandte. Schlichtegroll stellte daraufhin weitere Fragen, die wiederum über Mölk an Nannerl weitergeleitet wurden. Sie konnte nicht alle davon beantworten und beschloß daher, einige Fragen an den Familienfreund Schachtner weiterzugeben, der sich an zahlreiche Anekdoten aus der Kindheit Wolfgangs erinnerte und diese auch aufzeichnete. Später erfuhr sie, daß Mölk ihr Schriftstück direkt an Schlichtegroll weitergeleitet hatte, was ursprünglich nicht in Nannerls Sinn gewesen war (vgl. B/D VI, 432).

Schlichtegroll verwertete die Aufzeichnungen Nannerls und Schachtners, teilweise wörtlich, in seinem »Nekrolog auf das Jahr 1791« (Schaal 1954). Ein Exemplar desselben dedizierte er Nannerl: »Der edlen Schwester des größten Tondichters zum Beweis seiner Hochachtung gewidmet von Friedrich Schlichtegroll« (B/D VI, 433). Die Reihenfolge des Briefverkehrs ist deswegen wichtig, weil Nannerls Aufsatz irrtümlicherweise den Grundstein zu der negativen Bewertung ihrer Person in der Mozart-Biographik legte. An den Stellen, die von den frühen Reisen berichten, gab es keine Beanstandungen: »Rührend und selbstverständlich liest sich die nüchterne, sachliche Aufzählung der Reise-Begebenheiten« (Dent/Valentin, 15). Es waren die letzten Zeilen ihres Aufsatzes, die breiten Widerspruch erregten. Sie stammen jedoch – wie man dem im Salzburger Mozarteum lagernden Autograph unschwer entnehmen kann – nicht von ihrer Hand:

»Die Tochter Maria Anna Mozart ist seit einigen Jahren an einen Hochfürstlichen Rat und Landpfleger verheiratet, welcher ihr aus zweien Ehen schon Kinder zubrachte, und mit dem auch sie schon einige weiter erzeugt hat. So lebt sie dermalen an dem nämlichen Ort, wo ihre selige Mutter geboren war, in anspruchloser ruhiger Stille ganz den schönen Pflichten der Gattin und Mutter.

In den letzteren Jahren ihres ledigen Standes, welche sie zu Haus bei ihrem Vater verlebte, gab sie einigen jungen Frauenzimmern der Hauptstadt Salzburg Unterricht im Klavierspiel; und noch heutzutag kennet man der Nannette Mozart Schülerinnen aus all anderen heraus, an Nettigkeit, Präzision und wahrer Applicatur im Spiel.

Die beiden Mozartischen Eltern waren zu ihrer Zeit das schönste Paar Eheleute in Salzburg: auch galt die Tochter in ihren jüngeren Jahren für eine regelmässige Schönheit. Aber der Sohn Wolfgang war klein, hager, bleich von Farbe, und ganz leer von aller Prätension in der Physiognomie und Körper. Ausser der Musik war und blieb er fast immer ein Kind; und dies ist ein

Hauptzug seines Charakters auf der schattigen Seite; immer hätte er eines Vaters, einer Mutter, oder sonst eines Aufsehers bedarfen; er konnte das Geld nicht regieren, heiratete ein für ihn gar nicht passendes Mädchen gegen den Willen seines Vaters, und daher die große häusliche Unordnung bei und nach seinem Tod« (B/D IV, 199 f.).

Weder die Aussage, daß ihr Bruder eines Aufsehers bedurfte, noch daß er ein »gänzlich unpassendes« Mädchen heiratete, das an der häuslichen Unordnung schuld sei, stammen von ihr, sondern von Albert von Mölk, der ihrem Aufsatz die obigen Zeilen hinzufügte. Das gesamte Schreiben wird ihr jedoch als das einer »über den Tod des Bruders hinaus eifersüchtelnden« Schwester zugeordnet (Schenk 1983, 584). Man lastet ihr an, das Andenken ihres Bruders »in ihrem Sinne zu verwirklichen«, spricht von Eigenlob und Polemik, nennt sie eine »Gekränkte, die ihrem Bruder, zunächst auf der Ebene der Kunst, nicht mehr zu folgen vermochte und ihn dann auch menschlich mehr und mehr verlor« (Gruber 1985, 28 f.). Bedenkt man, daß Nannerl es peinlich vermied, den Ärger Leopolds über Wolfgangs unziemlichen Weggang von Salzburg zu erwähnen, so wird hingegen deutlich, daß sie ihren Bruder in einem guten Licht erscheinen lassen wollte.

Daß der Briefverkehr zum Erliegen kam, lag an Wolfgangs monatelangem Schweigen wegen eigener Sorgen sowie an den Schwangerschaften und Pflegediensten, die Nannerl zwischen 1789 und 1791 beanspruchten. Sie erhielt 1788 einen letzten Brief von Wolfgang und nannte auch den Grund: »Da er überhaupt kein Liebhaber von Schreiben war« (B/D IV, 201). Würde eine »Gekränkte« so reagieren? Nannerl war keine Polemikerin, und wer die Familienbriefe vorurteilsfrei liest, wird an keiner Stelle auf Zeichen einer Entfremdung stoßen. Eitelkeit war ihr fremd.

Abwegig ist die Behauptung, daß Nannerl dem Bruder musikalisch nicht zu folgen vermochte. Die Briefe sprechen eine andere Sprache. Ihr Appetit auf Neuigkeiten war unstillbar. »Und ihr

Das Pfleghaus in St. Gilgen: hier lebte Nannerl von 1784 bis 1801

wollt immer Musik? Am Ende werde den ganzen Kasten auslee-
ren«, beschwerte sich Leopold, der häufig von ihr gebeten wurde,
seinen Notenschrank zu plündern (29. 11. 1785). Ihr Hauptinter-
esse galt verständlicherweise der Klaviermusik. Als Wolfgang
nach Wien zog, ließ sie sich regelmäßig Neues schicken: Klaviersonaten, Kammermusik, Klavierkonzerte. Wiederholt bat sie ihn,
ihr die neuesten Musikalien zu senden. Selbst nach Leopolds Tod
schrieb Wolfgang: »So bald möglich werde dir neue Sachen für
das Clavier schicken« (1. 8. 1787). In erster Linie waren es seine
neuen Kompositionen, die sie interessierten. Die Stunden, die
sie in St. Gilgen täglich für die Musikausübung reservierte, sprechen ebenso für sich wie ihre fachlichen Fragen an Wolfgang,
beispielsweise wegen fehlender Takte in einem Klavierkonzert.
Wenn es ein Medium gab, über das sich die Geschwister aus
der Ferne verständigen konnten, dann war es die Musik. Als Wolfgang 1777 die Klaviersonate KV 309 nach Salzburg schickte,
schrieb sie ihm: »Wir sind beide wie es in dem traurigen Salzburg
sein kann gesund. Ich danke dir für das erste Stück und Andante
der Sonate, ich habe es schon durchgespielt das Andante braucht

schon eine starke Aufmerksamkeit und Nettigkeit. Mir gefällt sie recht gut, man (er)kennet es, dass du sie in Mannheim komponiert hast« (8. 12. 1777). Ihr war nicht entgangen, daß sich der Stil ihres Bruders verändert und er eine neue Ausdrucksstufe erklommen hatte. Leopold registrierte kurz darauf, daß sie die Sonate »mit aller Expression« spielte und bestätigte damit ihre fachliche Kompetenz, die sich in ihrer Interpretation zeigte.

Wolfgang schätzte das musikalische Urteil seiner Schwester. »Übrigens bin ich sehr begierig welches unter den 3 Concerten B, D und G Ihnen und meiner Schwester am besten gefällt«, schrieb er, nachdem er ihr und Leopold die drei Klavierkonzerte KV 450, 451 und 453 zugesandt hatte (26. 5. 1784). Er wiederholte gar seinen Wunsch (21. 7. 1784). Nannerl monierte in KV 451 eine fehlende Auszierung der Takte 56-63; Wolfgang pflichtete ihr bei und versprach, sie ihr nachzuschicken. Selbst von St. Gilgen aus monierte sie Kopierfehler, denn Leopold erwiderte ihr nach der Zusendung des Klavierkonzerts KV 482: »Das neue Concert ist freilich erstaunlich schwer. Ich zweifle aber, ob etwas gefehlt ist, denn der Kopist hat es durchgesehen« (14. 1. 1786).

1785 schickte ihr Leopold die Konzerte ohne obligate Bläser, also KV 413, 414 und 415. Es gelang ihr demnach, ein paar Streicher aufzutreiben, um die Werke auszuführen. Auch die Klavierstimmen der neuen Konzerte KV 466 und 467 erhielt sie von ihm. Sie wollte zudem auf dem Gebiet neuer Instrumenten-Entwicklungen auf dem laufenden sein, wie man ihren Fragen bezüglich einer neuen Glasharmonika entnehmen kann (25. 11. 1785). Aus den im Archiv von St. Peter erhaltenen Abschriften Nannerls und den in den Briefen erwähnten Klavierkonzerten geht hervor, daß sie bis einschließlich KV 467 nahezu alle Klavierkonzerte kannte (Schmid 1980-1983, 145). Von den späteren Konzerten war ihr KV 595 bekannt (Schmid 1991, 177). Im übrigen entdeckte sie sofort Fälschungen, wie aus ihren Briefen mit Breitkopf & Härtel hervorgeht, als der Verlag eine Gesamtausgabe der Werke Wolfgangs plante.

Aufgrund ihrer isolierten, von allem sozialen und musikalischen Fortschritt abgekoppelten Situation in St. Gilgen würde Nannerl die zunehmende Subjektivität der letzten Werke Wolfgangs nicht in ihrem vollen Umfang begriffen haben. Sie hätte sich sicherlich über extreme Harmonien und Intervallsprünge, beispielsweise im Klavierkonzert KV 491, gewundert. In der Welt der ersten in Wien geschriebenen Konzerte KV 413-415 fühlte sie sich eher heimisch. Dennoch kann es keinen Zweifel daran geben, daß ihre jahrelang geschulte und ausgeprägte musikalische Urteilsfähigkeit sie auch die Spätwerke hätte schätzen lassen.

Nannerl wurde außerdem verübelt, daß sie Mozart zu einem »Kind« abstempelte: »Die Behauptung geistert herablassend-freundlich und auf willkommene Weise sanft-giftig durch die gesamte Literatur und wird ewig an ihm haften bleiben« (Einstein, 285). In ihrem Aufsatz verfaßte sie aber lediglich folgende Zeilen: »Über das kleinste Geräusch bei einer Musik wurde er aufgebracht. Kurz, so lange die Musik dauert war er ganz Musik, so bald sie geendet, sähe man wieder das Kind« (B/D IV, 198). Da sie gerade über seine Kindheit referiert hatte, befand sie sich möglicherweise noch gedanklich bei seiner frühen Entwicklung. Möglicherweise sprach sie auf seine Art an, während des Musizierens keinen Spaß zu dulden, aber nach großen Anstrengungen herumzualbern. Den eindeutig negativen Akzent besorgte wiederum Mölk mit der Bemerkung, daß Wolfgang »fast immer ein Kind« blieb; augenscheinlich hatte er Nannerl mißverstanden.

Am meisten geschadet hat Nannerl die ihr zugeschriebene Bemerkung über Constanzes liederliche Haushaltsführung, die sie zu einer mit dumpfen Ressentiments beladenen, unversöhnlichen Person abstempelte. Dabei wäre es ihr niemals eingefallen, ihre Schwägerin in aller Öffentlichkeit zu verunglimpfen. Die einzige Bemerkung, die sie hierzu geäußert hat, stammt aus einem im August 1799 geschriebenen Brief an den Verlag Breitkopf & Härtel. Dieser hatte sich vier Wochen zuvor erstmals an sie gewandt, nachdem Verhandlungen mit Constanze aufgrund von unterschiedlichen Interessen einen Tiefpunkt erreicht hatten, und sie um Hilfe bei der Suche nach Kompositionen aus Wolfgangs Jugendzeit gebeten: »Da ich hingegen von sicherer Hand, und von einem Augenzeug erfahren habe, daß seine Sparten (= Partituren) bei ihm nur immer unter dem Clavier herum lagen, und die Copisten davon nehmen konnten was sie wollten, und ich konnte auch dieses um so leichter glauben, da mir wohl bekannt war, daß mein Bruder seine älteren Werke immer weniger leiden konnte, wie stärker er in seiner Composition wuchs, ich zweifle also nicht daran, daß viele seiner jüngeren Werke werden verloren gegangen sein« (4. 8. 1799).

Diese Aussage deckt sich übrigens mit Constanzes Erfahrungen, die ähnliches bestätigte: »Was man dem Mozart vorwerfen könnte, ist, daß er nicht sehr ordentlich mit seinem Papier war, und manchmal das, was er zu componiren angefangen hatte, verlegte; und um es nicht lang suchen zu müssen, lieber es nochmals schrieb; dadurch entstand, daß manches sich zweimal vorfand ...« (31. 5. 1827).

Selbst wenn Nannerl Antipathien gegen Constanze hegte, hatte sie vom Vater gelernt, vorsichtig mit Äußerungen umzugehen. Leopold trennte scharf zwischen seinen flapsigen, oft frechironischen Bemerkungen über andere in privaten Briefen, und seinen öffentlichen Verlautbarungen: »Du weisst, ich will keine schlechte Figur machen, und will nichts über mich zu reden selbst veranlassen« (22. 12. 1786). Auch Nannerl war gewohnt, nach außen hin eine Fassade der Wohlanständigkeit aufzubauen. Ihr Bericht für Schlichtegroll ist insgesamt sachlich und korrekt. Einmal allerdings führt sie bewußt in die Irre: an der Stelle nämlich, an der sie als Grund für Wolfgangs Rückkehr aus Paris angibt, daß er wenig Geschmack an der französischen Musik gefunden habe.[30] Das aber ist falsch: Wolfgang gelang es nicht, Fuß zu fassen, sein Schuldenberg wuchs, und es war schließlich Leopold, der ihn nach Hause zitierte. Sie war bemüht, möglichst Positives über ihren Bruder zu verbreiten – auch das ist mit dem Mölkschen Nachsatz unvereinbar.

Schlichtegroll hakte über Mölk noch einmal bei Nannerl nach, und sie schrieb einen zweiten kurzen Aufsatz über Mozarts Charakter, wobei sie seine Fragen wiederholte und einzeln beantwortete. Leider ist nur ihr Entwurf erhalten geblieben. Eine der vorgegebenen Fragen betraf mögliche Fehler Wolfgangs. Ihr fiel nur sein Verhältnis zum Geld ein: »Was seine Fehler anbelangt, so kann ich ihm nur einen einzigen beimessen, welcher darinnen bestand, dass er ein zu gutes Herz hatte, er das Geld nicht zu dirigieren wusste. Wer ihm schmeichelte, der konnte alles von ihm erhalten, so lange er bey seinem Vatter war so versorgte er ihn mit allem nöthigen, da er sich nun immer beschäfftigte so dachte er gar nicht wie er einmahl das Geld dirigiren soll, und dieses war auch die Ursache daß, da der Vatter wegen seinen dienst ihn nicht nach Paris begleiten konnte, seine Mutter mit ihm schickte, weil er ihn schon kannte das er selbst nicht in Stande war sich zu dirigiren« (B/D IV, 202). Sie hatte kurz zuvor diesen »Charakterfehler« entkräftet, indem sie eine etwas hochgestochen wirkende Erklärung anbot, die 60 Jahre später von Richard Wagner hätte stammen können:

»Es lässt sich zwar leicht begreifen, daß ein grosses Genie, welches sich mit der Menge seiner eigenen Vorstellungen beschäftiget, und mit erstaunlicher Geschwindigkeit von der Erde zum Himmel sich erhebt, höchst ungerne sich zu der Untersuchung und Berichtigung häuslicher Angelegenheiten herablässt. In der Tat ist es für ein Genie nur anständig nach einem hinreichenden Vermögen zu trachten und es würde für ihn eine zu erniedrigende Beschäftigung sein, wenn er sich zu der Sorge eines überflüssigen Reichtums herablassen wollte« (B/D IV, 200).[31]

Noch in der neuesten seriösen Literatur wird Nannerl beschuldigt, mit diesen Sätzen zur schlechten Meinung über sie in der Mozartliteratur beigetragen zu haben (Halliwell, 586 und 589). Übersehen wird dabei, wie sehr Nannerl sich bemühte, diesen vermeintlichen Charakterfehler zugleich zu entkräften. Zum einen kleidete sie ihre Darstellung in eine positive Aussage (»zu gutes Herz«), zum anderen fügte sie eine längere Erläuterung an, wonach es für ein Genie unnötig sei, sich um Gelddinge zu kümmern. Als Mölk anscheinend bei der Frage nach Wolfgangs Fehlern nachhakte, blieb sie unnachgiebig: »Was Sie da schreiben, daß ich auch die schwache Seite meines Bruders seelig schildern sollte Allein ich glaube daß ich in meinen beyligenden Noten genug gethan habe«. Noch einmal versuchte sie, ihren Bruder in Schutz zu nehmen, indem sie angab, er sei auch nicht imstande, an Geld zu denken, »da sein Kopf immer mit der Musick und ausser diesem mit anderen Wissenschafften beschäftigt war«, und sie wiederholte, daß er »ein zu gutes wohlwollendes Herz« hatte (B/D IV, 202 f.). Im Zusammenhang gelesen, ergibt sich das Bild einer Frau, die trotz ihrer anerzogenen Höflichkeit Mölk gegenüber, dem sie behilflich sein wollte, alles unternahm, um ihren Bruder positiv zu zeichnen.

Wie sie auf den Mölkschen Nachsatz reagierte, kann nur vermutet werden. Sie schalt Albert, weil er ihre schriftlichen Versatzstücke an Schlichtegroll weitergeschickt hatte, ohne sie zu überarbeiten und ihr zurückzusenden. »Ich sollte Sie aber billig auszanken ... es fiele mir gar nicht ein daß Sie ihn so wie ich ihn geschrieben habe in Original den Herr Professor einsenden würden« (B/D IV, 200 f.), schrieb sie ihm mißbilligend. Sie wird über seine Zusätze nicht erfreut gewesen sein, dennoch ging sie gegen die Veröffentlichung nicht vor, wohl aus Respekt vor dem Gedruckten.

1799 meldete sich der Verlag Breitkopf & Härtel, der Jugendwerke Wolfgangs bei ihr oder bei Salzburger Freunden vermutete. Ihre Schwägerin hatte ihr zwar inzwischen mitgeteilt, daß der Verlag eine Gesamtausgabe der Werke Wolfgangs plante, aber Nannerl hatte »nichts weiteres mehr davon erfahren, noch weniger ist mir etwas davon zu Gesicht gekommen, ich weiss also nicht wie weit sich diese Herausgabe erstreckt« (4. 8. 1799). Der Verlag hatte schon jahrelang mit Constanze korrespondiert, und beide Parteien kämpften mit harten Bandagen. Während Constanze bemüht war, für die Übergabe eines jeden Manuskripts einen gerechten Preis zu erzielen – wobei sie bei ihren Geschäftspartnern auf Widerborstigkeit stieß –, dachte Nannerl nicht an eine Bezahlung. Als Jahre später der Verlag Nannerl versprach, sie für zugeschicktes Material zu entschädigen, warf sie ihm zwar neben anderen Versäumnissen auch die Nichteinhaltung dieser Zusage vor, verzichtete aber auf die Eintreibung des ihr zustehenden Geldes.

Manche Biographen bezichtigen Constanze gerne der kalten Geschäftstüchtigkeit und sehen in Nannerl die rührige, sich aufopfernde Schwester. Ausgerechnet diese wenigen Pluspunkte, die Nannerl bei den Mozart-Forschern sammelt, stehen ihr aber nicht zu. Abgesehen davon, daß die altbekannte Hierarchisierung von Frauen auch hier greift – Nannerl wird so lange kritisch beäugt, bis eine »schlechtere« Frau sie ablöst –, sind die unterschiedlichen Handlungsweisen durch die Lebensumstände zu begründen. Constanze war von Wolfgang in die harte Realität des Geldverdienens, des Geldmangels und des Schuldenmachens eingeweiht worden. In den letzten Jahren seines Lebens führte sie in seinem Namen sogar geschäftliche Gespräche mit Unbekannten (die Namen werden von Wolfgang in seinen Briefen mit N. N. ausgespart). Sie wollte nach seinem Tod die Schulden um jeden Preis tilgen und endlich ein sorgenfreies Leben führen können, wozu sie alle Energie und Kraft einsetzte. Constanze fordert, Nannerl bittet. Constanze handelte als Geschäftsfrau, Nannerl hatte nie in finanziellen Dingen eigenständig handeln dürfen, blieb als Ehefrau wie als Witwe finanziell abgesichert und erwartete keine Entschädigung. Sie war stets ehrerbietig und voller Demut: »Kann ich Ihnen noch ferners in einigen Stücken dienen, so rechnen Sie auf meine Bereitwilligkeit alles zu tun was in meinen Kräften steht« (15. 4. 1802); »Ich wünsche von Herzen daß Sie zufrieden sein können« (20. 9. 1802). Es tut ihr »unendlich leid«, daß sie nichts Neues schicken kann (14.12.1802); sie unterschreibt als »Dienstbereitwilligste« (4.8.1799). Constanze war der Wert ihrer zu verkaufenden Musikalien bewußt; sie hatte eine Ware zu veräußern und wollte sie nicht verschenken – ein billiges Verlangen, das sie aber von Nannerl unterscheidet.

Der Verlag Breitkopf & Härtel sprang umgekehrt nicht gerade fair mit Constanze um. Obgleich sie – später mit Hilfe ihres Verlobten Nissen – geschickt taktierte und um einen ehrlichen Handel bemüht war, wurde sie häufig von ihren Geschäftspartnern hintergangen. Ihre Angebote – vor allem der Vorschlag, ihren gesamten Notennachlaß zu veräußern – wurden nicht ernst genommen, bis es zu spät war.

Der Verlag trieb einen Keil zwischen die Schwägerinnen, indem er einerseits Nannerl lobte: »Mit Dankbarkeit und Achtung werden wir in seiner Biographie das, was wir bereits von Ihnen wissen, so wie die Aeußerungen Ihrer schwesterlichen Zärtlichkeit für denselben und Ihre Bereitwilligkeit, uns sowohl in dieser Lebensbeschreibung als in der Herausgabe seiner Werke zu unterstützen, aufnehmen«, andererseits aber hinzusetzte: »Möchten wir dies auch von seiner Witwe tun können! Doch diese scheint einen augenblicklichen Vorteil allen Rücksichten auf das Andenken ihres Gatten vorzuziehen« (28.2.1800) – eine Behauptung, die sich nach der Lektüre der geschäftlichen Korrespondenz nicht aufrechterhalten läßt. Nannerl erfuhr jedoch nur die Meinung des Verlages und reagierte empört. Sie, die selbst pedantisch korrekt war, kritisierte nun zum erstenmal ihre Schwägerin: »Daß die Witwe meines Bruders so undankbar gegen Sie gehandelt, und auf eine sehr unedle Art ihr gegebenes Versprechen gebrochen hat, war mir sehr unlieb zu vernehmen, sie hat sich nicht allein durch diese unüberlegte Tat geschadet, sondern auch ihrem Mann keine Ehre damit gemacht . . .« (23.3.1800).

Selbst aus diesen Äußerungen läßt sich keine tiefe Abneigung herauslesen, denn Nannerl stand unter dem Eindruck eines vermeintlich egoistischen Verhaltens, das ihr unverständlich war.

Ihre spätere Bereitschaft, an der Mozart-Biographie von Constanzes zweitem Ehemann mitzuarbeiten, ist ein weiteres Indiz dafür, daß sie der Schwägerin nichts nachtrug.

Constanze Mozart hatte Ende 1797 den um ein Jahr älteren dänischen Legationssektretär Georg Nikolaus Nissen kennengelernt. Etwa ein Jahr später zog sie in seine Wohnung ein, hielt aber die Verbindung nach außen hin geheim. 1809 heiratete sie ihn im Dom zu Preßburg; ein Jahr darauf zog das Ehepaar nach Kopenhagen, wo es zehn Jahre verbrachte. Nannerl erhielt 1801 zu dem Tode ihres Mannes ein Kondolenzschreiben von der Schwägerin, danach brach die Verbindung für viele Jahre ab. Constanze gelang es, durch Reisen, die Aufführung von Konzerten, bei denen sie als Sängerin hervortrat, und durch den Verkauf der Originalpartituren Mozarts nicht nur alte Schulden zu begleichen, sondern darüber hinaus ein kleines Kapital zu sammeln.

1799 erfuhr Nannerl erstmals durch Breitkopf & Härtel von der 1797 veröffentlichten Mozart-Biographie Franz Xaver Niemetscheks – wiederum ein Beweis dafür, wie abgeschieden sie lebte. Der Verlag hatte ihr ein Exemplar zukommen lassen. Der Nekrolog von Schlichtegroll hatte die letzten Jahre seines Lebens nur gestreift, vieles war ihr daher neu. Einige Passagen darin bewegten sie tief: »Des Herrn Prof. Niemetscheks Biographie machte mein schwesterliches Gefühl gegen meinen so innig geliebten Bruder wieder ganz rege – so, daß ich öfters in Tränen zerfloß, da ich erst jetzt mit der traurigen Lage in der sich mein Bruder befand bekannt wurde« (8.2.1800). Es waren vermutlich die Passagen, die von der Unsicherheit seiner Einkünfte, den häufigen Kindbetten und langwierigen Krankheiten seiner Gattin, den Machenschaften seiner Feinde und Verleumder sowie von seiner angeblichen Vorahnung des nahenden Todes handelten, die sie erschütterten. Vielleicht erinnerte sie sich auch daran, wie ihr Mann nach Leopolds Tod mit Wolfgang über den Nachlaß gefeilscht hatte, und wie viel dringender er das Geld benötigt hatte als sie.

Kurz vor dem Tod Berchtolds wurde es lebendig in St. Gilgen: die Kämpfe während der französischen Revolutionskriege erstreckten sich bis ins Salzburger Land. Am Morgen des 15. Dezember 1800 besetzten die Franzosen kampflos die Stadt Salzburg; der Erzbischof hatte die Stadt einige Tage zuvor verlassen. Mehrere französische Offiziere logierten bei den Berchtolds und mußten beköstigt werden. Ein Offizier reiste sogar eigens nach St. Gilgen, um die Schwester des von ihm verehrten Mozart kennenzulernen. Er war auf der Suche nach weiteren Kompositionen. »Ich sagte ich hätte keine, doch wüsste ich gewiß daß in Salzburg noch einige wären, doch man mir sie für verloren angab, er sagte mir dann, wenn ich wollte so wollte er mir alle die Musikalien so ich weiß daß sie in Salzburg sind, verschaffen, und wenn sie der Teufel in der Hölle hätte, so muß ich sie bekommen« (9. 2. 1801). Sie wollte wissen, ob der Verlag daran interessiert sei, da sie dem Offizier etwas hätte zahlen müssen. Trotz dieser netten Episode ist anzunehmen, daß sie und ihr Mann voller Angst waren (Leopold hatte Jahre zuvor ihre übertriebene Ängstlichkeit in seinen Briefen kritisiert), denn die Soldaten waren in Salzburg einmarschiert und plünderten auch im Umfeld der Stadt.

Kurz darauf, am 26. Februar 1801, verstarb ihr Mann. Wie so oft bei seelischer Belastung erkrankte sie, dieses Mal sogar schwer. Erst drei Monate später war sie fähig, den Verlag zu informieren über den »Todfall meines innigst geliebten Gatten, meine eigene hierauf erfolgte schwere Krankheit, dann die unvermeidlichen dringende häusliche Geschäfte«, die sie am Schreiben gehindert hatten (27. 5. 1801). Daß sie so liebevoll von Berchtold sprach, erstaunt angesichts der offensichtlichen Tatsache einer Vernunftehe: hatte sich die Beziehung gebessert oder täuschte sie eine tiefe Liebe vor? Die »Einöde« in St. Gilgen, unter die sie litt, der Tod von Leopold und d'Ippold sowie die gemeinsamen Erlebnisse der letzten Jahre brachten möglicherweise eine seelische Annäherung der beiden mit sich, die auf Vertrauen fußte. Nannerl hatte in ihrem Leben nie ohne eine männliche Autorität gelebt; vermutlich verstand sie es, sich mit ihrer Situation zu arrangieren.

Berchtold hatte drei Jahre vor seinem Tod ein Testament für Nannerl angefertigt. Es heißt darin: »Bestätige ich meiner lieben Frau Ehegattin Maria Anna, geb. Mozart, jene Emolutionen, welche derselben in unseren errichteten Heiratspakten bestimmt sind, und vermache ihr aus meinem Vermögen einen jährlichen Fruchtgenuß, so lange sie lebt, mit 300 fl., doch so, daß das Kapital hievon nach ihrem Tode wieder an meine Universal-Erben zurückfallen sollte« (zit. b. Hummel 1952, 93).

Die Universal-Erben waren seine Kinder Josef, Andrä, Karl, Leopold, Anna und Jeanette. Für Nannerl war somit vorgesorgt: mit der Rente konnte sie unabhängig und sorglos leben.

Sie hatte es eilig. Kaum von ihrer Krankheit erholt, begann sie mit der Haushaltsauflösung. Ein Umzug war im 18. Jahrhundert zeitraubend. Die Pferdewagen konnten nur begrenzte Mengen transportieren, so daß sie wahrscheinlich mehrmals zwischen Salzburg und St. Gilgen pendelte, um alle Angelegenheiten zu regeln. Mitte Juni teilte sie mit, daß ihre Musikalien bereits in Kisten verpackt waren; aber erst am 28. 10. 1801, acht Monate nach Berchtolds Tod, konnte sie St. Gilgen endgültig den Rücken kehren. In ihre Freude mischte sich auch Wehmut, hatte sie doch in den Jahren ihrer Ehe den Vater, ihren Bruder, den geliebten Freund d'Ippold und den Ehemann verloren. Aber es wartete schon neue Arbeit auf sie. Der Ruhm Wolfgangs wuchs, der Verlag Breitkopf & Härtel bedrängte sie mit Fragen über dessen Werke, und sie spürte eine neue Kraft beim Gedanken an die vielen Aufgaben: »Wie sehr wird es mich erfreuen, wenn Sie mich mit der Partitur der Oper *Don Juan* beehren. Ich wolte nur wünschen, daß ich Ihnen alles was Sie von meines Bruders Werken zu besitzen wünschen alsogleich, und gewiß verschafen könnte, allein, dieses ist mir freylich nicht möglich, indessen hoffe ich werden Sie schon überzeugt seyn, daß ich mir noch ferners wie bis jetzt alle Mühe geben werde nach und nach alles dasjenige zu verschaffen ...« (27. 5. 1801).

»Wenn ich in die Stadt ziehen werde, so will ich mir alle Mühe geben, [...] bis dahin bitte ich Geduld zu haben« (18. 6. 1801).

11. Als Witwe kehre heim: Wieder in Salzburg 1802-1829

Endlich wieder daheim in Salzburg! Die Witwe Berchtold von Sonnenburg zog Ende September 1801 in das Haus der befreundeten Familie Barisani, die heutige Sigmund-Haffner-Gasse 12. Nur die Collegienkirche versperrte ihr den Blick auf ihr Geburtshaus, wo sie eine behütete Kindheit verbracht hatte, und von wo aus die großen Konzertreisen geplant und durchgeführt worden waren.

Nun endlich hatte sie Zeit – für sich selbst und für ihren Bekannten- und Freundeskreis. Von ihren Stiefkindern lebten noch Anna Maria (30), Joseph Maria Cajetan (24), Andrä (22) und Karl Franz (19). Ihre eigenen Kinder Leopold (16) und Jeanette (12) nahm sie zu sich. Leopold besuchte seit 1795 das Gymnasium bei Sankt Peter in Salzburg. Ihre engste und lustigste Freundin, Katharina Gilowsky, die unverheiratet geblieben war, erlebte ihre Heimkehr nach Salzburg, starb allerdings kaum ein Jahr darauf an »Auszehrung« (Schuler 1979, 32) – sicherlich ein Schlag für Nannerl, für die die »Katherl« eine Vertraute aus alten Zeiten war, mit der sie viele schöne Erinnerungen teilte.

Die politische und soziale Situation sah in Salzburg nicht gerade rosig aus. Bis zu seiner Flucht vor den Franzosen 1800 war Erzbischof Hieronymus bemüht, die wirtschaftliche und kulturelle Entwicklung zu beleben. Er hatte geplant, Studenten an ausländischen Schulen zu Fachleuten heranzubilden, ein modernes Verkehrs- und Vermessungswesen zu schaffen und die finanziellen Verhältnisse durch eine kluge Finanzpolitik zu verbessern. Diese Pläne wurden durch den Einfall der Franzosen jäh durch-

Maria Anna Freifrau von Berchtold zu Sonnenburg,
geb. Mozart, um 1800

kreuzt. Im Dezember 1800 waren die ersten Soldaten in Salzburg
aufgetaucht. 1801 kehrte das salzburgische Feldbataillon in die
Stadt zurück. Im gleichen Jahr wurde die Pagerie – eine Schule
für Edelknaben – neben der Dreifaltigkeitskirche geschlossen (Peternell, 343). Franz d'Ippold, der 1775 nach der Vereinigung der
Pagerie mit dem Collegium Virgilianum (einem Internat für
Edelleute) zum Direktor ernannt worden war, hätte sich – wäre
er noch am Leben – spätestens jetzt nach einer anderen Tätigkeit
umschauen müssen. Als Frau d'Ippold wäre ihre finanzielle Situation durch die neuen Umstände prekär gewesen.

Von Wien aus legte Hieronymus 1803 die weltliche Regierung

über Salzburg nieder. Aus dem geistlichen Fürstentum wurde ein weltliches Kurfürstentum, das Ferdinand III. von Toskana erhielt, der feierlich in Salzburg einzog. Es umfaßte neben Salzburg auch Berchtesgaden, Passau und Eichstätt. Im Oktober 1805 rückte der französische Marschall Bernadotte mit 39 000 Mann in Salzburg ein und verfolgte die Österreicher gegen Neumarkt. Im Dezember wurde die Stadt besetzt, was der Bevölkerung erhebliche Opfer abforderte. Sicherlich wurde Nannerl auch hier, wie schon in St. Gilgen, durch Einquartierungen betroffen.

Mit jährlich 300 Gulden konnte sie sich zwar keine Extravaganzen leisten, kam aber samt einer Dienstmagd gut aus. In ihren geliebten Geburts- und Wohnort heimgekehrt, mit zwei eigenen Kindern, waren die ersten Jahre ihres Witwendaseins voller Besinnung, aber auch lebendigen Austausches. Ihr großer Bekanntenkreis erleichterte es ihr, die sozialen Kontakte anzuknüpfen oder zu erneuern. Mehr zur eigenen Freude als zum Geldverdienen gab sie wieder Klavierunterricht. Gesangsnoten, die im Stift St. Peter liegen und die den Namen ihrer Tochter Jeanette tragen, zeigen, daß sie das Mädchen in Gesang unterrichtete. Sie hatte nun die Muße, die Briefe ihres Vaters und ihres Bruders durchzulesen, die sie mit dem Vermerk »beschaut 1803« versah.

Nach dem Umzug packte sie ihre Notenkisten aus und übergab dem Verlag Breitkopf & Härtel Werke, die er noch suchte. Sie brannte darauf, weitere unveröffentlichte Kompositionen Wolfgangs aufzutreiben. Ihren guten Willen bekundete sie gleich mehrmals, teilweise noch aus St. Gilgen: »An meiner Tätigkeit solle es gewiß nicht fehlen, nur braucht es Zeit und Weile etwas aufzufinden« (18. 6. 1801); »Ich werde nun da ich wieder gesund bin alle Mühe anwenden etwas aufzubringen« (3. 12. 1801). Bei alten Bekannten ließ sie sich Noten vorzeigen, gab den Notenkopisten Aufträge und verhandelte mit der in Salzburg ansässigen Mairischen Buchhandlung. Mit dem Kapellmeister Luigi Gatti gab es Ärger, da er ihr zunächst Musikalien versprochen hatte, dann aber behauptete, doch nichts zu besitzen. Sie plante, sich am Hofe selbst davon zu überzeugen, und sandte im Februar 1802 die Incipits aller Werke Wolfgangs, die sich dort befanden.

»Da nun die Fasnacht zu Ende gehet, so werde ich, weil die Leute jetzt ausgetobet haben, mich bestreben um einige Compositiones meines Bruders wieder vorzufinden, besonders werde ich mich bestreben mit dem Herrn Kapellmeister zu sprechen, ob er mir doch nicht diejenigen Opern so er vorgibt, daß sie nicht mehr bei Hof sein sollen, zuwege bringen könnte, es wird freilich ohne ein Geschenk nicht angehen« (Schaal 1978, 124).

Ihre Freude über gedruckte Werke ihres Bruders, die sie vom Verlag erhielt, war überschwenglich. Aus St. Gilgen hatte sie sich bereits herzlich für die ersten Hefte der Gesamtausgabe bedankt: »Durch Ihre gütige Übersendung der fünf Hefte Ihrer Ausgabe der Mozartischen Werke haben Sie mir eine unbeschreibliche Freude gemacht, da ich nun das Glück habe diese Sammlung auf eine so niedliche angenehme Art arrangirt zu besitzen, vergnüget mich über die Maßen« (8. 2. 1800). Aus Salzburg schreibt sie: »Sie hätten in der Tat mir kein grösseres Vergnügen machen können, als da Sie für mich die Güte haben, mir die vollständigen Werke meines Bruders zu übersenden« (3. 12. 1801); »Ein ungemeines Vergnügen werden Sie mir machen wenn ich wieder das 10te Heft der Claviersachen meines Bruders erhalten werde, ich freue mich schon darauf« (15. 4. 1802).

Glück, Vergnügen und unbeschreibliche Freude: diese Begriffe benutzte sie nicht leichtfertig. Nannerls Ehrerbietung, ihr Fleiß und ihr Engagement offenbaren, daß sie sich – nach dem Tod ihres Vaters und ihres Mannes – in diesem dritten Lebensabschnitt nun für einen weiteren Mann einsetzte, nämlich für ihren Bruder. Das fiel ihr nicht schwer: für andere tätig zu sein, war ihr zeitlebens selbstverständlich gewesen. Mit der Wahrung des musikalischen Erbes Wolfgangs erhielt sie eine Aufgabe, die sie beglückte und überaus ernst nahm, zumal sie vermuten mußte, daß man ihn bald vergessen könnte. Sie lief durch die Stadt, klopfte bei

Freunden und Bekannten an und warb auch für die Abnahme von Subskriptionen seiner Werke, allerdings mit wenig Erfolg. »So sehr ich mich bestrebe doch 4 Personen zu bekommen« die auf die Werke meines Bruders pränumerierten so war es nicht möglich, weil von diesen alle einzelne Stücke von meinem Bruder auf das Klavier schon haben, und solche dann doppelt haben würden, das war ihre Ausrede«, schreibt sie dem Verlag entschuldigend (Schaal 1978, 125).

Der Wunsch, anderen zu helfen, kollidierte allerdings mit übertriebener Ehrfurcht vor den Verlagsherren. Ihre Unerfahrenheit machte sich bemerkbar. Wie ein roter Faden zieht sich ein Hang zur geflissentlichen Unterordnung durch die Korrespondenz. Sie will »alles mit Fleiß in Ordnung bringen« und wünscht »mit mehrerer Tätigkeit meinen Diensteifer bezeugen zu können, als ich es bis anhero gekonnt habe« (28. 1. 1803); »kann ich noch ... in etwas dienen so mache ich mir ein Vergnügen daraus« (23. 3. 1800). Sie bittet »um Vergebung« wegen »unartiger Ausdrücke in meinem letzten Schreiben«, in dem sie ihren Geschäftspartnern vorgehalten hatte, sich nicht zu melden. Als sie nach einer Sendung feststellte, daß von den sechs in Paris gestochenen Klaviersonaten KV 301-306 – Sonaten übrigens, die sie genau kannte, da Wolfgang sie ihr 1779 persönlich überreicht hatte – nur fünf gedruckt wurden, fragte sie nach den Gründen, und fügte vorsichtig hinzu: »Erlauben Sie mir auch eine Frage?« »Verzeihen Sie mir diese Frage?« »Werden Sie mir vergeben, wenn ich Sie um etwas ersuche?« (20. 9. 1802)

Bei aller Ehrerbietung konnte sie auch standhaft bleiben. Sie schrieb, daß sie »den Copisten mit aller Schärfe auf(trug), ja alles correct zu copiren« (20. 9. 1802) – ein Satz, der an ihr strenges Vorgehen mit dem Hauspersonal erinnert, das Leopold Jahre zuvor so lobend hervorgehoben hatte. Ihr wuchsen Kräfte zu, wenn sie sich in den Dienst anderer stellen konnte. Originale gab sie nur ungern aus der Hand. Dem Verlag lieh sie ein Profilgemälde Wolfgangs nur mit Vorbehalten:

»Wenn ich nicht durch Ihre Versicherung überzeugt wäre, daß es auch so gut in Ihren Händen als in den meinigen aufgehoben ist, und durch Ihr Versprechen nicht gesichert wäre, es so bald möglich wieder unversehrt zurück zu erhalten, würde ich mich schwerlich entschlossen haben es zu senden, da ich es immer in meinem Zimmer sammt den Gemälde meiner Schwägerin aufgemacht (= aufgestellt) hatte, so gehet es mir also groß ab, und wünsche sehr es bald unversehrt zurück zu erhalten« (30. 4. 1804).

Insbesondere die frühen Werke Wolfgangs lagen ihr nah, und es war schmerzvoll für sie, als die Abschriften der Klaviersonaten KV Anh. 199-202, die Wolfgang ihr um 1769 komponiert hatte, durch Verschulden von Breitkopf & Härtel verlorengingen. Heute sind nur noch die Incipits überliefert: hätte Nannerl die Stücke kopieren lassen, wäre die Welt um vier weitere Klaviersonaten Wolfgangs reicher. Sie konnte freilich nicht ahnen, daß einem so renommierten Verlag ein solches Mißgeschick passieren würde. 1804 bat sie noch einmal um die Sonaten, »da ich sie auch als eine von den erstern Compoßitions meines Bruders aufbehalten möchte« (30. 4. 1804). Ein Jahr darauf mahnte sie sie wieder an, aber sie sollte dieses Eigentum nie wieder zu Gesicht bekommen. 1807 riß ihr schließlich der Geduldsfaden. Der Verleger hatte allmählich das Interesse an Nannerls Hilfstätigkeiten verloren, antwortete nicht und benötigte fast acht Monate, um das Porträt zu kopieren. Die Rücksendung von Wolfgangs Kompositionen wurde monatelang verzögert. Ungehalten darüber, verlor sie ihre anfängliche Bescheidenheit. Der erste Ärger trat bereits 1800 auf, als sie selbst auf Einschreiben keine Antwort erhielt.

»Ich glaubte nun ganz sicher, Sie würden doch diesen Brief erhalten, da ich aber wieder vergebens einer Antwort entgegen sehe, so ersuche ich Sie auf das freundschaftlichste mir aufrichtig die Ursache Ihres Stillschweigens zu melden, indem (ich mir) nicht vorstellen kann, dieses verdient zu haben, da (ich mir) Mühe gab, und noch (mich bemühen werde), Ihnen so viel in meinen Kräften steht an Händen zu gehen . . .« (17. 7. 1800).

Einige Jahre später war ihr Unmut gewachsen. »So weiss ich in der Tat nicht was ich von Ihnen denken soll« (15.11.1804), schrieb sie, und drei Jahre darauf:

»Da ich auf Ihr letztes Schreiben vom 25. November 1805, bereits 3 Brief übersendet habe, und nicht begreifen kann, warum Sie gar nicht mehr schreiben, so würde ich Sie auch mit diesem Schreiben verschonet haben, wenn mich nicht die abonnenten geplagt hätten, mich noch einmahl zu erkundigen, ob die Werke von Mozart und Haiden nicht mehr fortgesetzt werden, da wir seit dem 16ten August 1804 welches schon über 2 Jahr ist, keine Werke mehr bekommen haben. Ich ersuche Sie also um eine gefählige Antwort ...« (19.2.1807).

Kurz darauf bequemte sich der Verlag zu einer Erwiderung, die jedoch so ungenügend war, daß sie mit großer Sorgfalt – abzulesen an der gleichmäßigen Schrift – ein Schreiben konzipierte, das die Versäumnisse auflistete. Es war wirklich alles schiefgelaufen. Nicht nur, daß vergessen worden war, sie als Abonnentin zu beliefern, auch die beiden anderen Salzburger, die auf Nannerls Vermittlung hin ebenfalls subskribierten, waren übergangen worden. Auf ihr Angebot, Noten Michael Haydns über seine Witwe billig zu beschaffen, ging man zu spät ein, so daß der größte Teil anderweitig verkauft worden war. Werke aus Wolfgangs Kindheit wurden als solche nicht notiert, die Reihenfolge bestimmter Sonaten war falsch, obwohl sie alles korrekt hingeschickt und notiert hatte. Was Nannerl am meisten erboste, war, daß der Verlag die zugeschickten Werke nicht zurücksandte, obwohl er mit seinem Ehrenwort dafür gebürgt hatte.

»Ich bekam aber nicht nur meine oben gemeldeten Stücke nicht zurück, Sondern eine opera, die ich Ihnen ohnentgeldlich (= ohne Berechnung der Postgebühren) überschickte, gedenken Sie in Ihrem Brief kaum eines Dankes. Ferners, brachte ich so viel wie möglich war, von Jos: Haidns compositions, meines Bruders Opera buffa *La Finta Semplice,* die *Serenata II Sogno di Scipione.* Dann Messen, Sinfonien etc: zuwege, trug Sorge das alles gut abgeschrieben, und übermacht wurde, und verwendete viel Zeit zu diesen besorgen und Briefschreiben; wenn Sie dieses alles beherzigen, werden Sie der billigkeit gemäß, Selbst eingestehen müssen, daß Sie Ihr Ehrenwort nicht hielten, und mir sonst Anlaß zur Reue für meine Aufmerksammkeit, und bereitwilliges benehmen für Sie gaben.«

Die Liste ihrer Klagen war noch nicht zu Ende. Sie ärgerte sich seit langem darüber, daß zahlreiche Musikwerke irrtümlich unter Wolfgangs Namen veröffentlicht wurden. Es fehlte auch der Hinweis bei einigen Stücken, daß er sie mit sieben Jahren komponiert hatte. Die ihr endlich zugesandten letzten Hefte der Gesamtausgabe enthielten mehrere Stücke, deren Echtheit sie anzweifelte: »Überhaupt wundert mich, daß Sie nicht genauer sind, und nicht von Herrn Müller untersuchen lassen, ob wohl alles, was Ihnen unter dem Namen Mozart gegeben wird, diesen Namen verdient? Denn zum Beispiel, die dritten Variationen, so im 17ten Heft sind, würde ich kennen, wenn er sie in der Jugend gemacht hätte, und für eine Komposition in seinen reiferen Jahren sind sie zu einfach.« Es handelte sich um die Variationen KV 460 (454 a), deren Echtheit tatsächlich bis heute umstritten ist.

Die Abonnenten seien unzufrieden, weil einige Hefte gute Werke enthielten, andere wiederum meist unbedeutende Stücke. Nannerl schloß trotz allen Ärgers versöhnlich: »Nun, vergeben Sie meine freymüthige Bemerkungen, Offenherzigkeit ist die Seele der Eintracht, und Eintracht muß herrschen, zwischen Unternehmern und Mitwürkern Jeder schönen und Nüzlichen Sache« (30. 4. 1807). Man glaubt, Leopold durch diese Zeilen hindurchzuhören, der Korrektheit und Verläßlichkeit liebte, und der unnachgiebig Nachlässigkeiten geißeln konnte. Sie war zweifellos selbstbewußter geworden. Ihre inzwischen siebenjährige Selbständigkeit zwang sie, sich durchzusetzen. Es ist ebenso typisch für sie, daß der Brief versöhnlich endet, da ihr ja daran lag, die Verbreitung von Wolfgangs Musik zu fördern und es zu keinem Eklat kommen zu lassen.

Es war ein tragischer Schlag für sie, als ihre sechzehnjährige Tochter Jeanette 1805 erkrankte und starb. Sie hatte wohl gehofft, in ihr und dem Sohn Leopold Nachfahren zu haben, die die überlieferten Schätze der Familie Mozart in Obhut nehmen konnten. Da Jeanette nicht wie Leopold zu einer Ausbildung das Haus verlassen hatte, sondern bei der Mutter wohnte, wird Nannerl sie als tägliche Gesprächspartnerin geschätzt und ein entsprechend enges Verhältnis zu ihr besessen haben. Nannerl ließ sie im Grab Leopolds – des Großvaters Jeanettes – auf dem St.-Sebastians-Friedhof bestatten.

Die Reihen lichteten sich. Ein Jahr darauf starb ihr Stiefsohn Joseph. Michael Haydn, ein langjähriger Freund der Familie und hochangesehener Salzburger Komponist, starb 1806. Ihre Stieftochter Anna Maria heiratete 1807, im späten Alter von sechsunddreißig Jahren, den Distrikts-Kommissär Anton Schiebl in Ebensee. (Deren beide Kinder bedachte Nannerl in ihrem Testament mit einer kleinen Geldsumme.) Ihr Sohn war nach Absolvierung der Gymnasialstudien in den Militärdienst eingetreten. Es wurde nun stiller und einsamer um sie.

Von 1807 bis 1819 sind keine Briefe erhalten geblieben. Wie sie ihr Leben gestaltete, was sie unternahm, wer sie besuchte, kann nur vermutet werden. Da es für Frauen der gehobenen Schichten als unziemlich galt, Kutschfahrten ohne männliche Begleitung zu unternehmen, wird sie nur wenig gereist sein. Eine ihrer besten Freundinnen, die Sängerin Gretl Marchand, war zudem bereits 1800 im jungen Alter von zweiunddreißig Jahren verstorben, so daß eine Reise nach München kaum in Betracht kam. Da Gretl 1790 den Kapellmeister Franz Danzi geheiratet hatte, war der Kontakt wohl schon in der St. Gilgener Zeit geringer geworden. Kleinere Ausflüge in die Umgebung Salzburgs wird sie dagegen unternommen und sicherlich genossen haben.

Die politischen Ereignisse luden nicht gerade zum Verreisen ein. Die Bevölkerung litt unter Kriegen und Regierungswechseln. 1809 kam es zu Freiheitskämpfen auf den Salzburger Pässen. Die Stadt unterlag bis 1810 der französischen Verwaltung. Sie wird um ihren Sohn gebangt haben, der ein Jahr zuvor von Salzburg aus als Oberleutnant nach Wien marschierte. Napoleon übernahm im Mai 1809 Wien und Leopold geriet in Gefangenschaft. Als Kriegsgefangener wurde er von Schönbrunn nach Linz transportiert, dort im Ursulinenkloster vierzehn Tage gefangengehalten und dann auf Ehrenwort entlassen. Am 3. Juni traf er wieder in Salzburg ein (Hummel 1954, 96). Er hatte verständlicherweise genug vom Militärdienst und schlug die Beamtenlaufbahn ein. Nannerl sah ihn nur noch selten, da er zuerst in Brixen, dann in Bregenz tätig war, wo er heiratete. Er starb 1840 in Innsbruck.

Die weiteren Markierungspunkte in der Stadtgeschichte sind rasch aufgezählt. 1810 wird die Salzburger Universität durch Bayern aufgelöst; 1816 wird Salzburg wieder österreichisch und sinkt zu einem Kreisamt herab, das Oberösterreich unterstellt ist. Diese Degradierung war ausschlaggebend für den Rückgang des Wirtschaftslebens, denn die Stadt verlor größere zentrale Verwaltungsstellen, deren Beamte zu einem guten Teil dem Bildungsbürgertum zuzuzählen waren. Viele Wissenschaftler und fast der ganze alteingesessene Adel wanderten ab (Zaisberger, 136). Die Zahl der Einwohner reduzierte sich zwischen 1811 und 1817 von rund 15 000 auf 11 000. »Salzburg war also für lange Zeit politisch zur Bedeutungslosigkeit verurteilt, seiner wichtigsten Bildungseinrichtung beraubt, wirtschaftlich in eine Randlage geraten und bevölkerungsmäßig zur Kleinstadt herabgesunken« (Wagner in: Angermüller 1981, 32). Eine Mißernte führte 1816 dazu, daß Lebensmittel teuer und knapp wurden; das wird die Bevölkerung – so auch Nannerl, die bereits von St. Gilgen aus ihre Furcht vor Mißernten geäußert hatte – sehr besorgt haben. 1816 und 1817 waren Teuerungsjahre, in denen die Zahl der Bettler stieg. Schon 1815 galt mindestens die Hälfte der damaligen Stadtbevölkerung als arm oder gänzlich unbemittelt (Angermüller 1981, 10 ff.). Im April 1818 kam es zu einem großen Brand des rechten Stadtteils, wobei über siebzig Häuser, auch das Schloß Mirabell, in den Flammen versanken – dies wird monatelang Stadtgespräch gewesen sein. Nannerl wohnte im anderen Stadtteil und blieb davon verschont.

Kulturell machte sich die Auflösung der Hofkapelle im Jahre 1803 nachteilig bemerkbar. Der Wegzug großer Teile des Bildungsbürgertums, das das kulturelle Leben getragen hatte, ließ die Musikausübung zur Bedeutungslosigkeit herabsinken. So kam es, daß die Salzburger ihren berühmten Komponisten jahrzehntelang fast vergaßen. 1810 wurde ein literarisch-gesellschaftlicher Verein »Museum« gegründet, der sich auch der Musikpflege verpflichtet hatte, und 1816 Damen und Herren, die musikalische Fähigkeiten besaßen, ersuchte, »an den Konzerten von Zeit zu Zeit gefälligen Anteil zu nehmen« (zit. b. Wagner in: Angermüller 1981, 34). In diesem Aufruf wurde Salzburg als »eine Stadt, deren Erde die Wiege Mozarts trug und die Hülle Michael Haydns zudeckt, wo Wölfl, Neukomm und mehrere andere berühmte Meister der Töne Leben und Bildung empfingen«, bezeichnet. Ob man an Nannerl herantrat und ob sie mit ihren fünfundsechzig Jahren überhaupt bereit gewesen wäre, aktiv teilzunehmen, ist nicht bekannt.

Mozart galt damals noch als ein Komponist unter vielen. Es war weniger seine künstlerische Größe, vielmehr sein zunehmender internationaler Ruhm, der von den Salzburgern anerkannt wurde, und das erst im vollen Ausmaß, als Nannerl verstorben war. 1798 war noch in der »Oberdeutschen Literaturzeitung« eine Rezension der Niemetschek-Biographie erschienen; im gleichen Jahr kündigte der Verlag Breitkopf & Härtel die Gesamtausgabe der Werke Mozarts an. Dann blieb Mozart zwanzig Jahre lang in den Salzburger Tageszeitungen unerwähnt (Zaisberger, 137). Nannerl fühlte sich somit kaum veranlaßt, ihren Bruder oder gar sich selbst als Berühmtheit zu empfinden.

Es war nicht nur die Auflösung der höfischen Musikpflege, unter der sie litt: auch das von ihr so geliebte Theater konnte ihr nicht viel bieten. In einem Reisebericht aus dem Jahr 1801 heißt es:

»Das Theater liefert keine oder doch nur eine sehr unbedeutende Unterhaltung, es ist armselig an Maschinerie, Dekorationen, Kleidung und Schauspielern. Eine einzige Sängerin nur verdient wegen ihrer vollen und schönen Stimme ausgezeichnet zu werden, die übrigen alle stehn tief unter dem Mittelmäßigen. Dies hält jedoch das Militär nicht ab, das Theater fleißig zu besuchen, und die Truppe tut umso mehr alles mögliche, sich ihm gefällig zu bezeigen, da noch immer keine Einwohner zu bewegen sind, ins Schauspiel zu gehen« (zit. b. Angermüller 1981, 128).

Obwohl es in den darauffolgenden Jahren dank einer kontinuierlichen Direktion aufwärtsging, wird Nannerl ihre alte Freude am Theater wohl kaum wiederbelebt haben, zumal ihr schwindendes Augenlicht ihr zu schaffen machte. Auf dem rechten Auge war sie 1819 so gut wie erblindet. In einem Schreiben an Sonnleithner erwähnte die Siebenundsechzigjährige ihre »schwächliche Gesundheit« (2. 7. 1819). Der Textdichter von Beethovens erstem *Fidelio* und Sammler von Porträts berühmter Tonkünstler hatte sie um die Erlaubnis ersucht, eines der ihr gehörenden Mozart-Porträts kopieren zu lassen. Die Malerin Barbara Krafft sollte das Konterfei Wolfgangs von dem Familienporträt della Croces kopieren. Nannerls Zeilen verraten wiederum, wie ernst es ihr um die Bewahrung des Mozartschen Familienerbes war:

»Was mir bei dieser gar nicht angenehm ist, daß die Mahlerin das Bild von Familiengemälde bey mir nicht abkopieren kann, sondern es muß zu ihr gebracht werden, es ist sehr schwer weg zu bringen, daß nichts darin verdorben wird besonders über die engen Stiegen, sie will mir dafür gut stehen ... Ich danke Ihnen auch, daß Sie mir benachrichtiget haben, daß seine (Wolfgangs) Wittwe noch lebt und in Wien ist, ich hätte sie in Dännemark gesucht, dann man sagte mir schon vor mehreren Jahren, daß sie einen Gesandschaftssekretär nach Dännemark geheiratet hätte, ich habe seit 1801 keinen Brief mehr von ihr bekommen, in welchem sie mir zu dem Tod meines Mannes condolirte« (2. 7. 1819). Diese Worte beweisen erneut, daß es keinen unwiderruflichen Bruch zwischen der Schwägerin und ihr gab, obwohl der Kontakt im Laufe der Jahre stagnierte. Constanze überwand freilich nie ihre Gekränktheit über die Nannerl irrtümlich zugeschriebene Äußerung, sie sei eine »unpassende« Frau für Wolfgang gewesen. Daß sie überempfindlich reagierte, verwundert nicht, da sie immer wieder Schmähungen und ungerechten Angriffen ausgesetzt war. Ihren Briefen an Verlage ist zu entnehmen, wie viel ihr an ihrem guten Ruf lag. Sie konnte nicht ahnen, daß Nannerl diese beleidigenden Zeilen nicht selbst verfaßt hatte. Nannerl ihrerseits glaubte, daß Constanze durch egoistisches Handeln eine Gesamtausgabe bei Breitkopf & Härtel verhindert habe. Diese Falschinformation war dem Verlag zuzuschreiben, der eine solche Darstellung aus eigenem Interesse lancierte. Beide Annahmen beruhen nachweislich auf Mißverständnissen, wurden aber nie ausgeräumt.

Nannerls Gedanken wanderten häufig zu ihren beiden Neffen, die sie noch nie zu sehen bekommen hatte. Sie besaß einige Kompositionen von Franz Xaver Wolfgang (genannt Wolfgang) Mozart, und hätte besonders ihn gern kennengelernt, da er Musiker geworden war. Sie freute sich sehr, als er ihr 1821 endlich sein Kommen ankündigte. Er befand sich auf einer Konzerttournee, die ihn durch zahlreiche Städte und Länder führte. In Dresden war er mit seinem Vetter Carl Maria von Weber zusammengetroffen, der ihm aus seiner neuen Oper *Der Freischütz* vorspielte. Über Prag, wo er den Familienfreund und Mozart-Biographen Niemetschek besuchte, bei dem er einige Zeit als Kind verbracht hatte, ging es über Wien nach Italien und in die Schweiz, und anschließend über Süddeutschland nach Österreich. Er betrat zum erstenmal die Geburtsstadt seines Vaters. Sein Tagebuch vermerkt:

»11. Mai 1821. Nach einer langweiligen (schlechtes Wetter, schlechte Gesellschaft) zweytägigen Reise, bin ich diesen Abend in die Geburtsstadt meines Vaters angekommen. Ich ließ mich, wie leicht zu denken gleich zu meiner Tante führen, die sich sehr über meine Ankunft freute. Im July wird sie 70 Jahre, und sieht noch recht gut aus, leider hatte sie vor einigen Jahren das Unglück, ihr rechtes Auge zu verlieren. Sie ist lebhaft, und erinnert sich ihres Bruders, und ihrer zusammen gemachten Reisen, obwohl seither sechzig Jahre verflossen sind. Ich konnte mich lange nicht von ihr trennen, und statt daß ich ihr erzählen sollte, mußte sie mir erzählen. – Heute bleibe ich noch im Gasthof, morgen aber ziehe ich in dasselbe Haus, wo meine Tante wohnt, und wo schon seit einigen Wochen ein Zimmer für mich in Bereitschaft steht« (Hummel 1956, 142).

Einer Siebzigjährigen zu bescheinigen, sie sei »lebhaft«, verweist auf ihr Temperament, aber auch auf ihre überschäumende Freude. Sie sah in ihrem Neffen eine Art Inkarnation ihres Bruders. Viele Erinnerungen wurden in ihr wach und erregten sie.

Am nächsten Tag notiert Wolfgang:

»12. Mai 1821. Diesen Morgen übersiedelte ich, und blieb dann zu Hause, bis nach Tische, wo mich meine Tante erst in das Haus, wo mein Vater geboren war führte. Die Nachkommen der damaligen Besitzer einst Gespielen meines Vaters waren zu Tränen gerührt, als durch meine Erscheinung, ihnen so manches Bild einer glücklicheren Vergangenheit aufgefrischt wurde. – Von da führte sie mich noch zu ein halb Dutzend alten Frauen, Fräuleins, sämtlich alte Bekannte meiner Familie, und als unsere Runde gemacht war, besuchte ich Herrn Hacker, der mich trotz des zweifelhaften Wetters auf den Mönchsberg führte.«

Benedikt Hacker, ein ehemaliger Schüler Leopolds, war als Violinist am Stiftschor Nonnberg tätig. Mit den »Nachkommen der damaligen Besitzer« sind die Angehörigen der Familie Hagenauer gemeint, von denen 1821 noch mehrere am Leben waren: Ignaz († 1824), Leopold († 1828), Maria Ursula († 1831) und Maria Franziska († 1836).[32] Wer aber mögen die »halb Dutzend alte Frauen, Fräuleins« gewesen sein? Viele, die Nannerl und Wolfgang aus ihrer Kindheit noch kannten, waren inzwischen verstorben. Nannerls engste Freundin Katherl Gilowsky (* 1750) war 1802 gestorben, Louise Robinig (* 1757) schon 1786, die Bäckerstochter Maria Anna Joly (die »Joly Sallerl«) 1788, die »Eberlin Waberl« Maria Barbara Eberlin 1806, Barbara von Mölk 1823. Auch ihre Klavierschülerin Barbara Zezi, die »Zezi Waberl« (* 1764), die einen Salzburger Landrichter geheiratet hatte und sicherlich mit Nannerl bis zu ihrem Tode verkehrte, war 1820 verstorben. Die Tochter des erzbischöflichen Leibarztes Silvester Barisani, Maria Theresia (1761-1854), war sicherlich mit von der Partie. Sie hatte 1799 einen Edelknaben-Hofmeister geheiratet, der bereits 1809 verstarb. Möglicherweise war auch die jüngste Tochter des Hoforganisten Adlgasser, Maria Anna Aloisia Barbara (1766-1838), dabei; die Familie hatte zum engen Freundeskreis der Mozarts gehört. Man kann sich ausmalen, wie lebhaft die älteren Damen den Besucher umringten, ihn bewirteten, sich an der Ähnlichkeit zwischen ihm und seinem Vater ergötzten sowie alte Erinnerungen auffrischten.

Am nächsten Tag besuchte er den Vorort Aigen. Anschließend spielte er seiner Tante zu Hause am Klavier vor. Dies bewegte die fast Blinde tief, da sie Ähnlichkeiten mit dem Spiel ihres Bruders entdeckte. Einige Tage darauf führte sie ihn zu ihrem Vetter Oberfrieninger, einem Verwandten Berchtolds, »und nach Tische machte sie mit mir eine Fahrt nach Leopoldskron. Die dortige einst berühmte Bilder Gallerie ist nun sehr unbedeutend.« Schloß Leopoldskron war 1736 von Erzbischof Leopold Graf Firmian erbaut worden. Nannerl kannte es gut, es galt früher als Attraktion, die man Besuchern gern vorführte.[33] Nun aber waren viele Bilder verkauft; der allgemeine Verfall Salzburgs scheint auch dieses Kleinod berührt zu haben.

Der Besuch versetzte die fast Siebzigjährige in eine solche Hochstimmung, daß sie entgegen ihren Gewohnheiten ihrem Glücksgefühl schriftlich Ausdruck gab. Ihrem Neffen schrieb sie ins Stammbuch: »In meinem 70ten Lebensjahre genoss ich noch die unaussprechliche Freude, den Sohn meines unvergesslichen Bruders das erstemahl zu sehen, und ihn ganz nach dem Geschmack seines Vaters spielen zu hören, welche süsse zurück Erinnerung war dieses!« (24. 5. 1821)

Kurz nach der Verabschiedung Wolfgangs zogen Constanze und Georg Nikolaus Nissen nach Salzburg. Constanze, die die Stadt als Ehefrau Wolfgangs im Spätsommer 1783 kennengelernt hatte, waren die Tage trotz gewisser Spannungen in angenehmer Erinnerung geblieben, wie sie Jahre später den Novellos anvertraute. Die Nähe des Gasteiner Bades lockte zudem das Ehepaar, aber der wahre Beweggrund hing wohl mit der von Georg Nikolaus geplanten Biographie Mozarts zusammen. Constanze hoffte, bei Nannerl selbst sowie überhaupt in der Geburtsstadt ihres ersten Mannes »allerhand zu finden« (28. 10. 1825). Das Ehepaar bezog eine Wohnung am Marktplatz (heute Alter Markt 5), also knapp fünf Minuten Gehweg von Nannerl entfernt.

Begegnungen mit Nannerl waren nun unumgänglich und auch erwünscht. Sie müssen zufriedenstellend verlaufen sein, denn als Nannerl von dem großen biographischen Vorhaben erfuhr, übergab sie den beiden zahlreiche Briefe Leopolds. »Meine Schwägerin, die in ihrem 75. Jahre seit kurzem leider! in gänzlicher Blindheit lebt, hat uns vor ein paar Jahren mit ungefähr 400 Briefen beschenkt, die die vieljährige, aber nur bis 1781 gehende Korrespondenz zwischen Vater und Sohn ausmachen, und um die keiner der bisherigen Biographen das Geringste gewußt hat«, freute sich Constanze (16. 2. 1826). Das Ehepaar veranlaßte, daß zwei dieser Schreiben »mit allen Sprach- und Schreibfehlern« 1827 unter der Rubrik »Vermischte Aufsätze« im *Salzburger Intelligenzblatt* abgedruckt wurden (Zaisberger, 138). Die Briefe aus der späteren Zeit fand Constanze »in der Verlassenschaft« Nannerls vor (9. 2. 1830). Nannerl hatte also nur diejenigen Briefe hergegeben, die ihr für die biographische Forschung wichtig erschienen, und die späteren Briefe Leopolds zurückbehalten, die dieser an sie in St. Gilgen gerichtet hatte.

Als Constanzes Ehemann Nissen im März 1826 verstarb, ließ sie seinen Tod würdig begehen. Ihr Sohn Wolfgang kam nach Salzburg, um in der Universitätskirche das Requiem seines Vaters zu dirigieren. Er veranstaltete außerdem im Rathaussaal eine musikalische Akademie, aus deren Ertrag der Grundstein zum Grabmal gelegt wurde. Nannerl ließ es sich sicherlich nicht nehmen, diese beiden Veranstaltungen zu besuchen; das Requiem wird sie dabei zum erstenmal gehört haben. Die Freude darüber wurde jedoch getrübt durch Constanzes Ansprüche an das Grab, in dem Leopold und Jeanette ruhten. Constanze sah dort den legitimen Platz für ihren zweiten Mann, der die letzten Lebensjahre für die Erstellung einer Mozart-Biographie geopfert hatte. Was sie zu dieser Usurpation veranlaßte, ist schwer nachzuvollziehen, hatte sie doch selbst erkannt, welchen hohen Rang Leopold in der Mozart-Forschung spielen würde: »Sie (die ihr von Nannerl übergebene Korrespondenz) macht dem Leopold M. ausserordentliche Ehre« (16. 2. 1826). War es die Erinnerung an die Beerdigung Wolfgangs in Wien, die sie nun zu einer Überreaktion provozierte? Sie hatte in den ersten Jahren nach seinem Tod wegen der fehlenden Grabstätte harte Kritik hinnehmen müssen und wollte keinen Fehler mehr bei diesem neuerlichen Todesfall begehen.

Andererseits wird sie gewußt haben, daß sie Nannerl verletzte, indem sie nur Nissens Namen auf das Grabmal eingravieren ließ. Constanze konnte Kränkungen nicht vergessen, und Leopolds verzweifelte Versuche, ihre Eheschließung mit Wolfgang zu verhindern, hafteten noch in unangenehmer Erinnerung. Da Leopolds Briefe an Wolfgang um 1782 nicht erhalten geblieben sind – Constanze wird sie aus gutem Grund vernichtet haben –, können wir nur erahnen, was er sich alles ausdachte, um Wolfgangs künftige Braut und seine Schwiegermutter zu kritisieren. Das böse Wort vom »Luder« erreichte Wolfgang über Leopold, der zwar die Meinung eines anderen referierte, aber mit seinen eigenen Ansichten nicht hinter dem Berg hielt. Leopolds Phantasien erreichten beängstigende Ausmaße, was Mutter Weber betraf; hatte er sich doch gewünscht, sie solle in Eisen geschlagen werden und zur Strafe Straßen fegen, versehen mit einer Tafel »Verführer der Jugend«. Solche Demütigungen waren trotz des Besuchs des Ehepaares in Salzburg und des Gegenbesuches Leopolds in Wien, bei dem er durchaus freundlich von Mutter Weber sprach, nicht gänzlich ausgeräumt worden. Mit der Übernahme des Grabes und der Herausstellung ihres Mannes als erstem bedeutenden Mozart-Forscher konnte Constanze ihre eigene Leistung als Ehefrau unterstreichen und zugleich die ihres Schwiegervaters zu egalisieren versuchen. Sie hoffte anscheinend, sich damit selbst zu rehabilitieren.

Es wird Nannerl schwer getroffen haben, als auf der Inschrift des Grabmals nur Nissens Name angebracht wurde, wo doch ihr ganzes Leben so eng mit dem des Vaters verknüpft und ihre Beziehung zur Tochter Jeanette innig gewesen war. Im Umgang mit städtischen Behörden war ihr Constanze sowieso überlegen, und es ist zu bezweifeln, ob Nannerl überhaupt etwas dagegen unternahm. Es verblieb ihr nur noch, in einem Codicill ihren eigenen, 1823 testamentarisch verfügten Willen zu widerrufen, »in das geweihte Erdreich zu St. Sebastian, in das Grab des Vaters« gebettet zu werden. Sie nahm damit in Kauf, getrennt von ihrer Tochter Jeanette zu liegen. Mit der Kirche des Stiftes St. Peter verband sie viel, da sie nur wenige Minuten Fußweg von ihrer Wohnung entfernt lag. Vielleicht gab eine andere Erinnerung den Ausschlag für die Wahl dieses Friedhofs: Am 26. Oktober 1783 hatte Wolfgang, mit Constanze als einer der beiden Solo-Sopranistinnen, seine c-Moll-Messe KV 427 in St. Peter aufgeführt. Es war das letzte Mal, daß er in Salzburg dirigierte.

Nach dem Tod ihres Mannes 1826 holte Constanze ihre jüngste Schwester Sophie zu sich. Nannerl unterrichtete noch nachweislich bis 1826 (Nissen, 14), also bis zu ihrem 76. Lebensjahr. Doch machte ihr das nachlassende Augenlicht zu schaffen: sie erblindete nun völlig.

Als der Verleger André Ende 1825 von ihrem Zustand erfuhr, bot er an, eine Subskription zu ihren Gunsten auszuschreiben. Nannerl lehnte jedoch mit der Begründung ab, daß sie genug zum Leben habe und nicht in den Blickpunkt der Öffentlichkeit gerückt werden wolle (Novello 1975, 75) – ein erneuter Beweis für ihre Zurückhaltung, wenn es um sie persönlich ging. Sie vermachte den Erlös des Verkaufs statt dessen ihren beiden Neffen. In der Zeitschrift »Cäcilia« druckte André eine Bekanntmachung: »Der volle Ertrag der Subskription (auf das Requiem) welchen ich anfänglich der Schwester des unsterblichen Tondichters zugedacht hatte, ist nunmehr durch deren edelmüthige Willenserklärung vom 31. Jan. für die beiden Söhne des Verewigten bestimmt« (zit. b. Hummel 1956, 49).

Constanze teilte den erfreulichen Vorgang den Söhnen in gleichlautenden Schreiben mit:

»Ich habe zu bemerken, daß ich sicher erwarte und wünsche, daß du das Geschenk, welches dir durch die Willenserklärung deiner Tante zu Teil werden soll, mit Dank empfangen wirst. Noch mehr. Als der Antrag von dem Hofrat (= André) deiner Tage gemacht ward, wünschte ich gleich insgeheim, daß die Tante, die dazumal einem nahen Tode entgegen sehen konnte, in welchem Falle der dem Namen Mozart geweihte Ertrag einem Nicht-Mozart, sogar unmittelbar, zugefallen wäre, die vernünftige Überlegung haben möchte, über denselben ganz natürlich zu Eurem Vortheil zu disponieren; und ich war nicht wenig erfreut, daß mein Wunsch alsbald in Erfüllung ging. Deine Sache wäre es wohl, nun der Tante, und dem Hofrat später oder wenn du willst, deine entsprechenden Gefühle zu bezeugen ... Die Tante bekommt von dem Requiem ein Prachtexemplar« (Hummel 1956, 49 f.).

Mit dem »Nicht-Mozart« meinte Constanze Nannerls Sohn Leopold. Sie fand es passender, daß die direkten Nachfahren Mozarts den Ertrag seines Werkes erhalten sollten.

Eine Freude in ihrem hohen Alter wird Nannerl 1827 sicherlich die Aufführung einer Vesper ihres Bruders, vermutlich KV

193, im Dom bereitet haben. 1828 erschien Nissens großangelegte Mozart-Biographie, die sie aber wegen ihres Augenleidens nicht mehr lesen konnte (er selbst war zwei Jahre zuvor verstorben, so daß Constanze den Verkauf per Subskription selbst vorantreiben mußte).

1829 machte sich ein musikliebendes Ehepaar aus London auf, um alle noch lebenden Verwandten des hochverehrten Mozart zu besuchen. Es handelte sich um eine Art Pilgerfahrt, die der Organist, Komponist und Musikfreund Vincent Novello und seine Frau Mary unternahmen. Beide waren begeisterte Verehrer der Musik Mozarts. Man hatte über den in London lebenden Harfenbauer und Freund Beethovens, Johann Andreas Stumpff erfahren, daß Mozarts Schwester »blind, bettlägerig und verarmt« war (Novello 1975, XXVII). Da er in Verbindung mit Constanze stand, kann sie als die Informantin gelten. Das Ehepaar plante, zur Linderung der angeblichen Not Nannerls ein von englischen Musikfreunden gespendetes Geldgeschenk zu überbringen. Aus den wenigen erschienenen Biographien Mozarts (Schlichtegroll 1793, Niemetschek 1798, Arnold 1803 – Nissens Biographie kauften sich die Novellos 1828 voller Neugierde) waren sie über die glänzende Rolle Nannerls auf den Wunderkind-Reisen informiert und es erschien ihnen geboten, ihr zu helfen.

Was bezweckte Constanze, als sie Nannerls Zustand so negativ beschrieb? Sie konnte nicht wissen, daß deren finanzielle Lage keineswegs verzweifelt war und empfand echtes Mitleid für ihre Schwägerin. Ihre Mitteilung an die englische Mozart-Gemeinde kann aber auch anderen, tieferliegenden Motiven entspringen. Sie war von Leopold tief beleidigt worden, und als sie Nissen in seinem Grab beerdigen ließ, beglich sie eine alte Rechnung. Die ihr zugefügte Demütigung kompensierte sie, indem sie der Welt zeigte, wie sehr ihr Ehemann – und dadurch auch sie – durch langjährige biographische Tätigkeit dem Namen Mozart verbunden gewesen war. Sie selbst war inzwischen finanziell gesichert und lebte als geachtete Witwe in Salzburg. Möglicherweise verlieh es ihr eine gewisse Befriedigung, wenn sie ihren Status mit dem der Schwägerin verglich. Verlage und Biographen korrespondierten ausschließlich mit ihr, während Nannerl, von der Umwelt außerhalb Salzburgs so gut wie vergessen, ein einsames Dasein fristete. Indem Constanze auf Nannerls Zustand aufmerksam machte, konnte sie den Abstand zwischen sich und der Schwägerin weiter ausbauen. Ein Indiz hierfür bietet ein Beleg über die Summe von £ 63, die sie anstelle der erblindeten Nannerl quittierte: »Mit grössestem Herzen und dem innigsten Dank für meine Schwägerin Sonnenburg. Constanze Etatsräthin von Nissen gewesene Wittwe Mozart Salzburg am 15. Juli 1829« (Novello 1975, 329). Nannerl wird lediglich mit ihrem Nachnamen genannt, obwohl sie in Korrespondenzen stets ihren Titel »Maria Anna Reichsfreiin von Berchtold zu Sonnenburg« anführte. Constanze dagegen erwähnt sowohl ihren Titel als Etatsrätin als auch ihren Status als Witwe des berühmten Mozart.

Eine weitere Begebenheit läßt aufhorchen. Constanze schrieb 1828 an den ihr bekannten Komponisten Spontini, daß Nannerl sich bislang weigerte, das Clavichord aus ihrer Kindheit zu verkaufen, nun aber sich dazu entschlossen habe, »in dem Notfalle ihrer Blindheit, da sie keine Instruction mehr geben kann, und ihr Einkommen dadurch sehr beschränkt, und arm ist –« (B/D IV, 496). Der einzige Grund lag sicherlich darin, daß sie erblindet war, ihren nahen Tod spürte und das Instrument in guten Händen wissen wollte. Es ist unwahrscheinlich, daß sie Constanze gegenüber über ihre angebliche Armut geklagt haben wird, die de facto nicht existierte.

Bei dem Treffen zwischen den Novellos und Nannerl war neben dem Sohn Mozarts, Franz Xaver Wolfgang, der gerade in Salzburg weilte, ein älterer Herr namens Joseph Mezger anwesend, der die altersschwache Blinde betreute:

»Die Armut und Einsamkeit von Madame Sonnenburg wird durch die Freundlichkeit eines befreundeten Mieters erleichtert, der – selber in bescheidenen Verhältnissen lebend, – ihr täglich zu Hilfe kommt durch ein gelegentliches Geschenk einer Kleinigkeit sowie durch Sympathie und freundliche Unterhaltung. Ich habe seinen genauen Namen nicht verstanden und wollte nicht zu neugierig erscheinen, da er mit echter Vornehmheit davor zurückschreckte, seine kleinen Dienste zu sehr zu offenbaren« (Novello 1975, 89).

Mezger war seit 1799 in der Stadtverwaltung tätig und gehörte zu den ersten Subskribenten der Klavierwerke Mozarts. Er erwarb sich durch seine Liebe zu Wolfgangs Musik ihr Vertrauen und ihre Freundschaft. Er bedankte sich am 16. Juli in höflichem, aber fehlerhaftem Französisch im Namen von Madame von Sonnenburg für den angekündigten Besuch und das anvisierte Geschenk.

Der Eindruck der Armut entstand durch die heruntergekommene Umgebung. Der fürstliche Glanz der Residenzstadt war im Laufe der Jahre verschwunden. Viele Häuser waren unbewohnt und verfielen. Da Nannerl erblindet war, konnte sie den Zustand ihres Mobiliars nicht sehen, was auch zu dem schäbigen Eindruck beigetragen haben kann. Ihre treue Magd Franziska Dietl, die ihr seit 1816 diente, und der sich nach 1823 eine zweite Magd, Elisabeth Pieren, hinzugesellte, wird nicht gewagt haben, sie darauf anzusprechen.

Vincent Novello hatte ursprünglich vor, Fragen über Mozart an sie zu stellen, verzichtete jedoch angesichts ihres Siechtums darauf. Er traf sich mit Mozarts Sohn und stieg um 11 Uhr zum dritten Stock hoch. Die Erblindete hatte eine unruhige Nacht verbracht, aus Furcht, daß sie nicht kommen würden. Sie bedauerte mehrfach, daß man die beiden das erste Mal versehentlich nicht vorgelassen hatte, als sie vorsprachen. Sie lag im Bett:

»blind, matt, erschöpft, schwach und fast ohne Sprache. Ihr Neffe erklärte ihr freundlich, wer wir waren und sie schien große Befriedigung daraus zu schöpfen. Während der ganzen Zeit hielt ich ihre arme, schmale Hand in der meinen und drückte sie mit der aufrichtigen Herzlichkeit eines alten Freundes ihres Bruders.

Es schien sie besonders zu freuen, daß das kleine Geschenk, das wir mitgebracht hatten, gerade vor ihrem Namenstag eingetroffen war (St. Anna, 26. Juli). Ihr Geburtstag fällt auf den 30., an welchem Tage sie ihr 78. Lebensjahr vollendet haben wird. Ihre Stimme ist fast erloschen und sie scheint sich schnell dem Reich zu nähern, von wo kein Wanderer zurückkehrt. Ihr Gesicht, obwohl durch Krankheit verändert und vom Alter gezeichnet, hat immer noch große Ähnlichkeit mit den Porträts, die von ihr gestochen worden sind, aber es war schwer zu glauben, daß diese hilflose und matte Gestalt, die vor uns lag, einmal das kleine Mädchen gewesen war, das neben dem Bruder gestanden und zu seiner kindlichen Begleitung gesungen hatte« (Novello 1959, 81 f.).

Und seine Frau Mary ergänzte: »Sie ist sehr blaß und hat sehr feine Hände. Wie die meisten Blinden ist sie für Berührung sehr empfindlich. Sie hielt unsere Hände fest in den ihrigen und fragte, wer der Herr und wer Madame sei und kränkte sich sehr, daß wir nicht deutsch sprechen konnten ... Sie bat, daß uns ihr Porträt und das Familienbildnis gezeigt werde.«

Vincent Novello schaute sich im Zimmer um. Neben dem Bett befand sich das Original des Bildes von Nannerl und Wolfgang am Klavier und Leopold stehend mit der Geige, die Mutter als Porträt an der Wand. Im Nebenzimmer über dem Sofa hing der Stich von Mansfeld, daneben einige Bildnisse hervorragender Maler, worunter ihm van Dyck und Rembrandt besonders auffielen. Er sah noch eine Miniatur von ihr, eine von Wolfgang und eine von ihrem Sohn.

»In der Mitte des Zimmers stand das Instrument, worauf sie oft mit dem Bruder vierhändig gespielt hatte. Es ist eine Art Cembalo mit schwarzen Tasten für die ganzen und weißen für die halben Töne, wie bei englischen Kirchenorgeln. Der Umfang reicht vom F bis F''' und das Instrument ist offenbar vor der Erfindung der zusätzlichen Tasten gebaut worden. Der Ton war weich und manche Bässe, namentlich die beiden C und C' waren sehr schön. Zur Zeit, da es gebaut wurde, galt es wirklich als ein ausgezeichnetes Instrument. Ihr könnt euch denken, daß ich mit großem Interesse die Tasten berührte, die von Mozarts Fingern niedergedrückt worden waren.«

Auf dem Tisch lagen zwei Musikstücke, die letzten, die Mozarts Schwester gespielt hatte, ehe sie sechs Monate zuvor damit beginnen mußte, das Bett zu hüten. Das eine war »Das klinget so herrlich« aus *Die Zauberflöte* und das Menuett aus *Don Giovanni*. Novello war gerührt, da er darin den Beweis ihrer schwesterlichen Anhänglichkeit sah. Sie hatte kurz vor dem Besuch der Novellos darum gebeten, an das Klavier getragen zu werden.

»Als wir diese verehrungswürdige und interessante Frau verließen, konnten Mary und ich uns nicht enthalten, ihre schwache, abgezehrte Hand mit Ehrfurcht zu küssen; wir wußten, daß wir sie nicht wiedersehen würden.

Ich fürchte, daß es bei ihrer gegenwärtigen Schwäche nicht mehr lange währen kann – aber wenn die Stunde kommt, der schließlich kein Lebender entgeht, kann ich nur hoffen, daß ihr alles Leiden erspart bleibe und sie ruhig zu atmen aufhört, als sänke sie bloß in ruhigen Schlaf.

Ich war besonders erfreut von der respektvollen und gütigen Herzlichkeit, die Mozarts Sohn ihr bezeigte, indem er sie wiederholt ›meine liebe Tante‹ nannte und alles tat, um ihre Wünsche zu erfüllen« (Novello 1959, 83 f.).

Nannerl wurde wegen der Wahl der beiden Musikstücke im nachhinein als »das ewige, gehorsame kleine Mädchen ..., ganz die Tochter des mittleren 18. Jahrhunderts, die noch immer ihre Noten übte, oben in der dritten Etage eines Hauses im verschlafenen Salzburg« verspottet (Levey, 25). Damit wird das Vorurteil von einer unmündigen Person erneuert, und in Verbindung mit der »verschlafenen« Stadt eine geistige Beschränktheit assoziiert. Übergangen wird dabei, daß Nannerl erblindet war und nur noch mit der rechten Hand die Tasten herunterdrücken konnte – schwierigere Stücke wären daher sinnlos gewesen. Daß sie selbst in St. Gilgen trotz der lärmenden Kinderschar täglich drei Stunden übte, zeigt gerade das Gegenteil: eine Künstlerin, die ohne Abstriche ihren künstlerischen Weg ging und sich stets die neuesten Kompositionen Wolfgangs erbat.

Am 29. 10. 1829, 38 Jahre nach dem Tod ihres Bruders und 28 Jahre nach dem Ableben ihres Gatten, verstarb Nannerl um halb eins mittags im Alter von 78 Jahren in ihrer Wohnung im 3. Stock. In der Sterbeurkunde wird »Entkräftung« als Todesursache genannt. Constanze deutet ein längeres Siechtum an: »Am 31. Oktober wurde meine gute Schwägerin begraben. Gott Lob und Dank, daß diese gute, durch vier Jahre blinde Frau es überstanden hat!« (Schurig 1922, 84)

Es lohnt sich, einen Augenblick bei der Auflistung des Nachlasses zu verweilen. Das vollständige Testament mit allen Ergänzungen wurde erstmals 1987 wiedergegeben (Angermüller 1987) und erlaubt einen kulturgeschichtlich, aber auch biographisch bedeutsamen Einblick in ihr Leben. Interessant ist in diesem Zusammenhang das Ergebnis einer Untersuchung der Nachlässe von Personen, die in Salzburg in den Jahren 1816/17 und 1849/50 verstorben waren: 56,6% der im ersten und sogar 59,4% der im zweiten Untersuchungszeitraum Verstorbenen hinterließen keinerlei Vermögen, also nicht einmal Einrichtungsgegenstände und dergleichen (Angermüller 1981, 10).

Nannerl fügte ihrem Testament eine eigenhändig geschriebene Aufstellung ihres Nachlasses bei. Ihr Sohn Leopold war der alleinige Erbe. Sie hinterließ nach ihrem Tod 7837 Gulden, das war sogar mehr als der wohlbestallte Nissen besessen hatte, der 7459 Gulden zurückließ. Diese für damalige Verhältnisse ansehnliche Summe zeigt, wie sehr ihr die ökonomische Sicherheit am Herzen lag. Die jährliche Rente von dreihundert Gulden, die sie aus der Erbschaft ihres verstorbenen Mannes bezog, hatte sie zu vermehren verstanden. Während Wolfgang verschuldet starb, häufte Nannerl ein kleines Vermögen an: auch hier ein fast symbolisches Auseinanderklaffen der Lebenswelten, wenn man Wolfgangs verströmenden schöpferischen Geist zu seinem finanziellen »Verströmen« in Bezug setzt, und umgekehrt Nannerls Fähigkeit, das Geld zusammenzuhalten, mit ihrer anerzogenen künstlerisch-schöpferischen Sprachlosigkeit koppelt.[34]

Der treuen Magd Franziska Dietl vermachte sie für die geleisteten Dienste einhundert Gulden sowie einen Jahreslohn von 28 Gulden; diese erhielt außerdem ihr Bett, einen Wäscheschrank, Bett- und Leibwäsche (zwei Tischtücher, sechs Servietten, sechs Tageshemden, alle Nachthemden, zwölf Paar Strümpfe, sieben Taschentücher, sechs leinene Halstücher, zwölf Handtücher, ein blaues und ein rotes Vortuch, vier Nachtleibchen, zwei gestrickte Nachtleibchen und alle Schlafhauben) sowie alles Küchengeschirr, das sie benötigte.

Nannerl hinterließ erstaunlich viel Schmuck und Silberzeug: allein vier Diamantringe und Smaragde, einen Anhänger und Ohrgehänge mit Diamanten und Smaragden, zwei Ringe mit Brillanten und Rubinen sowie goldene Ohrringe, Armreifen, Vorstecknadeln und ein silbernes Kettenkreuz. Hinzu kamen Dosen, Uhren, Büchsen, silberne Kaffeelöffel und Kerzenleuchter. Sie verfügte, daß fünf dieser Gegenstände sowie ihre Wanduhr nach dem Tode ihres Sohnes an die Familie Mozart zu übergeben seien, weil diese von der Verlassenschaft ihrer Ururgroßmutter stammten und »mir deswegen immer schätzbar waren, und wie ich hoffen will, auch denselben schätzbar bleiben werden« (Angermüller 1987, 107). Im Bestreben, das Ererbte zusammenzuhalten, wird ihre familiäre Anhänglichkeit offenbar.

Die insgesamt elf Kleider, darunter vier aus Seide, verraten ebenso einen gewissen Vermögensstand wie die vielen Hüte, Halstücher, Strümpfe (insgesamt sind es 49 Paare, darunter zwei aus Seide), Hemden, Nachthemden, Röcke, Überröcke, Handschuhe, Halskrausen und Mäntel. Insgesamt vier »Haarnetze mit Locken« verraten, daß sie ihre Frisur auch im Alter mit künstlichen Zusätzen erweiterte. Der reichliche Vorrat an Hauswäsche (darunter sechzehn Tischtücher und 44 Servietten) zeugt ebenfalls von einem gediegenen Hausstand, den sie sicherlich aus dem Nachlaß ihres Vaters übernahm und durch den Tod ihres Ehemannes vermehrte.

Vier Kleiderschränke, sieben Tische, ein Kanapee mit acht Sesseln aus geblümtem Atlasseidengewebe sowie elf »alte Sessel«, die wahrscheinlich nicht mehr in Gebrauch waren, deuten auf größere Räume sowie Besucherverkehr hin. Bei den Büchern wurde eine gesonderte Aufstellung vermerkt, die verschollen ist, so daß leider keine Rückschlüsse auf Nannerls Lektüre möglich sind. Sie wurden auf rund acht Gulden geschätzt, so viel wie ein Spucknapf mitsamt zweier Fußschemel, können also daher nicht umfangreich gewesen sein. Wahrscheinlich wurden sie zu Lebzeiten verschenkt oder verkauft, da sie nach ihrer Erblindung nicht mehr lesen konnte. Zahlreiche Kunstgegenstände werden von der großen Westreise 1763-1766 stammen, manches aber wird sie von ihrem Ehemann geerbt, aber auch einiges selbst gekauft oder geschenkt bekommen haben. Es waren Kupferstiche, Prospekte, Landschaften und Porträts darunter. Hinzu kamen die vielen Gegenstände des Alltags wie Geldsäcke, Milchkannen, Obstteller, Mörser, Laternen, Nudelbretter, Tranchierteller, Muscheln, Fächer, Tabaksdosen und Schreibtafeln.

Ihre Musikalien wurden in vier Teile geteilt. Verschiedene ältere und neuere Opern und Klavierwerke erbrachten fünfzehn Gulden. Sonaten, Lieder und Klavierwerke wurden auf nur zwei Gulden geschätzt, und die siebenbändige Zumsteegsche Sammlung *Kleine Balladen und Lieder mit Klavierbegleitung,* die 1800 bei Breitkopf & Härtel erschienen war, schlug mit sechs Gulden zu Buche. Den größten Posten aber bildeten die von ihr so sorgsam behüteten Klavierwerke Wolfgangs, die von 1798 bis 1806 erschienen waren. Ihr Preis wurde mit 25 Gulden angesetzt. Die von Nannerl selbst abgeschriebenen Werke ihres Bruders, so die Klavierstimmen mehrerer Klavierkonzerte, nämlich KV 271, 449, 451 und anderes gingen an das Archiv des Stifts St. Peter (Schmid 1980-1983). Diese handschriftlichen Kopien blieben im Testa-

Stiftskirche St. Peter in Salzburg, die Nannerl oft besuchte und auf deren Friedhof sie begraben liegt

ment unerwähnt, wurden also schon zu Lebzeiten übergeben. Der Verbleib ihrer Sammlung von Soloklaviermusik ist dagegen bis heute ungeklärt.

Weder das »Salzburger Amts- und Intelligenzblatt« noch die »Salzburger Literaturzeitung« meldeten Nannerls Tod (Hummel 1952, 87). Der kurze Leichenzug, der sich zwei Tage nach ihrem Tod nach St. Peter in Bewegung setzte, hatte von Nannerls Wohnung in der Pfarrgasse (später Sigmund-Haffner-Gasse)[35] bis zur Begräbnisstätte nur eine kurze Wegstrecke zurückzulegen. Der malerische Petersfriedhof ist an einem hohen Felsen, der Mönchsbergwand, angebaut, der mit seiner imposanten Größe das Gelände überragt. Die seitlichen Kapellen sind nischenartig dem Felsen angelehnt.

Nannerls Leichnam wurde in der Kommunegruft beerdigt. Ihr Sohn ließ neben dem Grabmal Michael Haydns (1737-1806), der lange Jahre in Salzburg als Orchesterdirektor und Domorganist tätig gewesen war, zu ihrem Gedenken ein bescheidenes Holzkreuz mit einer Votivtafel aufstellen. Sie ist an der stillen Seitenkapelle der Stiftskirche angebracht. Während Zehntausende jährlich zu den Mozart-Gedenkstätten pilgern und den Führungen ergeben lauschen, findet kaum jemand den Weg zu der Gedenktafel.

Als Vincent Novello in London von ihrem Tod erfuhr, dirigierte er zu ihrem Gedächtnis in der Kapelle der portugiesischen Botschaft in London das Mozartsche Requiem. Eine noble Geste, die noch heute zu beeindrucken vermag.

Nannerls Umwelt

12. »Da ich so sehr in der comedie geweint hab' ...«:
Das Frauenbild in Literatur und Theater

Salzburg, 1984: Mozartforscher und -kenner diskutieren über eine Inszenierung des Singspiels *Die Entführung aus dem Serail* von Ruth Berghaus. Ihre szenische Realisierung der Arie »Martern aller Arten« steht im Blickpunkt der Kritik. Die Regisseurin begreift die Arie als Hilfeschrei Constanzes vor der vom Bassa Selim geplanten Vergewaltigung und läßt Constanze mit den Worten »bitte, dann sterb ich, dann rettet mich der Tod« sich nackt ausziehen und Bassa Selim zu Füßen fallen.

Dem Protokoll zufolge verteidigt neben der Regisseurin noch eine Frau die Inszenierung: sie findet die Arie »außerordentlich gut inszeniert«. Alle anderen verurteilen sie. Man wendet sich gegen die Reduzierung des Begriffs »Martern« auf psychische Schmerzen und »menschliche Entwürdigung« und fragt, ob es nicht stillos sei, bei einer Oper des 18. Jahrhunderts, insbesondere aus dem motivischen Kontext der *Entführung* heraus, an Vergewaltigung zu denken. Wenn eine Arie dicht und vielschichtig sei, meint ein Teilnehmer, dürfe man in der Regie nicht »einen Aspekt herausgreifen oder an der Umgebung des Stückes frei assoziieren«. Er könne in dieser szenischen Interpretation das Stück »nicht wiedererkennen«. Sein Kollege schließlich moniert, daß die szenische Realisation dieser Arie »plump« auf ihn gewirkt habe (MJb. 1985, 43).

»Stillos«, »plump«, »frei assoziiert«: die Möglichkeit einer Vergewaltigung durch den edlen Bassa Selim erregt die Gemüter, und es ist gewiß kein Zufall, daß zwei an der Diskussion beteiligte Frauen dies anders sehen. Indem die Regisseurin die Entwürdigung der gefangengehaltenen Frau in krassester Weise herausstellt, macht sie den Skandal männlicher Herrschaftsgelü-

ste sichtbar. Am rundum positiven Image Bassa Selims wird gekratzt – zu Recht. Denn so edel er sich am Schluß des Stückes
gibt, so grausam verstößt er mit der Gefangenschaft Constanzes
gegen elementare Menschenrechte.

Diese Episode ist kein Einzelfall. Ein zeitgenössischer Autor
schiebt dem Opfer gar die Schuld zu, indem er im Einklang mit
der Tradition des 19. Jahrhunderts aus Constanze eine Hysteri-
kerin macht, die den Unterdrücker liebt: »Vielleicht dient der
Ausbruch doch auch dazu, ihre eigenen Gefühle für den Bassa
in ihrem Inneren zu unterdrücken« (Csampai in Csampai/Hol-
land, 18).

Was an diesen Interpretationen verwundert, ist das Ausblen-
den literarisch-historischer Fakten, denn die Vergewaltigung bzw.
der Ehrverlust der Frau war im 18. Jahrhundert ein vieldiskutier-
ter und imaginierter Topos. In Samuel Richardsons populärem
Roman *Pamela* – einem der meistgelesenen der Zeit – dreht sich
auf mehr als tausend Seiten alles darum, daß und wie Pamela sich
den sexuellen Eroberungsgelüsten ihres Freiers, der sie gefangen-
hält, erwehrt. In Richardsons Roman *Clarissa* gerät die Protagonistin in die Hände eines Verführers, der sein Ziel nur durch bru-
tale Gewalt erreicht. Die Schuldlosigkeit dieser Dulderin rührte
Tausende von Lesern und Leserinnen. (Auch Nannerl las Bücher
von Richardson.) Im Singspiel, im Theater und in der Oper wei-
dete sich das Publikum am Konflikt der Frau in tausendfacher
Abwandlung. Dem großen Theaterkenner Mozart war dies zweifelsohne bewußt, als er die Szene aus der *Entführung* entwarf.

Die Liebe zur Bühne begleitete Wolfgang und Nannerl durch
das Leben. Sie erlebten bereits als Kinder den Zauber des Theaters. Der fünfjährige Wolfgang erhielt 1761 als Akteur im Chor
des Universitätstheaters der Alma Benedictina in Marian Wim-
mers *Sigismundus, Hungariae rex* mit der Musik Eberlins seine
theatralische Feuertaufe (Dent/Valentin, 15). Es gab zwei Auf-
führungstermine, da der Erzbischof aus Sittlichkeitsgründen ge-
trennte Vorstellungen für Frauen und Männer anordnete. Die

Das Hoftheater am Hannibal-(jetzt Makart-)Platz

zehnjährige Nannerl wird die zweite Vorstellung mit ihrer Mutter aufgeregt miterlebt haben.

1749 erhielt ein Theaterleiter namens Giordani die Erlaubnis, Operetten im Rathaussaal aufzuführen. Diese Lösung befriedigte den Erzbischof Hieronymus auf Dauer nicht, zumal er den Rathaussaal ausschließlich für Bälle und Abendunterhaltungen des Hofs, der Beamten und des Handelsstandes bereithalten wollte. Er ließ deshalb 1775 den »Redoutensaal« ausbauen, der allgemeinen Vergnügungen diente. Dort konnte ein Orchester aufspielen, und der Saal war mit Lampen und geschmackvoll geschmückten Kronleuchtern ausgestattet. Hier fanden die zahlreichen Maskenbälle statt, an denen Nannerl so gerne teilnahm. Gleichzeitig ließ Hieronymus sein Ballhaus, das durchreisenden Theatertruppen bisher hilfsweise zur Verfügung gestanden hatte, in ein Hoftheater umwandeln. Es ermöglichte Aufführungen durch wandernde Gesellschaften, so von Böhm und Schikaneder.

Das Hoftheater, das Nannerl so oft besuchen sollte, wurde am 16. November 1775 eröffnet. Neben Mode- und Rührstücken wurde ein durchaus qualitätsvolles Programm geboten, wobei J. E. Schlegels *Triumph der guten Frauen,* Goethes *Clavigo,* Diderots *Hausvater,* Voltaires *Semiramis* sowie mindestens drei Stükke Lessings, *Miss Sara Sampson, Emilia Galotti* und *Minna von Barnhelm* gespielt wurden.

Wie theater- und opernvernarrt Nannerl war, zeigt eine Episode aus dem Jahr 1778. Bruder und Mutter waren verreist, die Stimmung entsprechend gedämpft. Eine erfreuliche Abwechslung bahnte sich an, als eine Operntruppe ihren Besuch in Salzburg ankündigte. Leopold wurde gedrängt, drei der Frauen – die Sängerin Rosa Manservisi, die 1775 in der Premiere der *Finta giardiniera* die Sandrina gesungen hatte, ihre Schwester Teresa sowie deren Mutter – aufzunehmen. Nannerl befürwortete dies trotz der Mehrarbeit nachdrücklich, und Leopold, der zunächst dagegen gestimmt hatte, ließ sich umstimmen: »Man gab mir keine Ruhe, bis ich es, weils nicht lang dauert, zugab, und die Nannerl half selbst dazu.« Sie plante, in Leopolds Zimmer zu schlafen; Matratzen wurden ausgeliehen, und erhebliche Umräumungen waren vonnöten. Trotz der Ungelegenheiten war die Theaterliebhaberin begeistert, denn die Aussicht auf Freikarten beflügelte sie: »Die Nannerl hat alles ausgeräumt und ist sehr damit beschäftigt – – warum? – – um nur Opern zu hören« (26.1. 1778). Schließlich wurde aber die Idee – aus welchen Gründen auch immer – fallengelassen. Sie wird dies sehr bedauert haben.

Nannerl nahm engagiert an dem Bühnengeschehen Anteil und ließ sich zuweilen zu Tränen rühren: »Wir sind in die Komödie gegangen, wie ich zurückkam hatte ich, da ich so sehr in der Komödie geweint hab Kopfwehe« (19.5.1779). Mit ihrem Bruder konnte sie ausgiebig über die Stücke diskutieren. Selbst als er nach Wien zog, blieben die Theateraufführungen ein beliebtes Gesprächsthema. »Ich wollte Dir wünschen«, schreibt er ihr 1781, »hier ein Trauerspiel zu sehen!« Als der Schauspieldirektor Böhm, der mit den Mozarts befreundet war, Ostern 1779 mit seiner Truppe nach Salzburg kam, gewährte er der Familie freien Eintritt. Nannerl nutzte dies weidlich aus und besuchte von April bis Mai vierundzwanzigmal die Komödie. Böhm bevorzugte das Singspiel, doch pflegte er auch das Schauspiel (Hummel 1958, 115).

Wenn ihr etwas mißfiel, zögerte sie nicht, es zu kritisieren, wie ihre Zeilen über eine Aufführung des Lustspiels *Die Holländer* von Johann Christian Bock verraten: »Lange nicht so gut aufgeführt als beim Böhm, Mlle Müller als die Holländische, Mlle. Sara machte sie gut, Herr Schicaneder als Holländer hat es bei weiten nicht so gut gemacht als Herr Stierle und Herrn Kopp ist die Rolle welche Bilau gemacht hat gar nicht angestanden, man hat ihm den Zwang, der er sich angetan hat, merklich angesehen« (30. 11. 1780). Im gleichen Brief schilderte sie Wolfgang anschaulich einen Theatereinfall. Der Theaterleiter Schikaneder hatte das Stück *Rache für Rache* besonders empfohlen. Nannerl war zwar krank, doch da ihr von Freunden gesagt wurde, daß sie es unbedingt sehen müsse, und weil Katherl Gilowsky ihr Geld gespart hatte, um an ihrem Namenstag zusammen mit Nannerl in die Komödie zu gehen, war sie dort.

»Monsieur Schicaneder hat den Erzbischof beredet durch die Lobsprüche die er diesem Stücke gab, daß er hineinginge. Mit einem Wort die Leute waren so begierig drauf, es war so voll im Theater dass es fast nicht voller hätte sein können. Die Acteurs haben ihre Rollen gut gespielt: aber das Stück hat ganze 4 Stunden gedauert und war so schlecht, dass wenn es mit allen Fleiss wäre gemacht worden, nach und nach die Leute aus dem Theater zu reden, und die Leute anzutreiben das Stück auszupfeifen, hätte es nicht besser dazu gemacht werden können. Und du kannst dir also vorstellen wie bange es uns war für den armen Schicaneder: bei dem 3 Act ist der Erzbischof weg gegangen, und so nach und nach immer ein Schocken Leuten. Wir selbst haben nicht wollen Zeugen sein wenn ihm ein Affront geschehen sollte, und sind bei der letzten Scene fortgegangen. Wir haben auch wirklich den andren Tag erfahren, dass wie es aus war die Leute geklatscht, gepfiffen mit Stöcken gestossen und ganz höhnisch ›fora‹ (da capo) geschrien haben. Nun hat Herr Schicaneder vieles von seinem Credit verloren, wenn er ein neues Stück aufführet, kein Mensch wird ihm mehr glauben dass es gut sei.« Es ist kennzeichnend für ihre höfliche Art, daß sie sich in die Lage Schikaneders hineinversetzte und ihm zuliebe den Saal nicht zu früh, aber auch nicht zu spät verließ.

Nannerl las auch gerne. Leopold unterstützte dies, wußte er doch, daß der Wert einer Frau bei einer maßvollen Bildung wuchs. Als aufgeklärt denkender Pädagoge war er von der persönlichkeitsbildenden Wirkung von Romanen und Theaterstücken überzeugt. Nannerls Begeisterung für das Theater und für das Lesen traf auf eine Epoche, die Dichtung und Erziehung verkoppelte. Mit Hilfe des Theaters, aber auch der Lektüre hoffte man, erzieherisch auf die Menschen einzuwirken. Für die literarische Produktion um 1770 gilt: »Schauspiele, Romane, Gedichte (werden) als unmittelbare und verpflichtende Lebensanweisung aufgefaßt, sie bilden das Forum der Selbstverständigung über das richtige Handeln und Empfinden« (Prokop 1988, 329). Zeitgenossen war dies durchaus bewußt. Gellert schrieb: »Unser Geschmack, unser Verstand, unser Herz, unsre Sitten und Lebensart können (durch die Comödie) verbessert werden« (Gellert, 143). Diese Bestrebungen hängen mit der frühbürgerlichen Lebenspraxis zusammen. Durch eine starre Ständeordnung bedingt war dem Bürgertum eine Identitätsfindung auf politischer Ebene verwehrt, so daß sich das Interesse auf das individuelle Verhalten verlagerte. Das Bürgertum beanspruchte auf kultureller Ebene für sich auch die tiefen und edlen Empfindungen, die bisher in der Literatur alleiniges Vorrecht der Fürsten und des Adels gewesen waren. Dieser Geist drang auch in die Literatur, war also ein bürgerliches Lebensgefühl.

Gerade die Leserin wurde in einer bislang unbekannten Weise mobilisiert. Die Bibel, das Gesang- und Erbauungsbuch, Kalender und Kochbücher reichten als alleinige Quellen weiblicher Bildung nicht mehr aus. Der Umstand, daß es hauptsächlich Frauen waren, die sich der neuen literarischen Form des Romans widmeten, »stattete den Roman damit gleich zu Anfang seiner Karriere als bürgerliche Kunstform mit Insignien des Weiblichen aus« (Dawson in: Brinker-Gabler, 436). Die weibliche Leserschaft sollte vor allem lernen, was sich für eine sittsame Frau der Mittelschicht gehörte. In den Büchern und Theaterstücken, aber auch in den deutschen moralischen Wochenschriften wurde ein Wunschbild der Frau konstruiert und ein Register weiblicher Pflichten aufgestellt. Charakterbilder von guten und schlechten Frauen wurden entworfen, Frauenfehler und -tugenden erörtert (vgl. Touaillon). Der Engländer Richardson machte Furore mit *Pamela or Virtue rewarded* (1741), Gellert mit dem *Leben der schwedischen Gräfin von G.* (1747/8) und Rousseau mit *La Nouvelle Héloïse* (1761).

In der literaturwissenschaftlichen Diskussion ist man sich darüber uneinig, ob der frühaufklärerische Typus der gelehrten Frau für einige Jahre im öffentlichen Diskurs dominierte, wie es Sylvia Bovenschen postuliert, oder ob diese Erscheinung chancenlos war. Der Entwurf der »weiblichen Gelehrsamkeit« vermochte sich in der Praxis jedenfalls nicht zu behaupten. Die Epoche der Empfindsamkeit räumte endgültig damit auf. Die Betonung des Empfindsamen, die alles traditionell Weibliche aufs Schild hob, führte nicht automatisch zu einer Aufwertung der Frau, sondern im Gegenteil zu ihrer Abwertung. Es gehörte nun zur »Natur« der Frau, dem Mann unterlegen zu sein. In Deutschland standen genügend Autoren bereit, diese Aussagen aufzugreifen und zu verbreiten. Es war aber vor allem Rousseau, der die Frau als Zierde und Ergänzung des Mannes proklamierte und ihre Bildung auf das Nötigste beschränkt wissen wollte. Mit seinen übrigen, teilweise progressiven Ideen vermengt, erhält dessen reaktionäre Weiblichkeitsauffassung die Aura des Vorwärtsweisenden und Richtigen.

Diese gesellschaftlichen Veränderungen bedurften eines ideologischen Rahmens, um vom Bürgertum angenommen zu werden. Als besonders geeignetes Forum bot sich das Theater an. In der ersten Hälfte des 18. Jahrhunderts entstanden im Zuge der englischen »sentimental comedy« und der französischen »comédie larmoyante« in Deutschland das weinerliche Lustspiel und die Rührkomödie, die die Vorstufe des bürgerlichen Trauerspiels bildeten. Alle diese Dramenformen waren Familiendramen. »Ihnen gemeinsam war die private Sphäre eines mehr oder weniger alltäglichen Familienlebens der bürgerlich-adeligen Zwischenschichten, die wir vorhin als die Träger des neuen Familiengefühls identifizierten. Gemeinsam war ihnen vor allem auch der indirekte und stillschweigende Bezug auf das ... patriarchalisch-familiale Wertsystem« (Sørensen, 68).

Es wäre monokausal gedacht, wollte man einen direkten Zusammenhang zwischen Nannerls Verhalten und den von ihr gesehenen Theaterstücken herstellen. Dennoch ist es reizvoll, die Literatur- und Familiengeschichte anhand exemplarischer Beispiele wechselseitig zu verknüpfen, denn es läßt sich nicht leugnen, daß Nannerls Denken und Handeln – wie das aller Kulturmenschen – geschichtlich und gesellschaftlich geprägt war. Die Leitbilder des Weiblichen, aus der Phantasie entsprungen, leisteten einen wichtigen Beitrag zur bürgerlichen Bewußtseinsbildung und überlagerten ihrerseits die Wirklichkeit.

Die Stücke von Bretzner, Babo, Brandes, Iffland, Stephanie dem Jüngeren und vielen anderen, die Nannerl sah, reichen von derb-komischen Possen, Burlesken und Parodien aus der ersten Hälfte des 18. Jahrhunderts bis hin zum bürgerlichen Trauerspiel eines Lessing oder dem Sturm-und-Drang-Drama eines Friedrich Schiller aus dem letzten Drittel des 18. Jahrhunderts. Die frühen Stücke waren häufig moralisierend und recht trivial. Im Laufe der Zeit verlangte das Publikum nach feinerer Kost. Leopold erfaßte die Stimmung seiner Zeit treffend, als er über ein Theaterstück befand: »Das erste Stück war nicht übel: allein es war nicht nach der jetzigen Art, weil der Geist eine moralische auferbauliche gute Strafpredigt hielt, die einigen nicht schicklich schien aufs Theater« (14. 1. 1785). Eine Lehre sollten die Stücke besitzen, die aber nicht direkt, sondern »durch die Blume« mitgeteilt wurde.

Das Bild der Frau: Charaktereigenschaften und Bildung

Ein Singspiel, das Nannerl kannte und dessen Ursprung in das Jahr 1728 zurückreicht, war *The devil to pay, or the wives metamorphos'd* des irischen Autors Charles Coffey. Die von Christian Felix Weisse erstellte deutsche Version *Der Teufel ist los oder Die verwandelten Weiber* wurde von Johann Adam Hiller vertont und war außerordentlich erfolgreich. In diesem Singspiel hat die Aufklärung noch nicht Fuß gefaßt. Die Frau wird verprügelt, wenn sie nicht gehorcht.

> »Der Knieriem bleibet, meiner Treu
> Die allerbeste Arzenei
> bei einem halsstarrigen Weibe.«
> Oder:
> »Das allerbeste Weib bleibt doch des Mannes größte Plage.
> Doch quält sie ihn mit Zank und Schreien,
> so häng er ihr den Brotkorb hoch,
> und sorge ihr mit jedem Tage
> den Rücken zehnmal abzubläuen.«
> Und:
> »Laßt den Weibern nur den Willen, seht, was kommt zuletzt
> heraus?
> Legionen Teufel füllen ihren Kopf und euer Haus.«

Die männliche Autorität wird noch mit Hilfe von Prügel und Gewalt durchgesetzt. Mit der beginnenden Aufklärung änderte sich dies jedoch. Das Gehorsamkeitsprinzip sollte gewahrt, ja möglichst verstärkt werden, jedoch moralisch so verbrämt, daß die Frau ihre untergeordnete Position als naturgegeben ansah.

Christian Fürchtegott Gellert war einer der wichtigsten deutschen Autoren, denen es vorbehalten war, das theoretisch entwickelte Frauenbild in lebendige Gestalten umzusetzen, seine Frauenfiguren mit allen lobenswerten Eigenschaften auszustatten und abschreckende Gegenbilder zu entwickeln. Der zu Lebzeiten außerordentlich populäre Schriftsteller galt in Gewissens- wie in Moralfragen als zuständige Instanz. Leopold verehrte seine Schriften und nannte ihn »den vernünftigsten aller deutschen Gelehrten«. »Von ihm holte man sich Rat in Erziehungsfragen; seine Fabeln und Erzählungen waren in aller Munde ... Die Beziehungen (Leopold) Mozarts zu Gellert sind nicht zuletzt auch deshalb bemerkenswert, als sie mit Recht auf eine weitgehende Übereinstimmung Mozarts mit den Anschauungen Gellerts schließen lassen« (Posch, 65). Und Wolfgang schrieb seiner Schwester aus Mailand, daß Gellert gestorben war (13. 12. 1769) – ein Hinweis darauf, daß beide ihn gut kannten.

Gellert zählt neben der »zärtlichen Liebe« Verstand und Tugend zu den idealen Eigenschaften der Frau. »Wie ich die Gelehrsamkeit überhaupt nicht so gar sehr liebe, so dulde ich sie am wenigsten an einem Frauenzimmer«, schreibt er apodiktisch (Gellert, 208). Zu viel Bildung wird als ein egoistischer Akt gebrandmarkt, der von den eigentlichen weiblichen Aufgaben ablenkt. Die Selbstlosigkeit wird bis zum Masochismus getrieben. »Es ist meine größte Wollust, die Regungen des Vergnügens bei anderen ausbrechen zu sehen«, ruft Lottchen in *Die zärtlichen Schwestern* aus. Die Liebe ist mitnichten ein elementares Gefühl wie später im Sturm und Drang, sondern sie läßt sich leicht in Freundschaft verwandeln, so daß die Partnerwahl aus verstandesmäßigen Gründen keinen Konflikt heraufbeschwört.

Insgesamt ergibt sich das Bild einer gesitteten, frommen und häuslichen Frau, die zur Kinderzucht geeignet ist und ihrem Eheherrn Liebe entgegenbringt, die aber niemals mehr Bildung verlangt, als innerhalb der Familie genehm ist.

Die bösen Frauenfiguren, die er den tugendhaften Gestalten

entgegenstellt, machen sichtbar, was er bei Frauen besonders verurteilt. Es gilt als verwerflich, wenn sie geschwätzig, übertrieben
fromm, putz-, vergnügungs- und klatschsüchtig, ausgelassen,
oberflächlich und unmoralisch sind.

Weibliche Unschuld/Tugend/Treue

Unter dem Begriff »Tugendhaftigkeit« verstehen die einen Dichter Frömmigkeit, die anderen Verständigkeit – alle aber die Keuschheit. »Weibliche Untreue erscheint vor dem Richterstuhl der bürgerlichen Moral als eines der schwersten denkbaren Vergehen«
(Birk, 54). Alle Diskussionen um zu viel oder zu wenig weibliche
Bildung verblassen angesichts des Problems der Treue. So dich-
tet Gellert:

> »O Liebe! willst du mich erfreun,
> So laß mein Weib einst also sein:
> Recht schön, damit sie mir gefällt,
> Klug, daß sie mich beständig hält,
> Und endlich wünsch ich sie auch reich;
> Doch ist sie nicht getreu zugleich,
> So sei sie englisch (= engelsgleich) vom Gesicht,
> Und klug und reich, ich mag sie nicht« (Gellert, 192).

Die weibliche Reinheit wird als ein fast heiliger Wert hingestellt. Die Frau soll unschuldig in die Ehe eintreten und gilt als
moralisch verloren, wenn sie sich sexuelle Wünsche außerhalb
der Ehe gestattet. Oft gehen Frauen, auch wenn sie ohne eigenes Zutun ihre Unschuld verloren haben, freiwillig in den Tod.
Ginge es nur um bloße Verbote, wäre das Thema einfach zu
umreißen. Aber die Schriftsteller wußten um die Macht der Sexualität. Es entsteht eine auffällige Spannung zwischen der sanft-
mütigen und gehorsamen bürgerlichen Tochter, der man kaum
eine eigenständige Regung zutraut, und den sexuellen Versuchun-
gen, denen sie dennoch erliegen kann. Die Unschuld ist demnach

nicht über alle Verführung erhaben. Lessings Stück *Emilia Galotti,* das Nannerl kannte, behandelt neben dem altbekannten Thema der weiblichen Tugend vor allem das Verhältnis des Vaters zur Tochter. Obwohl die beginnende Herausbildung der späteren »femme fatale« – der aus dem bürgerlichen Leben ausgegrenzten Frau, die sexuelle Freiheit für sich beansprucht – durch die Gestalt der Orsina repräsentiert ist und eine eigenständige Analyse verdiente, ist Emilia als Nannerls Vorbild interessanter. Sie ist Lessings Ideal des bürgerlichen Mädchens. Auf den Einwand seines Bruders, Emilia sei nicht selbständig genug, antwortete Lessing, daß »jungfräuliche Heroinnen und Philosophinnen« nicht nach seinem Geschmack seien, und daß er Frömmigkeit und Gehorsam als höchste Tugend eines Mädchens schätze (Böttcher, 515 f.). Diese Überzeugung überträgt er auf die Protagonistin.

Emilia ist eine Adlige ohne Vermögen und Rang, und kann somit dem bürgerlichen Mädchen gleichgestellt werden. Ihr Vater Odoardo repräsentiert das bürgerliche Selbstbewußtsein, das sich mit dem korrupten Adel anlegt. Ihre Bewegungsfreiheit wird psychisch, aber auch physisch eng abgesteckt. Es beunruhigt den Vater, wenn sie irgendwo allein hingeht – und sei es in die Kirche. Überall lauern Gefahren. Ihre Verführung käme einer »Schändung« gleich, und geschändet zu werden, ist »schlimmer als tot« zu sein.

In Emilia gibt es einen auffälligen Bruch. Obwohl sie als schön, tugendhaft und religiös dargestellt wird, hält sie es für möglich, den Verführungskünsten des Prinzen zu erliegen. Sie fürchtet die Verführung mehr als die Gewaltanwendung und fordert deshalb, vom Vater erstochen zu werden. »Wer kann der Gewalt nicht trotzen? Was Gewalt heißt, ist nichts: Verführung ist die wahre Gewalt. – Ich habe Blut, mein Vater, so jugendliches, so warmes Blut, als eine. Auch meine Sinne, sind Sinne. Ich stehe für nichts. Ich bin für nichts gut.«

Solche Worte mußten Angst auslösen. Was nützte alle Erziehung, wenn Mädchen ihren sinnlichen Gelüsten erlagen? Immer wieder wurde den Frauen vermittelt, daß es fast unmöglich sei, in bestimmten Situationen einen kühlen Kopf zu bewahren, und daß sie durch Vorsichtsmaßnahmen selbst dazu beitragen mußten, ihre Tugend zu wahren. Dieses Thema kommt nicht von ungefähr, sondern ist von Jean-Jacques Rousseau eingehend behandelt worden. In *Emile* beschreibt er das anarchische Potential der Sexualität als bedrohlich. Rousseau machte das weibliche Geschlecht für die Angst und Schuldgefühle der Männer hinsichtlich der Sexualität verantwortlich, da es ja die Leidenschaften wecke. »Er war so überzeugt von der sexuellen und emotionalen Abhängigkeit des Mannes von der Frau, daß er nur durch ihre Benachteiligung und Unterdrückung in anderen Gebieten die angebliche natürliche Überlegenheit des Mannes bewahren zu können glaubte« (Okin, 159).

Das beängstigende sexuelle Potential der Frau konnte sich Rousseau zufolge jederzeit auch gegen den Mann richten. Daher propagierte er die sexuelle Unberührtheit als wichtigste weiblich-moralische Qualität. Während die Würde des Mannes über verschiedene charakterliche Leistungen erlangt wurde, verband Rousseau die Bescheidenheit, die Scham und die sexuelle Tugend mit dem weiblichen Charakter.

Dies hatte schwerwiegende Folgen für die bürgerliche Frau, denn sie mußte nun selbst darangehen, ihren Bewegungsraum einzuschränken und alle eigenen Antriebe zur Aktivität beschneiden. Indem das gesamte Leben und Handeln von Frauen darauf abgestimmt wurde, die Gefahr des Sexuellen zu bannen, weitete sich die körperliche und seelische Disziplinierung auf alle Ebenen ihres Daseins aus, beherrschte sie und trieb sie in die Passivität.

Nannerl kannte Samuel Richardsons Roman *Sir Charles Grandison*, und es ist anzunehmen, daß ihr auch *Clarissa Harlowe* und *Pamela: Or Virtue Rewarded*, die noch größere Popularität erlangten, ebenso vertraut waren. Die Botschaft ist bei Richardson stets die gleiche: absoluter Gehorsam den Eltern gegenüber ist ebenso eine Grundbedingung wie die sexuelle Widerstandsfähigkeit der Frau, die mit ihrer Identität und Selbstachtung gekoppelt ist.

Nannerl kannte außerdem die von Georg Friedrich Wilhelm Großmann bearbeitete Fassung *Henriette oder sie ist schon verheiratet* nach Rousseaus berühmtem Briefroman *Nouvelle Héloïse*. Auch hier das gleiche Thema: Julie, die ihren Hauslehrer liebt, wird aufgerieben zwischen ihrer Leidenschaft für ihn und dem Pflichtgefühl gegenüber den Eltern. Sie gibt sich dem Geliebten hin, empfindet dies im nachhinein als Schande und bezeichnet sich als nicht mehr wert, ein Mensch zu sein. Durch eine Vernunftheirat mit einem älteren Mann sühnt sie für ihre Untat. Doch nicht ganz: obwohl Julie auf einem herrlichen Landsitz wohnt und mit einem fürsorgenden Ehemann und lieben Kindern gesegnet ist, gesteht sie, daß sie unglücklich ist. Sie stirbt, denn sie hat den Lebenswillen verloren. Ihr Tod ist die logische Konsequenz ihrer Untat: Rousseau zeigt eindringlich, daß eine Frau, die ihre Tugend verliert, nie wieder glücklich werden kann.

Rousseaus Einfluß auf das Denken des 18. Jahrhunderts kann nicht hoch genug eingeschätzt werden. Seine eigene Zerrissenheit der Frau gegenüber wird in seinem Werk verarbeitet und als allgemeines Problem der Frau aufgrund ihrer natürlichen Wesensart hingestellt. Aus Angst davor, die Frau würde über ihre Sexualität selbst bestimmen wollen, malt er sich aus, daß sie der Leidenschaft verfallen könne. Zugleich macht er deutlich, daß sie den Tod verdiente, wenn sie nur einmal in ihrem Leben einen solchen Schritt wagen würde. Das Leiden der bürgerlichen Frau, das in der Kunst und Kultur des 19. und 20. Jahrhunderts immer wieder thematisiert wird – hier nimmt es seinen Anfang.

Die Warnungen an Frauen, die sexuelle Unschuld zu wahren, waren nicht nur auf den Roman oder das Theater beschränkt. Tatsächliche Verletzungen des Gebots der Tugend wurden von den Behörden durch drastische Strafen geahndet. Für die Stadt Hamburg hat eine Arbeitsgruppe untersucht, wie es Frauen im 18. Jahrhundert erging, wenn sie sittliche Verfehlungen begangen hatten und dafür bestraft werden sollten. Prostituierte stellte man oft für einige Stunden auf dem Pferdemarkt an den Pranger. Dort standen sie mit unverdecktem Gesicht, und an ihrer Brust war ein Brett mit dem Vor- und Zunamen befestigt. Man sperrte sie auch bei Wasser und Brot ein, beim wiederholten Vergehen wurden sie mit Ruten geschlagen. Auch treulose Ehefrauen, deren Ehemänner sie aufgrund ihrer Vergehen nicht mehr haben wollten, bekamen für ihren begangenen Ehebruch eine Haftstrafe oder wurden an den Pranger gestellt, mit Ruten geschlagen und der Stadt verwiesen. Ehemänner erhielten dagegen für einen »Fehltritt« mit einer verheirateten oder ledigen Frau lediglich eine Geldbuße.

Als besondere Verfehlung galten uneheliche Geburten. Die Hebammen waren verpflichtet, alle neugeborenen unehelichen Kinder anzuzeigen. Kamen sie ihrer Anzeigepflicht nicht nach, mußten sie darum bangen, ihr Amt zu verlieren. Den Müttern drohte auf die Anzeige hin eine strafrechtliche Verfolgung, was bedeutet hätte, ins Hamburger Spinnhaus eingewiesen zu werden. Die Frauen mußten zusätzlich als Bestrafung für ihren »unmoralischen Lebenswandel« den »Haubentaler« bezahlen. Diese rigiden Strafandrohungen brachten Frauen in eine verzweifelte Lage. Sie trieben ab, setzten ihre Säuglinge aus oder töteten das Kind gar nach der Geburt (AG Frauen, 18).

Obgleich nicht linear von Hamburg auf Salzburg geschlossen werden soll, deuten Nannerls Worte auf ähnliche Sanktionen hin. Sie vermerkt in ihrem Tagebuch einmal die öffentliche Auspeitschung von Frauen: »Den 11ten sind 7 Jungfern im Rathaus gepeitscht worden und 6 in das Zuchthaus geführt worden« (11. 8. 1775). Gemeint war das Zucht- und Arbeitshaus bei St. Rochus in Maxglan, eine Besserungsanstalt »für Unzüchtige und Raufer, ungehorsame Kinder, ausgelassene oder aufsässige Dienstboten und Handwerksburschen« (Martin 1979, 216). Vermutlich handelte es sich um »Unzüchtige«, also um Frauen, die sich schwere sittliche Verfehlungen hatten zuschulden kommen las-

»Den 11ten sind 7 Jungfern im Rathaus gepeitscht worden ...«
(Tagebucheintragung Nannerls): Auspeitschung lediger Mütter im
18. Jahrhundert

sen. Hierzu gehörten die Prostitution, unehelicher und außerehelicher Geschlechtsverkehr. Die Bemühungen der Behörden im letzten Drittel des 18. Jahrhunderts, Unzuchtstrafen zu mildern oder gar abzuschaffen (Hull in: Frevert, 53), griffen in Salzburg anscheinend noch nicht. Man sollte aber auch nicht vergessen, daß in Salzburg einer der größten und blutigsten Hexenprozesse Europas Ende des 17. Jahrhunderts stattfand, wobei mehr als 130 Personen einen grausamen Tod fanden. Nach 1700 wurden die Hexenprozesse zwar seltener, doch fand noch im Jahr 1750, also ein Jahr vor Nannerls Geburt, in Salzburg die letzte Hinrichtung einer »Hexe« auf österreichischem Boden statt, wobei ein sechzehnjähriges Kindermädchen mit dem Schwert enthauptet wurde (Peternell, 152 f.).

Nannerls Eltern werden dies bewußt miterlebt und mit besonderem Ernst auf eine christlich-tugendhafte Erziehung ihrer Tochter hingewirkt haben. Sie werden außerdem wiederholt vor sexuellen Gefahren gewarnt haben. Die Wahrung ihrer Jungfräulichkeit bis zur Hochzeit war existentiell notwendig, da sie die Identität und die Selbstachtung der bürgerlichen Frau prägte. Berchtold sicherte der dreiunddreißigjährigen Nannerl, wie oben erwähnt, am Morgen nach der Hochzeit 500 Gulden für ihre Jungfräulichkeit vertraglich zu. Es wird ihm dabei weniger um das »Vergnügen« der Entjungferung gegangen sein; sollte seine Frau voreheliche Erfahrungen gesammelt haben, berührte das auch seine Selbstachtung. Ähnliches galt für Nannerl. Wichtiger als der materielle Wert des Geldes war ihr der makellose Ruf, der durch die Prämie öffentlich bestätigt wurde. Keuschheit mußte bei der Frau vorausgesetzt werden, weil – so die Moralischen Wochenschriften der Zeit – »nichts außer der Keuschheit ... dem Manne ein Eigentum an der geliebten Person gibt« (zit. b. Gaus, 36). Nur die damalige Auffassung von der Ehefrau als Besitz des Mannes kann heute ein Verständnis hierfür entstehen lassen. Wer die Frau »schändete«, zerstörte zugleich die Ehre des Ehemanns.

»Besonders die Töchter, die sich im deutschen Schauspiel dieser Zeit ebenso wie bei Richardson zuerst empfindsam zeigen, legen ihren Eltern gegenüber eine mindestens ebenso weitgehende Unterwerfung an den Tag wie ihre Altersgenossinnen in der Literatur der Aufklärung« (Quabius, 23). Im frühen Drama der Empfindsamkeit war das Verhältnis der Tochter zum Vater stärker und reicher mit empfindsamen Tönen erfüllt als das zum Geliebten. Dem Vater gegenüber zeigt sie zärtlichste Gefühle, im Bedürfnis, seine Liebe täglich neu bestätigt zu wissen. Wenn sich das Schwergewicht der dichterischen Gestaltung im empfindsamen Drama der sechziger Jahre allmählich vom Vater auf das Verhältnis zweier Liebenden verlagert (Götte, 112), bleibt doch der Gehorsam gegenüber dem Vater ein eisernes Gebot.

»Die Macht des Vaters, die in den Triebrädern der stürmisch vorandrängenden gesellschaftlichen und ökonomischen Entwicklung zerrieben zu werden drohte, mußte neu begründet und legitimiert werden. Ökonomisch und gesellschaftlich gesehen wurde der Bürger zusehends ein kleines Rädchen in einer großen Maschinerie, die er weder befehligte noch kontrollierte. Als Oberhaupt in der Familie erhielt er eine Entschädigung für die reale Einbuße an Bedeutung. Als Herrscher über Frau, Kinder und Gesinde konnte er sich mächtig fühlen« (Stephan, 21).

In einer Analyse des Familiendramas hebt Heinz Birk die Gehorsamkeitspflicht gegenüber dem Hausvater als wichtiges Merkmal hervor, da es das Modell liefert, nach dem der bürgerliche Mensch des 18. Jahrhunderts autoritative Bindungen anerkennt. War der Hausvater unmittelbar dem Landesvater verpflichtet, galt dies nur mittelbar für die Hausmutter, da sie zuerst dem Familienoberhaupt unterstand. »Die Pflicht der Unterordnung der Frau ist absolut ... Herrschsucht und Widerspenstigkeit der Ehefrau würden die Position des Hausvaters in Frage stellen und damit den Bestand der Familie gefährden« (Birk, 36).

Im deutschen bürgerlichen Drama des 18. Jahrhunderts kommt dem Vater eine doppelte Funktion zu. Er hat zum einen der ruhende Pol zu sein, um den das Leben im Hause kreist; von ihm allein hängt es letztlich ab, ob Frau, Kinder und das Gesinde gut zusammenleben und wie sie sich in die bürgerliche Gemeinschaft und Ordnung einfügen. Er ist aber auch für die menschliche Gemeinschaft als Ganzes verantwortlich, und muß daher »nach draußen« wirken. Der Ehefrau kommt lediglich eine periphere Funktion zu. »Die Frau (ist) vorwiegend die negativ gezeichnete Kontrastfigur zu dem grundsätzlich positiv bewerteten ... Ehemann« (Schaer, 123). In dem Schillerschen Drama *Die Räuber*, das Nannerl kannte, bildet die Mutter lediglich eine Kulisse, gibt einen farblosen Hintergrund ab. Der Vater gilt als die Autorität schlechthin; die Grenzen zwischen dem Familien- und dem Landesvater sind verwischt, und der Schritt zum göttlichen Vater ist nicht mehr weit.

In den Stücken der Zeit wird die Tochter häufig als eine Art Investition dargestellt. Die Beziehung zwischen Vater und Tochter ist auch ein Besitzverhältnis. »Die Tochter als Eigentum des Vaters und ihre Tugend als Ware – das ist eine Lesart, die zu dem Vokabular der Empfindsamkeit, mit dem das Verhältnis zwischen Vätern und Töchtern beschrieben wird, so gar nicht zu passen scheint. Tatsächlich liegt darin jedoch kein Widerspruch, sondern eine Logik, die sich aus der Dynamik der sozialen und ökonomischen Entwicklung im 18. Jahrhundert ergibt« (Stephan, 31).

In der Vater-Tochter-Beziehung liegt ein Teil des Schlüssels zum Verständnis von Nannerls Leben begraben. Nannerl war nie vom Vater befreit, und sie konnte sich nicht unabhängig von ihm entwickeln. Die strikte Gehorsamkeitspflicht dem Vater gegenüber, wie es die Literatur des beginnenden 18. Jahrhunderts noch kannte, wandelte sich im Lauf der Jahrzehnte in ein Verhältnis der innigen Liebe. Diese Betonung der Liebe entsprang der humanen Erwägung, daß ein Kind auch ein gewisses Recht auf eigene Entscheidungen habe. Sie erschwerte aber den Widerstand, denn man kann leichter gegen einen Tyrannen aufbegehren als gegen eine liebende »Umarmung«.

Bis in die Gegenwart hinein bildet die Autorität der Väter für die bürgerlichen Töchter eine schwer überwindbare Hürde im Kampf um Selbstverwirklichung. Die Schriftstellerin Virginia Woolf schreibt 1928: »Vaters Geburtstag. Er wäre 96 geworden ... Sein Leben hätte das Meinige völlig zum Erliegen gebracht. Was wäre passiert? Keine schriftstellerische Arbeit; keine Bücher – undenkbar« (zit. b. Rose, XVIII).

Läßt man noch einmal die verschiedenen literarischen Strömungen Revue passieren, zeigt sich, daß die in Kunst und Kultur enthaltenen ideologischen Vorgaben mit Nannerls realen, durch die Erziehung geformten Möglichkeiten der Lebensgestaltung in auffälliger Weise korrespondieren. Nicht nur, daß diese Sphären streckenweise aufeinander abgestimmt sind, sie greifen ineinander. Die Bewahrung der Keuschheit bzw. Treue und das Gehorsamkeitsgebot gegenüber dem Vater umreißen im Theaterstück und Roman dieser Zeit das Verhaltensfeld der Frau. Diese beiden Pole waren auch in Nannerls Leben von zentraler Bedeutung.

Das 18. Jahrhundert entwickelte vielfältige Maßregelungen, um der Frau außerhalb der Ehe jede sexuelle Befriedigung abzusprechen. Das hieß weit mehr, als »nur« auf nächtliche Vergnügen zu verzichten, denn das Verbot prägte ihr gesamtes Leben bis zu ihrer Verheiratung im 34. Lebensjahr. Sie durfte keinem Mann den Anlaß bieten, sich freizügig zu verhalten. Nicht ins »Gerede« zu kommen bedeutete, daß ihr Vergnügungen wie Tanz, Spaziergänge, Besuche der Coffée-Häuser und Reisen nur in einem festgelegten Rahmen möglich waren. Diese Äußerlichkeiten finden ihre Entsprechung im seelischen Innenraum. Die Eingrenzung, die Nannerl verordnet war, prallt auf den spezifischen Ehrbegriff für Frauen. Sie mußte sich aus Schicklichkeitserwägungen selbst darum bemühen, den eigenen Spielraum gering zu halten.

So konnte sich kein Widerstand regen, weil sie keinen in sich spürte.

Wie Nannerl zeichnet sich die tugendhafte Tochter im Theaterstück durch gewissenhafte Pflichterfüllung, Anstand, Sittsamkeit und Uneigennützigkeit aus. Sie dient dem Familienfrieden und vermittelt in Konflikten. Selbständigkeit ist ebenso wie Gelehrtheit nicht gefragt, so daß es zur eigenen Drosselung sowohl der seelischen Innenräume als auch der praktischen Tätigkeitsfelder kommt.

13. Chancen und Grenzen einer Künstlerin im 18. Jahrhundert

Als im Zuge der neu etablierten Frauenforschung erste Untersuchungen über das Leben und Wirken von Frauen entstanden, schien das gesamte weibliche Geschlecht eine einheitliche Geschichte zu besitzen. Da die Lebensbezüge der Frauen durch die Jahrhunderte hindurch so gut wie ignoriert worden waren, fiel ihre Neuentdeckung zunächst recht pauschal aus. Je detaillierter aber in den nachfolgenden Jahren dem einzelnen Schicksal nachgegangen wurde, um so mehr fächerte sich die kulturelle und soziale Realität auf. Es zeigte sich, daß es Frauen hin und wieder gelungen war, sich gegen traditionelle Muster zu stemmen und Alternativen zum herrschenden Weiblichkeitsbild zu entwickeln.

So gab es zu Nannerls Zeiten Musikerinnen, die ihre Werke veröffentlichten oder als Künstlerinnen auftraten. Warum, so wäre zu fragen, fiel es einigen leichter als Nannerl, sich gegen Tabus zur Wehr zu setzen? Mangelte es ihr an kreativ-künstlerischen Impulsen? Fehlte ihr, was ihr Bruder im Übermaß besaß?

Es gilt zunächst, zwischen den verschiedenen Schichten zu unterscheiden, wobei eine gewisse Durchlässigkeit in der Realität zu beobachten ist. In manchen gehobenen Familien wurden in Anlehnung an adlige Praktiken die Töchter auf einem Tasten- oder Zupfinstrument ausgebildet. Die Klöster boten den Frauen innerhalb der Klausur große Freiräume. So erhielten Novizinnen, ob junge Mädchen aus dem Hochadel oder aus dem Bürgertum, eine intensive Ausbildung im liturgischen Gesang und in den Grundlagen der Musiktheorie. Über die liturgischen Gesänge hinaus wurde bereits in den Frauenklöstern des 15. Jahrhunderts ein volkssprachliches Liedgut gepflegt, das Auskunft über die Spiritualität und das Selbstverständnis dieser Frauen gibt. Die zahlreichen, meist erzwungenen Migrationen im Zuge des Dreißigjährigen Krieges vervielfältigten die Verbreitung des konzertierenden Stils im deutschsprachigen Raum, wovon besonders auch die Frauen profitierten. Im 17. Jahrhundert kam es zu einer Zunahme an musikalisch aktiven Frauen in allen musikalischen Bereichen. Frauen traten nicht nur als Sängerinnen, sondern auch als Spielerinnen verschiedener Instrumente auf und wurden, wenn auch meist noch ungenannt, als Komponistinnen aktiv (vgl. Koldau 2005).

»Ich habe dann alle meine Stunden euch 2 aufgeopfert, in der Hoffnung es sicher dahin zu bringen, nicht nur daß ihr beide seiner Zeit auf eurer Versorgung Rechnung machen könntet, sondern auch mir ein geruhiges Alter zu verschaffen ...«, schrieb Leopold (5. 2. 1778). Er erwog somit auch eine Verdienstmöglichkeit für Nannerl. Es war in Musikerfamilien durchaus üblich, den Töchtern eine professionelle vokal-instrumentale Ausbildung zu vermitteln, damit sie in Notfällen für sich selbst sorgen konnten, sich als Hofdamen qualifizierten oder auch mit ihren Kenntnissen eine wesentliche Voraussetzung für die Aufnahme in ein renommiertes Frauenkloster erfüllen konnten (vgl. Koldau 2005). Je niedriger der soziale Stand, um so dringlicher rückte die mögliche Berufstätigkeit des Mädchens in den Vordergrund.[36]

Leopold hatte keinen vorgegebenen Platz in der ständischen Gesellschaft. Er zählte sich zu der gebildeten Bürgerschicht. Begünstigt durch die Ausweitung des Staatsapparates nahm sie im

18. Jahrhundert zu. Es waren Juristen, Beamte, Professoren, Männer im Dienste der Fürsten, lokaler Obrigkeiten oder der Kirche. Meist materiell abhängig, besaßen sie dennoch ein wachsendes soziales Bewußtsein. Diese bildeten das dynamische Element im Sozialgefüge, und Leopold gehörte zu ihnen.

Zeitlebens bestrebt, sich und seine Kinder am höheren Stand zu orientieren, warnte er Wolfgang davor, auf Reisen mit Musikern zu verkehren: »Mit Leuten von unserer Profession floh ich alle Familiarität ... ich machte nur Bekanntschaft und suchte nur die Freundschaft mit Personen höhern Standes ...« (5.2. 1778). Mit ersteren meinte er fahrende Musiker, Privatmusiklehrer, Militär- und Stadtmusiker. Diese setzte er von den Kapellmeistern und Kantoren ab, die seine Achtung genossen. Vom Spielmann und Schausteller bis hin zum Hofcompositeur existierte eine breite Spanne an Berufen mit unterschiedlichem Prestige. Die Zahl der Stellen war gering, so daß sich mancher Musiker seinen Unterhalt durch zusätzliche Tätigkeiten verdienen mußte.

Jahrhundertelang waren die Musiker Dienende der Kirche, eines Fürsten oder des Rates einer Stadt gewesen. Die Wurzeln des bürgerlichen Konzertlebens liegen vor 1700 im Collegium Musicum – einer rein männlichen Gruppierung. Man musizierte nicht mehr, um die Auftraggeber zu unterhalten, sondern um sich selbst und teilweise auch einem zahlenden Publikum eine Freude zu bereiten. Im 18. Jahrhundert entstanden in zahlreichen europäischen Städten Konzertvereine. In den durch Handel und Industrie zu Wohlstand gekommenen Bürgerfamilien wurde der Musikunterricht zu einer ergiebigen Einnahmequelle für qualifizierte Sänger und Instrumentalisten. Die Position des »maitre de chapelle«, des Kapellmeisters, wurde aufgewertet und bot qualifizierten Musikern eine sichere finanzielle Grundlage.

Wolfgang war sich der ungesicherten sozialen Position des Musikers wohl bewußt, denn trotz öffentlichen Zuspruchs war der Status des Virtuosen in vielen Ländern eher niedrig.[37] In seinen

Bemühungen, sich von den mehr handwerklich orientierten Musikern abzusetzen und dem gelehrten Bürgertum zuzuwenden, glich er dem Vater. Er verübelte es seinem Dienstherrn, daß man ihn in Wien zwang, mit der Dienerschaft zu speisen: »Ich habe doch wenigstens die Ehre vor den Köchen zu sitzen – Nu – ich denke halt ich bin in Salzburg – bey Tische werden einfältige grobe Spässe gemacht; mit mir macht keiner Spässe, weil ich kein Wort rede, und wenn ich was reden muß, so ist es allzeit mit der grösten Seriosität – so wie ich abgespeist habe so gehe ich meines Wegs« (17. 3. 1781).

Nannerl war zwar professionell zur Pianistin ausgebildet worden, aber nicht, um eine herumreisende Virtuosin zu werden, sondern eher, um sich in einer finanziellen Notlage selbst helfen zu können. Einmal in ihrem Leben stand sie der Gefahr gegenüber, zu verarmen und damit sozial abzusteigen. Das war, als sich Wolfgang und seine Mutter Maria Anna auf ihrer großen Reise fortlaufend verschuldeten. Durch Existenzängste getrieben, verdoppelte sie daraufhin ihre musikalischen Anstrengungen. Sie wird neben dem Konzertieren noch an die Tätigkeit des Unterrichtens gedacht haben – entweder als private Musiklehrerin, die zu Hause Einzelstunden gibt, oder aber als Gesellschaftsdame und Erzieherin in einem wohlhabenden Haus. Leopold wünschte letzteres nicht, da die Entlohnung von Frauen weit unter der von Männern lag, Nannerl also im Alter der Armut verfallen wäre; doch mußte er mit solchen Notfällen rechnen, solange sie unverheiratet war.

Wer wie er mit allen Kräften zum höheren Stande strebte, wird auch bedacht haben, Nannerl musikalisch zu qualifizieren, um damit eine gute Partie abzuschließen. Musik galt dabei als unterhaltendes und prestigeträchtiges Medium, wobei von Bezahlung nicht die Rede war. Eine dritte Alternative bestand allerdings darin, an Konzerten teilzunehmen und die Familienkasse zu füllen – Nannerl wäre in einem solchen Fall im sozialen Schutz der Familie eingebettet geblieben. Eine finanzielle Entlohnung wäre keine

Eine bürgerliche Familie aus dem Jahr 1776, die der Familie Mozarts ähnelt. Erstaunlich ist die geigende Frau im Hintergrund (3. v. rechts). Der Cellist spielt Continuo und liest aus der Clavichordstimme, am Tisch wird Kaffee getrunken, gestrickt und im Hintergrund Billard gespielt. Die Mode ist der Zeit angepaßt: hohe Frisuren, verzierte Hauben. Wie Nannerl auf dem Familienportrait von 1780 tragen die Frauen ausgeschnittene, am Rand mit anderem Stoff garnierte Kleider mit halben Ärmeln und meist einer Schleife im Ausschnitt.

absolute Notwendigkeit, und Leopold hätte als männliche Aufsichtsperson die Kontrolle behalten, was Probleme der Schicklichkeit bereits im Keim erstickte. Leopold malte sich so etwas aus, als Wolfgang in Paris weilte: »Könntest du ... von einem Prinzen in Paris einen monatlichen Gehalt bekommen, – dann nebenbey fürs Theater, fürs Concert Spirituel und fürs Concert des amateurs zu Zeiten etwas arbeiten, – und dann einige mal par Subscription etwas gravieren lassen – ich aber und deine Schwester Lection geben, und deine Schwester in Concerten und Accademien spielen, so würden wir gewiß recht gut zu leben haben« (6. 4. 1778).

Hatte die Musikkultur im 17. Jahrhundert noch einigen wenigen gedient, so trat mit der allmählichen Verbürgerlichung im 18. Jahrhundert ein Sinneswandel ein. Möglichst viele Menschen sollten in den Genuß der Tonkunst kommen. Sie war der Ausdruck des neuen Lebensgefühls. Man besang »jede Scene der Schöpfung Gottes, bürgerliche und häusliche Tugenden, Vaterlandsliebe, Zufriedenheit, Fleiß« (Allgemeine Musikzeitung 1802, zit. b. Preussner, 90). Zwischen 1770 und 1800 erfaßt das Konzertwesen auch die Mittel- und Kleinstädte. Wien bietet mit der Tonkünstler-Sozietät, den Konzerten auf der Mehlgrube und den beliebten Morgenkonzerten im Augarten gleich drei Möglichkeiten für freie Musiker, Geld zu verdienen. Wolfgang nahm daran lebhaften Anteil. Zahlreiche Komponisten, darunter Mozart und Haydn, schrieben Kammermusik für Amateurmusiker.

In dem Maße aber, wie die Musik sich »verbürgerlichte«, veränderte sich die Stellung des Künstlers in der Öffentlichkeit. Die Begriffe des »Kenners« (also des Berufsmusikers) und des »Liebhabers« (des gebildeten Dilettanten) entstehen, verwischen sich aber in der Praxis. Dies gereichte beiden Parteien zum Vorteil: Der Berufsmusiker genoß die vertrauliche Umgebung zum Adel, der »Hobby«-Musiker oberer Schichten profitierte von dem Können des Fachmanns. Obwohl Wolfgang zu den »Kennern« gehörte, mußte auch er sich zuweilen umstellen. Als er von Paris aus Bedingungen für seine Wiedereinstellung im Salzburger Dienst nannte und keinesfalls geigen wollte, erwiderte der Vater: »Das Violinspielen zum Exempel bei der ersten Sinfonie wirst du wohl auch als Liebhaber, so wie der Erzbischof selbst, und jetzt alle Cavallier, die mitspielen, dir nicht zur Schande rechnen ... das thut man zur Unterhaltung ...« (24. 9. 1778).

Analog zu diesen unklaren Konturen war auch das Verhältnis zwischen Arbeit und Entlohnung nicht immer deutlich geschieden. Die Praxis des »douceur«, also des Geschenks als Entlohnung, erwies sich zuweilen als irritierend. Wolfgang ärgerte sich in Mannheim, als er vom Intendanten nur eine goldene Uhr und kein Geld erhielt. »Mir wären aber jetzt 10 Carolin lieber gewesen, als die Uhr, welche man mit Ketten und Devisen auf 20 Carolin schätzet. Auf der Reis braucht man Geld. Nun habe ich mit dero Erlaubnis 5 Uhren. Ich habe auch kräftig im Sinn mir an jeder Hosen noch ein Uhrtäschl machen zu lassen, und wenn ich zu einem großen Herrn komme, beyde Uhren zu tragen wie es ohnehin jetzt Mode ist, damit nur keinem mehr einfällt mir eine Uhr zu verehren« (13. 11. 1777). Zehn Jahre zuvor war dem Komponisten und Geiger Karl Ditters von Dittersdorf anläßlich der Krönung des Erzherzogs Joseph ähnliches Ungemach passiert. In der Hoffnung, für sein Spiel ein beträchtliches Douceur zu verdienen, schaffte er sich »zwei prächtige Kleider« an, die ihn zusammen fast siebenhundert Gulden kosteten. Während sein Kollege Gluck dreihundert Gulden einstrich, erhielt er nur fünfzig Dukaten (Dittersdorf, 129 f.). Solche Enttäuschungen wogen schwer; so sehr, daß er sich noch im hohen Alter an die Episode erinnerte.

In der ersten begeisternden Zeit, als Musikgesellschaften gegründet wurden, betonte man, daß die Musik für alle Stände galt. Diese Öffnung kam auch Frauen zugute. Für sie ergaben sich vielfältige Möglichkeiten mitzuwirken, allerdings im nichtprofessionellen Bereich. Auch Frauen des niederen Standes entdeckten die Musik für sich. Sie waren oft unzureichend ausgebildet, was sich nicht selten in der Leistung niederschlug. Leopold, der in Salzburg einer geigenden Dilettantin zuhörte, spottete über die Tochter eines Zuckerbäckers: »Ey die war eine solche große Virtuosin, daß unter dem Concert, die Leute nach und nach davon gingen, – und bey der Cadenz, die eine Viertelstund dauerte, erschrak ich, in wirklichem Ernst, und glaubte, das Mädl wäre närrisch geworden: Es war erschrecklich: die Violinspieler standen auf, und gaben sich Toback« (20. 1. 1786).

Mit ihrem hervorragenden Spiel war Nannerl als Dilettantin besonders begehrt. Als ein musikbegabter Graf in Salzburg eine »Dilettantenmusik« ins Leben rief, wurde sie umgehend eingeladen (12. 4. 1778).

Das Konzertwesen im 18. Jahrhundert begann mit der gemeinnützig wirkenden Musikgesellschaft, die von Musikliebhabern gegründet wurde, und führte hin zum Subskriptionskonzert des professionellen Musikers. Allmählich verschob sich das Schwergewicht von der Gemeinnützigkeit zum Erwerb. In der Anfangszeit, als es keinen Unterschied ausmachte, welchem Stand man angehörte, ob man Berufsmusiker oder Musikliebhaber war, hatte man auch für Frauen Platz. In dem Maße aber, wie das Musikleben sich professionalisierte und sich Kunst und Kapital verbündeten, ging die Zahl der Musikerinnen zurück. Es gab feste Eintrittspreise und feste Gagen; der Beruf des Impresarios entstand ebenso wie die Konzertagentur. Man wußte nun, woran man war: Mozart hätte sich mit seinen fünf Uhren nicht mehr plagen müssen. Die Konturen wurden schärfer, und mit ihnen verschwanden die Frauen, die in der Grauzone des Musikbetriebs aufgetaucht waren und mitgewirkt hatten.

Warum waren Frauen in der Liebhaberkultur – im Gegensatz zu ihrem Status als Berufsmusikerinnen – so anerkannt? Das lag zum einen daran, daß die bürgerliche Frau in gewisser Weise das Erbe des Adels antrat; sie deutete durch ihren Müßiggang auf den Wohlstand ihrer Familie hin. Zum anderen bot diese Musizierpraxis einen sozialen Schutzraum. Man konnte vor einem musikkundigen Publikum spielen, ohne sich den Kritikern und der professionellen Konkurrenz stellen zu müssen (vgl. Hoffmann, 97). Ein weiteres wäre dem hinzuzufügen. Der in diesen Jahrzehnten festgelegte Status der weiblichen Defizienz als »normal« machte es geradezu notwendig, sie auf den dilettierenden Status zu positionieren. Dadurch schützte sich der männliche Musiker vor einer unliebsamen Konkurrenz, und etwaige Ängste vor weiblicher Überlegenheit waren im Vorfeld gebannt.

Obgleich Leopold Vorbehalte hatte, Nannerl als selbständige Musikerin freizugeben, war er zu sehr Musiker, um sich dem allgemeinen Trend der Abwertung weiblich-musikalischer Leistungen anzuschließen. Er traute den Frauen ohne weiteres zu, Ebenbürtiges zu leisten: »Überhaupt finde, daß ein Frauenzimmer, die Talent hat, mehr mit Ausdruck spielt, als ein Mannsperson« (7. 12. 1785). Auch Wolfgang betrachtete Nannerl als eine vollwertige Musikerin: »Mein Rath wäre, meine Schwester, der ich mich untertänigst empfehle, solle sie (die Klaviersonaten) mit viel Expression, Gusto und Feuer spielen, und auswendig lernen. Denn das sind Sonaten welche allen Leuten gefallen müssen, leicht auswendig zu lernen sind, und Aufsehen machen wenn man sie mit gehöriger Precision spielt« (13. 11. 1777). Er stufte ihr Spiel hoch ein: »Sey nur recht fleissig, und vergesse durch das Partiturschlagen dein Galanterie spielen nicht, damit ich nicht zum Lügner werde, wenn dich die Leute hören, bey denen ich dich so gelobt habe. Denn ich habe allzeit gesagt, daß du mit mehr Precision spielst als ich« (7. 3. 1778).

Wolfgang wie Leopold stellten die Leistung der Instrumentalistin auf die gleiche Stufe wie die ihres männlichen Kollegen – darin sind sie sich einig. Aber sie konnten die zeittypische Entwicklung nicht aufhalten, die dahin tendierte, das Musizieren der Frau als eine »reizende Zierde« zu bewerten. Die Frau – so die Aussagen der Zeit – sollte nicht glänzen wollen, wohl aber rühren und erheitern und den Sinn für das Einfache bewahren. (Parallel hierzu wurde die von Liebhabern praktizierte Musik im Schrifttum mit der Empfindung, die »hohe«, von Berufsmusikern praktizierte Musik hingegen mit dem Rationalen in Verbindung gebracht – ein weiteres Hindernis.) Diese Vorurteile verdichteten sich um die Jahrhundertwende zu dem landläufigen Verdacht, daß Frauen, die ihre Kunst professionell ausübten, der Gefallsucht oder Hoffart verdächtig seien.

Läßt man das fahrende Musikvolk der unteren Stände beiseite, kam für eine musikbegabte Frau, die im 18. Jahrhundert von ihrem Talent leben wollte, in erster Linie der Gesang in Betracht. Einzig die Sängerin konnte auf eine Anstellung bei Hofe hoffen; die Instrumentalistin verdiente allenfalls als reisende Virtuosin Geld. Gegen Ende des 18. Jahrhunderts eröffnete sich Frauen die Möglichkeit, Musikschulen für Mädchen zu führen, wie es Maria Theresia von Paradis in Wien tat.

Während Frauenrollen im Theater bereits um 1650 mit weiblichen Kräften besetzt wurden, traten deutsche Sängerinnen erst ab etwa 1700 auf. Wie vor ihnen die Schauspielerinnen, hatten auch sie um ihre gesellschaftliche Anerkennung zu kämpfen. In ganz Europa standen Schauspieler abseits von der menschlichen Gesellschaft. Durch ihr Wanderleben waren sie als unehrlich gebrandmarkt. Nicht seßhaft zu sein war in den Augen der konservativen Bürger gleichbedeutend mit Liederlichkeit und Amoralität. Wie bei Gauklern und Komödianten betrachtete man sie als anrüchig. Besondere Mißachtung galt den Schauspielerinnen, die man mit Straßendirnen verglich (Schwanbeck, 12).

Wenn nun, durch höhere Wertung und Geltung des Theaters bedingt, den Mädchen des Bürgertums der Schritt zur Bühne erleichtert wurde und sich auch mit der Zeit immer mehr Frauen fanden, die ihn aus Überzeugung taten, so blieb es doch dabei, daß sie damit aus dem Bürgertum ausschieden. Ähnliche Umstände sind bei Sängerinnen zu finden. Zuweilen wurden sie Mätressen einflußreicher Herren. Obwohl viele ein bürgerlich-tugendhaftes Leben führten, wurden auch sie mitunter der Überschreitung bürgerlicher Normen verdächtigt. Zu Nannerls Lebzeiten zahlte übrigens der Salzburger Erzbischof Siegmund Christoph zwischen 1761 und 1764 erhebliche Beiträge aus seiner Privatschatulle für die Ausbildung der Sängerinnen Maria Anna Braunhofer, Maria Magdalena Lipp und Maria Anna Fesemayr in Venedig – ein Beweis dafür, daß er nicht nur Italienerinnen an seinem Hof wünschte, sondern das Gesangswesen bei deutschen Frauen fördern wollte. Braunhofer und Lipp wurden nach ihrer Rückkehr für ein Jahressalär von einhundert Gulden und je einem täglichen Maß Tiroler Wein von ihm angestellt. Lipp heiratete 1768 den Komponisten Johann Michael Haydn und nahm sich 1777 ihrer Schwester Judith an, als diese ein uneheliches Kind erwartete – ein Verhalten, das in Salzburg nicht gut ankam. Es gelang ihnen somit, trotz der allgemein negativen Meinung über Frauen, die sich auf der Bühne präsentierten, ein geachtetes Leben zu führen und Erfolge zu erzielen. Auch Gertrud Elisabeth Mara (1749-1833), eine Zeitgenossin Nannerls, war eine der ersten deutschen Gesangsvirtuosinnen, die von Ort zu Ort reisten und ihre Zuhörerschaft begeisterten (vgl. Rieger/Steegmann 2002).

Nannerl sang gerne. Seltsamerweise bewertete Wolfgang, der ihr Spiel mehrfach lobte und sogar über das seine stellte, ihren Gesang an keiner Stelle ernsthaft. Ihre Stimme war anscheinend nicht tragfähig genug, um eine berufliche Ausrichtung zu erwägen. Da Leopold das unstete Leben ablehnte, das oft mit Sängerinnen assoziiert wurde, wird er alle professionellen Bestrebungen von vornherein gebremst haben.

Die Instrumentalistin

Es gab durchaus konzertierende Musikerinnen im 18. Jahrhundert, wobei der Grad des Erlaubten für Frauen je nach Instrument streng unterschieden war. Dies ergab sich aus der allgemeinen Reglementierung des weiblichen Körpers. Frauen waren nur solche Instrumente gestattet, die ihrem limitierten Bewegungsspielraum entgegenkamen. Die Kleidung der Künstlerin wurde ebenso wie ihr allgemeines Aussehen in die künstlerische Bewertung einbezogen. Ihre Körperhaltung beim Spiel wurde genauestens festgelegt und mit sexuellen Bezügen assoziiert (z. B. Breit-beinigkeit beim Violoncellospiel).

Allgemein gilt es, zwischen den Klöstern und dem bürger-lichen Stand zu trennen. In den Frauenklöstern fand man ganze Orchester, die mit Frauen besetzt waren; sie spielten selbst Trom-peten und Pauken. Geigespielende Nonnen sind im deutschspra-chigen Raum seit dem zweiten Jahrzehnt des 17. Jahrhunderts nachweisbar. Bereits im 17. Jahrhundert sind Fälle bekannt, in de-nen Musiker ihre Töchter an Instrumenten ausbildeten, die nicht als schicklich galten, so auch auf der Geige (Koldau 2005). Doch blieben dies Ausnahmen.

Zwischen 1750 und 1850 gab es eine Reihe professioneller Harfenistinnen (Hoffmann, 131 ff.). Die Harfe galt als »weib-liches« Instrument, ebenso wie die Glasharmonika, deren pro-minenteste Vertreterin, Marianne Davies, mit ihrer Schwester, der Sängerin Cecilia Davies, durch Europa reiste und konzer-tierte. Als Leopold und Wolfgang 1771 in Mailand weilten, traf man sich wieder: »Sie, ihre Schwester, Vater und Mutter hat-ten eine unaussprechliche Freude ... alle haben sich alsogleich um euch erkundiget, sie empfehlen sich. Du wirst dich wohl erinnern, wer die Miß Davis ist, mit der Glasorgel?« schreibt Leo-pold nach Hause (21. 9. 1771). Die Eltern begleiteten stets ihre beiden Töchter, so daß sie vor übler Nachrede geschützt wa-ren.

Obwohl ein ausdrückliches Verbot des Orgelspiels nicht über-liefert ist und einzelne Frauen wie Maria Theresia von Paradis gelegentlich die Orgel schlugen, galt sie allgemein als unpassend für Frauen. Es überschritt die Grenze des Angemessenen, die Beine auseinanderzustrecken und sie auch noch zu zeigen. In Ita-lien und Frankreich gab es zwar einige wenige Spielerinnen, Nan-nerl hat aber im Gegensatz zu ihrem Bruder nie Orgel spielen dürfen. Das Klavier wurde dagegen zum bevorzugten Frauen-In-strument. Am Klavier sitzend war die Frau in ihren Bewegungen, ihrem sinnlichen Ausdruck und ihren kommunikativen Möglichkeiten beschränkt (Hoffmann, 92). Sie blieb damit im Einklang mit der traditionellen Frauenrolle.

Den talentierten Pianistinnen, die zeitgleich mit Nannerl aufwuchsen, ist zweierlei gemeinsam: sie stammten aus Musikerfamilien, dennoch blieb ihnen eine Karriere verwehrt. Rosa Cannabich, die Tochter des Orchesterleiters des Mannheimer Hoftheaters Christian Cannabich, war die wohl begabteste der drei von Wolfgang erwähnten Mannheimer Klavierspielerinnen (Cannabich, Mlle. Serrarius und Theres Pierron).[38] Einzig eine professionelle Tätigkeit unter männlicher Protektion war denkbar. Nanette Stein-Streicher (1769-1833), die Tochter eines Klavierbauers, führte schon als Achtjährige Kaufinteressenten die väterlichen Klaviere vor. An Zeitgenossinnen Nannerls wären außerdem Marianne Martinez (1744-1824), Josepha von Auernhammer (1758-1820) und die blinde Maria Theresia von Paradis (1759-1824) zu nennen. Maria Paradis unternahm als Pianistin und Sängerin eine fast dreijährige Tournee. Als sie 1783 auf der Durchreise in Salzburg weilte, besuchte sie die Mozarts; die Familie machte ihr im Gasthof »Zum Stern« einen Gegenbesuch. Ihr Gebrechen verlieh ihr allerdings eher den Status der exotischen Außenseiterin.

Lediglich bei Josepha von Auernhammer, die bei Wolfgang Klavierunterricht nahm, waren Anzeichen von Karrieredenken vorhanden. Sie machte als Komponistin und Editorin Mozartscher Werke von sich reden. Wolfgang berichtet, daß sie in ihn verliebt sei und daß er sie zunächst höflich, dann grob zurückwies. Seine Beschreibung ihres Äußeren wird von Mozart-Biographen gern kolportiert: »Sie ist dick wie eine Bauerndirne; schwitzt also daß man speien möchte; ... man ist auf den ganzen Tag gestraft genug wenn sich unglückseligerweise die Augen darauf wenden – da braucht man Weinstein! – so abscheulich, schmutzig, und grauslich! – pfui Teufel! –« (22. 8. 1781). Er übertrieb aus gutem Grund, denn die Familie Auernhammer hatte ihm angeboten, bei ihnen zu logieren. Dies lehnte er ab, war er doch in Constanze frisch verliebt und zog es vor, in ihrer Nähe zu wohnen. Er ahnte, daß Leopold es lieber gesehen hätte, wenn er bei den Auernhammers gewohnt hätte; daher zeichnete er sie besonders negativ. Die künstlerisch fruchtbare Zusammenarbeit zwischen Josepha und Wolfgang zeugt davon, daß diese Abneigung keine tiefen Wurzeln besaß.[39]

Was Josepha von den anderen Musikerinnen unterscheidet, ist ihr Wunsch, mit ihrer Kunst Geld zu verdienen. Wolfgang, der täglich bei der Familie zu Mittag aß, erfuhr von ihr, wie sie sich ihre Zukunft vorstellte:

»Sie hat mir ihren Plan als ein Geheimnis entdeckt, der ist noch 2 oder 3 Jahr rechtschaffen zu studieren, und dann nach Paris zu gehen, und Metier davon zu machen. – denn sie sagt, ich bin nicht schön; o contraire häßlich. Einen Kanzleihelden mit 300 oder 400 Gulden mag ich nicht heiraten, und keinen andern bekomme ich nicht; mithin bleib ich lieber so, und will von meinem Talent leben. Und da hat sie recht, sie bat mich also ihr beizustehen, um ihren Plan ausführen zu können. – aber sie möchte es niemand vorher sagen« (27. 6. 1781).

Josepha von Auernhammer taxierte ihre Zukunft erstaunlich nüchtern. Weil sie ihren Marktwert hinsichtlich ihres Äußeren niedrig einschätzte, rechnete sie trotz ihrer musikalischen Fähigkeiten höchstens mit einem Mann der unteren sozialen Kategorie. Unter diesen Umständen zog sie es vor, ledig zu bleiben und in Paris als konzertierende Künstlerin zu leben. Der Plan zerschlug sich, da der Tod ihres Vaters sie in finanzielle Bedrängnis brachte – erneut ein Beleg dafür, daß es für ledige Instrumentalistinnen ohne Hilfe der Familie kaum möglich war, selbständig zu leben. Sie zog zu einer Baronin in Wien und heiratete 1786 doch noch einen Beamten. Auernhammer wirkte bis zur Jahrhundertwende als konzertierende Pianistin und gab fast jährlich ein eigenes Konzert im Burgtheater (Deutsch 1959).

Oft beendete die Eheschließung die öffentliche Musikausübung oder sogar das private Musizieren, wie bei Marie-Angélique Diderot (1752-1824), die eine glänzende Tastenspielerin war und die Charles Burney auf seiner Reise durch Frankreich als eine der besten Flügelspielerinnen in ganz Paris bezeichnet hatte (vgl. Gersdorf). Bis auf wenige Ausnahmen spielten die großen Pianistinnen um 1800 ohne Honorar, rein aus Gefälligkeit. Das *Jahrbuch der Tonkunst von Wien und Prag* von 1796 enthält ein Verzeichnis der »Virtuosen und Dilettanten von Wien«. Unter den etwa 200 Namen befinden sich 76 Frauen; eine erstaunliche Zahl. Sie relativiert sich jedoch rasch bei der Einteilung in Virtuosinnen und Dilettantinnen. Nur vier Frauen gelten als Berufsmusikerinnen: neben Josepha Auernhammer und Maria Theresia Paradis eine Madame Bitzenberg und eine Therese Friberth.

Nannerl konnte keine »Berufs«-Künstlerin werden, ohne ihren bürgerlichen Stand zu verlassen. Ihr dilettierender Status bildete die Basis ihrer bürgerlich-weiblichen Existenz. Bei Paradis handelte es sich um den Sonderfall einer Blinden, deren Auftreten den Zuhörern und Zuschauern einen besonderen Reiz bescherte. Martinez wurde durch einen autoritären Ziehvater zwar musikalisch gefördert, aber an der Entfaltung ihres Talents zugleich gehindert. Einzig Auernhammer wollte durch das Konzertieren Geld verdienen. Sie plante dies jedoch nur so lange, wie sie durch ihren Vater finanziell abgesichert war. Diese Hinweise deuten alle darauf hin, daß es im 18. Jahrhundert für Instrumentalistinnen, die sich den höheren Schichten zurechneten, keinen festen professionellen Status gab. Das gleiche gilt übrigens für Schriftstellerinnen des 18. Jahrhunderts. »Es (handelt) sich bei ihnen noch nicht um eine professionell ausgeübte literarische Tätigkeit« (Möhrmann, 23). Es gab zwar vereinzelt Frauen, die Ende des 18. Jahrhunderts für Übersetzungen oder eigene Romane Geld nahmen wie z. B. Caroline von Beulwitz oder Dorothea Veit, doch standen schon die Zeitgenossen parat, um »Ruhmsucht und Eitelkeit«, die schriftstellernden Frauen eigen seien, zu geißeln (Frevert, 39).

Allmählich erhielt der Konzertsolist, der das In- und Ausland bereiste, eine Aura, die über sein Spiel hinausdeutete. Eigenschaften wie herausragende Leistung, Kraft, Technik, Originalität und geniale Ausstrahlung machten ihn für den beruflich um Anerkennung kämpfenden männlichen Bürger zum Vorbild und Identifikationsobjekt zugleich. Beethoven wurde zum Prototyp des gottähnlichen Schöpfers ernannt, später versetzten Konzertvirtuosen wie Paganini oder Liszt die Massen in Hysterie. Auch hier hatten Frauen von vornherein schlechtere Chancen. Das heißt aber nicht, daß es sie nicht gab.

14. Leopold, Wolfgang und die Frauen

Sicherlich haben Leopold – neben den subjektiven Lebenserfahrungen – auch die literarischen und philosophischen Strömungen seiner Zeit beeinflußt, die sich teilweise widersprechen. Traditionalistische und aufklärerisch-naturrechtliche Ideen stehen Mitte des 18. Jahrhunderts unvermittelt nebeneinander. Das naturrechtliche Denken geht davon aus, daß jeder Mensch gleich geboren ist und gleiche Rechte genießen sollte. Konsequent zu Ende gedacht, hätte das bedeutet, daß das männliche Selbstverständnis, das auf der Überzeugung von der natürlichen und gottgegebenen männlichen Dominanz fußte, bedroht war. Andererseits hatte die lange patriarchale Tradition, wie sie uns in den Texten von der Antike über die Renaissance bis hin zur Hausväterliteratur des 17. und 18. Jahrhunderts begegnet, einen unangefochtenen Stellenwert.

Leopold besaß beides: eine hohe Achtung vor der Tradition und eine wache Aufgeschlossenheit dem Neuen gegenüber. Dies gilt insbesondere für seine Auffassung von der Rolle von Mann und Frau im familiären Gefüge. Die Ehe mit Maria Anna kann als glücklich bezeichnet werden. Durch ihren niedrigeren Bildungsstand bedingt bestand ein Gefälle, das Maria Anna anerkannte und niemals anzweifelte. Er konnte führen und wurde dennoch von ihr verehrt und geachtet. Sie verstand es mit ihrem ausgleichend-humorvollen Ton, die Stimmung in der Familie auch in schwierigen Situationen zu wahren. Ihr gegenüber sind Leopolds Briefe nüchtern und zuweilen belehrend-kritisch gehalten; dennoch klingt eine gegenseitige Zuneigung an. Leopold forderte von Wolfgang, die Mutter zu achten, und ihr Tod erschütterte den Ehemann tief.

In den Familienbriefen werden Konturen seines allgemeinen Frauenbildes sichtbar, das bei aller Komplexität eine gewisse Geradlinigkeit besaß. Mehrmals umreißt er ein Idealbild der Eigenschaften, die er an Frauen besonders schätzte: Sauberkeit, Erfahrung in der Haushaltsführung, Freundlichkeit und Anstand. Als er mutmaßte, ob der Bruder Joseph Haydns, Johann Michael Haydn, sich verloben würde, beschrieb er eine der in Betracht kommenden Frauen:

»Die älteste ist die Jungfrau Teres: eine saubere Person, von mittlerer Grösse, wohl bey Leib, weiss von der Farbe und hat die schönsten Zähne, die man sehen kann. Was ich beobachtet, so verstehet sie das Hauswesen gründlich, und alles geht durch ihre Hände, indem die Mutter den Strumpfverkauf im Gewelb besorget. Sie ist ungemein höflich, freundlich, und, mit einer gewissen wohlanständigen Art, lustig. Kurz, sie hat uns allen sehr wohl gefallen ... Glauben Sie nicht etwa gar, daß ich selbst in sie verliebt bin? bei einem Haare! Ich rathe es dem Herrn Haydn einmal nicht, daß er sie nach Salzburg bringt« – (29. 11. 1767).

An Margarethe Marchand, die er ein paar Jahre lang in Gesang und Klavierspiel unterrichtete, würdigte er deren »Überlegung und Verstand. Wird aber auch überall gelobt und geschätzt, und macht durch ihre moralische gute Aufführung ihren Eltern Vergnügen und nicht den mindesten Verdruß« (9. 3. 1787). Verstand und Moral waren Werte, die bei Leopold hohes Ansehen genossen – auch bei Frauen. Entsprechend verhält es sich mit der Verantwortung gegenüber den Eltern. Einen ähnlichen Eindruck hatte er von einer jungen Frau in München, die »braun,

Nannerls engste Freundin, Katharina »Katherl« Gilowsky

schwarzaugend, sehr eingezogen, und voller Belesenheit und Vernunft ist, die übrigens keinen Umgang von Schmirbern (= Scharwenzlern) um sich leidet, und sehr höflich und angenehm ist« (16. 12. 1774). Die Mischung aus Belesenheit, Verstand und zugleich Bescheidenheit behagte ihm sehr.

Am Beispiel von Nannerls Freundin Katherl Gilowsky, die Leopold mehr als einmal kritisierte, wird das gegenteilige Frauenbild sichtbar. Er schildert sie als leichtsinnig, verschwenderisch und faul. Den ganzen Tag verbringe sie damit, andere zu besuchen und zu »schmarotzen«; sie würde »die Arbeit fliehen wie eine ansteckende Krankheit« und zerrissene oder schmutzige Kleidung tragen. »Sie ist ein ehrliches Mädl, aber der Narr in allen Gassen und mit allen Kaufmannsdienern, Studenten etc: wie ein Budl, und der Mann wird ihr nicht genug Geld geben können, weil sie solches nicht regieren kann« (27. 8. 1778).

Seine Abneigung beruhte auf den in der damaligen Zeit vorhandenen Bestrebungen gegen »liederliche und sorglose Frauen«. In erster Linie mußte eine Frau den Haushalt gut verwalten können – daran hielt Leopold eisern fest. Dennoch ist ihm anzumerken, daß der Einfluß Gottscheds und anderer rationalistischer Aufklärer nicht wirkungslos geblieben war, hielt er doch ein gewisses Maß an Bildung für wertvoll. »Das Ideal der aimable ignorante, des anmutig-unwissenden, empfindsamen weiblichen Geschöpfs, bestimmt, lediglich dem Manne zu gefallen, das Rousseau für die Mädchenerziehung entwirft, hat sich keine Wochenschrift zu eigen gemacht« (Martens, 532) – auch nicht Leopold.

Die Diskussion über eine Ausbildung für Mädchen, die im Laufe des 18. Jahrhunderts in einem begrenzten Maße gutgeheißen wurde, war Leopold nicht entgangen. Er sah dies als eine Investition in eine spätere gute Partie und empfahl seiner verheirateten Tochter, dafür zu sorgen, daß ihre Stieftochter Nähen, Haubenheften und Weißzeugarbeit lernt, beim guten Kochen zuschaut und nicht immer »verliebtes Zeug« vom Dienstpersonal hört. Sie sollte sich weder mit »groben Bauerntrampeln« noch mit »verliebten närrischen Stuten« umgeben, weil sie »bäuerische Reden und Sitten« erlernen könnte. Beides war ihm ein Greuel: daß ein Mädchen sich vom »gemeinen Volk« beeinflussen ließ oder daß es sich in ein »empfindsames« Wesen verwandelte. Keine übertriebene Gefühlsduselei also, dafür aber Anlehnung an die »noblere Art« des Adels. Um dies zu betonen, war ihm kein Ausdruck drastisch genug:

»Sie (Nannerls Stieftochter) möchte ein wenig nachdenken, ob sie glauben kann, daß ein Frauenzimmer bey dieser Zeit gefallen kann, die sich nur allein den Dienstmägden gleich zu bilden trachtet, und sich nicht durch noblere Art zu unterscheiden bemühet ist. Alle junge Leute, die dermal, so wohl bey uns, als in Österreich angestellt sind, unterscheiden sich ganz ausnehmend, in Sitten, Anstand, Betragen und Witz, von den vorigen Zeiten und Gewohnheiten: solche Leute kommen zu Ämtern, und suchen sich eine artige Frau, – eine Frau, die ausser der Wirtschaft Anstand, und edles Betragen hat … Mit etlich 1000 florin und einem Küchenfetzen um den Leib, das Hennenfutter in der Hand hübsch herum geschmiert, mag sie freylich wohl einen altväterlichen 70jährigen Mann bekommen, der, wie ein Bär mit offener lachenden fürchterlich-freundlichen Goschen mit ihr den Brauttanz macht. Hat sie aber andere einem Fräulein anständige Eigenschaften auch dabey; dann kann sie sich Hoffnung zu einem artigen jungen, edlen Mann machen; sonst gewiss nicht!« (25. 11. 1785)

Bei Frauen, die er verehrte, schwang er sich durchaus zu Komplimenten auf, beispielsweise bei der Gattin seines Vermieters und Kreditgebers, Maria Theresia Hagenauer. »Madame! Man muß nicht immer an Mannspersonen schreiben, sondern sich auch des schönen und andächtigen Geschlechts erinnern« (1. 2. 1764). Es ist ein kavalierhafter Ton, bei dem eine gewisse Verlegenheit anklingt. Obgleich Leopold zuweilen eine gewisse Schüchternheit an den Tag legte, hat dies jedoch nichts mit Prüderie gemein. Es erstaunt heute, wie offen im 18. Jahrhundert Körperfunktionen delikater Art oder sexuelle Anspielungen benannt werden. So schrieb er dem Buchdrucker Lotter spaßhaft: »(Ich) werde mich an meine liebe Frau Lotterin wenden, und sie bitten, daß sie Ihnen so lange die gewisse nächtliche Diversion untersagen sollte, bis ein paar Bögen (= der Violinschule) gesetzt sind« (4. 10. 1755). Er sprach Wolfgang gegenüber von seinen »zwei Zwetschgenkernen«, die durch die holprige Postkutsche in Gefahr gerieten, gequetscht zu werden (11. 11. 1780). Als Nannerl in St. Gilgen kränkelte, korrespondierte er mit ihr unter der Deckbezeichnung »ordinarypost« über ihre Menses.

Prüde war Leopold nicht, doch besaß er strenge moralische Prinzipien, die er Nannerl vermittelt haben wird. Es machte ihm nichts aus, daß die Familie auf einer geplanten Reise zusammen in einem Zimmer schlief. An Wolfgang schrieb er: »Ich und deine Schwester können in der Alkove schlafen, und du heraus. Man kann ja doch auch wohnen wie Zigeuner und Soldaten: das ist uns eben ja nichts Neues ...« (11. 1. 1781). Andererseits war es ihm peinlich, daß Nannerls Stiefsohn Wolfgang Berchtold im gleichen Zimmer wie die Magd schlief:

»Der Wolfgang wird im Sommer die schönste Gelegenheit gehabt haben, eure vorige bey der Hitze und vom Trinken noch mehr erhitzte Köchin halb nackend liegend zu sehen, wenn er bey der Nacht oder gegen Tag, da es im Sommer frühe hell ist, etwa aufs Nachtgeschirr gehen musste, oder, wie es geschieht, gar aufgestanden und, um zu trinken, in die Küche gegangen. Der Vorwitz junger Leute ist in solchem Falle unbeschreiblich gross« (1. 10. 1785).

Selbst wenn er der Ansicht war, der Junge sei 13 oder 14 Jahre alt (er war erst elf), durften Kinder ab drei Jahren nach der damaligen Salzburger Sittenordnung nicht mit dem anderen Geschlecht in einem Bett oder in einem Raum zusammen schlafen – dies ist ein auffälliger Kontrast zu der sonstigen Offenheit in sexuellen Dingen. Aufklärung: ja, sexuelle Verfehlungen: nein, lautet die Maxime dieser Zeit, wobei das Verhalten der Frauen schärfer kontrolliert wird, vor allem bei solchen der bürgerlichen Schicht. Als Maria Anna Thekla Mozart (das »Bäsle«), die Tochter seines Bruders Franz Aloys, ein uneheliches Kind bekam, nahm sich Leopold vor, ihr einen »höllischen Brief« nach Augsburg zu schreiben, verzichtete aber auf eine moralische Verdammung. Der Sarkasmus überwog: er verübelte seiner Nichte, daß sie die Geschenke, die sie von ihrem Liebhaber erhielt, als solche ihres Onkels ausgab (21. 2. 1785). Er sah wohl in ihr ein nur wenig gebildetes Mädchen, das sich dem unteren Stand zugehörig fühlte und daher mit weniger strengem Maß gemessen wurde.

Dies würde auch den unverblümt sexuellen Tonfall Wolfgangs in seinen Briefen an sie erklären.

Wenn Verfehlungen den bürgerlichen Stand betrafen, wurden sie von Leopold weitaus schärfer geahndet. Wiederholt verurteilte er Frauen, die aktiv um Männer warben oder mit ihnen flirteten: »Man sagt, die Amann Antonnerl sei verreist. Die bucklige Gesellschafterin wird ihr wohl neidisch sein, denn beide suchten wie ein paar Spürhunde die Mannsbilder auf« (24. 11. 1785). Über einen Vater, der es duldete, daß seine Tochter die Mätresse eines hohen Herrn wurde, empörte er sich: »Ein Vater der seine Tochter aus Interesse so hinwirft, ist verabscheuungswürdig, und wie kann man auf seine Freundschaft bauen, da er sein eigenes Blut dem Eigennutzen aufopfert, und seine Ehre dadurch in einem ganzen Lande und auch in benachbarten Ländern in die Schanz schlägt« (25./26. 2. 1778). Ebenso hart verurteilte er die Schwägerin seines Kollegen Michael Haydn, Maria Judith Lipp, die ein Kind vom Konzertmeister Brunetti erwartete. Haydn hatte sie bei sich aufgenommen. Unter dem öffentlichen Druck mußte er sie vor der Entbindung zu ihrem Vater heimschicken. Leopold äußert sich mit Abscheu, ja fast mit Ekel vom »schmutzigsten Zusammenhang« und bezeichnet Maria Lipp abschätzig als »das Mensch«, was in diesem Zusammenhang im Sinne von »Dirne« gemeint ist (11. 6. 1778). Er teilte erbarmungslos die Schärfe der allgemeinen Verachtung. Wer so streng dachte, hätte die eigene Tochter bei einem »Fehltritt« moralisch in Grund und Boden verurteilt: Nannerls Jungfräulichkeit bis ins vierte Lebensjahrzehnt hinein hängt auch mit dieser Einstellung des Vaters zusammen.

Mit seinem Sohn ging Leopold anders um. Ihm gegenüber entwickelte er das Schreckbild sirenenhafter Frauen, die nur darauf warteten, ihn zu betören und ins Verderben zu schicken: »Frauenzimmer die ihre Versorgung suchen, stellen jungen Leuten von grossem Talent erstaunlich nach, um sie ums Geld zu bringen, oder gar in ihre Falle und zum Manne zu bekommen. Gott und deine wachtbare Vernunft wird dich bewahren. – Das würde wohl mein Tod sein!« (29. 1. 1778) Er wollte Wolfgang den Kontakt zum anderen Geschlecht nicht generell untersagen, hatte aber Angst davor, daß dieser sich zu früh binden und dadurch seine Karriere gefährden könnte. Er warnte ihn vor Paris: man müsse sich bemühen, den Gefahren auszuweichen und dürfe sich nicht zu familiär geben.

Beim »Frauenzimmer … braucht es die grösste Zurückhaltung und alle Vernunft, da die Natur selbst unser Feind ist, und wer da zur nötigen Zurückhaltung nicht aller seiner Vernunft aufbiethet, wird sie alsdann umsonst anstrengen sich aus dem Labyrinth herauszuhelfen; ein Unglück, das sich meistens erst mit dem Todt endet. Wie blind man aber oft durch anfangs nichts zu bedeuten habende Scherze, Schmeicheleyen, Spässe etc. anlaufen kann, darüber sich die nach der Hand erwachende Vernunft schämt, magst du vielleicht selbst schon ein wenig erfahren haben; ich will dir keinen Vorwurf machen« (5. 2. 1778).

Seine tiefe Angst vor einer Falle, die Frauen dem unbedarften Sohn stellen könnten, muß ihm wieder in den Sinn gekommen sein, als Wolfgang aus Wien von seinen Heiratsplänen schrieb; sie erklärt teilweise seinen anhaltenden Widerstand.

Es gab in Wolfgangs Leben einen Zeitraum, in dem er und sein Vater wie gleichberechtigte Partner über Frauen scherzten. Als Wolfgang Ende 1780 nach München zur Einstudierung und Uraufführung des *Idomeneo* fuhr, machte ihn der Auftrag glücklich. Die zeitweilige Trennung von Salzburg, die vielfältigen Möglichkeiten, die ihm München bot und das Bewußtsein seines Könnens übertrugen sich auf sein Verhältnis zum Vater. Der Ton ist entspannt und locker. Beide scherzten halb verlegen, halb spaßhaft. So schrieb Leopold:

»An meinem Namenstag kam Madame Maresquelle (eine Tänzerin der Truppe Schikaneder, die im Tanzmeisterhaus verkehrte) mir glückzuwünschen, sie sagte ihr französisches Compliment und unter demselben neigte sie immer ihre rechten blattermasichten Backen gegen mein Gesicht. Ich dachte an nichts und verstand keinen Teufel, endlich kam sie so nahe, daß meine Dummheit erwachte, und ich merkte, daß ich die Gnade geniessen sollte, sie darauf zu küssen, ich tats unter der grössten Verlegenheit, und im Augenblicke wand sie auch den linken her, da musst ich nun auch diesen küssen. Geschwind sahe ich mich im Spiegel, denn ich empfands, daß ich mich so schämte, so wie ich mich schämte als ich in meiner Jugend einem Frauenzimmer den ersten Kuß gab, oder wie mich die Frauen in Amsterdam nach dem Ball zum Küssen zwangen« (4. 12. 1780).

Wolfgang griff den Tonfall auf: »Das Küssen müssen Sie sich schon ein wenig angewöhnen – üben Sie sich nur unterdessen immer mit der Maresquelle – denn – hier werden Sie so oft Sie zur Dorothea Wendling kommen wo alles noch halb französisch Fuß ist Mutter und Tochter embrassieren müssen – aber NB: auf das Kinn – damit der Schmink nicht blau wird –« (7. 2. 1780).

Für Leopold waren anderer Leute Liebesgeschichten eine Quelle der Schadenfreude:

»Der alte geheime Rat Amann wird heiraten – er geht in das 70te Jahr. – und wen denn? – Die Cammerjungfer von der Gräfin von Wallis. Die junge rueschlende (= oberflächliche) Böhmin. – Stelle dir vor, wie alles lacht. Und stelle dir vor was alles seine Herr Söhne für Gesichter machen« (22. 1. 1781). »Noch etwas Neues! – – ein 61jähriger Hochzeiter, aber nicht ich und eine 19jährige Braut. Und wer denn? – Der dicke Hofmarschall Graf Lodron wird die Comtesse Louise Lodron, die beim Graf Arco ist, heiraten. Wir bekommen also eine Clavierspielerin und Liebhaberin und der Erzbischof einen Kapitalhirschen mehr ins Land« (2. 12. 1780).

Leopold rechnete also damit, daß die junge Frau ihrem alternden Gatten Hörner aufsetzen, ihn also betrügen würde. Wolfgang antwortete prompt: »Wegen der lieben, jungen, schönen, geschickten, vernünftigen Frl. Louise Lodron ist mir sehr leid daß sie einem solchen Wanst zuteile wird« (5. 12. 1780).

Wolfgangs Verhältnis zu Frauen war insgesamt unbefangener als das seines Vaters. Er liebte ihre Gesellschaft und flirtete gerne: »Wenn ich die alle heiraten müsste, mit den ich gespasst habe, so müsste ich leicht 200 Frauen haben« (25. 7. 1781). Klein von Statur sah er im Gegensatz zu Nannerl, die als Schönheit galt, eher unscheinbar aus und trug pockennarbige Spuren im Gesicht. Daher wußte er, daß er am ehesten die Aufmerksamkeit von Frauen erringen konnte, wenn er auf sie zuging, seine Lebhaftigkeit einsetzte, mit ihnen spaßte, aber auch ernsthaft konversierte. Von der Pubertät an war er in Schwärmereien verwickelt, und Nannerl wurde oft beauftragt, Postillon d'amour zu spielen und verschwiegen zu sein.

»Ich sage dir Dank, du weisst schon für was« (21. 11. 1772). »Meine liebe Schwester, ich bitte dich vergesse nicht vor deiner Abreise dein Versprechen zu halten, das ist, den bewußten Besuch abzustatten – – – – denn ich habe meine Ursachen. Ich bitte dich, dort meine Empfehlung auszurichten – – aber auf das Nachdrücklichste – – – und zärtlichste – – – und – – oh – ich darf mich ja nicht so bekümmern, ich kenne ja meine Schwester, die Zärtlichkeit ist ihr ja eigen, ich weiß gewiss daß sie ihr Mögliches tun wird, um mir ein Vergnügen zu erweisen, und aus Interesse – – – – ein wenig boshaft – – – – wir wollen uns in München darüber zanken. Lebe wohl« (28. 12. 1774).

Obwohl Nannerl mit der Wahl seiner Angebeteten nicht immer einverstanden war, ließ sich Wolfgang nicht hineinreden. Schon als Sechzehnjähriger zeigte er in einem spaßhaften Schreiben an die Schwester, daß er etwas vom gängigen Frauenbild verstand, indem er die Vernunft als zweitrangig bezeichnete: »Ich hoffe, meine Königin, du wirst ... von deinen wichtigen und dringenden Gedanken – welche allzeit aus der schönsten und sichersten Vernunft herkommen, die du nebst deiner Schönheit besitzest, obwohl in so zarten Jahren und bei einem Frauenzimmer fast nichts von Obengesagten verlangt wird, du, O Königin, auf solche Art besitzest, dass du die Mannspersonen, ja sogar die Greise beschämest – mir etliche davon aufopfern« (14. 8. 1773).

Mozartforscher bescheinigen Wolfgang zuweilen Versagen im täglichen Umgang mit dem anderen Geschlecht: »Seine Erlebnisse mit Frauen sind eine Kette von Unzulänglichkeiten und neue Beweise, daß er auch auf diesem Gebiet mit dem Leben nicht fertig wurde« (Einstein, 73). Wolfgang ging jedoch unverkrampft, fast modern mit dem anderen Geschlecht um. Ob seine Berichte über die Erfahrungen mit Frauen immer stimmten, sei dahingestellt, beispielsweise wenn er dem Vater bezeugt, daß er noch nie mit Huren etwas zu tun hatte. In seinen Briefen an die Kusine erging er sich in Doppeldeutigkeiten. »Ach mein Arsch brennt mich wie Feuer! was muß das nicht bedeuten!« (5. 11. 1777) »Nu, also, diesen Gefallen werden Sie mir tun; – – warum nicht? – – warum sollen Sie mirs nicht tun? – – warum nicht, curios! ich tue Ihnens ja auch, wenn Sie wollen, warum nicht? – votre – – afin, tout ce que vous me permettez de baiser« (13. 11. 1777). »Ja mein liebes Violoncellchen! So geht und steht es auf der Welt, einer hat den Beutel, und der andere hat das Geld . . .« (10. 5. 1779): Die Vorstellung des weiblichen Körpers als Violine oder Violoncello, auf dem der Mann geigt, hat eine lange Tradition. »Meine Schwester gibt Ihnen tausend cousinische Küsse, und der Vetter gibt Ihnen das was er Ihnen nicht geben darf«, ist ebenfalls zweideutig (10. 5. 1779).

Wolfgang wußte genau, wie sein Vater über Frauen dachte, und verstand es meisterhaft, dessen Vorbehalte rechtzeitig zu parieren. »Die Natur spricht in mir so laut, wie in jedem andern, und vielleicht lauter als in manchem großen, starken Lümmel.« Deswegen wollte er heiraten. Er setzte auf die Karte seiner Ungeschicklichkeit im Alltag, die dem Vater nur allzugut bekannt war: »Ich der von Jugend auf niemals gewohnt war auf meine Sachen, was Wäsche, Kleidung und etc. anbelangt, Acht zu haben – kann mir nichts Nötigeres denken als eine Frau –« (15. 12. 1781). Wenn er Constanze lobte, hob er geschickt die Eigenschaften her-

vor, die Leopold genehm sein mußten. Sie sei nett und reinlich gekleidet, nicht zum Aufwand geneigt, frisiere sich selbst, verstehe
die Hauswirtschaft, besitze Witz und Verstand, um ihre Pflichten
als eine Frau und Mutter erfüllen zu können, sowie das beste
Herz von der Welt – »sagen Sie mir ob ich mir eine bessere Frau
wünschen könnte?« (15. 12. 1781).

Seine Eheschließung verübelt ihm mancher Biograph so sehr,
daß sich der Blick für die wahren Verhältnisse trübt. Es ist die Rede vom »verhängnisvollen Tag der Hochzeit« und der »ganzen
unseligen Geschichte von Mozarts Heirat« (Einstein, 80), wobei
die zahlreichen Zeugnisse von Wolfgangs Zuneigung verdrängt
werden. Zweifelsohne war die sinnliche Attraktion groß, wie
einige Beispiele zeigen: »Wie kannst Du denn glauben, ja nur
vermuten, daß ich Dich vergessen hätte? – Wie würde mir das
möglich sein? – Für diese Vermutung sollst Du gleich die erste
Nacht einen derben Schilling auf Deinen liebensküssenswürdi-
gen Aerschgen haben, zähle nur darauf«, schreibt Wolfgang von
unterwegs (19. 5. 1789). Die folgenden Zeilen wurden von Nissen, Constanzes späterem Mann, gestrichen, später auf photogra-
phischem Weg mit zwei Ausnahmen entziffert und ergänzt:

»Richte dein liebes schönstes Nest recht sauber her, denn mein
Bübderl verdient es in der Tat, er hat sich recht gut aufgeführt
und wünscht sich nichts als dein schönstes [...] zu besitzen, stelle
dir den Spitzbuben vor, dieweil ich so schreibe schleicht er sich
auf den Tisch und ⟨zeigt⟩ mir mit ⟨Fragen⟩ ich aber nicht faul
⟨geb⟩ ihm einen derben Nasenstüber – der ⟨Bursch⟩ ist aber nur
[...] jetzt brennt ⟨auch⟩ der Schlingel noch mehr und läßt sich
fast nicht bändigen« (23. 5. 1789).

Wolfgang war um erotische Assoziationen nicht verlegen. Constanze stellte für ihn eine Mischung aus der angebeteten Aloisia
und dem Bäsle dar; er orientierte sich im realen Leben nicht an
der verhängnisvollen Teilung in »Hure« und »Heilige«, sondern
er fand beides in seiner Frau vereinigt. Er beteiligte Constanze
auch an geschäftlichen Angelegenheiten, und seine Briefe ver-

raten, daß er sie als Gesprächspartnerin schätzte. Auch musikalisch besaß sie mehr Kenntnisse, als die Mozart-Forschung allgemein wahrhaben will. Wie läßt sich aber erklären, daß Wolfgang freizügig mit dem Bäsle flirtete, aber ganz und gar kleinlich reagierte, wenn sich seine Ehefrau in der Öffentlichkeit nicht so verhielt, wie er es wünschte?

»Nur wünschte ich daß Du Dich bisweilen nicht so gemein machen möchtest – mit N. N. machst Du mir zu freye … ein Frauenzimmer muß sich immer in Respekt erhalten – sonst kömmt sie in das Gerede der Leute – meine Liebe! – Verzeihe mir daß ich so aufrichtig bin, alleine meine Ruhe erheischt es sowohl als unsre beiderseitige Glückseligkeit – erinnere Dich nur daß Du mir einmal selbst eingestanden hast, daß Du zu nachgebend seyst – Du kennst die Folgen davon – erinnere Dich auch des Versprechens welches Du mir tatst – O Gott! – versuche es nur, meine Liebe! – sei lustig und vergnügt und gefällig mit mir – quäle Dich und mich nicht mit unnötiger Eifersucht – habe Vertrauen in meine Liebe, Du hast ja doch Beweise davon!« (B/D IV, 96 f.)

Durch solche Zeilen erhielt »eine klatschsüchtige Biographik« (Langegger, 105) Nahrung für ihre Vermutung, Constanze sei ein Flittchen. Die Namen wurden später unkenntlich gemacht, wahrscheinlich durch die Witwe. Es spricht allerdings nichts für eine ernste Mißstimmung. Wäre ein wirklicher Treuebruch geschehen, hätte Constanze wohl die Briefe vernichtet, wie sie es mit Leopolds Briefen vor der Eheschließung tat, die zweifelsohne vieles enthielten, was die Familie Weber beleidigte.

Dennoch gab es Konflikte. Florian Langegger reiht zwanzig Zitate aus Briefen von 1789 bis 1791 aneinander, in denen Wolfgang seine Frau immer wieder ermahnt. Er bat sie, auf ihre Gesundheit zu achten, nicht alleine spazierenzugehen, nur kurz zu baden, nicht das Casino zu besuchen und keine großen Spaziergänge zu machen. »Mozart übernahm Fürsorge, Verantwortung und Entscheidungen für das Leben Constanzes, ganz wie der

Vater mit ihm verfahren war. In gewissem Sinn war er darin noch mehr mit dem Vater identifiziert als früher, indem er jetzt nämlich völlig dessen Rolle spielte. Er wachte eifersüchtig und fürchtete um seine andere Hälfte, wie der Vater stets um ihn gebangt hatte. Man kann Constanze begreifen, daß sie sich ihm entzog« (Langegger, 121). Der Autor entwickelt die These einer unbewußten Selbstidentifikation mit dem Vater. In seiner Zurechtweisung Constanzes ahmte Wolfgang die Maßregelung nach, die ihm selbst durch den Vater widerfahren war.

Diese übertriebene Gängelei war dadurch begründet, daß das Flirten bei Frauen zu den Verhaltensweisen gehörte, die das Bürgertum scharf ablehnte. Das wird an Wolfgangs Ermahnungen deutlich, die er an seine Braut richtet: »Fühlen Sie – haben Sie Gefühl – so weiss ich gewiss daß ich heute noch ruhig werde sagen können, die Constanze ist die tugendhafte, ehrliebende – vernünftige und getreue Geliebte des rechtschaffenen und für sie wohldenkenden Mozart« (29. 4. 1782). Tugend und Treue galten in jenen Jahrzehnten als die bevorzugten Eigenschaften der bürgerlichen Frau. Im Adel spielte dagegen die persönliche Wahl bei der Heirat eine nur geringe Rolle, und die außereheliche Befriedigung wurde großgeschrieben. Karl Ditters von Dittersdorf schildert in seinen Memoiren, wie er in Berlin die Freundin des Königs Friedrich Wilhelm II., Madame Rietz, traf, die ihm umgehend ihre beiden Kinder vorstellte: »›Das ist meine Tochter‹, sagte sie sogleich, ›die ich vom König habe‹, die Gräfin von der Mark; ›und dieser da ist mein Sohn, von meinem Manne‹« (Dittersdorf, 252). Das Bürgertum war bestrebt, sich von den erotischen Gepflogenheiten des Adels abzusetzen, und lehnte solche Doppeldeutigkeiten ab. Wolfgangs Verhalten wäre somit als die übertriebene Sorge um bürgerliche Etikette zu verstehen.

Gelegentlich wird behauptet (und in Spielfilmen wie *Amadeus* unterstrichen), daß Wolfgang keinen Sinn für Standesunterschiede hatte und alle Menschen unbefangen und unzeremoniell behandelte (Dent/Valentin 1956, 10). Das ist nur bedingt richtig.

Er strebte danach, dem oberen Bürgerstand anzugehören. Dessen Verhaltenskodex war jedoch im letzten Drittel des 18. Jahrhunderts ebenso unklar definiert wie das Bild, das der Bürger von seiner Frau zeichnete. Das vermeintliche Flirten seiner Frau berührte sein Selbstwertgefühl und verunsicherte ihn, so daß er übertrieben empfindlich reagierte. Er beschwor Constanze, »nicht allein auf Deine und meine Ehre in deinen Betragen Rücksicht zu nehmen, sondern auch auf den Schein« (16. 4. 1789). Damit stellte er den äußerlichen Ruf über das reale Verhalten – die Wahrung seiner sozialen Stellung hatte Vorrang. Die männlich-bürgerliche Ehre baute im 18. Jahrhundert auf die Sittsamkeit der Frau. Wie sehr Wolfgang den guten Leumund der Frau achtete, zeigt seine Bemerkung über Aloisia Weber, in die er sich verliebt hatte und deren Vorzüge er dem Vater gegenüber pries: »Sie steht hier im Ruf wie meine Schwester in Salzburg wegen ihrer guten Aufführung« (Schenk 1983, 297). Als seine Verlobte Constanze bei einem Pfänderspiel ihre Waden zeigte, war es wieder in erster Linie die Sorge um das soziale Ansehen, die ihn plagte:

»Das tut kein Frauenzimmer welches auf Ehre hält. – Die Maxime in der Kompagnie mitzumachen ist ganz gut. – Dabei muß man aber viele Nebensachen betrachten. – Ob es lauter gute Freunde und Bekannte beisammen sind? – Ob ich ein Kind oder schon ein Mädchen zum heiraten bin – besonders aber ob ich eine versprochene Braut bin? Hauptsächlich aber ob lauter Leute meines gleichen, oder niedrigere als ich – besonders aber vornehmere als ich – dabei sind? Wenn es sich wirklich die Baronin selbst hat tun lassen, so ist es ganz was anders, weil sie schon eine übertragene Frau – die unmöglich mehr reizen kann – ist. – Und überhaupt eine Liebhaberin vom Et caetera ist. – Ich hoffe nicht, liebste Freundin, daß Sie jemals so ein Leben führen wollten, wie sie, wenn Sie auch nicht meine Frau sein wollen. – Wenn Sie schon dem Triebe mitzumachen – obwohl das Mitmachen einer Mannsperson nicht allzeit gutsteht, desto weniger einem Frauenzimmer –: konnten Sie aber unmöglich widerstehen, so hätten Sie im Gottes Namen das Band genommen, und sich selbst die Waden gemessen; so wie es noch alle Frauenzimmer von Ehre in meiner Gegenwart in dergleichen Fälle getan haben ...« (29. 4. 1782).

Wolfgangs umständliche, geschraubt klingende Ratschläge zeigen das Dilemma an. Constanze durfte keinesfalls ins Vulgäre abfallen, da das sein Standesbewußtsein bedrohte. Andererseits durfte sie es der Baronin nicht nachtun, die zwar als Vertreterin der Oberschicht in vielem vorbildlich war, wegen ihres Hanges zum lockeren Lebenswandel aber kein Vorbild abgeben durfte. Eine schwierige Gratwanderung für Constanze, die weniger rigide als Nannerl und Wolfgang erzogen worden war und darum diese übertriebene Vorsicht nicht kannte.

Herrschaft reizte Wolfgang wenig: Er hatte es nicht nötig, sein Selbstwertgefühl mittels einer patriarchalen Attitüde zu stärken. Mehr als die gesellschaftliche Macht interessierte ihn die kulturelle Überformung des Menschen mit allen ihren Folgen. Er war modern denkenden Frauen gegenüber zeitlebens aufgeschlossen. So wie er sich für humanistische Ziele und für die Eigenständigkeit des Bürgertums einsetzte, war er ebenfalls bereit, Frauen zu fördern. Ohne Kritik oder gar Häme berichtet er über seine Schülerin Josepha Auernhammer, die nach Paris ziehen und dort als Pianistin leben wollte. Er unterrichtete eine Zeitlang die Tochter des Herzogs von Guines, der aus ihr eine Komponistin machen wollte, wenn auch ohne sonderlichen Erfolg (14. 5. 1778). Und er unterstützte seine Schwester in ihren Kompositionsversuchen und riet ihr, nach Wien überzusiedeln und in adligen Kreisen zu unterrichten. Männer, die sich von ihren Frauen dominieren ließen, verachtete er allerdings, wie den Vater Josephas, über den er schrieb:

»Seine Frau, die dümmste und närrischste Schwätzerin von der Welt, hat die Hosen, so daß wenn sie spricht, er sich kein Wort zu sagen trauet; er hat mich, da wir öfters zusammen spazieren gegangen gebeten, ich möchte in seiner Frauen Gegenwart nichts sagen, daß wir einen Fiaker genommen, oder Bier getrunken haben. – Nun, zu so einem Mann kann ich unmöglich Vertrauen haben; er ist mir in Betracht seiner Haushaltung zu unbedeutend« (22. 8. 1781).

Eine Betrachtung von Wolfgangs Beziehung zu Frauen wäre unvollständig ohne einen Blick auf seine Opern. Begreift man Musik, wie alle Künste, als einen aktiven Prozeß der Auseinandersetzung des Komponisten mit der Natur, der Welt und der Gesellschaft allgemein, leuchtet ein, daß zu der Beschreibung und Verarbeitung eigener Erfahrungen, Hoffnungen und Utopien auch das Verhältnis der Geschlechter zueinander gehört.

Die Künste konnten sich von der Entwicklung der Geschlechterrollen nicht fernhalten. Die männliche Vorrangstellung setzte nicht erst im 18. Jahrhundert ein, sondern entstammt einer langen Tradition, obwohl es immer wieder Versuche gab, die Frau als dem Mann ebenbürtig anzuerkennen (vgl. Engel u. a. 2004). Infolge ökonomischer Veränderungen wurden Frauen bereits vom 16. Jahrhundert an aus dem wirtschaftlichen Sektor verdrängt und in persönlicher, politischer, rechtlicher und finanzieller Hinsicht unter männliche Obhut gestellt – des Vaters, Ehemanns oder Bruders. Mit der Festigung bürgerlicher Strukturen erhielt das Geschlechterverhältnis jedoch eine verschärfte Akzentuierung, indem menschliche Wesensarten auf Mann und Frau aufgeteilt und als etwas Naturgegebenes ausgegeben wurden. In Universitäten, in der Literatur, in der Politik übertraf man sich darin, geschlechtsspezifisch definierte Eigenarten, die als eine Art äußeres Etikett angeheftet worden waren, statt dessen als »innere Natur« zu verstehen. Das Gefühl, männlich oder weiblich zu sein, sollte sich schon im Vorfeld unbewußt mit bestimmten Eigenschaften verbinden. Die Frau galt als passiv, statisch, nachgiebig und untergeben, der Mann als aktiv, dynamisch, nach außen strebend und dominant.

Mozarts Opern zeigen, wie er an der deutenden Darstellung dieses Geschlechterverhältnisses beteiligt war. Er nahm an der

Gestaltung der Libretti lebhaft Anteil, wie der Briefwechsel mit seinem Vater beim Komponieren von *Die Entführung aus dem Serail* verrät. Aber nicht nur im Text, auch musikalisch gestaltet er Charakter und Wesensart seiner Frauen- und Männerfiguren, stattet sie mit spezifischer Färbung aus. Während die Probleme mit seinem Vater ihn durchaus zur Auseinandersetzung reizten, wie der Vater-Sohn-Konflikt in *Idomeneo* sowie die Gestalt Sarastros zeigen, gibt es – außer in der Idealisierung seiner Frau in der Figur Constanzes der *Entführung* – keine Hinweise darauf, daß er eigene Erfahrungen mit Frauen unmittelbar verarbeitete. Eine solche unmittelbare Widerspiegelung war auch nicht nötig, handelte es sich bei ihm doch um einen ausgezeichneten Beobachter seiner Mitmenschen sowie der kulturellen und gesellschaftlichen Normen seiner Zeit.

Seine Frauentypen entstammen teils der italienischen Tradition, teils sind sie dem Zeitgeist abgeschaut. Bereits in *Idomeneo* präsentiert er mit der eifersüchtigen Elektra und der reinen, opferbereiten Ilia Vorformen des polarisierten Frauenbildes der »femme fatale« und der »femme fragile«, das im 19. Jahrhundert zum kulturellen Muster par excellence werden sollte. Zugleich aber setzt er sich als erklärter Bewunderer Englands für den neuen aufgeklärten Frauentyp ein, wie Blondes Worte aus *Die Entführung aus dem Serail* verraten, die den Türken Osmin belehrt, daß Mädchen keine Waren zum Schenken sind. »Ich bin eine Engländerin, zur Freiheit geboren und trotze jedem, der mich zu etwas zwingen will! [. . .] Sind eure Weiber ⟨in der Türkei⟩ solche Närrinnen, sich von euch unterjochen zu lassen, desto schlimmer für sie; in Europa verstehen sie das Ding besser.« Dieser wichtige Dialog wird in den Tonaufnahmen meist gestrichen. Selbst den Typus der Zofe ⟨Susanne, Blonde⟩ stattet er mit einem aufgeklärten Naturell aus.

Die Trennung in einen männlich repräsentativen, der Öffentlichkeit zugeordneten Bereich und in eine weiblich-private, der Liebe und dem Mann huldigende Sphäre war in seiner Zeit üblich und wurde von Schikaneder für *Die Zauberflöte* umgesetzt. Mozart stellt sich auf die Seite des Männerbündischen, was durch seine Erfahrungen mit den Freimaurern vertieft wurde. So verhält er sich in seinen beiden deutschen Singspielen bürgerkonform, indem er den edlen Abenteurer zum Protagonisten erhebt, der Moral und Ethik erlernt und dafür eine Frau gewinnt. Diese ist schön, tugendhaft, aber sie muß – wie in den Dramen und Romanen der Zeit – zum Ergötzen des Publikums Schlimmes erleiden. Sie darf keinesfalls eigene Wünsche äußern, sonst wird sie bestraft.

In der Lösung von starren Charakterbildern, wie sie die frühere italienische Oper vermittelte, sah Wolfgang eine Möglichkeit, das Bürgertum zu gewinnen. *Die Zauberflöte* war ein ideales Singspiel, weil es – wie in der *Entführung* – den weißen männlichen Bürger in den Mittelpunkt allen Geschehens positioniert. Die Königin der Nacht ist zwar den heldenhaften oder intriganten Frauengestalten der antiken Mythologie oder Geschichte entlehnt, stellt aber zugleich eine Vorläuferin der »femme fatale« dar. Sarastro ist kein durch seine Herkunft legitimierter Herrscher (wie das in Monarchien der Fall ist), sondern aufgrund seiner charakterlichen Qualitäten zum göttlichen Weisen erhoben. Selbst der Prinz Tamino muß seine Qualitäten durch eine Prüfung beweisen. Das kam dem damaligen Großbürgertum sowie den Aufsteigern aus dem Kleinbürgertum entgegen, für die das Leistungsdenken Vorrang vor ererbten Lorbeeren besaß. Da Frauen von jeglichem ökonomischen Einfluß ausgeschlossen waren, kamen sie als Herrscherinnen nicht in Betracht. Sarastro nennt die Königin der Nacht verächtlich ein »böses« und »stolzes« Weib, das sich »groß zu sein dünkt«. Da Stolz mit Selbstbewußtsein einhergeht, mußte eine solche Frau verdammt werden.

Anders sieht es mit der Gestalt Paminas aus, die dem Typus der Reinen zuzuordnen ist. Es ist bezeichnend, daß sich Tamino in ihr Bild (»Dies Bildnis ist bezaubernd schön«) und nicht in ihre reale Erscheinung verliebt: das in der Literatur und Kunst des Bürgertums gängige Verfahren, sich an der tugendhaft-reinen Frau in immer neuen Phantasien zu ergötzen, wird hier musikalisch umgesetzt. Pamina steht am Beginn einer langen Reihe leidender Opernheroinen, denen man später bei Verdi, Wagner, Puccini und anderen begegnet, und an deren Qualen sich das Opernpublikum bis heute weidet. Weil sie durch und für den Mann lebt, ist sie unfähig, ihn anzugreifen, und verfällt statt dessen trüben Selbstmordgedanken: »Sterben will ich, weil der Mann, den ich nimmermehr kann hassen, seine Traute kann verlassen.« Da diese »guten« Frauen als Liebesobjekte zu fungieren haben, spielt sich auch ihr ganzes Erleben im Bereich der Liebe ab. Tamino hat hingegen äußere Proben zu bestehen; Gewissenskonflikte kennt er nicht. Pamina muß wählen zwischen der Vergewaltigung durch Monostatos, der Ermordung Sarastros (wozu die Mutter sie drängt) oder dem Tod der Mutter (Monostatos droht, die Mutter umzubringen, wenn sie ihm nicht gefügig ist). Anstatt sich zu wehren, plant sie einen Selbstmord. Das macht sie zum Inbegriff der bürgerlichen Modellfrau, denn für zwei Dinge wäre sie zu sterben bereit: für die Bewahrung ihrer Tugend sowie für ihre Liebe zum Mann. Von Tamino getrennt, ist ihr Körper durch Schändung bedroht, sie wird erpreßt, gefangengehalten und fast in den Selbstmord getrieben. Anstatt sich zu wehren, nähert sie sich Sarastro, der sie geraubt hat, ehrerbietig und bezeichnet sich als »Verbrecherin«. Daß sie mit den musikalisch schönsten Partien der Oper ausgestattet wird, steht in keinem Widerspruch dazu: Die Idealisierung der Frau bei gleichzeitiger Erniedrigung ist ein bekanntes Kulturphänomen, das auch hier effektvoll angewandt wird (Rieger 1983, Grotjahn, Zech).

Mozarts Musik, die die Schwarz-Weiß-Malerei nicht aufgreift, sondern die selbst an der bösesten Gestalt humane Elemente entdeckt, täuscht nicht darüber hinweg, daß hier dem Bürgertum Leitbilder für seinen Übergang von der feudalen zur neuen Ordnung geliefert werden, insbesondere was die Aufspaltung des Frauenbildes betrifft. Das erstarkende Bürgertum nahm auch *Die*

Hochzeit des Figaro freudig auf. Daß Mozart mit der Wahl dieses Stoffes eine Kritik am Verhalten des Adels formuliert, steht nur scheinbar im Widerspruch dazu, daß der Graf und die Gräfin als Identifikationsfiguren für die Zuschauer galten. (Der hölzern wirkende Figaro eignet sich kaum als Vorbild für den männlichen Zuschauer.) Die Musik deutet die gesellschaftliche Macht des Grafen und die moralische Stärke seiner Frau als zwei selbstverständliche Seiten einer Medaille an (vgl. Lauener, Rieger 1987). Während die Eigenschaften der Frau als in ihrem Wesen verankert erscheinen, agiert der Graf als erotisch aktiver, willensstarker und kämpferischer Protagonist. Er ist es, der entscheiden, verurteilen und handeln kann; seiner Gattin als der gesellschaftlich Unterlegenen bleibt nur die List und das Versteckspiel.

Nicht nur der Graf bekommt von der Melodieführung aufstrebende Skalen zugewiesen, sondern auch Figaro. Beiden ist eine »männliche Grundsubstanz« eigen (Lauener, 51). Die Grundmotive stehen für sich allein, sie fließen nicht wie die weiblichen ineinander über. Die Musik wirkt dadurch kernhafter und härter. Obwohl Graf Almaviva mehrmals gefoppt wird, ist seine Partie grandios angelegt. Ihm steht, verglichen mit Figaro oder gar den Frauen, eine weit größere Palette an Ausdrucksmöglichkeiten zur Verfügung, die sich im abrupten dynamischen Wechsel, auffälligen Kontrasten und einem dämonischen Gestus manifestiert (vgl. auch Schmid 1996, 298).

Der geringere Handlungsspielraum der Frau wird nicht nur durch ihre räumliche Beschränkung auf das Haus dargestellt, sondern ebenso durch den beherrschteren Umgang mit den seelischen »Innenräumen«. Sie benötigt ein höheres Maß an Affektkontrolle als der Mann. Während der Graf dem jungen Cherubin wütend den Tod wünscht und somit maßlos reagiert, beklagt sie die Eifersucht ihres Mannes, anstatt sich gegen seine ungerechten Anschuldigungen zu wehren. »Liebe und Treue, das ist für Susanna und die Gräfin untrennbar, ja, identisch« (Natosevic, 297). Nicht zufällig schleudert der Graf Todeswünsche hinaus, während seine Frau – wie übrigens auch Pamina – lieber sterben möchte, und das, obwohl sie schuldlos ist. Es kennzeichnet die Tugendsame, zugefügtes Unrecht gegen das eigene Ich zu richten und es nicht dem eigentlichen Aggressor heimzuzahlen. Zu letzterem ist sie unfähig, weil ihre Identität über den Ehemann definiert ist: die Gräfin »bangt nicht um ihre eigene Treue, sondern um die ihres Gatten« (Natosevic, 299). Während der Graf erotische Abenteuer benötigt, um sein Selbstwertgefühl zu speisen, lebt die Gräfin für und durch den Mann. Sie leidet darunter, daß ihr die Liebe des Grafen entzogen wird, und daß er ihr als Mittelpunkt ihres Lebens entgleitet. Ihr Leiden ist somit echt, denn der Entzug der gräflichen Zuneigung bedroht ihre Daseinsgrundlage, und ihr Wunsch, zu sterben, wenn er ihr untreu wird, hat nichts mit einer vordergründigen Eifersucht zu tun. Damit wird deutlich, daß Mozart nicht den erotisch freizügigen Adel meint, wenn er sich mit der Gräfin befaßt, sondern sie zu einer bürgerlichen Identifikationsfigur macht.

Die weich fließende, rhythmisch gleichmäßige und meist fallende Melodielinie, die für die Gräfin typisch ist, fehlt bei Susanna. Sie hat einen größeren Spielraum, darf frecher und direkter sein. Bedenkt man, daß sie Figaro ungestraft ohrfeigt, wird deutlich, daß hier ein Kind der Unterschicht gezeichnet wird. Dennoch darf auch sie keine eigenen erotischen Wünsche äußern. Sie ist zwar geistig beweglich, ehrlich, keck und sinnlich, doch in der Liebe auf den künftigen Ehemann zentriert.

Die Militärarie Nr. 9 »Non più andrai« (»Nun vergiß leises Fleh'n«), in der Figaro den eleganten Aristokraten Cherubin verspottet, stellt die soldatische Männerwelt der Welt der Liebe gegenüber. Musikalisch wird Cherubins Schwanken zwischen den Welten deutlich. Die »mädchenhafte Farbe« und die »Federbüsche« seiner Kopfbedeckung, die er im Schloß trägt, werden mit huschenden Violinläufen beschrieben. Das Soldatenleben wird durch Pauken und Trompeten, einen punktierten Militärrhythmus und Fanfarenmotive in der Singstimme ausgemalt, und das

Militärisch-Soldatische trägt schließlich den Sieg davon. Den heroischen All'armi Ruf mit dem aufsteigenden Dreiklang hat Erich Schenk als zur Opernfrühzeit zugehörig nachgewiesen, und er erinnert an die »Parallelsetzung des Sieges in marte et in venere« (Mars und Venus) (Schenk 1941, 123). Damit deutet er an, daß der militärische Sieg für die männliche Psyche ein ähnliches Vergnügen darstellt wie die erotische Bezwingung der Frau. Bedenkt man zudem, daß der Soldatendrill im 18. Jahrhundert nahezu zu einer wissenschaftlichen Technik verfeinert, sein Nutzen also für die Ausprägung der männlichen Psyche erkannt wurde, deutet diese Arie über das rein Unterhaltende hinaus auf ein neues Ritual der Männlichkeit hin.

So problematisch es wäre, musikalische Darstellungen mit der gesellschaftlichen Realität unmittelbar gleichzusetzen, so sind doch Affinitäten vorhanden. *Die Hochzeit des Figaro* bietet ein Psychogramm der bürgerlichen Charakterstruktur, wie sie sich im 18. Jahrhundert zu entwickeln begann und Mann und Frau bis in die Gegenwart prägt. Vorgeführt wird das Bild eines Mannes, der gesellschaftlich überlegen ist, aber große Energie aufbringen muß, um seine Macht gegenüber Konkurrenten abzusichern, und sich außerdem durch amouröse Abenteuer von seiner vermeintlichen Überlegenheit zwanghaft überzeugen muß. Die Frau kann sich dagegen der »psychischen« Macht versichern, d. h., sie entwickelt und nutzt eine differenzierte seelische Palette an Eigenschaften, um wenigstens im Gefühlsbereich »herrschend« zu sein.

Lehren uns diese Opernanalysen etwas über Wolfgangs Verhältnis zu seiner Schwester? Unmittelbar nur wenig – aber dennoch einiges sowohl über die Zeit, in der Nannerl lebte und dachte, als auch über die Spielräume, in denen sie sich bewegte. Sie kannte *Die Entführung aus dem Serail* und *Idomeneo* – immerhin zwei wichtige Opern Wolfgangs, die eine eindeutige Frauen-Typisierung enthalten. Während für sie die Pflicht über die Liebe zu herrschen hatte, beanspruchte ihr Bruder für sich das Recht auf eigene Lebensgestaltung. Er sah sich als ein Individuum, das die moralischen Prinzipien in sich fühlt und weniger der Gesellschaft verpflichtet ist.

Leopold besaß eine fest umrissene Vorstellung dessen, was für seine Tochter wünschenswert war, und da ein abweichendes Verhalten ihrerseits auch seinem Ruf geschadet hätte, ließ er ihr keine Wahl. Auch Wolfgang zog seine Grenzen, die von dem allgemeinen Frauenbild der Zeit vorgezeichnet waren. Hätte Nannerl diese überschritten, wäre sie vor brüderlichen Ermahnungen nicht gefeit gewesen.

15. Der Komponist als Mann und Bürger

»Nannerl scheint sich überhaupt nicht im Komponieren versucht zu haben« (Dent/Valentin 1956, 10). Dies wird oft behauptet, obwohl Wolfgang seine Schwester ermutigte, mit dem Komponieren fortzufahren (19. 5. und 7. 7. 1770). Die Unsicherheit in der Bewertung beruht auch daher, daß so gut wie keine Noten von ihr selbst überliefert sind. Warum eigentlich nicht?

Alles spricht dafür, daß Nannerl »das Zeug« gehabt hätte, um eine tüchtige Komponistin zu werden: gründliche Ausbildung, hohe Begabung, Fleiß. Doch fühlte sie sich nicht berufen, über einen relativ engen Rahmen hinaus kreativ zu werden. Das lag zum einen daran, daß das Komponieren noch als ein Handwerk galt, das es an den verschiedenen Höfen und wohlhabenden Städten zu vermarkten galt. Da Frauen mit ihrer Musik nicht Geld verdienen mußten, besaß das schöpferische Tun für sie einen nebensächlichen Anstrich.

Im Laufe des ausgehenden 18. und im beginnenden 19. Jahrhundert wurde das Komponieren mystifiziert und ein Schaffenskult getrieben, der mit Beethoven einen ersten Höhepunkt erfuhr. Die Wechselwirkung zwischen Erfahrung und künstlerischer Identität, die die Musik des Bürgertums im 18. und 19. Jahrhundert prägte, betraf jedoch nur das männliche Geschlecht.

Frauen wurden als unschöpferisch gebrandmarkt, wobei man übersah, daß ihnen die Chancen zur Entfaltung ihrer Begabung von vornherein versagt wurden.

In einer Untersuchung zur Entwicklung bedeutender Künstler wurden jüngst mehrere übereinstimmende Faktoren entdeckt. So entstammten sie alle Familien, die sie unterstützten und förderten, und sie zogen an größere Orte, wo sie ein breiteres Umfeld hatten. Sie benötigten etwa zehn Jahre intensiver Übung, um zur Meisterschaft zu gelangen, und weitere zehn Jahre, um den höchsten Reifegrad zu erreichen. Sie waren stark ichbezogen und brauchten ein Gegenüber (Menschen, Institutionen), das ihnen Anerkennung entgegenbrachte und mit dem sie in wechselseitige Beziehungen traten (Gardner, 36-51). Alle diese Punkte treffen auf Wolfgang zu. Wäre er nicht in eine so kunstsinnige und musikbegeisterte Stadt wie Wien gegangen, so hätte seine Entwicklung voraussichtlich stagniert, wenn auch auf hohem Niveau. »In Salzburg, ja das ist wahr, da hat es mich Mühe gekostet, und konnte mich fast nicht dazu (zur Arbeit) entschliessen, warum? – Weil mein Gemüt nicht vergnügt war« (6. 5. 1781). Sein durch eine anregende Umwelt »vergnügtes Gemüt« löste kreative Phasen der Konzentration und Verdichtung aus, worauf die entstandenen Werke eilig niedergeschrieben wurden. Wenn ihm das Komponieren Freude machte, schrieb er in vier Tagen nieder, wozu er sonst vierzehn Tage benötigte (6. 10. 1781).

Ein weiterer Punkt betrifft die Anerkennung. Wer privat zu Hause musizierte, konnte kaum Kraft aus einer positiven Reaktion der Umwelt schöpfen. Wolfgang ist beispielhaft für die enge Verzahnung von Schaffen und Wertschätzung. Er war bereit, ganze Sätze seiner Konzerte auszutauschen, wenn der Virtuose es verlangte, und war für jeden neuen Trend empfänglich, den er bei Bedarf aufgriff und verwertete. Selbst in den letzten Jahren seines Lebens, als die Publikumsreaktion nicht mehr seinen Vorstellungen entsprach, blieb sie der Maßstab seines Schaffens und beflügelte ihn stets von neuem.

Es gab aber noch ein Hindernis für Frauen, das über die oben geschilderten Hürden hinausgeht. Denn die bürgerliche Musikkultur diente auch der Konstruktion eines männlichen Selbst, der Herausbildung männlicher Subjektivität. Nannerls offensichtliches Desinteresse daran, der Umwelt ihren künstlerisch-kreativen Stempel aufzudrücken, hat tiefere Gründe, als gemeinhin bewußt ist. Die Frage, die in diesem Kapitel gestellt wird, heißt somit nicht: hätte Nannerl komponieren können? – dies ist angesichts ihrer Fähigkeiten ohnehin uneingeschränkt zu bejahen –, sondern sie muß eher lauten: hätte sie in ihrer Musik subjektives Erleben verarbeiten können, wie ihr Bruder es tat?

Wenn Musik »sprechen« kann, setzt das voraus, daß sie zu »verstehen« ist. Musik besitzt, wie andere Künste auch, eine Fülle von Bedeutungsebenen. Ein Musikwerk stellt ein mehrdimensionales Sinngefüge dar, das sich ästhetisch, emotional und strukturell deuten läßt. Je mehr es gelingt, diese Ebenen offenzulegen oder gar miteinander zu verknüpfen, um so reichhaltiger offenbart sich die Substanz der Musik und um so lohnender wird der Prozeß des Verstehens. In der musikwissenschaftlichen Diskussion haben sich konträre Meinungen verhärtet. Georg Knepler hat in seiner Mozart-Studie nachzuweisen versucht, daß sich Denkmuster der Aufklärung in Mozarts Musik finden, da er sich als mündiger, vorwärtsstrebender Bürger verstand. Er beschränkt seine Untersuchungen jedoch auf diese politische Dimension. Stefan Kunze billigt Mozarts Musik die Fähigkeit zu, »Empfindungen und Gefühle zu konstituieren, ja mehr noch, Bewegungsvorstellungen in ganzheitliche Erscheinungsbilder von agierenden Personen umzusetzen« (Kunze, 140), ohne dies aber zu konkretisieren. »Mozarts Reaktionen auf seine Lebensumstände und Seelenzustände, wie sie sich uns dokumentarisch darbieten, werden durch sein Werk nicht beleuchtet. Sie werden, im Gegenteil, und zwar mitunter von ihm selbst, unbewußt, aber systematisch, verdunkelt«, schreibt Wolfgang Hildesheimer (Hildesheimer, 8). Hans Dennerlein behauptet wiederum das genaue Gegenteil: »Mozarts künstlerisches Schaffen (ist) nicht von seinem privaten Erleben zu trennen … Erfahrungsgemäß lösen alle bedeutsamen Vorkommnisse bei Mozart einen künstlerischen Niederschlag aus« (Dennerlein, 243 f.).

Diese Widersprüche lösen sich auf, wenn man einen musikbezogenen mit einem hermeneutischen Ansatz verbindet. In der Musik des 18. Jahrhunderts verschwindet nämlich die Darstellung der Affekte, die bis dahin den musikalischen Ausdruck bestimmte, nicht spurlos, sondern sie prägt weiterhin das Hörverständnis, wenn auch in versteckter Form. Im letzten Drittel des 18. Jahrhunderts wird die musikalische Umsetzung der Affekte als altmodisch bezeichnet und von innen her aufgebrochen. Die Musik erhält eine bisher nie gekannte Beweglichkeit des Ausdrucks. Der Nachahmungsgedanke verliert ab 1750 an Bedeutung und wird durch das Ausdrucksprinzip abgelöst. Es war nun nicht mehr nötig, der Musik ein äußeres Etikett (traurig, wütend, leidenschaftlich u. a.) anzuheften, sondern sie wurde kraft ihres Ausdrucks verstanden. Dechiffrierte man früher einen Affekt mit Hilfe eines verästelten Regelwerks, konnten in der neuen Musik die musikalischen Muster aufgrund der eingeschliffenen Hörerfahrung ohne Umwege emotional verstanden werden. Sie zielten ins Herz, auf die »Rührung« in der Seele des Zuhörers. Mozart zeigt sich hier als ein entschiedener Neuerer.

Die Anreicherung der Erlebniswelt war für das erstarkende Bürgertum im 18. Jahrhundert ein wichtiger Faktor, um ein Individualitäts- und Selbstbewußtsein zu fördern. Die Sprache des Gefühls war in diesen Jahrzehnten ein Politikum, denn das Bürgertum wollte dem Adel, dessen Gefühlskultur repräsentative und formale Zwecke erfüllte, etwas entgegensetzen. Der Ausbau der Gefühlswelt sollte zwar alle Schranken zwischen den Menschen niederreißen, doch zugleich das Bürgertum als eigenständige und selbstbewußte Schicht bestätigen.

Musik als Medium bürgerlicher Emanzipation korrespondierte und experimentierte mit den neuen Bewegungen ihrer Zeit. Die

Erweiterungen des musikalischen Ausdrucks verliefen parallel zu den Veränderungen im Verhältnis von Mann und Frau. Die Ehefrau übernahm in der bürgerlichen Gesellschaft mit der Hausfrauentätigkeit nicht mehr wie früher einen Beruf, sondern sie erfüllte damit ihre »natürliche Bestimmung«. Sie war von der Natur zur Hausfrau berufen, ebenso wie es als »natürlich« hingestellt wurde, dem Mann beizustehen und sich ihm unterzuordnen. Der Mann mußte sich im Gegenzug als gesellschaftlich dominant legitimieren – auch in der Musik. War die »hohe« Musik in der Zeit kirchlicher Vorherrschaft eine Erscheinungsform männlicher Macht- und Geltungsansprüche, vertrat sie nun neben ihren repräsentativen Pflichten für Kirche und Adel zusätzlich männlich-bürgerliche Interessen. Als solche identifizierbar ist Musik, die zum einen die von Männern besetzten gesellschaftlichen Bereiche beschreibt (z. B. öffentlich-festliche Anlässe, die Verherrlichung Gottes bzw. weltlicher Herrscher, Schlachtengemälde, Soldaten- und Militärmusik), und zum anderen die als traditionell »männlich« bezeichneten Eigenschaften in den Vordergrund rückt (Abenteurertum, Siegesstimmung, Unternehmungsgeist, Selbstbewußtsein, Selbstbehauptung, Tapferkeit usw.).[40]

Wenn Geschlechterstereotypen an die Komposition herangetragen werden, ist Vorsicht angesagt, denn die Werke haben selbstverständlich ihren je eigenen historischen oder werkgenetischen Kontext (vgl. Knaus 2002). Wolfgang verstand es, seine Aussagen zu verschleiern, ebenso wie er es vermochte, textlichen Aussagen in der Oper durch seine Musik eine neue Nuance, eine tiefere Dimension hinzuzufügen. Eindimensionalität war nicht seine Sache. Unbestreitbar ist zugleich, daß seine menschliche und künstlerische Reifung nicht spurlos an seiner Musik vorbeigegangen ist und daß er sich mit ihrer Hilfe seelisch zu entlasten suchte. Persönlich Erlebtes verschmilzt mit der künstlerischen Verarbeitung, obgleich dies nicht immer linear aus der Musik abzuleiten ist.

Da das Komponieren im 18. Jahrhundert mit dem Beruf des

Kapellmeisters verwoben war, entfaltete sich die künstlerische Persönlichkeit unter handfesten materiellen Bedingungen. Der Komponist, der ohne höfische Anbindung von seiner Musik leben mußte, wandelte sich vom dienenden Hofmusikus zum selbstbewußten und selbstverantwortlichen Künstler. Da sein beruflicher Aufstieg vom künstlerischen Erfolg abhing, mußte er seine Kräfte mobilisieren und verfeinern, um immer wieder erneut die Zuhörerschaft zu fesseln. Es entstand ein komplexes Feld, in dem sich die Errichtung einer bürgerlichen Kultur dialektisch mit dem Ausbau der Persönlichkeit des jeweiligen Komponisten, so auch mit der Mozarts, vermengte.

Wolfgang war nie zufrieden mit dem, was er geschaffen hatte. Nannerl berichtete, daß er seine älteren Werke immer weniger leiden konnte, je mehr er Fortschritte machte. »Hinschmieren könnte ich freilich den ganzen Tag fort; aber so eine Sach kommt in die Welt hinaus, und da will ich halt daß ich mich nicht schämen darf, wenn mein Nam drauf steht«, schrieb er aus Paris (14. 2. 1778). Er war sich bewußt, daß er für sich allein einstehen mußte. Seine jeweiligen Vorbilder und sein Stil wechselten fast jeden Monat. Hochsensibel gegenüber den Bedürfnissen des Publikums bemühte er sich zu beweisen, daß alle Stile »machbar« und damit beherrschbar sind.

Mozart nahm die Herausforderung an, die die Zuhörer an den Komponisten stellen. Eine schier unerschöpfliche Inspiration verbindet sich mit einem starken Formwillen. Um Einfälle war er nie verlegen; diese reichhaltigen Ideen zu verarbeiten war eine andere, ernsthaftere Angelegenheit. Die Aussage »Überhaupt irrt man, wenn man denkt, daß mir meine Kunst so leicht geworden ist. Ich versichere Sie, lieber Freund, niemand hat so viel Mühe auf das Studium der Komposition verwendet als ich« (zit. b. Dennerlein, 295), offenbart die Mühe der Verarbeitung. Von früher Jugend an verfolgt er eng die Musik seiner Zeit. Er setzte sich in Mannheim und Paris mit der galanten Mode auseinander, in Wien studierte er den Bach- und Händel-Stil und bemühte sich

um den Kontrapunkt. Dies alles kostete ihn harte Arbeit und verband sich mit einem bewußten und geschulten Werkverstand.
Die eher unbewußte Inspiration ist ohne einen starken Gestal-
tungswillen nutzlos. Dieser erwächst jedoch aus den Notwendig-
keiten und Zwängen eines Lebens, und ist mit der Identität des
schaffenden Künstlers untrennbar verwurzelt.

Durch Wolfgangs Schaffen erhielt die zu seinen Lebzeiten ent-
stehende, eigenständige bürgerliche Kultur einen wichtigen Schub,
auf den die Meister des 19. Jahrhunderts später aufbauten. Seine
Musik verläßt die höfisch-galante Ebene des 18. und berührt bereits die subjektorientierte Expressivität des 19. Jahrhunderts. Er
durchlief Einstein zufolge in seinem sinfonischen Werk zwischen
1764 und 1788 eine Entwicklung »vom Dekorativen zum Expressiven, vom Äußerlichen zum Innerlichen, von der Festlichkeit
zum Bekenntnis« (Einstein, 233). So zutreffend dies zunächst erscheinen mag, entstehen dennoch Zweifel. Bereits in den frühen
Sinfonien sind schwärmerisch-romantische Elemente zu finden;
die Anlage zum Expressiven zeigt sich etwa in der Kantabilität
des Andante der Sinfonie KV 134 (1772). Die vier Sinfonien C-
Dur KV 200 sowie g-Moll KV 183 (beide Ende 1773), A-Dur
KV 201 (1774) und D-Dur KV 202 (Anfang 1774) verarbeiten
die Eindrücke, die Wolfgang von seinen drei Italienreisen und seinem Wiener Aufenthalt 1773 erhalten hatte. Das thematische
Material wird feiner verarbeitet, das Vorbild der galant-gefälli-
gen, mehr dem Formalen verpflichteten italienischen Sinfonie
weicht einer inneren Unruhe, gekoppelt mit einem selbstbewußten Grundzug, beispielsweise im 1. Satz der D-Dur-Sinfonie. Einstein modifiziert seine eigene These einer Entwicklung von der
Gesellschaftsmusik bis zum subjektiven Bekenntnis, wenn er in
der ersten Moll-Sinfonie KV 183 mit dem inneren Aufruhr des
Orchesters und den Synkopen zu Beginn, die das Klavierkonzert d-Moll KV 466 vorausahnen, den plötzlichen dynamischen
Kontrasten und den Geigentremoli etwas sieht, das »mit ganz per-
sönlichem leidvollem Erlebnis« zu tun hat (Einstein, 240).

In den drei Sinfonien G-, B- und C-Dur (KV 318, 319 und 338) wird ein weiterer Fortschritt in Richtung des späteren großen sinfonischen Stiles hörbar. Die individuellen Züge sind in den kantablen Seitenthemen unverkennbar, die den herkömmlichen Periodenbau durchbrechen und subjektives Erleben offenbaren.

Es lohnt sich, an dieser Stelle einen Blick auf Mozarts Klavierschaffen zu werfen. Hier kannte sich Nannerl genau aus, spielte sie doch seine Werke und unterhielt sich mit ihm darüber, bis das Gespräch in den letzten Jahren vor seinem Tod abriß. Hätte sich Nannerl ernsthaft dem Komponieren gewidmet, wären Klavierwerke sicherlich ein Schwerpunkt ihres Schaffens geworden. Aber es spricht noch etwas dafür, sich gerade mit diesem Bereich zu befassen. Die Sonaten, aber auch die Konzerte zählen zu den Werkgattungen, in denen Wolfgang in besonderem Maße mit Neuerungen aufwartete, seine persönliche Entwicklung also verarbeitete. Wie sehr das Klavier seinen seelischen Zustand wiedergibt, zeigt sich an den Schaffensschüben. Während der beiden Salzburger Jahre schrieb er kaum etwas für das Klavier. An die Stelle privater Musik treten Werke größeren Formats, wie es die dienstlichen Obliegenheiten erforderten. Die vielen kirchenmusikalischen Werke, die er in Salzburg schrieb, hatten mit seinem unmittelbaren Leben nicht viel zu tun. Er war dort nicht unglücklich, wurde aber in diesen Monaten nicht dazu stimuliert, Erlebnisse künstlerisch zu verarbeiten.

Die Klaviersonaten gehören nicht zu den Auftrags- und Gelegenheitskompositionen, sondern stellen meist private Schöpfungen dar. Zwischen den sogenannten Heimatsonaten KV 279-284, die 1774/5 in Salzburg entstanden, und den Reisesonaten KV 309, 311, 331-333, die auf der Mannheim-Paris-Reise bzw. 1783 geschrieben wurden, sind Unterschiede auszumachen. Die Heimatsonaten stellen eher das satztechnische oder virtuose Können als das subjektive Erleben zur Schau. Als Mozart Mannheim besuchte, stürzten neue Eindrücke auf ihn ein. Die Stadt bildete einen geistig-kulturellen Mittelpunkt. In diesen Jahrzehnten war bei den jungen Intellektuellen eine besondere Stärkung des bürgerlichen Bewußtseins spürbar. »Das Besondere der Empfindsamkeit ... war, daß die Aufmerksamkeit auf die seelischen Vorgänge im Innern des Menschen gelenkt wurde. Man beobachtete sich, horchte in sich hinein, zergliederte seine Gefühle und sprach sie aus« (Quabius, 23). Mozart wandelt sich merklich fern der strengen väterlichen Zucht, ohne die Zwangseinteilung der Tage und Stunden. Das blieb nicht folgenlos für sein Werkschaffen.

In Paris, wo sein Weg ihn anschließend hinführte, hatte er belastende Erlebnisse zu verkraften. Die Chancen, seine angebetete Aloisia bald zu sehen, standen schlecht. Er wußte nicht, ob sie ihn liebte; die Erinnerung an vergangenes Glück wird sich mit Sehnsucht, Angst und Unsicherheit vermengt haben. Unter dem Eindruck des Todes der Mutter, in Finanznöten, mit einem übermächtigen Vater im Hintergrund, der ihm die steigenden Schulden vorhielt, als Künstler, der im Ausland dringend nach Anerkennung suchte, völlig auf sich gestellt, verarbeitete er seine Sorgen und Hoffnungen mit Hilfe der Musik. Beides, sowohl die Aufbruchstimmung seiner Generation als auch die ihn persönlich belastende Situation, ist herauszuhören. Insbesondere seine Moll-Sonaten sind verräterisch. Im Mittelpunkt der West-Reise steht die a-Moll-Sonate KV 310, die in Paris geschrieben wurde. Bedenkt man, daß von den über sechshundert Werken Mozarts kaum drei Dutzend in Moll geschrieben sind, wird deutlich, daß größere seelische Eruptionen ihre Wahl bedingen.

Der pathetische Rhythmus des ersten Themas der Sonate KV 310 läßt den Unterhaltungscharakter der Heimatsonaten vergessen. Die eigentliche Überraschung enthält die Durchführung, in der Mozart das Thema in einer Sequenzkette verarbeitet, die scharfe Dissonanzen und kaum verhüllte Quintenparallelen aneinanderreiht und damit den Eindruck quälenden Schmerzes vermittelt. Das Andante, das zuweilen als eine Erinnerung an Aloisia interpretiert wird, ist von einer berückenden Süße, die in der Durchführung durch die Moll-Wendung jäh durchbrochen wird. Das Presto schließlich überrascht durch den streng dreistimmig durchgeführten Satz, der trotz eines kurz aufhellenden Mittelteils in A-Dur das Moll zum Ausdruck von Trauer und Vergeblichkeit macht.

Ein weiterer kompositorischer Sprung wird mit den Sonaten der Wiener Zeit vollzogen. Ob Mozart die Sonate KV 457 noch in Paris schrieb oder in Wien, erweist sich als nebensächlich. Entscheidend ist vielmehr, daß er eine neue Stufe der Expressivität erklimmt, die das Heroische und Tragische berührt. Schon die ersten vier Takte deuten die »Mannheimer Raketen« zu einem Thema von dramatischer Wucht um und führen direkt zu Beethoven:

Die Verwendung der Pausen, der Gebrauch der dynamischen Zeichen mit ihrem abrupten Wechsel sowie die zahlreichen verminderten Septakkorde verleihen der Sonate einen dramatisch-heroischen Charakter. Der dritte Satz bestätigt mit den abwärts geführten Kettensynkopen den Eindruck des Pessimistischen; doch werden sie von Akkordschlägen erwidert, die insgesamt sechsmal in das Geschehen einbrechen und Widerstand signalisieren. Mozart versteht es, die kraftvollen Passagen mit innig kantablen Themen zu kontrastieren. Damit erreicht er eine Einheitlichkeit, die seinem Formbestreben entgegenkommt. Dennerlein zeigt, wie Mozarts Themen und Kontrastthemen in dieser Sonate – über die Sätze hinweg – rhythmisch miteinander verwandt sind. Er spricht von dem »Pulsschlag der Grunderregung«, der in allen wesentlichen Themen festzustellen ist (Dennerlein, 203). Eine solche Vereinheitlichung deutet die Tendenz des Komponisten an, dem Werk seinen gestalterischen Willen aufzuprägen. Es sind nicht mehr die Gelegenheit oder der Auftraggeber, die das Werk bestimmen, sondern der Schöpfer stellt seine Erfahrungen und sein Erleben in den Mittelpunkt, verarbeitet und formt sie zu einer persönlichen Affektsprache, selbst dann, wenn es sich um ein Auftragswerk handelt.

Wolfgang hatte durch seinen Bruch mit der väterlichen Autorität, die Lösung aus dem Salzburger Dienstverhältnis und die Hinwendung zu Wien die Chance, seine künstlerischen und charakterlichen Anlagen auszubauen und zu festigen. Insbesondere die Werke ab 1784 wurden anspruchsvoller und komplexer. Er hatte den Ehrgeiz, das Beste vorzulegen. Seine selbständigen Entscheidungen erforderten Mut und Selbstvertrauen sowie eine ungebrochene Identität. Stets war er sich seines Standes bewußt. Die »Friseurbuben« und »der Pöbel« waren ebenso unterhalb seines Standes wie der Adel darüber. Er begriff die herrschende Schicht kritisch als eine, die nur durch ihre Geburt und nicht durch moralische Überlegenheit zum Führen legitimiert war. Dies gab ihm die Kraft, sich von überholten Strukturen zu trennen und etwas Eigenes aufzubauen. Er wußte, daß ihm der Abstieg drohte, wenn er nicht sein Bestes gab. Diese Erfahrungen wirken auf seine Musik ein, geben ihr eine persönliche Handschrift, lassen ihn in seiner Experimentierfreude und seinem Gestaltungsdrang bis zum Äußersten gehen.

Indem Mozart einerseits in die Klangwelt der Romantik vorstößt, andererseits die archaische Formsprache »salonfähig« und damit »bürgerfähig« macht, stellt er dem Bürgertum die gesamte Musikkultur zur Verfügung. Diese bezieht die Leidenschaft und die Lebensfreude ebenso ein wie das Leiden an der Welt: Freude, Triumph, heroisch-pathetische Selbstbefreiung sind ebenso enthalten wie Verzweiflung, Resignation oder das kämpferische Aufbäumen dagegen. Es blieb Beethoven vorbehalten, das bereitgestellte Material weiter zu konzentrieren, zuzuspitzen und so zu formen, daß er bis weit ins 20. Jahrhundert hinein zum Heros der Musikgeschichte stilisiert wurde (vgl. Bartsch et al). Daß der Bürger sich zum aktiven Gestalter der Musikkultur machte, hat somit entscheidende Auswirkungen auf die Musik selbst. Wolfgang war dies nicht bewußt, doch trug er dadurch, daß er den Durchbruch zu einer individuellen Gefühlskunst schaffte, zu einer Ausklammerung der weiblich-subjektiven Anteile bei. Das weibliche Prinzip ist in der Projektion vorhanden, nicht jedoch in Form einer von Frauen selbst erlebten und selbst gestalteten Kunstproduktion. In den zweiten Sätzen der Sonaten und Sinfonien wird die eigene Liebes- und Leidensfähigkeit entrollt und zum Thema gemacht. Hier findet die Auseinandersetzung mit dem anderen Geschlecht statt: die Beschreibung der Anmut und Schönheit der Frau, ihrer Zärtlichkeit und Sinnlichkeit, aber auch des dabei empfundenen Begehrens, des Schmerzes, der Trauer oder des Glücksgefühls des Mannes.

Alle von Mozart angewandten Mittel, z. B. die der Kontrastdramaturgie, die er so meisterhaft beherrschte, oder das Bestreben nach sinfonischer und thematischer Vereinheitlichung ganzer Sonaten- oder Sinfoniesätze, dienen letztlich dazu, das Musikwerk zu veredeln, seine Ausdruckskraft auf allen Ebenen zu erhöhen. Mozart beschäftigte sich ein Leben lang mit der Technik des Kontrapunktes und beherrschte sie bereits in frühen Werken, so im Menuett I der Cassation KV 63. Im Laufe seines Lebens gelang es ihm, die polyphone Satzkunst mit dem melodischen Stil zu verschmelzen. Es sei an die kontrapunktischen Verwebungen mit dem sinfonischen Prinzip erinnert, die im 1. Satz des Klavierkonzerts KV 503 zu hören sind. Das Rondo des Klavierkonzerts KV 459 enthält eine solche Vermengung ebenso wie das Finale der Jupiter-Sinfonie und des G-Dur-Streichquartetts KV 387. Die Verarbeitung kontrapunktischer und fugierter Elemente bedeutet – neben dem Ehrgeiz, alle Kompositionsmittel beherrschen zu können – auch die Übertragung eines alten Stils, der fast durchgehend dem Lobe Gottes diente, auf das männlich-bürgerliche Subjekt. Männlich deshalb, weil der Komponist sich selbst in den Mittelpunkt des Geschehens setzt und diese Subjektwerdung mit der schwierigsten Kompositionsweise verbindet. Es verwundert daher nicht, daß die kontrapunktische Meisterschaft in der Folgezeit als Qualitätskriterium für die musikwissenschaftliche Bewertung diente. Und es ist nur konsequent, daß Leopold keinerlei kontrapunktische Techniken für Nannerl vorsah – sie fehlen in ihrem Notenbuch.

In den zeitgenössischen Rezensionen gedruckter Werke, die zu Mozarts Lebzeiten publiziert wurden, findet sich ein rhetorischer roter Faden. Die Rezensenten gingen etwa nach 1760 dazu über, von einem »echten deutschen Stil« zu sprechen, obwohl sich dies in der Musik selbst nicht dingfest machen läßt. Zunächst bezogen sie diesen Begriff auf die kompositorische Technik, dies wurde aber rasch erweitert und umfaßte dann die Kategorien der Originalität und des Genialen (vgl. Morrow). Die Ausdruckskraft basierte nicht mehr auf Nachahmung, wie es in der Ästhetik des frühen 18. Jahrhunderts galt, als Musik den Gestus des Sprechens besitzen und insbesondere die Sprache der Seele nachahmen sollte. Mit der Umwandlung der bislang eher dekorativen, galanten und unterhaltenden Kunst in den Bereich des Originellen und Genialen wurden die neuen Grundlagen für die ästhetischen Theorien des 19. Jahrhunderts gelegt.

In den 70er und 80er Jahren des 18. Jahrhunderts, als Mozart seine wichtigsten Werke schrieb, ergaben sich entscheidende Veränderungen im musikalischen Diskurs. Die Mehrzahl der Rezensenten von Musikzeitschriften entfernte sich von den Vorstellungen der Aufklärung. Während sie bisher »die reine contrapunktische Schreibart«, den »reinen Satz« und die Befolgung strenger musikalischer Regeln zur Richtschnur ihrer Bewertung gemacht hatten, verlagerten sie nun die Bewertung auf den Komponisten selbst, der mit der Aura des Genialen bedacht wurde. Man brach mit der Vorstellung, daß Kunst die Natur nachahme und begann, den dahinterstehenden Schöpfer näher zu betrachten und zu idealisieren. Johann Abraham Peter Schulz kritisierte

Erstausgabe der Sonaten, op. 1. für Violine und Klavier von Nannerls Freundin »Gretl«, Margarethe Danzi, geb. Marchand

1787 Kollegen, die sich der alten Anschauung noch verpflichtet fühlten: man solle »nicht so sehr das Verdienst eines Werks nach der blossen Befolgung oder Nichtbefolgung der grammatischen Regeln des reinen Satzes« würdigen.

Frauen besaßen in diesem Umfeld wenig Chancen, sich einzugliedern. Man konnte eine Künstlerin nicht für ihre kompositorischen Fähigkeiten so idealisieren, wie man es mit einem Mann tat. Und noch ein Hindernis türmte sich auf: wie Mary Sue Morrow nachgewiesen hat, übertrug man gegen Ende des 18. Jahrhunderts die negativen Attribute, die zuvor der italienischen Musik angeheftet worden waren, nun auf Frauen. Während man bis dahin unter dem Etikett »Musik für Frauen« lediglich technisch leichtere Werke verstanden hatte, wurde sie von da an überhaupt als etwas abgewertet, »das dem großen Haufen gewöhnlicher Dilettanten und Damen Unterhaltung gewährt« (zit. b. Morrow, 188). Auffällig ist hierbei, daß die Rezensenten nicht benannten, was an der Musik schlecht sei, sondern sie abtaten, indem sie das Charakteristische daran mit dem Begriff des Weiblichen assoziierten.

Zu Nannerls Zeiten waren diese Zusammenhänge nicht sichtbar – sie werden ja heute noch häufig geleugnet. Nannerl konnte Musik »verstehen« insofern, als sie die Virtuosität, die klangliche Expressivität nachempfand und beim Spiel nachgestaltete. Die zugrundeliegenden Emotionen spürte sie auch – hatte sie doch ebenso wie Wolfgang Zugang zu allen seelischen Empfindungen wie Leid, Trauer, Glück. Der Prozeß der Selbstfindung, den Wolfgang gegen den väterlichen Willen durchfochten hatte, war ihr allerdings versperrt. Es gab für sie keine Möglichkeit, ihre Erlebnisse mit Hilfe von Phantasie und der Lust am Entdecken produktiv in Kunst umzusetzen und ihnen dadurch eine überpersönliche Bedeutung zu geben.

So zeigt sich, daß die Frage nach komponierenden Frauen in dieser Zeit anachronistisch gestellt wurde, da sie geprägt war durch den späteren Genie-Kult. Frauen waren nicht wie die Männer gezwungen, sich durch ihr Werk zu profilieren, Erfolg zu haben und berühmt zu werden. An der Formung der neuen Sprache, welche die persönliche Erfahrung einbezog, hatten sie keinen Anteil. Sie waren vom Komponieren nicht ausgeschlossen. Die Sonaten, die Josepha von Auernhammer, Margarethe Marchand oder Franziska Lebrun stechen ließen, wurden gekauft, gespielt und besprochen. Die Schauspielerin und Sängerin Corona Schröter (1751-1802) schrieb Lieder ebenso wie Luise Reichardt (1779-1826), die sich mit Gesangsunterricht in Hamburg Geld verdiente, und Maria Theresia von Paradis. Auch Margarethe Marchand komponierte. »Von der Gretl werde Sonaten mitbringen«, kündigte Leopold aus München an (15. 2. 1786). Drei Violin-Sonaten op. 1 wurden 1800 in München gedruckt. Ihre 1785 und 1786 veröffentlichten Klaviersonaten sind verschollen. In England veröffentlichte Jane Mary Guest (1765 - ca. 1814) sechs Sonaten op. 1 für Tasteninstrumente mit Violin- oder Flötenbegleitung. Die 1738 geborene Anna Bon schrieb Sonaten und Divertimenti, Isabella Charrière (1740-1805) neben Klavier- und Kammermusik sogar Opern, die bezeichnenderweise nie eine Aufführung erlebten und von denen nur noch Bruchstücke erhalten sind (möglicherweise wurden sie nie fertiggestellt). Es ließen sich weitere Künstlerinnen anführen.

Wie sehr sich Frauen aber als Außenseiterinnen sahen, zeigt das Beispiel der komponierenden Maria Theresia von Paradis. Als sie einen Text Gottfried A. Bürgers vertonte, schrieb sie ihm in schüchterner Ehrerbietung: »Wäre die Rede hierbei von gelehrten Abhandlungen …, so wäre es freilich naseweis für ein Mädchen, sich hinein zu mischen; allein wenn die Sprache von Einbildungskraft und Gefühl ist, so denke ich, dürfte das Mädchen wohl auch ein Wörtchen mitsprechen. Zwar hätte ich dieses Wörtchen zu Hause für mich sprechen können, ohne es in die Welt hinein zu schicken; aber was kann denn ich dazu, daß einige Musikfreunde mich so lange quälten, bis ich es herausgab?« (zit. b. Ebstein) Ein anderes Beispiel bietet der Fall der früh verstorbenen, hochbegabten Minna Brandes (1765-1788). Während sich das Werk bedeutender männlicher Komponisten nach ihrem Tod in den sich herausbildenden musikgeschichtlichen Diskurs einfügte und sie gar in den Musikkanon aufgenommen werden konnten, wurde im Falle Minnas lediglich ihre körperliche Schönheit herausgestellt und ihr Schaffen vergessen (Head, 274).

Mozart scheute sich nicht, Frauen in Komposition zu unterweisen. Dies paßt zu seiner offenen Haltung allen Künstlerinnen gegenüber. Während er sieben Klavierschüler und fünfzehn Schülerinnen unterrichtete, wendet sich im Fach Komposition jedoch das Blatt: fünfzehn männlichen Eleven standen einzig die Herzogin de Guines sowie Barbara Ployer gegenüber. Vielleicht hätte er mehr Schülerinnen angenommen, wenn sie nur gut bezahlt hätten, obwohl ihm das Unterrichten bei unbegabten Schülern und Schülerinnen nicht zusagte. In Paris verzweifelte er schier an der untalentierten Herzogin de Guines.

Während komponierenden Frauen der Charakter des Neben-

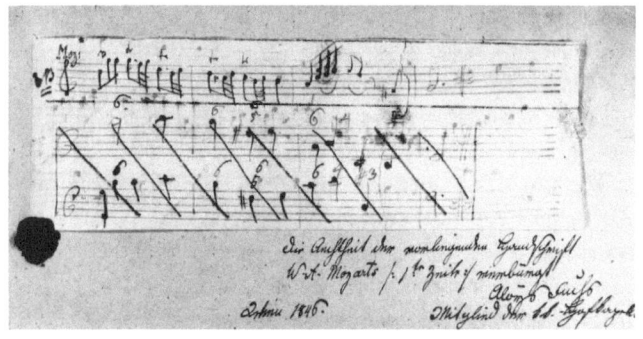

Ein Notenfragment mit Nannerls Handschrift. Wahrscheinlich handelt es sich um Tonsatzübungen. Die Melodiestimme ist von Leopold vorgegeben, Nannerl setzt zwei unterschiedliche Bässe hinzu und beziffert sie.

sächlichen ihres Tuns vermittelt wurde, wußten Männer sehr wohl um die zentrale Bedeutung ihres Schaffens. Wem es gelang, andere – ob mit einer Komposition, ob mit dem eigenen Spiel – auszustechen, der erntete Ruhm, Ehre und Geld. Das gleiche traf auf den Instrumentalvirtuosen zu. Karl Ditters von Dittersdorf beschreibt plastisch in seinen Memoiren, wie er mit seinem Geigenspiel einen Virtuosen aussticht: »Ich hatte Glück, den Lolli aus dem Sattel zu werfen« (Dittersdorf, 127). Den Konkurrenten zu schlagen war das erklärte Ziel. Hier hatten Frauen wenig zu suchen; ihr Harfen-, Glasharmonika- oder Klavierspiel sollte unterhalten und erfreuen, keinesfalls aber einen Konkurrenzdruck erzeugen. Das gleiche galt für ihre Kompositionen, was sich naturgemäß auf die Wahl des Genres und die Aussage des Stückes erstreckte.

Obwohl Nannerl das Rüstzeug zum Komponieren in einem bestimmten Rahmen besaß, war ihr zugleich wohlbewußt, daß das Komponieren für sie allenfalls eine Spielerei sein könnte. Einesteils hochqualifiziert und dadurch befähigt, sich ihren Lebensunterhalt zu verdienen, stand die neue bürgerliche Ideologie im Weg, die Frauen auf den Haushalt festlegte und das Musizieren

Rückseite des Notenblatts. Fragment eines Variationszyklus für Klavier, wahrscheinlich von Nannerl (die beiden unteren Systeme gehören zusammen)

zum Zeitvertreib und zur Unterhaltung vorsah. Diese Rahmenbedingungen waren nicht nur äußerlicher Art: die gefesselte Phantasie der Frau blieb für die Aufrechterhaltung des alltäglichen Lebens und somit für die bürgerliche Gesellschaft als Ganzes die unabdingbare Voraussetzung. Erst wenn man diesen theoretischen Unterbau erfaßt, werden die vielen warnenden Stimmen gegen eine Ausweitung der musikalischen Tätigkeit der Frau verständlich – es schwingt immer auch die Angst mit, dadurch in der eigenen Kreativität gestört zu werden. Die Kreativität des Mannes konnte sich nur auf Kosten der Frau ungestört entwickeln. Das führte zu den bekannten Strategien der Einengung auf kleinere, unterhaltende Werke, des entschuldigenden Tonfalls in den Vorworten von Notenausgaben, oder zum Rückzug ins Private. Frauen taten das nicht, weil sie sich unterdrückt fühlten oder gar weil sie unfähig zu Größerem waren, sondern weil sie die ihnen zugewiesene Rolle innerhalb einer fortwährend betonten Geschlechterdifferenz akzeptierten.

Mehrfach wurden im Zuge der Aufklärung, die doch eigentlich einen Sieg des Rationalen bedeutet, die Dinge verschleiert und vernebelt. Die Frauenrolle, die von bürgerlichen Frauen Einfalt und Unterordnung verlangte, galt als »natürlich«, was jeden Widerstand dagegen im Vorfeld verhinderte. Die Musik, die alle Menschen umfassen und ansprechen sollte, diente nebenher der Erstarkung der gesellschaftlichen Macht des Mannes. Nannerl hätte ähnliche Stücke wie ihre komponierenden Zeitgenossinnen schreiben können. Wahrscheinlich schien ihr die brüderliche Konkurrenz zu drückend, so daß sie es von vornherein unterließ. Im Koordinatensystem der geschlechterspezifischen Zuordnung wäre das Komponieren als unterhaltendes Beiwerk möglich gewesen, nicht aber als Lebensaufgabe und Lebensaussage. Obgleich diese Zusammenhänge ihr nicht bewußt sein konnten, nahm sie sie an und gestaltete ihr Leben danach. Sie wird daher keinerlei Drang gespürt haben, sich mit eigenen Musikwerken in der Öffentlichkeit zu profilieren.

16. Wer war Nannerl?

Kann man heutzutage überhaupt von einer in sich geschlossenen Ich-Identität sprechen? Das Thema des Subjekts ist derzeit im philosophischen und feuilletonistischen Diskurs Gegenstand von Kontroversen geworden. Für die historische Genderforschung ist die Diskussion, ob das Subjekt heute, im 21. Jahrhundert, noch Geltung beanspruchen kann, weniger wichtig als die Aufarbeitung dessen, was Männer und Frauen in früheren Jahrhunderten im Hinblick auf ihre Individuation empfanden, wie sie sich in die Gesellschaft eingliederten.

Nannerl Mozart entzieht sich dem Zugriff. Ihr Vater nennt sie »hitziger Natur, und mager« (16. 12. 1785), doch ist sie als eine eher behäbige, schwerfällige Person in die Geschichte eingegangen. Leopold zählte sie zu den besten Tastenspieler(inne)n der ganzen Welt. Sie litt unter der Bevorzugung Wolfgangs in der Öffentlichkeit, und kompensierte ihre Unterlegenheit, indem sie so spielte, daß alle von ihr sprachen und sie bewunderten. Dies tat der geschwisterlichen Freundschaft keinen Abbruch.

Sie glänzte noch als Erwachsene vor geladenen Gästen, komponierte und improvisierte gelegentlich und besaß so viel künstlerisches Selbstbewußtsein, um das Spielen auf einem schlechten

Instrument abzulehnen. Doch während Wolfgang bereits in frühen Jahren als Komponist gefeiert wurde, betonte man bei ihr lediglich die »Niedlichkeit«, »Genauigkeit« und »Präzision« der Virtuosin. Von der Ausbildung her hätte sie eine professionelle Pianistin werden können, blieb aber auf dem Status der gebildeten Dilettantin stehen.

Sie weinte sich die Augen aus, als Mutter und Sohn zu einer großen Reise aufbrachen, aber einige Tage später erschien sie als altes Mütterchen verkleidet auf einem Ball und foppte alle Bekannten.

Obwohl sie als eine Schönheit galt und Verehrer sie hofierten, hütete sie bis ins 34. Lebensjahr hinein ihre Jungfräulichkeit. Sie liebte einen angesehenen Junggesellen in Salzburg, doch ehelichte sie einen dreifachen Witwer, dessen Stiefkinder schwer zu ertragen waren. Sie ging auf väterlichen Wunsch eine Vernunftheirat ein und ließ zu, daß Leopold den erstgeborenen Sohn fern von ihr aufzog, doch schrieb sie nach seinem Tod von ihrem »innigst geliebten Mann« und erkrankte, als er starb.

Mit ihrer sorgfältigen Pflege der Familienkorrespondenz legte sie den Grundstein für die Mozart-Quellenforschung, indem sie 400 Briefe an Constanze übergab. Doch wurde sie mit ihren angeblichen negativen Zeilen über ihren Bruder, die nicht von ihr stammen, bis heute in ein falsches Licht gesetzt.

Ihre enge Bindung zur Kirche: das immer wiederkehrende Ritual des Gottesdienstes, die alte Botschaft von dem ergebenen Leben, war ihr eine Herzensangelegenheit. Der religiöse Trost war ihr gewiß ein Ausgleich für die fehlende Mitbestimmung im Leben, das andere für sie regelten. Die Religion hat sie nicht geknebelt, sondern ihr Kraft verliehen und mit ihren Lebensumständen versöhnt. Tugend, Vernunft und Glauben waren Begriffe, die sie von ihrem rationalistisch orientierten Vater übernahm und die sie in einer Zeit, die bereits anderen Werten nachging, bewahrte. Die andere Nannerl war die der Redouten, die die Geselligkeit liebte mit Kartenspiel, Tanz, Verkleidung und Bölzlschießen, die

gern reiste, leidenschaftlich gern das Theater aufsuchte, in Modefragen voranging, und für die zeitlebens die Liebe zur Musik, insbesondere zu der ihres Bruders, ein fester Pfeiler ihres Lebens
war.

Nannerls Leben verlief – abgesehen von der aufregenden Kindheit mit den Auslandsreisen – in geordneten Bahnen. Es gibt viele
Hinweise auf Zugriffe anderer: jeder für sich genommen eine Lap-
palie, doch gemeinsam bilden sie Facetten einer Vereinnahmung.
Schon in ihrer Kindheit wurden Kompositionen Wolfgangs in
ihr Notenbuch notiert. Leopold verzeichnete die Fortschritte
von Wolfgang und nicht ihre darin; später kritzelte der Bruder
Witzeleien in ihr Tagebuch. Auf der Wiener Reise 1767/68 unternahm Leopold alles, um einen Opernauftrag für Wolfgang zum
Erfolg zu bringen, während die begabte Sechzehnjährige in die
Bedeutungslosigkeit zurücksank und kaum mehr öffentlich konzertierte. Für Wolfgang bedeutete die Pubertät den Aufbruch in
neue Welten, für sie verhieß die Geschlechtsreife dagegen den
Stillstand.

Als Mutter und Bruder verreisten, gab sie ihr Erspartes her und
war dem Vater eine unersetzliche Haushaltsführerin, Vermittlerin
bei Konflikten, Musizierpartnerin und emotionale Stütze. Sie heiratete nach dem väterlichen Willen und verzichtete auf eine Karriere als Pianistin.

Während Wolfgang in die produktivste und reifste Phase seines
Komponierens eintrat und Klavierkonzerte, Streichquartette und
Opern schuf, die Weltruhm erreichten und noch heute als uner-
reicht gelten, plagte sich seine Schwester mit einem verstimmten,
feuchten Musikinstrument herum. Wolfgang, der eine Liebesheirat einging, genoß die feinsten Speisen und Getränke der Wiener
Aristokratie, ihm wurde applaudiert und man feierte ihn, er hatte
geistreiche Freunde und Bekannte und ein stimulierendes musikalisches Umfeld. Nannerl lebte dagegen in einem abgelegenen
Dorf ohne kulturelle Anregung, mit unartigen, vernachlässigten
und mangelhaft erzogenen Stiefkindern. Während Wolfgang in

die Geldnot abstürzte, sorgte Nannerl für die schulische Ausbildung ihrer Stiefsöhne.

Nicht Aufbegehren, sondern Einordnung war Nannerls Lebensmaxime, wobei sie ihr Verhalten innerlich bejahte. Sie definierte ihre Rolle innerhalb des Rahmens der Familienökonomie, niemals im Sinne einer künstlerischen Selbstverwirklichung. Ihr Empfindungsraum war ebenso beschnitten wie ihr Wohnraum. Im Bewußtsein dessen, was sein und nicht sein durfte, blieb sie eine in sich ruhende Frau, die vor allem auf ihre sexuelle Enthaltsamkeit, aber auch auf eine dienende Funktion für andere bedacht war. Nach dem Tod ihres Mannes fand sie eine Befriedigung darin, sich für ihren Bruder einzusetzen, indem sie ganz Salzburg nach Jugendwerken absuchte. Sie unterrichtete bis zu ihrem 76. Lebensjahr. Für andere tätig zu sein war ihr zeitlebens selbstverständlich. Mit der Wahrung des musikalischen Erbes Wolfgangs erhielt sie eine Aufgabe, die sie beglückte. Das Bild ihrer Persönlichkeit im hohen Alter zeigt mitnichten eine verbitterte, enttäuschte Greisin, sondern eine liebenswürdige alte Dame, die das treue Gedenken an den Bruder in Ehren hielt.

Während Wolfgang verschiedene Möglichkeiten besaß, um seine Ehre zu bewahren und zu stärken, war die Ehre Nannerls mit ihrer Tugend gekoppelt. Die absoluten Polarisierungen, die ihr auch ihre Religion vorgab und denen sie blind vertraute, zeichneten ihren gradlinigen Weg vor. Doch rieb sie sich nicht auf, es entstand kein Spannungsfeld, nichts deutet darauf hin, daß sie Leid nach innen wendete oder zu sublimieren trachtete.

Vielleicht liegt hier die Lösung der Frage, wie sie ihr Leben, das gewiß nicht auf eigenen Interessen oder Willensbekundungen fußte, bewältigte. Eine Reibungsfläche konnte gar nicht erst entstehen, da sich ihre charakterliche Disposition den Formen der Zeit angenähert hatte, indem sie die Selbstdisziplinierung als eigenes Handeln psychisch integrierte. Sie besaß keine »Persönlichkeit« – ein im Berufsleben gestähltes seelisches Gerüst, diese Mischung aus der Achtung anderer und der Selbstachtung –, sondern blieb die vom Vater modellierte Tochter, die seinen Vorstellungen entsprechend funktionierte. Mehr aus sich zu machen wurde nicht von ihr erwartet, und es hätte sie auch mit ihrer Rolle in Konflikt gebracht.

Nannerl – nur die Schwester eines Genies? Nie war sie mehr, nie wollte sie mehr sein. Die Sicherung der individuellen, der kulturellen und der sexuellen Identität von Mann und Frau in der zweiten Hälfte des 18. Jahrhunderts erweist sich als ein Schlüsselproblem der Zeit. Die Wandlung von äußerlichen Kontrollen in Selbstkontrollen, die das ausgehende 18. Jahrhundert so perfekt der Frau beizubringen verstand, tat ein übriges, um ihr zu vermitteln, ihr Leben fuße auf einem naturgemäßen Unterschied der Geschlechter. Auf der anderen Seite machte sich der Bürger auf, Musik umzugestalten. Frauen waren eingeladen, sie nachzuspielen, sie verloren aber den Anschluß an den Vorgang der Herstellung, des Komponierens. Da dieses Terrain nicht im Einklang mit der geschlechtsspezifischen Arbeitsteilung stand, blieb es zwangsläufig den männlichen Geschlechtsgenossen vorbehalten. Dadurch, daß dies als selbstverständlich und natürlich galt, wird der »Defizit-Charakter« relativiert, denn Nannerls Arbeit war ein Teil weiblicher Produktivität, zu der die Reproduktion der Familienangehörigen im ökonomischen, aber auch im zwischenmenschlichen Sinn gehörte. Sie trug dadurch zum »Überleben« bei und war somit ein ebenso unverzichtbarer Bestandteil im Leben und Schaffen ihrer männlichen Familienangehörigen, wie ihre Mutter es gewesen war.

Nannerl war nicht ein Opfer ihres Bruders, wie zuweilen behauptet wird, sondern den Geschlechtsbildern ihrer Zeit unterworfen, die Frauen sozial, ideologisch und psychologisch an den Mann, den Produzenten von Kultur, banden. Die Frau war in dieser Konstellation unverzichtbar, daher wurden alle Versuche, diese Konstruktion zu durchbrechen, mit Sanktionen geahndet. Hätte Nannerl die Komposition ernsthaft betrieben, wäre sie zum Typus der »gelehrten Frau« geworden, der in der Frühaufklärung nur kurz als Vorbild diente und dann verworfen wurde. Nannerl war überzeugt, daß ihre Rolle als Pianistin im halb-öffentlichen Raum das Höchste war, was sie erreichen konnte, und sie wäre damit zufrieden gewesen. Die Ehe warf sie zurück, und sie beendete ihr Leben als Klavierlehrerin. Ansonsten war es ihr ein Bedürfnis, alles zu tun, um den Namen und das Schaffen ihres Bruders der Nachwelt zu erhalten.

Anhang

Anmerkungen

1 Heute ist es kaum noch vorstellbar, welche Konsequenzen die Lehre von der menschlichen Gottebenbildlichkeit (imago Dei) für das soziale Leben hatte. Bis ins 18. Jahrhundert hinein wird die weibliche Gottebenbildlichkeit von Philosophen und Theologen nicht uneingeschränkt anerkannt; damit wird der Ausschluß der Frauen aus männlichen Bildungsinstitutionen gerechtfertigt. Das sogenannte Strafwort Gottes an Eva nach dem Sündenfall, »er aber soll dein Herr sein«, wurde von den meisten Theologen bis zu den Naturrechtlern des 17. und 18. Jahrhunderts in den Urstand der Menschheit zurücktransponiert; man sprach von der Unterordnung der Frau durch die Schöpfungsordnung per Naturgesetz (Gössmann, 188).

2 Wenn in der moralischen Wochenzeitschrift »Die Frau« 1756 die französischen Überschriften wie folgt erläutert werden: »Meine Überschriften sind zum Gebrauche meiner Mitschwestern aus einer Sprache genommen, die sie alle verstehen. Das Latein wollen wir den Männern überlassen« (zit. b. Martens, 106), dann erlaubt das Rückschlüsse auf den Bildungsgrad und damit auf die soziale Stufe der angesprochenen Leserschaft.

3 Zunächst nahm man an, das 1763 in Salzburg gemalte Bildnis Nannerls, das vermutlich von Pietro Antonio Lorenzoni stammt, zeige dieses Kleid. Inzwischen wurde jedoch nachgewiesen, daß der Künstler sie nicht in dem von der Kaiserin gespendeten Galakleid malte, sondern ihren Kopf in ein Gemälde einsetzte, das er auch für ein anderes Bildnis verwertete (Martin 1951, 49 ff.). »Es ist weiß broschierter Taft mit allerhand Garnierungen«, beschreibt Leopold das Geschenk. »Es ist schade, daß man nichts anders als einen Cotillon hat daraus machen können, allein ein Miederl ist auch dabei« (19. 10. 1762). Man mußte demnach das Kleid auseinandertrennen, so daß ein »Cotillon« (eine Art Unterrock) mit einem Mieder zustande kam. Schaut man sich das Gemälde an, könnte es sich aber doch um das Kleid handeln.

4 Die Mozartforschung hat die Sinfonie KV 16 ermittelt, die allerdings erst im Winter 1764/65 entstanden sein soll, also nach Leopolds Krankheit.

5 Halliwell kritisiert meine Annahme, daß Leopold sich bei seinen beiden Kindern unterschiedlich verhielt (Halliwell, 102). Der Unterschied zwischen seiner raschen Resignation bei Nannerl und seinem späteren Aufbäumen bei der schweren Erkrankung Wolfgangs zwei Jahre später (vgl. Kap. 5) ist dennoch unübersehbar. Halliwell fragt sich denn auch angesichts dieses Verhaltens, ob Wolfgang doch »the more special child« war (125).

6 Der Begriff des Genialen, den Leopold zuweilen im Zusammenhang mit

Wolfgang verwendet, wurde im 18. Jahrhundert mehr im Sinne von Begabung benutzt. »Zu einer Theatralmusik hat Haydn kein Genie«, schreibt Leopold über Michael Haydn (13. 3. 1787).

7 Das Konzert der beiden zwölf Jahre später im Augsburger Kloster Heilig Kreuz, wo sie auf der Rückreise von München übernachteten, war nicht öffentlich angekündigt, sondern spontan angesetzt.

8 Aus dem Briefwechsel läßt sich der Vorgang mit den Haydnschen Menuetten wie folgt rekonstruieren: Nannerl hört auf Faschingsbällen in Salzburg eine Reihe von Tanz-Menuetten von Michael Haydn. Sie verschafft sie sich, möglicherweise hat sie die erste Violinstimme aus dem Gedächtnis aufgezeichnet und schickt sie an den Bruder, der ihr Klavierbearbeitungen davon anfertigen soll. Da Wolfgang an seiner Oper *Mitridate, Re di Ponto* KV 87 arbeitete, konnte er sie »nicht bedienen«. So geht sie selbst daran und schreibt zum Menuett KV 105 eine eigene Harmonisierung, die sie Wolfgang schickt. Zwischen Mai und Juli fertigt Wolfgang Klavierbearbeitungen dieser ersten Folge mit zwölf Sätzen, die er Nannerl schickt. Im Juli 1770 fordert er sie auf, eine neue Folge zu senden, was sie auch tut (vgl. Lindmayr).

9 Eine Zeitgenossin Nannerls, Henriette Herz, spricht in ihren Erinnerungen aus dem Jahr 1779 davon, daß ihre Haare »mit Talg geschmiert« waren (zit. b. Weber-Kellermann, 97).

10 Vieles spricht dafür, daß sich Leopold bei seinem Arbeitgeber nicht dem Verdacht aussetzen wollte, mit der gesamten Familie nach einer neuen Stellung Wolfgangs Ausschau zu halten, um Salzburg möglicherweise ganz zu verlassen (Halliwell, 198 f.). Es gibt kaum eine andere Begründung dafür, daß er seine Ehefrau daheim ließ und Nannerl erst mitfahren durfte, als sich ein Bekannter der Familie bereit erklärte, sie in seiner Kutsche mitzunehmen.

11 Nannerl wurde bereits als elfjähriges Mädchen von Marie Theresia Hagenauer, der Ehefrau des Geschäftsfreundes Leopolds, beauftragt, für deren kranken Sohn zu beten. Leopold schreibt: »Mein Mädel empfiehlt sich, und lässt der Frau Liebsten melden, daß sie zu Maria Hilf in Passau schon ihr Versprechen gehalten; ja wir haben alle für den Herrn Lorenz gebetet« (4. 10. 1762). Obwohl sich demnach die gesamte Familie an dem Gebet beteiligte, wurde Nannerl für zuständig erklärt.

12 Biedermanns Aussage, wonach ein Negligé ein feinkattunener Schlafrock war (Biedermann, 282), scheint unwahrscheinlich. Vermutlich handelte es sich um eine Art Übergangskleid, das morgens nach dem Aufstehen und vor dem damals recht umständlichen Ankleiden getragen wurde.

13 Zu Nannerls Geburtstag am 25. Juli 1777 probte Wolfgang ein Konzert bei dem Materialien-Händler Gussetti; mehrere Freunde und Bekannte gingen dann nach Aussage des Familienfreundes Schiedenhofen abends »im Hof gratuliren« (Deutsch 1961, 144).

14 Man erkennt daran, wie konservativ Salzburg in musikalischer Hinsicht war, denn es war damals nicht mehr üblich, das Orchester durch ein Generalbaßinstrument zu verstärken.

15 Es war die Zeit der Vergötterung des Frauenfußes, die sich auf die Männer übertrug, die »den Fuß mit jenen entzückenden Schuhen in allen Farben bekleiden und sie auf alle mögliche Weise mit Schleifen, Schnallen und Stickereien verzieren« (Goncourt, 363).

16 Das Galanteriespiel konnte man erst nach der Übung in anderen, älteren Spielarten erlernen. Es bezeichnet das solistische Spiel im freien, nichtgebundenen Stil, also Sonaten, Konzerte, Tanzsätze, Handstücke, Fantasien u. a. m. Die Präzision galt hier noch stärker als im gebundenen Stil des Barock. Daß Nannerl es hierin bis zur Meisterschaft brachte, zeigen Wolfgangs Zeilen: »Sei nur recht fleissig, und vergesse durch dein Partiturschlagen dein Galanterie Spielen nicht, damit ich nicht zum Lügner werde, wenn dich die Leute hören, bei denen ich dich so gelobt habe, denn ich habe allzeit gesagt, daß du mit mehr Praecision spielst als ich« (7. 3. 1778).

17 In der 1725 von Anne Danican Philidor in Paris gegründeten Einrichtung des »Concert Spirituel« wurde zunächst geistliche Musik in der Karwoche gespielt. Später fanden die Konzerte vor allem an opernfreien Tagen statt, wobei auch weltliche Musik gespielt wurde.

18 Ein paar Jahre später, 1784, wurde dieser Brauch auf hochfürstlichen Befehl wieder abgeschafft.

19 Doppelkonzerte waren in Paris in Mode. Dort hatte er ein Jahr zuvor das Konzert für Flöte und Harfe C-Dur KV 299 geschrieben. In Salzburg komponierte er noch die Sinfonie concertante für Violine und Viola Es-Dur KV 364.

20 Die »Opera seria« ist eine aus Italien stammende, stilisierte Opernform, die Wolfgang im Komponieren strengeren Regeln unterwarf, als es beispielsweise das deutsche Singspiel tat.

21 Vermutungen, wonach sie auch Unterricht in Komposition erhielt, lassen sich nicht belegen. Dr. Robert Münster, Bayerische Staatsbibliothek München, nimmt eine solche Ausbildung an, belegt sie jedoch nicht (Brief an d. V.). Auch Halliwell behauptet, daß Leopold sie zum Komponieren ermutigte (379). Ein Nachweis wäre insbesondere hinsichtlich der Ausbildung Nannerls von Interesse, denn ihr gefundenes Übungsblatt (vgl. Plath 1986) ist nicht datiert.

22 »Sie steht hier im Ruf, wie meine Schwester in Salzburg wegen ihrer guten Aufführung ...«, schrieb Wolfgang über seine geliebte Aloisia Weber (4. 2. 1778). Ein makelloser Ruf, das wußte er genau, war etwas, was den Vater beeindruckte (in diesem Fall prallte selbst dieses Lob wirkungslos ab).

23 Nach drei Schwangerschaften, die alle mit dem Tod der Neugeborenen endeten, schickte Leopold 1750 seine geschwächte Frau nach Badgastein (vgl.

Kap. 1). Die Unkosten waren so hoch, daß er sich noch 36 Jahre später daran erinnerte (12. 8. 1786).

24 Leopold hatte Jahre zuvor auf der Heimfahrt von Italien überlegt, einen Schlenker zum Wolfgangsee zu machen, um dem 17jährigen Sohn »den berühmten Geburtsort seiner Mutter St. Gilgen zu zeigen« (8. 9. 1773).

25 Ruth Halliwell kritisiert in drei Fußnoten (xix, 488 und 510) meine Annahme, wonach Leopold »autoritär« handelte, als er das Kind an sich nahm. Sie meint diese dadurch zu entkräften, daß sein Ausspruch »Ich behalte den Leopold« einige Monate nach dessen Geburt gemacht wurde. Wie aber ist zu erklären, daß Leopold behauptet: »Dieser ist, und war von Anfang schon mein Entschluss«? Und warum verwendet Leopold in seinen Briefen an Berchtold und an die Tochter einen unterschiedlichen Stil? Warum – wenn es nur die zeitweiligen Umstände waren, die ihn bewogen, das Baby zu behalten, schreibt er, daß er das Kind »so lang ich lebe« behalten wird?

26 Gemeint waren die Eltern Marchand und deren Tochter, die Sängerin Margarethe, mit der Nannerl korrespondierte, samt ihrem Bruder Heinrich. Der Hofrat Dufraisne und seine Frau waren ihr ebenso bekannt wie Frau von Durst, bei der Nannerl Anfang 1775 während ihres Aufenthalts in München anläßlich der Uraufführung des *Idomeneo* gewohnt hatte. Herr und Frau Tavernier waren Bekannte des Augsburger »Bäsle«.

27 Um so verwunderlicher ist es, daß so wenige Abschriften aus ihrer Hand überliefert sind.

28 Immerhin hatte sie als Mädchen zwei dieser Regenten vorgespielt: George III. von England und Maria Theresia.

29 Z. B. »Hodie nous avons begegnet per strada Dominum Edlbach welcher uns di voi compliments ausgericht hat, et qui sich tibi et ta mere Empfehlen läßt. Adio. W. M. Landstrasse den 12. aug« (12. 8. 1773).

30 Nissen bzw. Constanze übernahm diese von Nannerl lancierte Version übrigens postwendend (Nissen, 413).

31 Auffällig ist ihre Gegenüberstellung des sich zum Himmel erhebenden Genies mit der prosaischen Hausarbeit. Der von ihr verwendete Begriff der »Herablassung« macht die soziale Stufung deutlich.

32 Die Bande zwischen den Mozarts und den Hagenauers waren jahrelang eng. Die Familie Mozart bewohnte bis 1773 das Hagenauerhaus in der Getreidegasse Nr. 9, und Hagenauer stand Leopold in wirtschaftlichen und finanziellen Angelegenheiten bei. Das freundschaftliche Verhältnis blieb auch bestehen, nachdem die Mozarts das Tanzmeisterhaus am Hannibal-(Makart-) Platz bezogen hatten.

33 Als der Hornist Georg Eck im Mai 1780 mit seinem Sohn von einer Konzertreise aus Wien kommend die Mozarts besuchte, hatte sie einen Besuch dort notiert (29. 5. 1780), und als Constanze und Wolfgang Salzburg drei Jahre spä-

ter besuchten, war man an einem warmen Sommertag dort und hatte »draussen alles gesehen« (25. 8. 1783).

34 Berechnungen von Mozarts Einnahmen zeigen, daß weniger echte Geldarmut, sondern eher mangelndes Wirtschaften zu seinem verschuldeten Zustand führte (vgl. Kraemer, 439). Die Vermutung, Leopold habe Nannerl hohe Beträge vermacht (Solomon 1994, 14 f.), leuchtet nicht ein angesichts der Tatsache, daß dieser 1777-1778 in zahlreichen Briefen an Wolfgang beklagte, er stehe finanziell am Abgrund.

35 Vincent Novello spricht allerdings von der Kirchgasse (Novello 1975, 70).

36 In der Familie Weber, dessen Familienoberhaupt Orchestermusiker war, wurden Aloisia und Constanze in Gesang ausgebildet, und Aloisia erzielte als Sängerin ein einträgliches Honorar. Die Ehefrau des Flötisten Johann Baptist Wendling, in dessen Heim Wolfgang 1778 freundschaftlich aufgenommen wurde, war die Hofsängerin Dorothea, die Tochter eines Hornisten. Ihre Tochter Elisabeth Augusta (»Gustl«), Schülerin ihrer Mutter, trat als Sängerin in Mannheim auf. Der Violinist Franz Anton Wendling war mit Elisabeth Augusta, geborene Sarselli (»Lisl«) verheiratet, die ihrerseits die Tochter eines Tenoristen und einer Sängerin war. Sie wurde selber Sängerin und ging 1778 mit der Hofkapelle nach München. Ihre Tochter Dorothea wurde 1788 als Virtuosa da Camera nach München berufen. In der Mannheimer Familie Cannabich sah es ähnlich aus: Der Flötist im Mannheimer Hoforchester, Matthias Franz, ließ seine Tochter Rosina von Wolfgang im Klavierspiel ausbilden. Die Liste der Musikerinnen, die aus den Familien von Musiker(inne)n stammen, ließe sich fortsetzen.

37 Der Pianist Johann Samuel Schröter (1750-1788) konnte beispielsweise nur unter der Bedingung in den britischen Adel einheiraten, daß er seine Karriere aufgab (Steptoe, 37).

38 Mit der Familie Cannabich freundete er sich bei seinem Mannheimer Aufenthalt 1778/79 besonders an. Es existieren auffallende Parallelen zwischen den Geschwisterpaaren Cannabich und Mozart. Rosa und ihr Bruder Karl Konrad waren beide musikalisch hochbegabt. Während das Konzertieren für Rosa eine Liebhaberei blieb, machte ihr Bruder die Musik zum Beruf. Er spielte schon als Siebzehnjähriger unter der Leitung seines Vaters im Hoftheater-Orchester; später wurde er Konzertmeister und zwei Jahre darauf sogar Hofmusik-Direktor.

39 Im November 1781 trat Mozart anläßlich einer Privat-Akademie im Hause ihrer Eltern mit ihr auf. Sie spielten seine eigens für diesen Abend komponierte vierhändige Sonate KV 448 sowie das Es-Dur-Konzert für zwei Klaviere, das er 1780 für seine Schwester und sich komponiert hatte. Im ersten »Dilettanten-Konzert« am 26. Mai 1782 im Augarten wurde das Konzert für zwei Klaviere wiederholt. Er half ihr somit, öffentliche Erfahrungen zu sammeln.

40 Indem Mozart in der *Zauberflöte* einen Fanfarensatz sowie einen militärisch-straffen Rhythmus für Sarastros ersten Auftritt verwendet, betont er die Überlegenheit dieses Herrschers. Trompeten und Pauken dienen hier nicht nur zur Klangverstärkung, sondern versinnbildlichen männliche Macht und Prestige; sie wären auf die Königin der Nacht nicht anwendbar.

Bibliographie

Abkürzungen:
Acta Moz. = Acta Mozartiana
ISM = Internationale Stiftung Mozarteum
Jb = Jahrbuch
MJb = Mozart-Jahrbuch
MM = Mozarteums-Mitteilungen

Die aus den Briefen zitierten Stellen sind entnommen aus Wilhelm A. Bauer/Otto
E. Deutsch: Mozart. Briefe und Aufzeichnungen. 7 Bde. Kassel u. a. 1962-1975.
In Klammern ist das Datum des geschriebenen Briefes angegeben. Sollte das Datum unklar sein, wird der betreffende Band und die Seitenzahl bei Bauer/Deutsch
angegeben (z. B. B/D III, 24).

Abert, Hermann: W. A. Mozart. 2 Bände. Leipzig 1955
AG Frauen in der Geschichte (Hg.): Trotz Fleiß keinen Preis. Historischer Stadt-
    rundgang: Arbeits- und Lebensweise von Hamburger Frauen im 18. Jahrhun-
    dert. Hamburg o. J.
Allihn, Ingeborg: Die Darstellung der Konstanze Mozart in der neueren Mozart-
    Literatur, s. unter Kongreßbericht, 66-71
Angermüller, Rudolph (Hg.): Bürgerliche Musikkultur im 19. Jahrhundert in Salz-
    burg. Salzburg 1981
Ders.: Testament, Kodizill, Nachtrag und Sperrelation der Freifrau Maria Anna
    von Berchtold zu Sonnenburg, geb. Mozart (1751-1829), in: MJb (1986), 97-132
Ders.: Ein unveröffentlichter Brief Nannerls an Marie Trestl (17. Februar 1824),
    in: Mitteilungen der ISM 36. 1-4 (1988), 96-98
Ders.: Leopold Mozarts Verlassenschaft. In MM 41. 3-4 (1993), 2-32
Ders.: Mozart 1485/86 bis 2003. 2 Bde. Tutzing 2004
Ariès, Philippe: Geschichte der Kindheit. Wien 1975
Arnold, Ignaz E. F. K.: Mozarts Geist. Erfurt 1803
Bartsch, Cornelia/Beatrix Borchard/Rainer Cadenbach (Hg.): Der »männliche«
    und der »weibliche« Beethoven. Bericht über den Internationalen musikwis-
    senschaftlichen Kongress 2001. Bonn 2003
Bauer, Günther G.: »Wer nicht spielen kann, dem traut man heutigen Tags kaum
    gute Sitten zu«. Die Spiele der Nannerl Mozart, in: Düll/Neumaier 2001, 49-71
Becher, Ursula A. J.: Weibliches Selbstverständnis in Selbstzeugnissen des 18. Jahr-
    hunderts, in: Dies./Jörn Rüsen (Hg.): Weiblichkeit in geschichtlicher Perspek-
    tive. Frankfurt/M. 1988, 217-233
Biedermann, Karl: Deutschland im 18. Jahrhundert. Berlin 1979 (Nachdr. von
    1854)

Birk, Heinz: Bürgerliche und empfindsame Moral im Familiendrama des 18. Jahrhunderts. Bonn 1967

Blümml, Emil Karl: Aus Mozarts Freundes- und Familienkreis. Wien/Leipzig 1923

Blumenthal, Lieselotte: Mozarts englisches Mädchen, in: Sitzungsberichte der Sächs. Akad. der Wiss. zu Leipzig, Phil.-Hist. Klasse. Bd. 120. Berlin 1979

Bock, Gisela/Barbara Duden: Arbeit aus Liebe – Liebe als Arbeit, in: Sommeruniversität »Frauen und Universität« 1976. Berlin 1977, 118-199

Böttcher, Kurt u. a. (Hg.): Aufklärung. Erläuterungen zur deutschen Literatur. Berlin 1977

Borchard, Beatrix: Stimme und Geige. Amalie und Joseph Joachim. Biographie und Interpretationsgeschichte. Wien/Köln/Weimar 2005

Braunbehrens, Volkmar: Mozart in Wien. München/Zürich 1986

Brauneis, Walther: »... wegen schuldigen 1435 f 32 xr«. Neuer Archivfund zur Finanzmisere Mozarts im November 1791, in: MM 39. 1-4 (1991), 159-164

Breitinger, Friedrich: Mozarts und Nannerls Auftreten am Salzburger Fürstenhof, in: Mozartiana. »Gaulimauli Malefisohu«. Erhebungen von Friedrich Breitinger, hg. von Friedrike Prodinger. Salzburg 1992, 38-42

Briellmann, Alfred: »Hochschätzbareste Gnädige Frau Baronin!« Ein bisher unveröffentlichter Brief Mozarts aus der Paul Sacher Stiftung Basel, in: MJb 1987/88. Kassel 1988, 233-248

Brinker-Gabler, Gisela (Hg.): Deutsche Literatur von Frauen, Bd. 1: Vom Mittelalter bis zum Ende des 18. Jahrhunderts. München 1988

Brüggemann, Fritz: Die Anfänge des bürgerlichen Trauerspiels in den fünfziger Jahren. Leipzig 1934

Bürger, Peter: Das Verschwinden des Subjekts (S. 13-254)/Christa Bürger: Das Denken des Lebens. Fragmente einer Geschichte der Subjektivität (S. 259-486). Frankfurt/M. 2001

Castle, Terry: Sexuality and Masquerade in Eighteenth-Century England, in: G. S. Rousseau/Roy Porter (Hg.): Sexual Underworlds of the Enlightenment. Chapel Hill 1988

Croll, Gerhard (Hg.): Wolfgang Amadeus Mozart. Darmstadt 1977

Csampai, Attila/Dietmar Holland (Hg.): Die Entführung aus dem Serail. Texte, Materialien, Kommentare. Reinbek 1983

Demuth, Dieter: Das idealistische Mozart-Bild 1785-1860. Tutzing 1997

Dennerlein, Hans: Der unbekannte Mozart. Die Welt seiner Klavierwerke. Leipzig 1951

Dent, Edward/Erich Valentin: Der früheste Mozart. München 1956

Deutsch, Otto Erich: Aus Schiedenhofens Tagebuch, in: MJb 1957. Kassel 1957, 15 ff.

Ders.: Das Fräulein von Auernhammer, in: MJb 1958. Salzburg 1959, 12-17

Ders. (Hg.): Mozart. Die Dokumente seines Lebens. Kassel 1961

Ders./Bernhard Paumgartner: Leopold Mozarts Briefe an seine Tochter. Salzburg/
Leipzig 1936

Dittersdorf, Karl Ditters von: Lebensbeschreibung. München 1967

Duden, Barbara: Geschichte unter der Haut. Ein Eisenacher Arzt und seine
Patientinnen um 1730. Stuttgart 1987

Düll, Siegrid/Otto Neumaier (Hg.): Maria Anna Mozart. Die Künstlerin und
ihre Zeit. Möhnesee 2001

Düll, Siegrid/Walter Pass (Hg.): Frau und Musik im Zeitalter der Aufklärung.
Sankt Augustin 1998

Ebstein, E.: Das Auftreten der blinden Künstlerin Maria Theresia von Paradis in
Göttingen, in: Zeitschrift für das österr. Blindenwesen, H. 5-6

Eder, Petrus OSB: Neues zu Nannerl Mozarts Notenbuch, in: Düll/Neumaier,
73-83

Eibl, Joseph Heinz: Der »Herr Sohn«, in: MM 14. 1-2 (1966)

Ders.: Mozart. Die Dokumente seines Lebens. Addenda und Corrigenda. Kassel
1978 (1978b)

Ders.: Nachtrag zum Kommentar, in: MJb 1980-1983. Kassel/Basel 1983, 318-352

Einstein, Alfred: Mozart. Sein Charakter, sein Werk. Frankfurt/M. 1968

Engel, Gisela/Friederike Hassauer/Brita Rang/Heide Wunder (Hg.): Geschlech-
terstreit am Beginn der europäischen Moderne. Königstein/Taunus 2004

Fellerer, Karl Gustav: Mozarts Kirchenmusik. Salzburg 1955

Fénelon, François: Über Mädchenerziehung (1687). Bochum 1967

Fischel, Oskar: Die Mode. Menschen und Moden im achtzehnten Jahrhundert.
München 1909

Freudenthal, Margarete: Gestaltwandel der städtischen bürgerlichen und prole-
tarischen Hauswirtschaft. Diss. Frankfurt/M. 1934

Frevert, Ute (Hg.): Bürgerinnen und Bürger. Geschlechterverhältnisse im 19. Jahrhundert. Göttingen 1988

Friebe, Freimut: Idealisierung und skeptischer Realismus bei Mozarts Frauengestalten, in: Die Musikforschung 26 (1973)

Friederici, Hans: Das deutsche bürgerliche Lustspiel der Frühaufklärung (1736-
1750). Halle 1957

Fuhrmann, Roderich: Wolfgang Amadé Mozart. Zeugenaussagen und Bekennt-
nisse von 27 Zeitgenossen, in: MM 41. 1-2 (1993), 7-21

Gardner, Howard: How Extraordinary was Mozart? in: On Mozart, hg. von
James M. Morris. Cambridge 1994, 36-51

Gärtner, Heinz: »Folget der Heißgeliebten«. Frauen um Mozart. München 1990

Gaus, Marianne: Das Idealbild der Familie in den Moralischen Wochenschriften und seine Auswirkungen in der deutschen Literatur des 18. Jahrhunderts.
Rostock 1937

Geffray, Geneviève (Hg.): Marie Anne Mozart »meine tag ordnungen«. Nannerl Mozarts Tagebuchblätter 1775-1785. Bad Honnef 1998

Geffray, Geneviève: »Die Nannerl leidet nun durch den Buben nichts mehr«, in: Düll/Neumaier 2001, 11-48

Gellert, Christian F.: Die Fahrt auf der Landkutsche. Dichtungen, Schriften, Lebenszeugnisse, hg. v. Karl W. Becker. Wiesbaden 1986

Gersdorf, Lilo: Diderots Tochter, in: Düll/Pass 1998, 82-93

Glantschnig, Helga: Liebe als Dressur. Kindererziehung in der Aufklärung. Frankfurt/New York 1987

Gnüg, Hiltrud: Goethes Wahlverwandtschaften oder Der Wandel von alter und neuer Ehe- und Liebeskonzeption, in: Frauen und Männer. Für Renate Möhrmann. Köln 1999, 26-41

Gössmann, Elisabeth: Für und wider die Frauengelehrsamkeit, in: Brinker-Gabler 1988, 185-197

Götte, Rose: Die Tochter im Familiendrama des 18. Jahrhunderts. Diss. Bonn 1964

Goncourt, Edmund und Jules de: Die Frau im 18. Jahrhundert. München/Zürich 1986

Grotjahn, Rebecca: Der Wirkungskreis des Weibes. Zur Funktion frauenfeindlicher Rede in der *Zauberflöte*, in: Wi(e)der die Frau. Zur Geschichte und Funktion misogyner Rede, hrsg. von Andrea Geier und Ursula Kocher. Köln 2005 (im Druck)

Gruber, Gernot: Mozart und die Nachwelt. Salzburg/Wien 1985

Ders.: Gesprächsbeitrag zum Referat von Ingeborg Allihn (s. Kongreßbericht) 1993

Halliwell, Ruth: The Mozart Family. Four Lives in a Social Context. Oxford 1998

Hamerníková, Anna: »Licitations-Protocoll über die Leopold Mozartische Verlassenschaft« im Familienarchiv Berchtold, in: MJb (1991), Bd. 1, 122-125

Head, Matthew: Cultural Meanings for Women Composers: Charlotte (»Minna«) Brandes and the Beautiful Dead in the German Enlightenment, in: Journal of the American Musicological Society 57.2 (2004), 231-284

Held, Thomas: Soziologie der ehelichen Machtverhältnisse. Darmstadt/Neuwied 1978

Herrmann, Ulrich: Erziehung und Schulunterricht für Mädchen im 18. Jahrhundert, in: Wolfenbütteler Studien zur Aufklärung, Bd. 3. Wolfenbüttel 1976, 101-127

Heyl, Christoph: A Passion for Privacy. Untersuchungen zur Genese der bürgerlichen Privatsphäre in London (1660-1800). München 2004

Hilber, Johann Baptist: Die Kirchenmusik, in: Paul Schaller/Hans Kühner (Hg.): Mozart Aspekte. Olten/Freiburg 1956, 173-192

Hildesheimer, Wolfgang: Mozart. Frankfurt/M. 1977

Hirsch, Arnold: Bürgertum und Barock im deutschen Roman. Böhlau 1957

Hitzig, Wilhelm: Die Briefe Franz Xaver Niemetscheks und der Marianne Mozart an Breitkopf & Härtel, in: Der Bär, Jahrbuch von B. & H. auf das Jahr 1928. Leipzig 1928, 101-106

Hoffmann, Freia: Instrument und Körper. Die musizierende Frau und ihre Wahrnehmung in der bürgerlichen Kultur 1750-1850. Frankfurt/M. 1991

Honnefelder, Gottfried (Hg.): Christian Fürchtegott Gellert, Werke. Bd. 1-2. Frankfurt/M. 1979

Hull, Isabel: Sexualität und bürgerliche Gesellschaft, in: Frevert 1988, 49-66

Hummel, Walter: Nannerl. Wolfgang Amadeus Mozarts Schwester. Zürich/Leipzig/Wien 1952

Ders.: Wolfgang Amadeus Mozarts Söhne. Kassel/Basel 1956

Ders.: Nannerl Mozarts Tagebuchblätter. Stuttgart 1958

Hutchings, Arthur: Mozart. Der Mensch. Braunschweig 1976

Jahrbuch der Tonkunst von Wien und Prag 1797. Nachdruck Salzburg 1976

Klein, H.: Zur Herkunft Franz Armand d'Ippolds, in: MM 7. 3-4 (1958), 2 f.

Kleinsorg, Raphael: Abriß der Geschichte und Geographie des Erzstiftes und Fürstenthums Salzburg. Salzburg 1797

Knaus, Kordula: Einige Überlegungen zur Geschlechterforschung in der Musikwissenschaft, in: Archiv für Musikwissenschaft 59. 4 (2002), 319-329

Knepler, Georg: Geschichte als Weg zum Musikverständnis. Leipzig 1977

Ders.: Wolfgang Amadé Mozart. Annäherungen. Berlin 1991

Koldau, Linda: Musikalische Botschafterinnen: Frauen als Trägerinnen eines europäischen Kulturtransfers in der Frühen Neuzeit, in: Frauen in Europa: Mythos und Realität, hg. von Bea Lundt und Michael Salewski. Münster 2005, 113-136

Kongreßbericht zum VII. Int. Gewandhaus-Symposium. W. A. Mozart. Forschung und Praxis im Dienst von Leben, Werk, Interpretation und Rezeption anläßlich der Gewandhaus-Festtage in Leipzig vom 3. bis 6. Oktober 1991. Leipzig 1993

Konold, Wulf: Die Klavierkonzerte Mozarts, in: Hermann Danuser (Hg.): Gattungen der Musik und ihre Klassiker. Laaber 1988, 169-183

Kraemer, Uwe: J. S. Bach – ein Großverdiener? in: Musica (1972), 435 ff.

Kramer, Kurt: Das Quartett in Mozarts *Idomeneo*. Ein autobiographisches Zeugnis, in: Herbert Anton u. a. (Hg.): Geist und Zeichen. Festschrift für Arthur Henkel. Heidelberg 1977

Kühn, Arnold: Komik, Humor und Musikalität in Mozarts Bäslebriefen, in: Neues Augsburger Mozartbuch. Augsburg 1962 (Zeitschrift d. hist. Vereins für Schwaben, Bd. 62/63)

Küster, Konrad: Mozart. Eine musikalische Biographie. Stuttgart 1990

Kunze, Stefan: Mozarts Opern. Stuttgart 1984

Kutscher, Arthur: Vom Salzburger Barocktheater zu den Salzburger Festspielen. Düsseldorf 1939

Lange, S. (Hg.): Ob die Weiber Menschen sind. Geschlechterdebatten um 1800. Leipzig 1992

Langegger, Florian: Mozart. Vater und Sohn. Zürich/Freiburg 1978

Lauener, Dorothea: Die Frauengestalten in Mozarts Opern. Zürich 1954

Leierseder, Brigitte: Das Weib nach den Ansichten der Natur. München 1981

Levey, Michael: Leben und Sterben des Wolfgang Amadé Mozart. München 1980

Lindmayr, Andrea: »Die 6 Menuett von Haydn gefallen mir besser als die ersten 12.« Neues zu KV 104/61e, KV 105/61 f und KV 61gII, in: MJb 1991, 418-430

Lipp, Carola: Gerettete Gefühle? Überlegungen zur Erforschung der historischen Mutter-Kind-Beziehung, in: Sowi 13/1984

Martens, Wolfgang: Die Botschaft der Tugend. Die Aufklärung im Spiegel der deutschen Moralischen Wochenschriften. Stuttgart 1968

Martin, Franz: Das »Nannerl Mozart im Galakleid«, in: MJb 1950. Salzburg 1951, 49 ff.

Ders.: Kleine Landesgeschichte von Salzburg. Salzburg 1979

Meglitsch, Christina: Die Reformen von Maria Theresia und Joseph II. – Schulreform, Schulpflicht und Musikunterricht für Mädchen in Österreich, in: Düll/Pass 1998, 26-43

Meise, Helga: Die Unschuld und die Schrift. Deutsche Frauenromane im 18. Jahrhundert. Berlin/Marburg 1983

Metzelaar, Helen: From Private to Public Spheres: Exploring Women's Role in Dutch Musical Life from 1700 to 1800. Utrecht 1999

Metzger, Heinz-Klaus/Riehn Rainer (Hg.): Mozart. Ist die Zauberflöte ein Machwerk? Musik-Konzepte 3. München 1978

Möbius, Helga: Die Frau im Barock. Stuttgart 1982

Möhrmann, Renate: Die andere Frau. Emanzipationsansätze deutscher Schriftstellerinnen im Vorfeld der Achtundvierziger-Revolution. Stuttgart 1977

Möller, Helmut: Zum Sozialisierungsprozeß des Kleinbürgers, in: Ulrich Hermann (Hg.): Das pädagogische Jahrhundert. Volksaufklärung und Erziehung zur Armut im 18. Jahrhundert in Deutschland. Weinheim/Basel 1981

Monson, Karen: Alma Mahler-Werfel. Die unbezähmbare Muse. München 1985

Morrow, Mary Sue: German Music Criticism in the Late Eighteenth Century. Aesthetic Issues in Instrumental Music. Cambridge 1997

Natosevic, Constanze: »Così fan tutte«. Mozart, die Liebe und die Revolution von 1789. Kassel 2003

Niemetschek, Franz Xaver: Lebensbeschreibung des k. k. Kapellmeisters Wolfgang Amadeus Mozart. (1798). Prag 1808 (Repr. Leipzig 1978)

Nissen, Georg Nikolaus: Biographie W. A. Mozarts. Hildesheim 1972 (Nachdr. von 1828)

Novello, Mary und Vincent: Eine Wallfahrt zu Mozart. Die Reisetagebücher aus dem Jahre 1829, hg. v. Nerina di Marignano (Medici)/Rosemary Hughes. Bonn 1959. Englische Fassung: Nerina Medici/Rosemary Hughes (Hg.): The Travel Diaries of Vincent & Mary Novello in the Year 1829. London 1975

Okin, Susan M.: Women in Western Political Thought. New Jersey 1979

Opitz, Claudia: Aufklärung der Geschlechter, Revolution der Geschlechterordnung. Studien zur Politik- und Kulturgeschichte des 18. Jahrhunderts. New York/München/Berlin 2002

Ortheil, Hanns-Josef: Mozart im Innern seiner Sprachen. Frankfurt/M. 1983

Paumgartner, Bernhard: Mozart. Freiburg/Zürich 1973

Peternell, Peter (Hg.): Salzburg-Chronik. Salzburg 1984

Plath, Wolfgang: Beiträge zur Mozart-Autographie I. Die Handschrift Leopold Mozarts, in: MJb 1960/61. Salzburg 1961, 82 ff.

Ders.: Leopold Mozarts Notenbuch für Wolfgang (1762) – eine Fälschung? In: MJb 1971/72. Salzburg 1973

Ders.: Nannerls Notenbuch. Neue Ausgabe Sämtlicher Werke, Serie IX, Werkgruppe 27, Bd. 1. Kassel 1982

Ders.: Leopold Mozart und Nannerl: Lehrer und Schülerin, in: Gerhard Allroggen/Deltlef Altenburg (Hg.): Festschrift Arno Forchert. Kassel 1986, 127-130, nachgedruckt in: Düll/Neumaier 2001, 85-91

Posch, Franz: Leopold Mozart als Mensch, Vater und Erzieher der Aufklärung, in: Neues MJb. Regensburg 1941, 49 ff.

Prokop, Ulrike: Die Einsamkeit der Imagination. Geschlechterkonflikt und literarische Produktion um 1770, in: Brinker-Gabler 1988

Putzer, Peter (Hg.): Das Salzburger Scharfrichter Tagebuch (1757-1817). St. Johann-Wien 1985

Quabius, Richard: Generationsverhältnisse im Sturm und Drang. Köln/Wien 1976

Reichelt, Peter: Frau und Musikausübung im 18. Jahrhundert, in: Düll/Pass 1998, 44-57

Rieger, Eva: »Hinab mit den Weibern zur Hölle.« Warum wurde die »Zauberflöte« ein Erfolg? In: Rita v. d. Grün (Hg.): Venus Weltklang. Berlin 1983, 165-175

Dies.: Die Geschlechterrollen in Mozarts »Figaro«, in: Zeitschrift für Musikpädagogik 38/1987, 48-53

Dies.: Die gefesselte Phantasie der Frau – Ein neuer Blick auf Nannerl Mozart, in: MJb (1991), 115-121

Dies./Monica Steegmann (Hg.): Göttliche Stimmen. Lebensberichte berühmter Sängerinnen von Elisabeth Mara bis Maria Callas. Frankfurt/M. 2002

Riekmann, Sonja Puntscher: Mozart. Ein bürgerlicher Künstler. Graz 1982

Rieschel, Hans-Peter: Komponisten und ihre Frauen. Düsseldorf 1994

Rose, Phyllis: Woman of Letters. A Life of Virginia Woolf. London 1986

Ruppert, Wolfgang: Bürgerlicher Wandel. Studien zur Herausbildung einer natio-
nalen deutschen Kultur im 18. Jahrhundert. München 1977

Schaal, Richard (Hg.): Friedrich von Schlichtegroll, Musiker-Nekrologe. Kassel/
Basel 1954

Ders.: Dokumente zu Constanze Mozart-Nissen, in: Acta Moz. 25 (1978), 122-137

Schaer, Wolfgang: Die Gesellschaft im deutschen bürgerlichen Drama des
18. Jahrhunderts. Diss. Bonn 1963

Schenk, Erich: Mozarts Salzburger Vorfahren, in: MJb 1929. Leipzig 1929, 81 ff.

Ders.: Mozarts mütterliche Familie, in: Bericht über die musikwissenschaftliche
Tagung der ISM 1931. Leipzig 1932, 45 ff.

Ders.: Zur Tonsymbolik in Mozarts »Figaro«, in: Neues MJb 1941. Regensburg
1941

Ders.: Mozart. Eine Biographie. München/Mainz 1983

Schleuning, Peter: Das 18. Jahrhundert. Der Bürger erhebt sich. Reinbek 1984

Schlichtegroll s. Schaal

Schmid, Manfred Hermann: Die Musikaliensammlung der Erzabtei St. Peter in
Salzburg. Katalog I. Salzburg 1970, 59-65 und 67 f.

Ders.: Nannerl Mozart und ihr musikalischer Nachlaß: Zu den Klavierkonzerten
im Archiv St. Peter in Salzburg, in: MJb 1980-1983. Kassel/Basel 1983, 140-147

Ders.: Musikalien des Mozartschen Familienarchivs im Stift St. Peter, in: Erzabtei St. Peter in Salzburg (Hg.): Das Benediktinerstift St. Peter in Salzburg zur
Zeit Mozarts. Salzburg 1991, 173-185

Ders.: Almaviva's and Susanna's Duet in Mozart's »Figaro« or: Does anyone
really love the Count? In: Mozart Studien Bd. 6, 1996, 277-298

Schreiber, Sara Etta: The German Woman in the Age of Enlightenment. New
York 1948

Schuler, Heinz: Der »Herr Verwalter von Strobl«, in: Acta Moz. 1975, 65 ff.

Ders.: Mozarts Großvater Pertl in St. Gilgen, in: MM 23 (1975), 27-36

Ders.: Nannerl Mozarts Stiefkinder, in: Acta Moz. (1976), 30 ff.

Ders.: Die Salzburger Familie Gilowsky von Urazowa und ihre Beziehungen zu
den Mozarts, in: Wiener Figaro 46 (1979), 27-35

Ders.: Wolfgang Amadeus Mozart. Vorfahren und Verwandte. Neustadt 1980

Ders.: Mozarts Konzertreisen 1762, in: MM 41.1-2 (1993), 23-58

Ders.: Mozarts Salzburger Freunde und Bekannte. Biographien und Kommentare. Wilhelmshaven 1996

Schurig, Arthur: Constanze Mozart. Briefe, Aufzeichnungen, Dokumente 1782-
1842. Dresden 1922

Ders.: Wolfgang Amade Mozart. Sein Leben, seine Persönlichkeit, sein Werk.
2 Bde. Leipzig 1923

Schwanbeck, Gisela: Sozialprobleme der Schauspielerin im Ablauf dreier Jahrhunderte. Berlin 1957

Schweitzer, Claudia : Madame Ravissa de Turin: A forgotten woman composer of the 18th century, in: Early Music (2004), 428-439

Scott, Joan Wallach: Gender: A Useful Category of Historical Analysis, in: Dies. (Hg.): Feminism and History. Oxford 1996, 152-180

Scott, Joan W./Louise A. Tilly: Familienökonomie und Industrialisierung in Europa, in: Claudia Honegger/Bettina Heintz (Hg.): Listen der Ohnmacht. Zur Sozialgeschichte weiblicher Widerstandsformen. Frankfurt/M. 1981, 99-137

Seiffert, Wolf-Dieter: Rezension (Heinz Gärtner: Mozarts Requiem ...) in: MJb 1987/88. Kassel 1988, 289-292

Singer, Irving: Mozart & Beethoven. The Concept of Love in their Operas. Baltimore/London 1977

Solomon, Maynard: The Rochlitz Anecdotes: Issues of Authenticity in Early Mozart Biography, in: Mozart Studies, hg. von Cliff Eisen. Oxford 1991, 1-59

Ders.: Marianne Mozart: »Carissima sorella mia«, in: On Mozart, hg. von James M. Morris. Cambridge 1994, 130-150

Ders.: Mozart. New York 1995 (Kap. 26 ist fast identisch mit Aufsatz von 1994)

Sørensen, Bengt Algot: Herrschaft und Zärtlichkeit. Der Patriarchalismus und das Drama im 18. Jahrhundert. München 1984

Stellmacher, Wolfgang (Hg.): Komödien und Satiren des Sturm und Drang. Leipzig 1976

Stephan, Inge: Inszenierte Weiblichkeit. Codierung der Geschlechter in der Literatur des 18. Jahrhunderts. Köln/Weimar/Wien 2004

Steptoe, Andrew: The Mozart-Da Ponte Operas. Oxford 1988

Touaillon, Christine: Der deutsche Frauenroman des 18. Jahrhunderts. Wien/Leipzig 1919

Tyson, Alan: A reconstruction of Nannerl Mozart's Music Book (Notenbuch), in: Music & Letters 60 (1979), 389-400

Valentin, Erich: Leopold Mozart. München 1987

Ders.: »Madame Mutter«. Anna Maria Walburga Mozart (1720-1778). Augsburg 1991

Wagner, Renate: Schicksale im Schatten. Die Frauen um Wolfgang Amadeus, in: Wolfgang Amadeus. Summa summarum, hg. von Peter Csobádi. Wien 1990, 35-51

Weber-Kellermann, Ingeborg: Die deutsche Familie. Versuch einer Sozialgeschichte. Frankfurt/M. 1982

Wicke, G.: Die Struktur des deutschen Lustspiels der Aufklärung. Versuch einer Typologie. Bonn 1964

Zaisberger, Friederike: Mozart im Spiegel der Salzburger Presse um 1800, in: MJb 1980-83. Kassel/Basel 1983

371 Bibliographie

Zech, Christina: »Ein Mann muß eure Herzen leiten«. Zum Frauenbild in Mozarts »Zauberflöte« auf musikalischer und literarischer Ebene, in: Archiv für Musikwissenschaft 52 (1995), 279-315

Ziller, Leopold: Vom Fischerdorf zum Fremdenverkehrsort: Geschichte St. Gilgens und des Aberseelandes. Bd. 1: bis 1800. St. Gilgen 1975

Zinnecker, Jürgen: Sozialgeschichte der Mädchenbildung. Weinheim/Basel 1973

Lebensdaten	Schriftliche Zeugnisse aus Nannerls Hand
– 1751 Geboren am 30. oder 31. Juli in Salzburg	
– Januar 1762 mit der Familie nach München	
– September 1762 nach Wien	
– 1763-66 Westeuropa-Reise	– 1763-66 Reisenotizen
– September 1767 mit Vater und Bruder in Wien (ab 1769 reist Nannerl nicht mehr als Virtuosin)	
– 1775 Mit dem Vater nach München zur Premiere von *La finta gardiniera*	– 1775 Nachschriften zu Leopolds Briefen an die Mutter
– 1777-78 Wolfgangs große Reise mit der Mutter	– 1777-78 Nachschriften an Mutter und Bruder
	– Tagebuchnotizen 1775-80
– 1781 Mit dem Vater nach München zur Premiere des Idomeneo	
	– Tagebuchnotizen 1783
– 1784 Heirat mit Joh. Baptist von Berchtold zu Sonnenburg (1736-1801)	
– Juni-September 1785: Nannerl in Salzburg; Geburt ihres ersten Kindes Leopold (1785-1840), der bei Nannerls Vater bleibt. Das Ehepaar wohnt in St. Gilgen	– 1784-87 zahlreiche Briefe zwischen Leopold und Nannerl (Nannerls Briefe verschollen)
– 1789 Jeanette wird geboren	
– 1790 Maria Babette wird geboren († 1791)	
– 1791 Wolfgang Amadeus Mozart stirbt	– 1792 Erinnerungen an Wolfgang für Schlichtegroll notiert
– 1801 Ihr Mann stirbt; sie zieht nach Salzburg, als Klavierlehrerin tätig	– 1797-1807 Korrespondenz mit Breitkopf & Härtel
– 1805 Ihre Tochter Jeanette stirbt	
– 1820 Constanze Nissen und ihr Mann ziehen nach Salzburg	
– 1823 Nannerl verfaßt ihr Testament, übergibt Briefbestände an Constanze	

- 1825 Sie erblindet
- 1826 Nissen stirbt, wird in Leopolds
  Grab beigesetzt
- 1827 Nannerl verfaßt eine Testa-
  mentsänderung, ihre Bestattung betreffend
- 1829 Gestorben am 29. Oktober in
  Salzburg

Personenregister

Bildnachweis

Internationale Stiftung Mozarteum, Salzburg: 21, 24, 58, 62, 75, 158, 167, 193, 196, 246

Stadtarchiv Augsburg: 348, 349

Die Abbildungen auf den Seiten 155 und 311 stammen aus dem Archiv der Autorin.

Die folgenden Abbildungen wurden den Bänden entnommen:

Ausstellungskatalog »Komponistinnen aus drei Jahrhunderten« der Bayerischen Vereinsbank, o. J.: 345

Otto Erich Deutsch (Hg.): Mozart und seine Welt in zeitgenössischen Bildern. Neue Ausgabe sämtlicher Werke Serie X Werkgruppe 32. Kassel: Bärenreiter 1961: 103, 234, 276

Arthur Hutchings: Mozart. Der Musiker. Braunschweig: Westermann 1976: 41, 49, 79, 97, 272, 298

Helmut Möller: Die kleinbürgerliche Familie im 18. Jahrhundert. Berlin: Walter de Gruyter 1969: 289